Betriebskosten in der Praxis

Noack/Westner

Ihre Arbeitshilfen zum Download:

Die folgenden Arbeitshilfen stehen für Sie zum Download bereit:

Fomulare:
- Betriebskostenabrechnung für ein einheitlich genutztes Objekt (Wohnung)
- Betriebskostenabrechnung für ein gemischt genutztes Objekt (Wohnung und Gewerbe)

Muster:
- Bescheinigung über haushaltsnahe Dienstleistungen
- Anschreiben zur Betriebskostenabrechnung
- Musterabrechnung Heiz- und Warmwasserkosten

Gesetze:
- Betriebskosten- und Wohnflächenverordnung
- Heizkostenverordnung
- Trinkwasserverordnung

Den Link sowie Ihren Zugangscode finden Sie am Buchanfang.

Betriebskosten in der Praxis

Für Vermieter und Verwalter

Birgit Noack
Martina Westner

7. aktualisierte Auflage

Haufe Gruppe
Freiburg · München

Bibliografische Information der Deutschen Nationalbibliothek
Die Deutsche Nationalbibliothek verzeichnet diese Publikation in der Deutschen Nationalbibliografie; detaillierte bibliografische Daten sind im Internet über http://dnb.dnb.de abrufbar.

Print ISBN: 978-3-648-05538-0 Bestell-Nr. 06258-0007
EPUB ISBN: 978-3-648-05539-7 Bestell-Nr. 06258-0101
EPDF ISBN: 978-3-648-05540-3 Bestell-Nr. 06258-0151

Birgit Noack/ Martina Westner
Betriebskosten in der Praxis
7. aktualisierte Auflage 2015

www.haufe.de
info@haufe.de
Produktmanagement: Jasmin Jallad

Lektorat: Lektoratsbüro Cornelia Rüping, 81679 München
Satz: Reemers Publishing Services GmbH, 47799 Krefeld
Umschlag: RED GmbH, 82152 Krailling
Druck: Freiburger graphische Betriebe, 79108 Freiburg

Inhaltsverzeichnis

Einleitung

Die Betriebskostenabrechnung gibt in der Praxis oft Anlass zu Streitigkeiten zwischen Vermieter und Mieter. Aufgrund der in den vergangenen Jahren stark gestiegenen Betriebskosten werden die Abrechnungen von den Mietern häufiger geprüft. Es gibt eine Fülle von neuen Urteilen, die Vermieter bei der Erstellung der Betriebskostenabrechnung zu berücksichtigen haben. Inzwischen gehört dieses Thema zum Schwerpunkt in der Beratung der örtlichen Haus- und Grundbesitzervereine. Bei der Abrechnung der Betriebskosten kommt den Vermietern die aktive Rolle zu. In der Praxis zeigt sich, dass viele Abrechnungen fehlerhaft sind. Das kann dazu führen, dass Nachforderungen nicht durchgesetzt werden können.

Das vorliegende Fachbuch soll Vermieter dabei unterstützen, einfach und schnell korrekte Betriebskostenabrechnungen zu erstellen. Zudem informiert es über die richtige Vorgehensweise, falls Mieter Einwendungen erheben. Als zentrales Element dieser Auflage stehen gleich zu Beginn zwei Muster für die Abrechnung der Betriebskosten bereit. Zu jedem Muster finden sich auf der linken Seite ausführliche Hinweise, die zu beachten sind. Das erste Muster eignet sich für ein Wohnraummietverhältnis (Mietshaus oder Eigentumswohnung), das zweite geht auf die Besonderheiten bei einem gemischt genutzten Mietobjekt (Wohnungen und Gewerbe) ein.

Das zweite Kapitel befasst sich ausführlich mit den einzelnen Betriebskostenpositionen unter Berücksichtigung der aktuellsten Rechtsprechung, inbesondere des Bundesgerichtshofs. Durch das am 1.5.2013 in Kraft getretene Mietrechtsänderungsgesetz hat es Änderungen bezüglich der Neueinführung von Betriebskosten im Zuge einer Modernisierungsmaßnahme gegeben. Zudem ist seit 1.7.2013 die Wärmelieferungsverordnung zu berücksichtigen, die Vorgaben bei der Einführung von Wärmecontracting beinhaltet.

Zwei komplett neue Kapitel geben Auskunft über die unterschiedlichen Regelungen der Bundesländer zur Einbaupflicht von Rauchwarnmeldern und Kaltwasserzählern.

Dieses Fachbuch vermittelt darüber hinaus, welche Besonderheiten beim Thema „Betriebskosten“ bereits bei Vertragsabschluss zu berücksichtigen und welche notwendigen Anpassungen während der Mietzeit vorzunehmen sind, um Streitigkeiten von vornherein zu vermeiden.

München, August 2014 *Martina Westner und Birgit Noack*

1 Die Betriebskostenabrechnung

In diesem Kapitel werden anhand zweier Muster die notwendigen Inhalte von Betriebskostenabrechnungen aufgezeigt. Jeweils auf der rechten Seite finden sich die Seiten der Musterabrechnung, auf der linken Seite die Erläuterungen zu den einzelnen Positionen (mit Ziffern gekennzeichnet). Die Sternchen (*) im Muster verweisen auf die Anlage zur jeweiligen Abrechnung. Diese ist für den Mieter bestimmt. Sie dient dazu, ihm — falls notwendig — Einzelheiten zu erläutern, die nicht aus sich selbst heraus schlüssig sind.

Die Rechtsprechung fordert zunehmend, dass dem Mieter Vorwegabzüge zu erklären sind, zum Beispiel wenn der Hausmeister neben den klassischen — umlagefähigen — Hausmeistertätigkeiten auch Reparaturarbeiten verrichtet, die nicht umgelegt werden dürfen. In diesem Beispiel ist es wichtig, die Gesamthausmeisterkosten und die Höhe der abzuziehenden Instandhaltungskosten zu beziffern, damit der Mieter erkennen kann, ob und in welcher Höhe die nicht umlagefähigen Kosten berücksichtigt wurden.

Das zweite Muster stellt die Besonderheiten einer Betriebskostenabrechnung bei einem gemischt genutzten Gebäude (Wohnungen und Gewerbeeinheiten) dar. In diesem Fall sind häufig Vorwegabzüge vorzunehmen, da die gewerbliche Nutzung höhere Betriebskosten verursachen kann. Das zweite Muster berücksichtigt diese Besonderheiten sowohl im Abrechnungsformular als auch in der Anlage zur Abrechnung.

Die dargestellten Muster sind Beispiele und eignen sich nicht für alle Betriebskostenabrechnungen. Wer beispielsweise einen anderen Verteilerschlüssel (zum Beispiel Personenzahl) verwendet, muss dies entsprechend berücksichtigen.

Eine Anlage zur Betriebskostenabrechnung ist dann zu empfehlen, wenn Besonderheiten wie ein Vorwegabzug oder eine Kostensteigerung vorliegen und diese erläutert werden sollten. Die Betriebskostenabrechnung bzw. die Anlage sollte so viele Informationen wie möglich enthalten, damit Rückfragen beim Mieter gar nicht erst entstehen.

ARBEITSHILFE ONLINE

Anmerkungen für den Vermieter zur Musterabrechnung für ein einheitlich genutztes Objekt (Wohnungen)

(1) Absender: Alle Vermieter, die den Mietvertrag unterzeichnet haben, müssen genannt werden.

(2) Die Abrechnung muss dem Mieter innerhalb von zwölf Monaten nach Ende des Abrechnungszeitraums zugestellt werden.

(3) Adressat: Alle Mieter, die den Mietvertrag unterzeichnet haben, sind aufzuführen.

(4) Abrechnungszeitraum: Der Abrechnungszeitraum muss benannt werden. Er darf zwölf Monate nicht überschreiten.

(5) Nutzdauer: Wenn die Nutzdauer aufgrund des Ein- oder Auszugs des Mieters kürzer als die Abrechnungsdauer ist, muss der Mieter zunächst die Übersicht über die Gesamtkosten erhalten, bevor sein Zeitanteil errechnet wird.

(6) Verteilerschlüssel: Der oder die Verteilerschlüssel müssen genau bezeichnet werden.

(7) Betriebskostenposition: Jede Betriebskostenart ist einzeln aufzuführen.

(8) Gesamtkosten: Für jede Betriebskostenposition sind die jeweiligen Gesamtkosten zu nennen.

(9) Verteilerschlüssel: Für jede Betriebskostenart ist der jeweilige Umlageschlüssel zu benennen.

(10) Anteil: Für jede Betriebskostenart ist der Anteil für die Wohnung zu errechnen.

(11) Grundsteuer: Handelt es sich um eine Eigentumswohnung, ist der Grundsteuerbetrag dem Grundsteuerbescheid zu entnehmen. Bei einem Mietshaus wird der Grundsteuerbetrag in der Regel nach dem Flächenmaßstab verteilt.

(12) Aufzug: Bei den Wartungskosten ist zu prüfen, ob sie Instandhaltungskosten beinhalten.

ARBEITSHILFE ONLINE

Musterabrechnung für ein einheitlich genutztes Objekt (Wohnungen)

Frau/Herrn __________________ **(1)** __________, den __________ **(2)**

Frau/Herrn
__________________ (Name und Anschrift des Mieters) **(3)**
____

Abrechnungszeitraum (4) ....
Nutzdauer **(5)** ....
Verteilerschlüssel (6)

Gesamtwohnfläche: .... m²
Ihre Wohnfläche: .... m²
Gesamtmiteigentumsanteil: ....
Ihr Miteigentumsanteil: ....
Anzahl der Wohnungen/Wohneinheiten: ....

Betriebskostenposition **(7)**	Gesamtkosten **(8)**	Verteilerschlüssel **(9)**	Anteil **(10)**
1. Grundsteuer Bei Eigentumswohnungen **(11)**	 EUR	Fläche Grundsteuerbescheid	EUR EUR
2. Kaltwasser*	EUR	Fläche/Verbrauch	EUR
3. Entwässerung ▪ Schmutzwasser* ▪ Niederschlagswasser	 EUR EUR	 Fläche/Verbrauch Fläche	 EUR EUR
4. Aufzug* **(12)**	EUR	Fläche	EUR
5. Straßenreinigung ▪ Gemeindlich ▪ Privat	 EUR EUR	 Fläche Fläche	 EUR EUR

ARBEITSHILFE ONLINE

Anmerkungen für den Vermieter zur Musterabrechnung für ein einheitlich genutztes Objekt (Wohnungen)

(13) Müllkosten: Unter privaten Müllkosten sind die Kosten einer Sperrmüllabfuhr zu verstehen.

(14) Kaminkehrerkosten: Diese sind hier nur aufzuführen, wenn sie nicht in der Heizkostenabrechnung enthalten sind (wenn der Mieter zum Beispiel Gas an die Stadtwerke direkt bezahlt).

(15) Versicherungen: Eine Auflistung der verschiedenen Versicherungen ist nicht zwingend erforderlich.

(16) Hausmeister: Falls der Hausmeister auch Verwaltungsarbeiten oder Reparaturen ausführt, muss ein Vorwegabzug erfolgen.

(17) Einrichtung der Wäschepflege: Gibt es einen Münzwaschautomaten und werden die Strom- und Wasserkosten für die Waschküche nicht separat erfasst, dann sind die Münzerlöse dem Mieter gutzuschreiben.

(18) Sonstige Betriebskosten: Sie können nur umgelegt werden, wenn dies explizit im Mietvertrag vereinbart wurde.

(19) Nutzdauer: Diese Zeile ist nur auszufüllen, wenn ein Mieterwechsel während des Abrechnungszeitraums erfolgt ist.

(20) Vorauszahlungen: Es sind in der Regel nur die vom Mieter geleisteten Vorauszahlungen zu berücksichtigen.

(21) Saldo: Der jeweilige Saldo ist unverzüglich nach Erstellung der Abrechnung fällig.

(22) Einsichtsrecht: Dem Mieter sollte die Möglichkeit der Einsichtnahme in die Originalbelege gleich angeboten werden.

(23) Eine Unterschrift des Absenders ist nicht erforderlich.

ARBEITSHILFE ONLINE

Betriebskostenposition	Gesamtkosten	Verteilerschlüssel	Anteil
6. Müllabfuhr ▪ Gemeindlich ▪ Privat **(13)**	 EUR EUR	 Fläche Fläche	 EUR EUR
7. Gebäudereinigung	EUR	Fläche	EUR
8. Gartenpflege*	EUR	Fläche	EUR
9. Beleuchtung*	EUR	Fläche	EUR
10. Kaminkehrer **(14)**	EUR	Fläche	EUR
11. Versicherungen **(15)** ▪ Verbundene Gebäudeversicherungen ▪ Haftpflichtversicherung ▪ Brandversicherung	 EUR EUR EUR	 Fläche Fläche Fläche	 EUR EUR EUR
12. Hausmeister* **(16)**	EUR	Fläche	EUR
13. Antenne/Breitbandnetz/ Sat-TV	EUR	Wohneinheiten	EUR
14. Einrichtung der Wäschepflege **(17)**	EUR	Fläche	EUR
15. Sonstige Betriebskosten* **(18)** ▪ Dachrinnenreinigung ▪ Feuerlöscherwartung	 EUR EUR	 Fläche Fläche	 EUR EUR
Zwischensumme			**EUR**
Auf Ihre Wohnung entfällt für die Nutzdauer von .... bis .... ein Anteil von ..../Monat **(19)**			EUR
Zuzüglich Heiz- und Warmwasserkosten gemäß der beigefügten Anlage			EUR
Summe der Betriebskosten Ihrer Mieträume			EUR
Abzüglich Ihrer Vorauszahlungen **(20)**			EUR
Es errechnet sich eine Nachzahlung/ein Guthaben von			**EUR**
Das Guthaben wird Ihnen in den nächsten Tagen überwiesen. **(21)** Die Nachforderung ist mit der nächsten Miete zu überweisen. Sie haben die Möglichkeit der Belegeinsicht nach Terminabsprache. **(22)** **(23)**			

Anmerkungen für den Vermieter

Eine Betriebskostenabrechnung benötigt nicht zwingend eine Anlage. Sie stellt aber erfahrungsgemäß eine sinnvolle Ergänzung dar, wenn dem Mieter bestimmte Informationen an die Hand gegeben werden sollen, die in das Abrechnungsformular nicht hineinpassen. Eine Betriebskostenabrechnung wird oft zu unübersichtlich, wenn die von der Rechtsprechung geforderten Informationen bei den einzelnen Betriebskostenpositionen hinzugefügt werden. Welche Positionen zusätzlich zu erläutern sind, hängt vom Einzelfall ab. Häufig ist es sinnvoll, ungewöhnliche Kostensteigerungen zu erklären, beispielsweise wenn die städtischen Müllgebühren gestiegen sind oder der Vermieter die Hausmeisterarbeiten nicht mehr selbst durchführt, sondern von einer Servicefirma erledigen lässt.

Zudem gibt es Besonderheiten, die nach BGH-Rechtsprechung dem Mieter zwingend in der Abrechnung darzulegen sind. Erwähnenswert sind die Vorwegabzüge wegen gemischt genutzten Gebäuden oder wegen Instandhaltungskosten. Wenn das Gebäude sowohl von Wohnungs- als auch von Gewerbemietern genutzt wird, können durch die gewerbliche Nutzung höhere Betriebskosten entstehen. Diese dürfen aber nicht gleichermaßen auf die Wohnungsmieter verteilt werden. Ein Vorwegabzug muss dann rechnerisch ermittelt und in der Abrechnung dargestellt werden, sodass der Wohnungsmieter erkennen kann, dass er nicht mit den zusätzlichen Kosten belastet wird (gilt für das zweite Abrechnungsmuster).

Ein weiterer Grund für einen Vorwegabzug kann darin liegen, dass bestimmte Betriebskostenpositionen Kosten für Reparaturen oder Verwaltungskosten beinhalten, die nicht umgelegt werden dürfen. Solche nicht umlagefähigen Kosten müssen aus den Gesamtkosten herausgerechnet und gesondert in der Abrechnung, besser noch in der Anlage zur Abrechnung, dargestellt werden. Abzüge sind zum Beispiel vorzunehmen, wenn der Hausmeister Reparaturen oder Wohnungsabnahmen durchführt oder wenn der Wartungsvertrag für den Lift Kleinreparaturen beinhaltet.

Je besser der Mieter informiert ist, umso weniger wird er einen Grund finden, die Abrechnung infrage zu stellen.

*Anlage zur Betriebskostenabrechnung[1]

Kaltwasser: Der Kostenanstieg beruht auf einem leicht gestiegenen Verbrauch und einer Erhöhung des Preises je m³ von EUR ..... auf EUR ..... mit Wirkung ab ....

Schmutzwasser: Der Umfang entspricht dem Wasserverbrauch. Der Preis je m³ erhöhte sich mit Wirkung ab .... von EUR ..... auf EUR .....

Aufzug: Die Wartungskosten betragen insgesamt EUR ..... abzüglich Anteil für Instandsetzung EUR .....

Gartenpflege: Die vor zwei Jahren gepflanzte Hecke hat die lange Frostperiode nicht überstanden und musste erneuert werden.

Beleuchtung: Die Gesamtstromkosten betragen EUR ....., gemäß Zwischenzähler für die Heizung fielen ..... kWh an, sodass für die Beleuchtung EUR ..... verbleiben.

Hausmeister: Die Gesamtkosten (EUR .....) reduzieren sich um 22,5 % für Instandhaltung (= EUR .....) und 7,5 % für Verwaltung (= EUR .....).

Sonstige Betriebskosten: Die Umlage dieser sonstigen Betriebskosten ist mietvertraglich vereinbart.

1 Die Erläuterungen sind der Abrechnung beizufügen, da es sich um notwendige Informationen für den Mieter handelt.

ARBEITSHILFE ONLINE

Anmerkungen für den Vermieter zur Musterabrechnung für ein gemischt genutztes Objekt (Wohnungen und Gewerbe)

(1) Absender: Alle Vermieter, die den Mietvertrag unterzeichnet haben, müssen genannt werden.

(2) Die Abrechnung muss dem Mieter innerhalb von zwölf Monaten nach Ende des Abrechnungszeitraums zugestellt werden.

(3) Adressat: Alle Mieter, die den Mietvertrag unterzeichnet haben, sind aufzuführen.

(4) Abrechnungszeitraum: Der Abrechnungszeitraum muss benannt werden. Er darf zwölf Monate nicht überschreiten.

(5) Nutzdauer: Wenn die Nutzdauer aufgrund des Ein- oder Auszugs des Mieters kürzer als die Abrechnungsdauer ist, muss der Mieter zunächst die Übersicht über die Gesamtkosten erhalten, bevor sein Zeitanteil errechnet wird.

(6) Verteilerschlüssel: Der oder die Verteilerschlüssel müssen genau bezeichnet werden.

(7) Betriebskostenposition: Jede Betriebskostenart ist einzeln aufzuführen.

(8) Gesamtkosten: Für jede Betriebskostenposition sind die jeweiligen Gesamtkosten zu nennen.

(9) Verteilerschlüssel: Für jede Betriebskostenart ist der jeweilige Umlageschlüssel zu benennen.

(10) Anteil: Für jede Betriebskostenart ist der Anteil der Wohnung zu errechnen.

(11) Grundsteuer: Bei einem gemischt genutzten Haus ist der Gewerbeanteil mittels Einheitswertbescheid aus der Grundsteuer herauszurechnen, da in der Regel die gewerbliche Nutzung zu einer höheren Grundsteuer führt.

(12) Kaltwasser: Wenn kein Zähler vorhanden ist, muss der Anteil für die Gewerbeeinheit herausgerechnet werden.

(13) Schmutzwasser: Wie bei (12) ist ein Vorwegabzug ggf. erforderlich.

ARBEITSHILFE ONLINE

Musterabrechnung für ein gemischt genutztes Objekt (Wohnungen und Gewerbe)

Frau/Herrn ________________ **(1)** ________, den ________ **(2)**

Frau/Herrn
________________ (Name und Anschrift des Mieters) **(3)**
____

Abrechnungszeitraum (4) ....
Nutzdauer **(5)** ....
Verteilerschlüssel (6)

Gesamtfläche: .... m², davon
Fläche 1: Gesamtfläche Wohnungen .... m²
Fläche 2: Gesamtfläche Gewerbe .... m²
Fläche 3: Friseur .... m²
Fläche 4: Büros .... m²
Ihre Wohnfläche .... m²
Anzahl der Wohnungen/Wohneinheiten ....

Betriebskostenposition (7)	**Gesamtkosten (8)**	**Verteilerschlüssel (9)**	**Anteil (10)**
1. Grundsteuer **(11)** Gesamtkosten Nach Einheitswertbescheid Anteil Wohnungen 45 % Anteil Gewerbe 55 %	 EUR EUR EUR	 Fläche 1 Fläche 2	 EUR
2. Kaltwasser* **(12)** Gesamtkosten Abzüglich Verbrauch Friseur Gemäß Zwischenzähler ..... m³ Wohnungen und Büros	 EUR EUR EUR	 Fläche 3 Fläche 1 + 4	 EUR
3. Entwässerung Schmutzwasser* **(13)** Abzüglich Verbrauch Friseur Gemäß Zwischenzähler ..... m³ Wohnungen und Büros Niederschlagswasser	 EUR EUR EUR	 Fläche 3 Fläche 1 + 4 Fläche 1 + 2	 EUR EUR

ARBEITSHILFE ONLINE

Anmerkungen für den Vermieter zur Musterabrechnung für ein gemischt genutztes Objekt (Wohnungen und Gewerbe)

(14) Müll: Unter privaten Müllkosten sind die Kosten einer Sperrmüllabfuhr zu verstehen.

(15) Kaminkehrerkosten: Diese sind hier nur aufzuführen, wenn sie nicht in der Heizkostenabrechnung enthalten sind (wenn der Mieter zum Beispiel Gas an die Stadtwerke direkt bezahlt).

(16) Versicherungen: Eine Auflistung der verschiedenen Versicherungen ist nicht zwingend erforderlich.

(17) Hausmeister: Falls der Hausmeister auch Verwaltungsarbeiten oder Reparaturen ausführt, muss ein Vorwegabzug erfolgen.

(18) Kabelgebühren: Wenn nicht alle Einheiten über einen Kabelanschluss verfügen, werden nur die mit Kabelanschluss ausgestatteten Wohneinheiten bei der Verteilung berücksichtigt.

(19) Einrichtung der Wäschepflege: Gibt es einen Münzwaschautomaten und werden die Strom- und Wasserkosten für die Waschküche nicht separat erfasst, dann sind die Münzerlöse dem Mieter gutzuschreiben.

(20) Sonstige Betriebskosten: Sie können nur umgelegt werden, wenn dies explizit im Mietvertrag vereinbart wurde.

(21) Nutzdauer: Diese Zeile ist nur auszufüllen, wenn ein Mieterwechsel während des Abrechnungszeitraums erfolgt ist.

(22) Vorauszahlungen: In der Regel werden nur die vom Mieter geleisteten Vorauszahlungen in die Abrechnung eingestellt.

(23) Fälligkeit: Mit Erstellung der Abrechnung ist der Saldo fällig.

(24) Einsicht: Der Mieter sollte bereits in der Abrechnung auf sein Einsichtsrecht hingewiesen werden.

(25) Eine Unterschrift des Absenders ist nicht erforderlich.

ARBEITSHILFE ONLINE

4. Aufzug*	EUR	Fläche 1 + 4	EUR
5. Straßenreinigung ▪ Gemeindlich ▪ Privat	 EUR EUR	 Fläche 1 + 2 Fläche 1 + 2	 EUR EUR
6. Müllabfuhr ▪ Gemeindlich ▪ Privat **(14)**	 EUR EUR	 Fläche 1 + 2 Fläche 1 + 2	 EUR EUR
7. Gebäudereinigung*/ Ungezieferbekämpfung	 EUR	 Fläche 1 + 4	 EUR
8. Gartenpflege*	EUR	Fläche	EUR
9. Beleuchtung*	EUR	Fläche	EUR
10. Kaminkehrer **(15)**	EUR	Fläche	EUR
11. Versicherungen **(16)** ▪ Verbundene Gebäude- versicherungen ▪ Haftpflichtversicherung ▪ Brandversicherung	 EUR EUR EUR	 Fläche Fläche Fläche	 EUR EUR EUR
12. Hausmeister* **(17)**	EUR	Fläche	EUR
13. Antenne/Breitbandnetz/ Sat-TV* **(18)**	 EUR	Wohneinheiten	EUR
14. Einrichtung der Wäsche- pflege **(19)**	 EUR	 Fläche	 EUR
15. Sonstige Betriebskosten* **(20)** ▪ Dachrinnenreinigung ▪ Feuerlöscherwartung	 EUR EUR	 Fläche Fläche	 EUR EUR
Zwischensumme			**EUR**
Auf Ihre Wohnung entfällt für die Nutzdauer von .... bis .... ein Anteil von ..../Monat **(21)**			EUR
Zuzüglich Heiz- und Warmwasserkosten gemäß der beigefügten Anlage			EUR
Summe der Betriebskosten Ihrer Mieträume			EUR
Abzüglich Ihrer Vorauszahlungen (22)			**EUR**
Ihr Kostenanteil			**EUR**
Es errechnet sich eine Nachzahlung/ein Guthaben von			**EUR**
Das Guthaben wird Ihnen in den nächsten Tagen überwiesen. **(23)** Die Nachforderung ist mit der nächsten Miete zu überweisen. Sie haben die Möglichkeit der Belegeinsicht nach Terminabsprache. **(24)** **(25)**			

Anmerkungen für den Vermieter

Eine Betriebskostenabrechnung benötigt nicht zwingend eine Anlage. Sie stellt aber erfahrungsgemäß eine sinnvolle Ergänzung dar, wenn dem Mieter bestimmte Informationen an die Hand gegeben werden sollen, die in das Abrechnungsformular nicht hineinpassen. Eine Betriebskostenabrechnung wird oft zu unübersichtlich, wenn die von der Rechtsprechung geforderten Informationen bei den einzelnen Betriebskostenpositionen hinzugefügt werden. Welche Positionen zusätzlich zu erläutern sind, hängt vom Einzelfall ab. Häufig ist es sinnvoll, ungewöhnliche Kostensteigerungen zu erklären, beispielsweise wenn die städtischen Müllgebühren gestiegen sind oder der Vermieter die Hausmeisterarbeiten nicht mehr selbst durchführt, sondern von einer Servicefirma erledigen lässt.

Zudem gibt es Besonderheiten, die nach BGH-Rechtsprechung dem Mieter zwingend in der Abrechnung darzulegen sind. Das vorliegende zweite Muster berücksichtigt insbesondere Vorwegabzüge bei gemischt genutzten Gebäuden. In einem solchen Fall können durch die gewerbliche Nutzung höhere Betriebskosten entstehen. Diese dürfen aber nicht gleichermaßen auf die Wohnungsmieter verteilt werden. Hier muss ein Vorwegabzug rechnerisch ermittelt und in der Abrechnung dargestellt werden, sodass der Wohnungsmieter erkennen kann, dass er nicht mit den zusätzlichen Kosten belastet wird.

Ein weiterer Grund für einen Vorwegabzug kann darin liegen, dass bestimmte Betriebskostenpositionen Kosten für Reparaturen oder Verwaltungskosten beinhalten, die nicht umgelegt werden dürfen. Solche nicht umlagefähigen Kosten müssen aus den Gesamtkosten herausgerechnet und gesondert in der Abrechnung, besser noch in der Anlage zur Abrechnung, dargestellt werden. Abzüge sind zum Beispiel vorzunehmen, wenn der Hausmeister Reparaturen oder Wohnungsabnahmen durchführt oder wenn der Wartungsvertrag für den Lift Kleinreparaturen beinhaltet.

Je besser der Mieter informiert ist, umso weniger wird er einen Grund finden, die Abrechnung infrage zu stellen.

*Anlage zur Betriebskostenabrechnung[2]

Kaltwasser: Der Kostenanstieg beruht auf einem leicht gestiegenen Verbrauch und einer Erhöhung des Preises je m^3 von EUR ..... auf EUR ..... mit Wirkung ab ....

Schmutzwasser: Der Umfang entspricht dem Wasserverbrauch. Der Preis je m^3 erhöhte sich mit Wirkung ab .... von EUR ..... auf EUR .....

Aufzug: Die Wartungskosten betragen insgesamt EUR ..... Abzüglich des Anteils für Instandsetzung EUR ..... ergeben sich umlagefähige Aufzugskosten von EUR ..... Außerdem hat der Friseur einen eigenen Eingang und benutzt den Aufzug nicht.

Gebäudereinigung: Der Friseur verfügt über einen eigenen Eingang und benutzt das Treppenhaus nicht. Deshalb wird Fläche 4 nicht berücksichtigt.

Gartenpflege: Die vor zwei Jahren gepflanzte Hecke hat die lange Frostperiode nicht überstanden und musste erneuert werden.

Beleuchtung: Die Gesamtstromkosten betragen EUR ....., gemäß Zwischenzähler für die Heizung fielen ..... kWh an, sodass für die Beleuchtung EUR ..... verbleiben.

Hausmeister: Die Gesamtkosten (EUR .....) reduzieren sich um 22,5 % für Instandhaltung (= EUR .....) und 7,5 % für Verwaltung (= EUR .....).

Kabelgebühren: Nur die Wohnungen haben einen Kabelanschluss.

Sonstige Betriebskosten: Die Umlage dieser sonstigen Betriebskosten ist mietvertraglich vereinbart.

2 Die Erläuterungen sind der Abrechnung beizufügen, da es sich um notwendige Informationen für den Mieter handelt.

2 Die Betriebskostenpositionen

§ 2 Betriebskostenverordnung (BetrKV) enthält die Aufstellung der einzelnen Betriebskosten einschließlich der Heiz- und Warmwasserkosten. Betriebskosten sind die Kosten, die dem Eigentümer oder dem Erbbauberechtigten durch das Eigentum oder Erbbaurecht am Grundstück oder durch den bestimmungsmäßigen Gebrauch des Gebäudes, der Nebengebäude, der Anlagen, der Einrichtungen und des Grundstücks laufend entstehen (§ 1 Abs. 1 BetrKV).

Die BetrKV ist am 1.1.2004 in Kraft getreten. Sie hat die umlagefähigen Betriebskosten gegenüber dem bisherigen Betriebskostenkatalog der Anlage 3 zu § 27 der Zweiten Berechnungsverordnung (II. BV, gültig bis 31.12.2003) um einige Positionen erweitert. Für Mietverträge, die vor dem 1.1.2004 abgeschlossen wurden und der Mieter Betriebskosten gemäß Anlage 3 zu § 27 II. BV trägt, bleibt es bei dieser Regelung.

Nicht zu den Betriebskosten gehören:

- **Verwaltungskosten**, das heißt die Kosten der zur Verwaltung des Gebäudes erforderlichen Arbeitskräfte und Einrichtungen (§ 1 Abs. 2 Nr. 1 BetrKV).
- **Instandhaltungs- und Instandsetzungskosten**, das heißt die Kosten, die während der Nutzungsdauer zur Erhaltung des bestimmungsmäßigen Gebrauchs aufgewendet werden müssen, um die durch Abnutzung, Alterung und Witterungseinwirkung entstehenden baulichen Mängel ordnungsgemäß zu beseitigen (§ 1 Abs. 2 Nr. 2 BetrKV).
- **Nicht** zu den Betriebskosten zählen ferner die Kosten, die dem Mieter durch die Benutzung der Wohnung laufend entstehen (zum Beispiel die Kosten des Energieverbrauchs in der Wohnung, wenn der Mieter selbst Vertragspartner des Energielieferanten ist).

Der Begriff der Betriebskosten setzt weiterhin voraus, dass die Kosten dem Eigentümer laufend entstehen, jedoch brauchen die Kosten weder in derselben Höhe noch in denselben Zeitabständen, zum Beispiel jährlich, anzufallen. Auch Kosten, die turnusmäßig alle drei bis fünf Jahre entstehen, gehören zu den Betriebskosten (zum Beispiel Überprüfung des Aufzugs durch den TÜV, Eichung der Kaltwasserzähler).

Einmalige oder in nicht voraussehbaren Zeitabständen entstehende Kosten fallen nicht unter den Begriff der Betriebskosten (Kosten der Zwischenablesung).

Der Betriebskostenkatalog

- Grundsteuer
- Wasser
- Abwasser/Entwässerung
- Heizung
- Warmwasser
- Aufzug
- Straßenreinigung
- Müllbeseitigung
- Gebäudereinigung/Ungezieferbeseitigung
- Gartenpflege
- Beleuchtung
- Kaminkehrer
- Sach- und Haftpflichtversicherung
- Hausmeister
- Antenne/Breitband/Sat-TV
- Einrichtung der Wäschepflege
- Sonstige Betriebskosten

Nachfolgend werden die einzelnen Betriebskostenarten aus dem Katalog des § 2 BetrKV erläutert.

2.1 Die umlagefähigen öffentlichen Lasten des Grundstücks

Nach § 2 Nr. 1 BetrKV gehören zu *„den laufenden öffentlichen Lasten des Grundstücks ... namentlich die Grundsteuer“*.

Es zählen also dazu: die Grundsteuer, Realkirchensteuern, Deichabgaben sowie Beiträge zu Wasser- und Bodenverbänden (LG Hamburg, Urteil vom 20.4.2000, 307 S 14/00), nicht jedoch die Personen- oder Realsteuern des Vermieters und auch nicht die Hypothekengewinnabgabe oder Anliegerbeiträge aus Erschließungs- oder Anschlussmaßnahmen (AG Greiz, Urteil vom 30.7.1998, 1 C 259/98 und vom 13.7.1998, 4 C 247/98, WuM 1999, 133). Die Grunderwerbssteuer ist gleichfalls nicht umlegbar, sie gehört zu den anschaffungsnahen Nebenkosten des Grundstückserwerbs und fällt ohnehin nicht laufend an. Auch die Ortskirchensteuer fällt nicht unter § 2 Nr. 1 BetrKV, da es sich um eine Personensteuer handelt, die von der Konfession des Vermieters abhängt (LG Landau, Urteil vom 3.7.2012, 1 S 30/12, WuM 2012, 469).

Eine Fremdenverkehrsabgabe stellt keine umlagefähige laufende öffentliche Last des Grundstücks dar, weil sie nicht an das Eigentum am Grundstück geknüpft ist, sondern — personenbezogen — an die jährlichen Einnahmen des Vermieters im Erhebungsgebiert (Schleswig-Holsteinisches OLG, Urteil vom 14.3.2012, 4 U 134/11, ZMR 2012, 866).

Der Vermieter ist grundsätzlich berechtigt, die Grundsteuer in voller Höhe an die Mieter weiterzugeben. Handelt es sich um eine Eigentumswohnung, wird die Grundsteuer von der Kommune direkt für die jeweilige Wohnung erhoben, es muss nicht erst durch Addition eine Gesamtsumme gebildet werden. Auch ohne Verteilerschlüssels darf die Grundsteuer in voller Höhe „direkt" in der Abrechnung ausgewiesen werden (BGH, Urteil vom 13.9.2011, VIII ZR 45/11, NZM 2012, 96). Der BGH hat die direkte Umlage nochmals bestätigt mit Urteil vom 17.4.2013 (VIII ZR 252/12, WuM 2013, 358).

Ferner zählen Grundsteuernachforderungen der Stadt/Gemeinde für zurückliegende Jahre zu den umlagefähigen Betriebskosten, obwohl es sich insofern nicht um eine laufende, sondern um eine einmalige Zahlung handelt (OLG Frankfurt/Main, Urteil vom 7.4.1983, 1 U 213/82, ZMR 1983, 374). Der Vermieter kann die Nachzahlung von rückwirkend neu festgesetzten Grundsteuern auch bei zwischenzeitlicher Beendigung des Mietverhältnisses vom ehemaligen Mieter verlangen. Eine verspätete Abrechnung der Betriebskostenvorauszahlungen hat der Vermieter nicht zu vertreten, da diese nicht in seinen Einflussbereich fällt (LG Rostock, Urteil vom 27.2.2009, 1 S 200/08, ZMR 2009, 924).

Bei **gemischt genutzten Objekten** ist aber gemäß § 556a Abs. 1 BGB ein **Vorwegabzug** für den gewerblich genutzten Anteil vorzunehmen, wenn der Vermieter einen einheitlichen Grundsteuerbescheid erhält (LG Hamburg, Urteil vom 27.6.2000, 316 S 15/00, NZM 2001, 806).

Die Grundsteuer wird mit einem Hebesatz auf den Einheitswert berechnet. Der Einheitswert wird vom Finanzamt nach den Rohmieten ermittelt, wobei die Finanzbehörde unterschiedliche Multiplikatoren für die Wohnungen, Gewerberäume und Garagen ansetzt. Kurz gesagt: Die Grundsteuer spiegelt das Verhältnis der unterschiedlichen Nutzungen wider. Der Vermieter hat daher die jeweiligen Anteile für Wohn- und Gewerberaum, wie sie aus dem Einheitswertbescheid zu ersehen sind, zueinander ins Verhältnis zu setzen und die Wohnungsmieter nach dem Flächenmaßstab nur mit den für sie maßgeblichen Kosten zu belasten.

Laut AG Hamburg (Urteil vom 15.8.2001, 45 C 35/01, WuM 2002, 265) gilt dies aber nicht, wenn der Anteil der gewerblich genutzten Fläche nur 15 Prozent der Gesamtfläche beträgt, da dann die Mehrbelastung der Wohnungsmieter kaum ins Gewicht fällt und dem Vermieter der zusätzliche Abrechnungsaufwand nicht zugemutet werden kann.

Nach der Entscheidung des BGH vom 8.3.2006 (VIII ZR 78/05, WuM 2006, 200) ist ein Vorwegabzug nicht geboten, wenn die Gewerbefläche nicht zu einer ins Gewicht fallenden Mehrbelastung der Wohnraummieter führt.

Auch Grundsteuererhöhungen, soweit sie durch die Aufteilung im Wohnungseigentum entstehen, sind umlegbar. Grundsteuererhöhungen können auch nachträglich umgelegt werden, wenn eine Neufestsetzung durch das Finanzamt erfolgt. Dies gilt auch dann, wenn in den vorangegangenen Abrechnungen kein Vorbehalt enthalten war (LG Berlin, Urteil vom 15.2.2002, 64 S 289/01, GE 2002, 595).

2.2 Die Kosten der Wasserversorgung

Nach § 2 Nr. 2 BetrKV gehören hierzu „*die Kosten des Wasserverbrauchs, der Grundgebühren, die Kosten der Anmietung oder anderer Arten der Gebrauchsüberlassung von Wasserzählern sowie die Kosten ihrer Verwendung einschließlich der Kosten der Eichung sowie der Kosten der Berechnung und Aufteilung, die Kosten der Wartung von Wärmemengenreglern, die Kosten des Betriebs einer hauseigenen Wasserversorgungsanlage und einer Wasseraufbereitungsanlage einschließlich der Aufbereitungsstoffe*“.

Kosten des Wasserverbrauchs

Es sind nur die Kosten des tatsächlichen Verbrauchs im Verbrauchszeitraum anzusetzen. Unabhängig davon, ob die Wasserkosten als öffentlich-rechtliche Gebühr oder als privatrechtliches Entgelt erhoben werden, kommt es auf die Endabrechnung an.

Mehrkosten durch Umbau- oder Instandsetzungsarbeiten gehen genauso zulasten des Vermieters wie Mehrverbrauch wegen Rohrbruchs oder defekter Toilettenspülung (AG Bergisch Gladbach, Urteil vom 8.3.1983, 26 (23) C 575/80, WuM 1984, 230). Die Wasserrechnung ist um den nicht

Grundgebühren

Die Grundgebühren beinhalten die Vorhaltekosten des Wasserwerks und die Kosten des Rohrnetzes.

Zählerkosten

Sind die Zähler angemietet, können die **Kosten der Anmietung** gemäß § 2 Nr. 2 BetrKV angesetzt werden. Da sämtliche zu einer Kostenart gehörenden Kosten nach demselben Verteilerschlüssel zu verteilen sind, sind die Mietkosten für den Wasserzähler nach dem Anteil des Verbrauchs und nicht nach der Anzahl pro Wohnung umzulegen (LG Berlin, Urteil vom 13.1.2009, 65 S 458/07, GE 2009, 383).

Stehen die Zähler im Eigentum des Vermieters, dann sind Reparaturkosten von Wasserzählern nicht umlagefähig, wohl hingegen die **Wartungskosten**.

In § 2 Nr. 2 BetrKV wurde die Umlagefähigkeit der Eichkosten für Kalt- und Warmwasserzähler entsprechend dem Eichgesetz bzw. der Eichordnung neu eingeführt. Bei Wasserzählern handelt es sich um eichpflichtige Geräte nach dem Eichgesetz bzw. der Eichordnung. Die Pflicht zur Nacheichung nach Ablauf der Eichgültigkeit obliegt dem Vermieter als Betreiber der Messgeräte. Soweit zu demselben Zweck aus Gründen der Kostenersparnis (Wirtschaftlichkeitsgebot) das alte Messgerät gegen ein neues (generalüberholtes oder fabrikneues) Messgerät ausgetauscht wird — wie dies in der Praxis üblicherweise der Fall ist —, zählen auch diese Kosten zu den Eichkosten im Sinne der Nr. 2. Die Umlagefähigkeit der Eichkosten hatte die Rechtsprechung aber bereits vor Erlass der BetrKV anerkannt (AG Neuss, Urteil vom 1.6.1988, 30 C 518/87, DWW 1988, 284; AG Bremerhaven, Urteil vom 1.10.1986, 53 C 512/87, DWW 1987, 19).

Nach der Eichordnung sind Kaltwasserzähler alle sechs Jahre zu eichen. Ist die Eichfrist überschritten und werden die Geräte dennoch verwendet, ist zwischen öffentlich-rechtlichen und zivilrechtlichen Folgen zu unterscheiden. Nach § 25 Abs. 1 Nr. 1a Eichgesetz ist es verboten, ungeeichte Messgeräte zu verwenden. Diese Ordnungswidrigkeit des Vermieters kann mit einem Bußgeld bis zu 10.000 EUR geahndet werden. Zur zivilrechtlichen Seite hat der BGH entschieden, dass es allein darauf ankommt, ob der nicht mehr geeichte Zähler den Verbrauch richtig erfasst hat (BGH, Urteil vom17.11.2010, VIII ZR 112/10, NZM 2011, 117).

Auch die Kosten für die Nachbeglaubigung von Messgeräten sind ansetzbar. Der Vermieter kann die Kosten der Eichung aber auch komplett in dem Jahr ansetzen, in dem die Eichung stattgefunden hat (BGH, Urteil vom 11.11.2009, VIII ZR 221/08, WuM 2010, 33).

Kosten der Berechnung und Aufteilung auf einzelne Nutzer

Im preisgebundenen Wohnraum können die Kosten der Berechnung und Aufteilung auf einzelne Nutzer nur umgelegt werden, wenn alle Wohnungen mit Kaltwasserzählern ausgestattet sind, § 21 Abs. 2 S. 3 NMV. Kapitel 18 enthält eine tabellarische Auflistung der unterschiedlichen Regelungen der Bundesländer zur Einbaupflicht von Kaltwasserzählern.

Bei preisfreiem Wohnraum besteht nur für Neubauten eine Verpflichtung, Wasserzähler einzubauen. Hat der Vermieter Wasserzähler einbauen lassen, kann er gemäß § 556a Abs. 2 BGB ab Beginn des nächsten Abrechnungszeitraums nach Verbrauch abrechnen und die Abrechnungskosten eines Abrechnungsunternehmens umlegen.

Zählerdifferenzen

Differenzen zwischen der vom Hauptzähler gemessenen Gesamtwassermenge und den erfassten Mengen der Kaltwassereinzelzähler lassen sich wegen Messtoleranzen und der technischen Unterschiede zwischen Haupt- und Einzelwasserzähler nicht vermeiden. Hauptwasserzähler sind Mehrstrahlflügelradzähler und verfügen über eine frühe Ansprechempfindlichkeit. Dagegen kommen als Wohnungszähler nur Einstrahlflügelradzähler zum Einsatz, die eine geringe Ansprechempfindlichkeit haben. Sofern die Messtoleranzen alle Mieter gleichermaßen betreffen, sind sie in einem Umfang von etwa 20 Prozent noch hinzunehmen und beeinträchtigen nicht die Ordnungsmäßigkeit der Abrechnung (LG Duisburg, Urteil vom 22.2.2006, 13 T 9/06, WuM 2006, 199; ausführlich in Noack/Westner, *Heizkostenabrechnung*, S. 116).

Hauseigene Wasserversorgungsanlage

Umlagefähig sind die Kosten des Betriebs eines hauseigenen Brunnens, einer Pumpenanlage oder eines kleinen Wasserwerks, das ein Gebäude versorgt. Hier können sowohl Stromkosten als auch Wartungskosten angesetzt werden, nicht aber Reparaturkosten.

Ebenfalls umlagefähig sind die Kosten einer dazugehörigen Druckerhöhungsanlage, mit deren Hilfe in Hochhäusern der Wasserdruck im Netz des externen Lieferanten auch für die oberen Etagen ausreichend dimensioniert wird (Kinne in ZMR 2001, 3).

Wartungs- und Austauschkosten für Wassermengenregler gehören seit 1.1.2002 zu den umlagefähigen Kosten.

Wasseraufbereitungsanlage

Sowohl das vom örtlichen Wasserversorgungsunternehmen wie auch das von einer hauseigenen Anlage gelieferte Wasser kann Stoffe enthalten, die seine Behandlung notwendig machen. In den meisten Fällen handelt es sich um Kalk. Die hohe Wasserhärte schadet den Wasserleitungen und außerdem den Maschinen der Mieter bzw. der Nutzer (Waschmaschine, Kaffeemaschine usw.). Die Wasseraufbereitungsanlagen können starke Verkalkungen reduzieren. Strom- und Wartungskosten einer Wasseraufbereitungsanlage zählen zu den Betriebskosten (AG Steinfurt, Urteil vom 8.7.2004, 4 C 59/04, WuM 2004, 567). Ansatzfähig sind die regelmäßig zu erneuernden Aufbereitungsstoffe wie Filter und chemische Zusätze wie Phosphat (AG Friedberg, Urteil vom 14.3.1985, WuM 1995, 369), aber nur bei Vorliegen einer mietvertraglichen Vereinbarung.

Ob Maßnahmen, die dem Korrosionsschutz dienen, umlegbar sind, ist strittig. Das AG Lörrach (Urteil vom 31.1.1995, 2 C 343/04, WuM 1995, 593), das AG Regensburg (Urteil vom 11.8.1993, 9 C 2418/93, WuM 1995, 319) und das AG Friedberg (Urteil vom 18.3.1998, C 1626/96-17, WuM 2000, 381) verneinen die Umlagefähigkeit, denn die Maßnahmen dienen nicht der Verbesserung der Wasserqualität, sondern der Vermeidung von Lochfraß. Aus diesem Grund stellen sie auch keine Aufbereitung dar. Das AG Dresden (Urteil vom 16.2.2002, 143 C 3528/00, NZM 2001, 708) bejaht die Umlagefähigkeit jedoch mit dem Hinweis auf die Vertragsfreiheit.

Überprüfung der Trinkwasserqualität

Zur Überprüfung der Qualität von Trinkwasser kann es unter verschiedenen Gesichtspunkten kommen. Die Kosten einer behördlich angeordneten Trinkwasseruntersuchung sind nach der Rechtsprechung umlagefähig (AG Wesel, Urteil vom 20.6.1990, 26 C 115/90, WuM 1990, 443; AG Ulm, Urteil vom 19.5.2000, 2 C 537/00, ZMR 2001, 550), nicht dagegen die Kosten für eine von einer Mietpartei in Auftrag gegebenen Wasserprüfung.

Mit Einführung der Trinkwasserverordnung, die den Grenzwert der **Bleibelastung** seit 1.12.2013 auf 0,01 Milligramm pro Liter (mg/l) abgesenkt hat, hat sich die Frage, ob die Kosten einer regelmäßigen Wasserbeprobung auf Blei umlagefähig sind, nahezu erledigt. Dieser neue Grenzwert ist praktisch nicht zu erreichen, solange noch Bleileitungen im Haus vorhanden sind. Sie sind daher rechtzeitig durch Leitungen aus anderem zugelassenen Rohrmaterial zu ersetzen.

Die nach § 14 Abs. 3 TrinkwV nunmehr alle drei Jahre (erstmals bis 31.12.2013) notwendige Untersuchung auf **Legionellen** betrifft nur die Vermieter von Wohnungen mit zentraler Warmwasserversorgungsanlage. Da bei der Trinkwasseruntersuchung das Warmwasser auf Legionellen kontrolliert wird, erfolgt die Kostenumlage nicht bei den Wasserkosten, sondern bei den **Warmwasserkosten** im Rahmen der Heizkostenabrechnung.

2.3 Die Kosten der Entwässerung

Nach § 2 Nr. 3 gehören hierzu *„die Kosten der Haus- und Grundstücksentwässerung, die Kosten des Betriebs einer entsprechenden nichtöffentlichen Anlage und die Kosten des Betriebs einer Entwässerungspumpe“*.

Hierzu gehören sämtliche Gebühren für die Haus- und Grundstücksentwässerung durch eine öffentliche Entwässerungseinrichtung (Kanal- oder Sielgebühren), unabhängig davon, ob sie für Schmutz- oder Regenwasser erhoben werden (OLG Düsseldorf, Urteil vom 3.2.2000, 10 U 197/98, WuM 2000, 591).

Enthält der Mietvertrag anstelle des Begriffs „Entwässerung“ den Begriff „Abwasser“, ist streitig, ob darunter auch das in das Kanalsystem abfließende Regenwasser gemeint ist. Der Mieter hat dann beide Gebühren zu zahlen, wenn die Gemeinde ihre Gebührenstruktur dahingehend verändert hat, dass anstelle einer Abwassergebühr nunmehr eine Gebühr für Schmutzwasser und eine Gebühr für Niederschlagswasser zu zahlen ist (LG Hannover, Urteil vom 7.1.2004, 12 S 53/03, NZM 2004, 343; AG Tempelhof-Kreuzberg, Urteil vom 11.2.2008, 11 C 254/07, GE 2008, 1063).

Wenn das Gebäude nicht an das öffentliche Kanalnetz angeschlossen ist, sind bei einer hauseigenen Abwasseranlage wie Sammelgrube, Sickergrube oder biologische Kläranlage (AG Bergisch Gladbach, Urteil vom 4.4.1984, 23 C 2/84, WuM 1985, 369) die Entleerungskosten, das heißt Abfuhr des gesammelten Schmutzwassers oder Klärschlamms, Reinigungskosten und Kosten der Wartung der Anlage, ansatzfähig (Langenberg, Rdn. A 56), so auch AG Greiz (Urteil vom 25.6.1998, 1 C 115/98, WuM 1999, 65).

Ist eine Entwässerungspumpe im Einsatz, dann sind die Kosten für Strom, Reinigung, Prüfen und Abschmieren umlegbar.

Nicht zu den Betriebskosten gehören die Instandhaltungskosten an hauseigenen Entwässerungsanlagen oder Kosten für die Beseitigung von Rohrverstopfungen (OLG Hamm, Urteil vom 19.5.1982, 4 REMiet 10/81, WuM 1982, 201) oder vorbeugende Rohrreinigungen.

Es stellt **keinen formellen Fehler dar**, wenn der Vermieter die Kosten für Wasser, Abwasser und Niederschlagswasser zusammenfasst und einheitlich nach dem Flächenmaßstab abrechnet, obwohl nach den mietvertraglichen Vereinbarungen eine verbrauchsabhängige Abrechnung erfolgen soll. Möglicherweise kann der Mieter den Abrechnungsbetrag analog § 12 HeizKV um 15 Prozent wegen unterbliebener Verbrauchserfassung kürzen (BGH, Urteil vom 13.3.2012, VIII ZR 218/11, ZMR 2012, 615).

Gießwasserabzug

Der Vermieter ist aufgrund des Wirtschaftlichkeitsgebots verpflichtet, bei den Wasserwerken einen Gießwasserabzug zu erwirken (das heißt für Wasser, das nicht in die Kanalisation eingeleitet wird) und für die Erfassung Zwischenzähler an allgemein zugänglichen Wasserhähnen außerhalb des Hauses zu installieren (AG Brandenburg, Urteil vom 8.11.2010, 34 C 16/10, GE 2010, 1751). Versäumt er diesen Antrag, muss er wegen Verstoßes gegen das Wirtschaftlichkeitsgebot die Entwässerungskosten entsprechend reduzieren (AG Schöneberg, Urteil vom 9.9.1998, 6 C 421/97, GE 1998, 1343).

2.4 Die Kosten der Heizung

2.4.1 Die Kosten des Betriebs der zentralen Heizungsanlage einschließlich der Abgasanlage

Nach § 2 Nr. 4a BetrKV zählen zu den Heizungskosten die Kosten *„des Betriebs der zentralen Heizanlage einschließlich Abgasanlage; hierzu gehören die Kosten der verbrauchten Brennstoffe und ihrer Lieferung, die Kosten des Betriebsstroms, die Kosten der Bedienung, Überwachung und Pflege der Anlage, der regelmäßigen Prüfung ihrer Betriebsbereitschaft und Betriebssicherheit einschließlich der Einstellung durch eine*

Fachkraft, der Reinigung der Anlage und des Betriebsraums, die Kosten der Messungen nach dem Bundes-Immissionsschutzgesetz, die Kosten der Anmietung oder anderer Arten der Gebrauchsüberlassung einer Ausstattung zur Verbrauchserfassung einschließlich der Kosten der Eichung sowie der Kosten der Berechnung und Aufteilung".

Brennstoffe

Die Kosten der verbrauchten Brennstoffe umfassen auch Kosten der Brennstoffzusätze und Anfeuerungsmaterial. Kosten für das **Trockenheizen** eines Neubaus können nicht angesetzt werden, da sie nicht laufend, sondern einmalig entstehen. Wird mit Heizöl geheizt, sind der Anfangs- und der Endbestand des Heizöls im Tank zu ermitteln. Die Differenz ist der **verbrauchte** Brennstoff. Entscheidend ist also nicht der Zeitpunkt der Brennstoffrechnung, sondern der Zeitraum, in dem der Brennstoff verbraucht wurde. Unter dem Gesichtspunkt der Wirtschaftlichkeit hat der Vermieter das günstigste Brennstoffangebot zu wählen. Zwar steht ihm eine gewisse Dispositionsfreiheit zu, die üblichen Kosten dürfen aber nicht um mehr als 20 Prozent überschritten werden (AG Tempelhof, Urteil vom 27.5.1998, 2 C 516/97, GE 1998, 1465).

Der Vermieter darf auch nur die tatsächlich entstandenen Kosten ansetzen. Mengenrabatte sowie Preisnachlässe sind zugunsten des Mieters zu berücksichtigen. Er muss auf jeden Fall die Position „Brennstoffkosten" erläutern, um dem Mieter die Möglichkeit der Prüfung zu geben, ob Investitionskosten des Heizungsbetreibers in der Position enthalten sind (LG Erfurt, Urteil vom 12.4.2002, 2 S 218/01, WuM 2002, 317).

Eine ordnungsgemäße Abrechnung über Brennstoffkosten erfordert nur die summenmäßige Angabe der Verbrauchswerte und der dafür angefallenen Kosten. Eine vollständige Überprüfbarkeit durch die Benennung des Anfangs- und des Endbestands des Heizöls gehört zur inhaltlichen Richtigkeit der Abrechnung und bleibt einer Belegeinsicht — wenn vom Mieter gewünscht — vorbehalten (BGH, Urteil vom 25.11.2009, VIII ZR 322/08, NZM 2010, 315).

Lieferkosten sind die Beträge, die der Brennstofflieferant dem Vermieter in Rechnung stellt, nicht aber dafür aufgewendete Eigenleistungen.

Ob die üblichen Trinkgelder angesetzt werden dürfen, ist strittig. Der Vermieter wird Kosten dieser Art in aller Regel nicht belegen können.

Werden mehrere Wohngebäude von Beginn des Mietverhältnisses an durch eine Gemeinschaftsheizung versorgt, darf der Vermieter diese Gebäude zu einer Abrechnungseinheit zusammenfassen, auch ohne mietvertragliche Vereinbarung (BGH, Urteil vom 2.2.2011, VIII ZR 151/10, WuM 2011, 159). Materielle Fehler der Betriebskostenabrechnung bezüglich der Aufteilung der Heiz- und Warmwasserkosten berühren die Wirksamkeit der Abrechnung nicht.

Es kommt nicht darauf an, ob die gemeinsame Heizungsanlage bereits bei Abschluss des Mietvertrags bestand, denn dem Vermieter ist es nicht verwehrt, eine Abrechnungseinheit im Lauf des Mietverhältnisses zu bilden (BGH, Urteil vom 13.9.2011, VIII ZR 45/11, NZM 2012, 173). Außerdem ist die Bildung einer Wirtschaftseinheit, zu der die durch eine gemeinsame Heizungsanlage versorgten Gebäude zusammengefasst werden, ohne Weiteres zulässig (BGH, Urteil vom 13.3.2012, VIII ZR 291/11, Grundeigentum 2012, 824). Hat der Vermieter in der Abrechnung bei der Bezeichnung der Wirtschaftseinheit die Hausnummern einiger Gebäude vergessen, berührt dies nicht die formelle Wirksamkeit der Abrechnung (BGH, a. a. O.).

Die Kosten für Frischwasser und Entwässerung dürfen im Rahmen der Heizkostenabrechnung abgerechnet werden (BGH, Urteil vom 26.10.2011, VIII ZR 268/10, NJW 2012, 603).

Betriebsstrom

Zu den Kosten des Betriebsstroms gehören sämtliche Stromkosten, die für das Betreiben der Heizungsanlage anfallen, zum Beispiel der Strom für Pumpen, Brenner, elektrisch arbeitende Wärmefühler, elektrische Wärmepumpen, für die Beleuchtung des Heizraums sowie für Strom, der im Rahmen der Überwachung, Pflege und Reinigung der Anlage verbraucht wird.

Die Kosten für den Betriebsstrom können auch dann auf den Mieter umgelegt werden, wenn es keinen Zwischenzähler gibt. Der BGH hat die Schätzung der umlagefähigen Stromkosten für zulässig erachtet. Bestreitet der Mieter den vom Vermieter angesetzten Betrag, so hat der die Grundlagen seiner Schätzung darzulegen (BGH, Urteil vom 20.2.2008, VIII ZR 27/07, NZM 2008, 403). Gibt es keinen Zwischenzähler, werden die Stromkosten entweder prozentual ermittelt oder sie dürfen nach dem Anschlusswert der betroffenen Geräte errechnet werden. Die Stromkosten dürfen mit ca. drei bis fünf Prozent der gesamten Heizkosten veranschlagt werden (LG Hannover, Urteil vom 19.4.1991, 8 S 53/90, WuM 1991, 540). Der Stromverbrauch kann nach der folgenden Formel errechnet werden (LG Berlin, Urteil vom 28.6.1983, 65 S 457/82, GE 1994, 83).

Anschlusswert der elektrischen Geräte der Heizanlage in kW/h	x	24 h	x	Anzahl der Heiztage	x	Strompreis	=	Betriebsstrom der Heizanlage

Nach dem Urteil des BGH vom 13.9.2011 (VIII ZR 45/11, NZM 2012, 96) ist es unschädlich, wenn in der Heizkostenabrechnung keine Kosten des Betriebsstroms aufgeführt werden. Dies führt weder zu einer Unwirksamkeit der Abrechnung aus formellen noch aus inhaltlichen Gründen.

Bedienung, Überwachung, Pflege

Zu den Kosten der Bedienung, Überwachung und Pflege der Anlage gehören die Sach- und Personalkosten einschließlich der Sozialbeiträge, die dem Eigentümer laufend entstehen, insbesondere beim arbeitsintensiven Betrieb einer Koks-Zentralheizung. Bei vollautomatischen Öl- oder Gasheizungen werden Bedienungskosten meistens nicht anerkannt. Es sei denn, es handelt sich um eine größere Anlage. Bei halbautomatischen Anlagen ohne Thermostat und/oder Zeitregelung muss die Heizung jeweils auf die wechselnden Außentemperaturen oder die Nachtabsenkung eingestellt werden, sodass hier eine gewisse Bedienung notwendig ist.

Zu den Kosten der regelmäßigen Prüfung der Betriebsbereitschaft und Betriebssicherheit einschließlich der Einstellung durch eine Fachkraft zählen die Kosten für einen Wartungsdienst (nicht Reparaturen). Eine Wartung beinhaltet zum Beispiel das Überprüfen und Einstellen der Feuerungseinrichtungen, das Reinigen und Einstellen des Brenners einschließlich neuer Dichtungen, Filter und Zerstäuberdüsen, das Überprüfen der zentralen regeltechnischen Einrichtungen, Probeläufe, Messungen der Abgaswerte und der Abgastemperaturen, Kontrolle und Nachfüllen des Wasserstands (OLG Düsseldorf, Urteil vom 8.6.2000, 10 U 94/99, NZM 2000, 762). Die Kosten der Dichtigkeitsprüfung (§ 10 Abs. 3 EnEV) gehören ebenfalls zu den umlagefähigen Betriebskosten (AG Bad Wildungen, Urteil vom 20.6.2003, C 66/03, WuM 2004, 669).

Gasleitungen sind nach der Empfehlung des Deutschen Vereins des Gas- und Wasserfaches (DVGW) e. V. alle zwölf Jahre auf Druck und Dichtigkeit zu überprüfen. Die von einem Fachmann durchzuführende Kontrolle ist gemäß § 2 Nr. 4d BetrKV umlagefähig (vgl. BGH, Urteil vom 14.2.2007, NZM 2007, 282 zum E-Check-Urteil; AG Königstein/Taunus, Urteil vom 28.8.2007, 23 C 155/97, WuM 1997, 684; LG Hannover, Urteil vom 7.3.2007, 12 S 97/06, ZMR 2007, 865). Allerdings muss für die Ansetzbarkeit der Kosten nach der Funktion der Gasleitungen differenziert werden: Versorgen die Gasleitungen in den Wohnungen Gasheizgeräte und Gasherde zugleich, dient die Dichtigkeitsprüfung der Betriebssicherheit im Sinne des § 2 Nr. 4d BetrKV, sodass ihre Kosten ohne Weiteres angesetzt werden dürfen (LG Hannover, Urteil vom 7.3.2007, 12 S 97/06, GE 2007, 1694). Versorgen die Gasleitungen allein Gasherde, setzt die Umlage dieser sonstigen Kosten eine entsprechende mietvertragliche Vereinbarung voraus. Eine häufigere Dichtigkeitsprüfung, zum Beispiel alle ein bis zwei Jahre, verstößt dagegen gegen das Gebot der Wirtschaftlichkeit (Langenberg, Rdn. A 291).

Reinigung der Anlage

Zu den Kosten der Reinigung der Anlage gehört die Reinigung des Heizkessels durch Entfernung von Verbrennungsrückständen und Wasserablagerungen, insbesondere das Auswechseln kleinerer Teile, der Austausch eines Filtersatzes, das Zerlegen und der anschließende Zusammenbau des Ölbrenners sowie notwendige Dichtungen.

Öltankreinigung

- Die Diskussion um die strittige Frage, ob die **Öltankreinigungskosten** umlagefähig sind, hat der BGH mit seiner Entscheidung vom 11.11.2009 (VIII ZR 221/08, WuM 2010, 33) beendet: Wiederkehrende Kosten der Reinigung des Öltanks sind umlagefähige Betriebskosten. Betriebskosten, die nicht jährlich, sondern in größeren zeitlichen Abständen wiederkehren, wie die Öltankreinigung, können grundsätzlich in dem Abrechnungszeitraum umgelegt werden, in dem sie entstehen. Der Vermieter ist nicht verpflichtet, die jeweils nur im Abstand von mehreren Jahren anfallenden Tankreinigungskosten auf mehrere Abrechnungsjahre aufzuteilen. Sie dürfen vielmehr grundsätzlich in dem Abrechnungszeitraum umgelegt werden, in dem sie entstehen (BGH, Urteil vom 11.11.2009, VIII ZR 221/08, WuM 2010, 33).
- Die Kosten der **Beschichtung oder des Anstrichs des Öltanks** sind nicht umlagefähige Instandhaltungskosten (LG Frankenthal, Urteil vom 10.4.1995, 2 S 483/84, ZMR 1985, 302).
- Bei den Kosten für die **Spülung einer Fußbodenheizung** handelt es sich ebenfalls um nicht umlegbare Betriebskosten, sondern um Kosten, die in den Bereich der Instandhaltung fallen (AG Köln, Urteil vom 27.8.1998, 222 C 376/97, WuM 1999, 235).

Die **Reinigung des Betriebsraums** wird nur bei der Beheizung mit Kohle erforderlich sein. Bei der Beheizung mit Holzpellets oder Holzhackschnitzeln dagegen erfolgt die Versorgung des Brenners automatisch, sodass kein nennenswerter Reinigungsaufwand erforderlich sein dürfte. Zum umlagefähigen Aufwand gehören Reinigungszeit und Reinigungsmaterial.

Abgasanlage

Hierzu gehört vor allem der Schornstein einschließlich der Verbindungsstücke zur Heizanlage (zum Beispiel Rauch- und Abgasrohre); weiterhin zählen dazu Drosselvorrichtungen (Drosselklappen oder Schieber), Zugbegrenzer, Nebenlufteinrichtungen, Absperrvorrichtungen, Abgasventilatoren sowie andere Bestandteile der Verbindung zwischen Heizungsanlage und Schornstein.

Kaminkehrer/Schornsteinfeger

Die Kosten für Messungen nach dem Bundes-Immissionsschutzgesetz, auch soweit sie vom Schornsteinfeger durchgeführt werden, sind umlagefähig. Bei Zentralheizungen besteht die gesetzliche Verpflichtung zur jährlichen Überprüfung der Feuerungsanlage durch den Schornsteinfeger.

Wenn die Prüfung ergibt, dass die Heizanlage den Anforderungen nicht genügt, hat der Gebäudeeigentümer innerhalb von sechs Wochen eine Wiederholungsmessung durchführen zu lassen. Die Kosten dafür können nur dann nicht umgelegt werden, wenn der Eigentümer die Wiederholungsmessung zu vertreten hat. Dies kann dann der Fall sein, wenn er zur Wartung verpflichtet war und diese trotzdem nicht hat ordnungsgemäß ausführen lassen.

Zu den umlagefähigen Schornsteinfegerkosten gehören gleichfalls die Kosten für eine **Luftvolumenstrommessung**, die alle zwei Jahre vom Kaminkehrer durchgeführt wird. Es handelt sich dabei um eine gesetzlich vorgeschriebene Prüfung. Dabei werden die Lüfter der Zwangsentlüftung in den Wohnungen auf ihre Funktionstüchtigkeit geprüft. Da diese Zwangsentlüftungen nur in Dunkelbädern oder Küchen ohne Fenster, also nicht in allen Wohnungen installiert sind, werden diese Kosten nur den betroffenen Wohnungen zugeordnet.

Feuerstättenschau/Feuerstättenbescheid

Das neue Schornsteinfegergesetz (1.1.2013) verpflichtet dazu, für jedes Gebäude eine Feuerstättenschau durchzuführen, für die dann ein Feuerstättenbescheid ausgestellt wird. Die Feuerstättenschau muss innerhalb von sieben Jahren zweimal stattfinden, wobei zwischen den beiden Terminen mindestens drei Jahre liegen müssen. Die Begutachtung aller Feuerungsanlagen dient dem vorbeugenden Brandschutz. Nach erfolgter Feuerstättenschau stellt der Kaminkehrer den Feuerstättenbescheid aus. Dieser gibt Auskunft darüber, welche Reinigungs-, Überprüfungs- und Messarbeiten an den Feuerungsanlagen in welchen Zeiträumen durchzuführen sind. Die dafür entstehenden Kosten dürfen umgelegt werden (Langenberg, Rdn. H 86). Das AG Soest hat die Kosten für den Feuerstättenbescheid als umlagefähige Betriebskosten eingestuft, allerdings fälschlicherweise als laufende öffentliche Lasten des Grundstücks (Urteil vom 6.2.2013, 12 C 280/12, Grundeigentum 2014, 129).

Anmietung einer Ausstattung zur Verbrauchserfassung

Unter Ausstattung zur Verbrauchserfassung sind Wärmezähler und Heizkostenverteiler nach dem Verdunstungsprinzip und elektronische Heizkostenverteiler zu verstehen. Wenn diese Geräte gemietet oder geleast werden, gehören die Miet- oder Leasingkosten zu den Betriebskosten. Hinsichtlich der Mietkosten ist zu beachten, dass diese nur dann umgelegt werden können, wenn der Vermieter das Beteiligungsverfahren gemäß § 4 Abs. 2 S. 2 HeizKV durchgeführt hat. Der Vermieter muss den Nutzern unter Angabe der dadurch verursachten Mehrkosten mitteilen, dass er die Geräte zur Verbrauchserfassung mieten will. Wenn die Mehrheit der Nutzer binnen Monatsfrist widerspricht, ist die Umlage der Anmiet- oder Leasingkosten unzulässig. In diesem Fall bleibt dem Vermieter nur der Kauf der Geräte. Bei ihrem erstmaligen Ankauf kann der Vermieter eine Mieterhöhung wegen Modernisierung gemäß § 559 BGB geltend machen.

Verwendung einer Ausstattung zur Verbrauchserfassung einschließlich der Eichkosten sowie der Kosten für Berechnung und Aufteilung

Diese Position umfasst die Kosten der Wärmemessdienstfirmen für die übliche Miete der Erfassungsgeräte, das Ablesen der Geräte, den Austausch von Messflüssigkeiten und Batterien. Nach den Richtlinien zur Durchführung der verbrauchsabhängigen Heizkostenabrechnung (Fassung vom 17.11.1989) sind zwei Ablesetermine im Abstand von mindestens zwei Wochen durchzuführen. Bei Nichteinhalten des Termins wird der Verbrauch geschätzt. Das LG München I (Urteil vom 22.2.2001, 12 O 7987/00, WuM 2001, 190) lehnt die Kostenpflichtigkeit des zweiten Ablesetermins ab.

Belaufen sich die Kosten des Wärmemessdienstes auf etwa die Hälfte der Energiekosten der Abrechnungsperiode, so ist die Heizkostenabrechnung fehlerhaft, solange der Vermieter nicht nachweist, dass am Markt keine günstigere Wärmedienstleistung zu erlangen ist (AG Münster, Urteil vom 14.9.2001, 3 C 3188/01, WuM 2001, 499).

Möglich ist die Geltendmachung von Kosten auch, wenn der Eigentümer die entsprechenden Arbeiten (Ablesung etc.) selbst erledigt.

Seit Inkrafttreten der BetrKV am 1.1.2004 sind auch die Kosten der **Eichung** von Verbrauchserfassungsgeräten umlagefähig. Die Heizkostenverordnung (HeizKV) wurde im Zuge der Reform zum 1.1.2009 entsprechend angepasst. Eichpflichtig sind Wärmezähler (bzw. Warmwasserzähler), das heißt Messgeräte, die den Wärmeverbrauch in physikalischen Einheiten angeben. Auch wenn die Eichkosten nur in längeren zeitlichen Abständen anfallen (**aperiodische Kosten**), können die Eichkosten bzw. die Austauschkosten anlässlich einer gesetzlich vorgeschriebenen Eichung umgelegt werden. Der Vermieter kann die Eichkosten grundsätzlich in dem Abrechnungszeitraum umlegen, in dem sie entstehen (BGH, Urteil vom 11.11.2009, VIII ZR 221/08, WuM 2010, 33). Alternativ können die Kosten auf mehrere Jahre aufgeteilt werden (AG Koblenz, Urteil vom 28.5.1996, 42 C 970/96, DWW 1996, 252).

Zu den Betriebskosten des Wärmezählers gehören auch die Kosten für deren Wartung und die Kosten für die Erneuerung der zu ihrem Betrieb benötigten Batterien (AG Steinfurt, Urteil vom 4.2.1999, 4 C 629/98, WuM 1999, 721).

Verbrauchsanalyse

Für das Erstellen einer Verbrauchsanalyse durch die Messdienste entstehen Kosten. Diese Kostenart ist erst seit dem 1.1.2009 in § 7 Abs. 2 HeizKV enthalten und fehlt in § 2 Nr.4a BetrKV.Diese Kosten sind umlagefähig Das gilt unabhängig davon, ob die Kostenumlage der Verbrauchsanalyse mietvertraglich vereinbart wurde oder nicht (Pfeifer, *Heizkosten*, S. 149). Eine Verbrauchsanalyse soll nach § 7 Abs. 2 S. 2 HeizKV insbesondere die Entwicklung der Kosten für die Heizwärme- und Warmwasserversorgung der vergangenen drei Jahre wiedergeben und den Nutzer damit in die Lage versetzen, sein Verbrauchsverhalten zeitnah zu verändern und entsprechend Energie zu sparen. Nach anderer Ansicht sind diese Kosten nur umlagefähig, wenn dies ausdrücklich mietvertraglich vereinbart wurde (Schmid, Grundeigentum 2014, 433). Bei älteren Mietverträgen können diese Kosten nur umgelegt werden, wenn der Mietvertrag eine dynamische Verweisung auf die HeizKV oder eine Betriebskostenmehrbelastungsklausel enthält (Bub/Treier, III. A 481).

Solarheizung/Wärmepumpe

Trägt eine Solaranlage oder eine Wärmepumpe zur Heizung oder zur Erwärmung des Warmwassers bei, darf der Vermieter keinen fiktiven Preis für ersparte Heizkosten, etwa je kWh, in der Heizkostenabrechnung ansetzen. In der Heiz- und Betriebskostenabrechnung dürfen grundsätzlich nur tatsächlich entstandene Kosten umgelegt werden (§§ 7 Abs. 2, 8 Abs. 2 HeizKV, 2 Nr. 4a, 5a, 6a BetrKV). Es dürfen ausschließlich die Kosten der tatsächlich verbrauchten Brennstoffe für Kohle, Koks, Heizöl, Gas oder Holzpellets angesetzt werden (Eisenschmid/Rips/Wall, Rdn. 3016).

Würde der Vermieter die eingesparten Brennstoffkosten umlegen, wäre dies unzulässig. Eine Vereinbarung, die den Mieter zur Zahlung eines „Solarpreises" verpflichtet, wäre gemäß § 556 Abs. 4 BGB unwirksam.

Wenn allerdings aufgrund zu geringer Sonneneinstrahlung eine Zusatzheizung benötigt wird, sind die dafür aufgewendeten Brennstoffkosten anzusetzen. Abgesehen davon kann der Vermieter zumindest die Kosten für den Betriebsstrom der Solaranlage, Einstellungskosten sowie Reinigungs- und Wartungskosten als Heiznebenkosten umlegen.

Wird das Objekt dagegen überwiegend oder monovalent mit Wärme oder Warmwasser aus einer Solaranlage, Wärmepumpe o. Ä. versorgt, gelten die Regelungen der HeizKV nicht (§ 11 Abs. 1 Nr. 3). In diesem Ausnahmefall ist eine verbrauchsabhängige Heiz- und Warmwasserabrechnung nicht zwingend vorgeschrieben. Eine überwiegende Versorgung liegt vor, wenn über 50 Prozent des Gebäudes durch eine Anlage wie Wärmepumpe, Solaranlage o. Ä. versorgt wird. Aber auch wenn die Wärmepumpe die Wärmeversorgung zu 100 Prozent übernimmt, wird empfohlen, eine verbrauchsbasierte Abrechnung zu erstellen. Denn eine Wärmepumpe benötigt Strom oder auch konventionelle Brennstoffe, um dem Erdreich, dem Grundwasser oder der Luft Energie zu entnehmen und diese in Energie umzuwandeln. Sogar besonders effiziente Wärmepumpen benötigen rund 25 Prozent elektrische Antriebsenergie, um 100 Prozent Heizwärme zu erzeugen. Es muss auf jeden Fall ein Stromzähler vor der Wärmepumpe installiert werden, um den Energieverbrauch der Anlage zu erfassen, denn nur tatsächlich entstandene Kosten dürfen auf die Verbraucher umgelegt werden.

Die Investitionskosten für die Solaranlage können nicht angesetzt werden. Der Vermieter kann für den Einbau einer Solaranlage eine Mieterhöhung wegen Modernisierung gemäß § 559 BGB vornehmen, da Primärenergie eingespart wird (BGH, Urteil vom 24.9.2008, VIII ZR 275/07, DWW 2008, 376).

Kraft-Wärme-Koppelung

Stammt die Wärme aus Anlagen der Kraft-Wärme-Koppelung, kann es Schwierigkeiten bereiten zu ermitteln, welche Kosten auf die Stromerzeugung entfallen. Hierzu gibt es seit November 2012 die Richtlinie VDI 2077/3.1. Allerdings ist sie nicht verbindlich und schließt andere Berechnungsmethoden nicht aus.

Sonstige Kosten

Tankhaftpflichtversicherung

Die Kosten einer Tankhaftpflichtversicherung gehören nicht zu den unmittelbaren Heizkosten nach § 7 Abs. 2 HeizKV, sondern sie sind gemäß § 2 Nr. 13 BetrKV in die Betriebskostenrechnung einzustellen.

Energieausweis

Der Vermieter ist nach § 16 Abs. 2 S. 2 EnEV 2009 verpflichtet, für das Gebäude einen Energieausweis erstellen zu lassen. Seit dem 1.5.2014 muss dem Mietinteressenten der Energieausweis vorgelegt werden. Bei Mietvertragsabschluss muss dem Mieter eine Kopie ausgehändigt werden. Bei den Kosten für die Erstellung des Energieausweises (Verbrauchsausweis etwa 50 EUR, Bedarfsausweis etwa 500 EUR) handelt es sich um nicht umlagefähige Verwaltungskosten, weil diese Kosten nicht laufend entstehen (Langenberg, Rdn. K 76).

Korrosionsschutz

Anodenschutzanlagen dienen dem Korrosionsschutz des Öltanks und sind als vorbeugende Erhaltungskosten nicht umlagefähig (AG Friedberg, Urteil vom 18.3.1998, C 1626/96-17, WuM 2000, 381).

Feuerlöscher

Die Kosten für die Wartung von Feuerlöschern sind selbst dann kein umlagefähiger Aufwand, wenn sie zum Heizraum gehören. Bei entsprechender mietvertraglicher Vereinbarung fallen sie unter „sonstige Betriebskosten" gemäß § 2 Nr. 17 BetrKV.

Zwischenablesung

Beim Mieterwechsel fallen Kosten der Zwischenablesung an, auch Nutzerwechselgebühr genannt. Liegt eine mietvertragliche Vereinbarung vor, übernimmt der Mieter die Kosten. Fehlt diese Vereinbarung, hat der Vermieter die Kosten zu tragen. Es handelt sich schon begrifflich nicht um Betriebskosten, da diese nicht laufend entstehen (BGH, Urteil vom 14.11.2007, VIII ZR 19/07, NJW 2008, 575).

2.4.2 Die Kosten des Betriebs einer zentralen Brennstoffversorgungsanlage

§ 2 Nr. 4b BetrKV: die Kosten „*des Betriebs einer zentralen Brennstoffversorgungsanlage; hierzu gehören die Kosten der verbrauchten Brennstoffe und ihrer Lieferung, die Kosten des Betriebsstroms und die Kosten der Überwachung sowie die Kosten der Reinigung der Anlage und des Betriebsraums*".

Dabei handelt es sich vorrangig um zentrale Öllagertanks (gilt auch für Gasversorgungsleitungen), von denen aus Versorgungsleitungen zu den in den Wohnungen befindlichen Einzelheizungen der Mieter (Etagenheizungen) führen. Eine Hausanlage, die an das öffentliche oder städtische Gasleitungsnetz angeschlossen ist, fällt nicht unter diese Vorschrift.

Zu diesen Kosten gehören die Kosten der verbrauchten Brennstoffe und ihrer Lieferung, die Kosten des Betriebsstroms und die Kosten der Überwachung sowie die Kosten der Reinigung der Anlage und des Betriebsraums.

2.4.3 Die Kosten der gewerblichen Lieferung von Wärme/ Wärmecontracting

§ 2 Nr. 4c BetrKV: die Kosten *„der eigenständig gewerblichen Lieferung von Wärme, auch aus Anlagen im Sinne von Nummer 4a; hierzu gehören das Entgelt für die Wärmelieferung und die Kosten des Betriebs der zugehörigen Hausanlagen entsprechend Nummer 4 Buchstabe a“*.

Wärmecontracting liegt vor, wenn der Vermieter die Belieferung seiner Mieter mit Wärme und Warmwasser nicht mehr selbst vornimmt, sondern einem Dritten überträgt. Der Drittbetreiber wird im Rahmen der eigenständig gewerblichen Lieferung tätig und kann je nach Vertragsgestaltung dem Vermieter oder dem Mieter unmittelbar die Kosten für die Wärme- und Warmwasserlieferung — wie bei der Fernwärme — nach § 7 Abs. 4 und § 8 Abs. 4 HeizKV in Rechnung stellen. Die Kosten des Contractings können auf den Mieter umgelegt werden, wenn der Mietvertrag eine entsprechende Vereinbarung enthält. Ein Hinweis auf § 2 BetrKV reicht aus, da in der Betriebskostenaufstellung diese Kosten enthalten sind (BGH, Urteil vom 27.6.2007, VIII ZR 202/06, NZM 2007, 769). Bei älteren Mietverträgen hat der Mieter die Wärmelieferungskosten nur dann zu tragen, wenn der Mietvertrag auf die Betriebskostenaufstellung in Anlage 3 zu § 27. BV in der seit 1.3.1989 geltenden Fassung verweist. Denn erst in der seit diesem Zeitpunkt geltenden Fassung werden die Wärmelieferungskosten erfasst.

Umstellung auf Wärmelieferung im laufenden Mietverhältnis

Der Vermieter ist berechtigt, von der Eigenerzeugung von Wärme (zum Beispiel Zentralheizung) auf Wärmelieferung unter den Voraussetzungen des § 556c BGB umstellen und die Kosten der Wärmelieferung auf den Mieter umlegen. § 556c BGB wurde durch das Mietrechtsänderungsgesetz in das BGB eingefügt und gilt seit dem 1.5.2013. Nach § 556c Abs. 1 Nr. 1 BGB ist eine materielle Voraussetzung, dass nach der Umstellung die Wärme mit verbesserter Effizienz (das bedeutet Einsparung von Endenergie) entweder aus einer vom Wärmelieferanten errichteten neuen Anlage oder aus einem Wärmenetz geliefert wird. Nach § 556c Abs.1 Nr. 2 BGB dürfen die Kosten der Wärmelieferung die bisherigen Heizkosten nicht übersteigen (Warmmietenneutralität). Bei der Umstellungsankündigung hat der Vermieter dem Mieter einen Kostenvergleich mitzuteilen. Erfolgte die Umstellung vor dem 1.5.2013, sind die bisherigen von der Rechtsprechung entwickelten Grundsätze anzuwenden. Während bei der Eigenerzeugung von Wärme lediglich Verbrauchskosten angesetzt werden dürfen, enthält der Wärmepreis (bei der Fernwärme) nicht nur Verbrauchsanteile, sondern auch einen Anteil für die Abschreibung der Heizungsanlage sowie einen Gewinnanteil für das Wärme-Unternehmen.

Der BGH hat in mehreren Entscheidungen folgende Grundsätze herausgestellt:

Die Umstellung einer bei Mietvertragsabschluss vom Vermieter selbst betriebenen Heizanlage auf Wärmecontracting, also Betrieb durch einen Dritten, bedarf der Zustimmung des Mieters. Ausnahme: Wenn der Mietvertrag eine entsprechende Regelung enthält und dem Mieter durch die Umstellung keine zusätzlichen Kosten entstehen (BGH, Urteil vom 6.4.2005, VIII ZR 54/04, WuM 2005, 387 und vom 15.3.2006, VIII ZR 153/05, WuM 2006, 256).

Rügt der Mieter einen Verstoß gegen das Wirtschaftlichkeitsgebot, so hat er nachzuweisen, dass Heizwärme im angerechneten Zeitraum von einem anderen Wärmecontractor preiswerter angeboten wurde. Erst dann hat der Vermieter nachzuweisen, dass das Wirtschaftlichkeitsgebot nicht verletzt wurde (BGH, Urteil vom 13.6.2007, VIII ZR 78/06, NZM 2007, 563).

Die Vereinbarung in einem Mietvertrag, nach der der Mieter die Betriebskosten der Heizung (erläutert durch Anlage 3 zu § 27 II. BV) zu tragen hat, erlaubt dem Vermieter während des Mietverhältnisses die Umstellung auf Fernwärme. Er ist berechtigt, die Wärmelieferungskosten auf den Mieter umzulegen, wenn die zum Zeitpunkt des Vertragsschlusses geltende Fassung der II. BV bereits eine Umlegung der Fernwärmekosten vorsah, nämlich seit dem 1.3.1989 (BGH, Urteil vom 27.6.2007, VIII ZR 202/06, NZM 2007, 769).

2.4.4 Die Kosten der Wartung von Etagenheizung und Gaseinzelfeuerstätten

§ 2 Nr. 4d BetrKV: die Kosten *„der Reinigung und Wartung von Etagenheizungen und Gaseinzelfeuerstätten; hierzu gehören die Kosten der Beseitigung von Wasserablagerungen und Verbrennungsrückständen in der Anlage, die Kosten der regelmäßigen Prüfung der Betriebsbereitschaft und Betriebssicherheit und der damit zusammenhängenden Einstellung durch eine Fachkraft sowie die Kosten der Messungen nach dem Bundes-Immissionsschutzgesetz“*.

Die Beseitigung von Wasserablagerungen erfolgt üblicherweise durch die Entkalkung oder Reinigung der wasserführenden Teile, insbesondere des Kessels, der Heizkörper und der Leitungen. Zur Beseitigung von Verbrennungsrückständen gehört auch die Reinigung des Brennerraums, des Kessels, des Brenners und der Abgasanlage.

Eine Formularklausel, die dem Mieter die anteiligen Kosten der jährlichen Wartung der Gastherme auferlegt, ohne eine Obergrenze für den Umlagebetrag zu nennen, ist nach dem Urteil des BGH vom 7.11.2012 wirksam (VIII ZR 119/12, ZMR 2013, 257).

2.5 Die Kosten der Warmwasserversorgung

- *§ 2 Nr. 5a BetrKV: die Kosten „des Betriebs der zentralen Warmwasserversorgungsanlage, hierzu gehören die Kosten des Frischwasser, soweit sie nicht schon entsprechend Nummer 2 berücksichtigt wurden, und die Kosten der Wassererwärmung entsprechend Nummer 4 Buchstabe a“.*
- *§ 2 Nr. 5b BetrKV: die Kosten „der eigenständig gewerblichen Lieferung von Warmwasser, auch aus Anlagen im Sinne des Buchstabens a, hierzu gehören das Entgelt für die Lieferung des Warmwasser und die Kosten des Betriebs der zugehörigen Hausanlagen entsprechend Nummer 4 Buchstabe a“.*
- *§ 2 Nr. 5c BetrKV: die Kosten „der Reinigung und Wartung von Warmwassergeräten, hierzu gehören die Kosten der Beseitigung von Wasserablagerungen und Verbrennungsrückständen im Innern der Geräte sowie der regelmäßigen Prüfung der Betriebsbereitschaft und Betriebssicherheit und der damit zusammenhängenden Einstellung durch eine Fachkraft“.*

Diese Kosten fallen dann an, wenn in der Wohnung keine zentrale Warmwasserversorgung besteht, sondern eine dezentrale mit **Boiler** oder **Durchlauferhitzer**.

Legionellenbeprobung

Seit dem 1.11.2011 gilt die neue Trinkwasserverordnung. Danach sind Vermieter verpflichtet, das Warmwasser turnusmäßig (alle drei Jahre) auf **Legionellen** untersuchen zu lassen, wenn eine zentrale Warmwasserversorgungsanlage mit entweder mehr als 400 Liter Speichervolumen oder Warmwasserleitungen mit mehr als drei Liter Inhalt zwischen Trinkwassererwärmer und Entnahmestelle vorliegt. Bei den Kosten für die wiederkehrenden Untersuchungspflichten handelt es sich um Betriebskosten (Langenberg, Rdn. K 134). Die Kosten der regelmäßigen Untersuchung sind nicht bei der Position Wasserkosten nach § 2 Nr. 2 BetrKV anzusetzen, da die Prüfung auf Legionellen erst nach der Erwärmung des Trinkwassers angezeigt ist. Vielmehr handelt es sich um Kosten der Wassererwärmung nach § 8 Abs. 2 HeizKV. Genau genommen zählen die Kosten für die wiederkehrenden Trinkwasseruntersuchungen zu den Kosten der Überwachung der Anlage und den Kosten der Prüfung ihrer Betriebssicherheit (Blümel, GE 2011, 1396). Ergibt die Trinkwasseruntersuchung, dass die Grenzwerte für Legionellen (> 100 mg/KBE) überschritten sind, hat der Gebäudeeigentümer alle notwendigen Untersuchungen und Abhilfemaßnahmen zu veranlassen. Hierbei handelt es sich um Kosten aus einem konkreten Schadensfall, die mithin nicht laufend anfallen und deshalb nicht umlagefähig sind.

Die Kosten für die Einrichtung von Probeentnahmestellen sind ebenfalls einmalige Kosten, die nicht als Betriebskosten angesetzt werden können. Hierbei handelt es sich um Modernisierungskosten gemäß § 559 BGB.

2.6 Die Kosten verbundener Heizungs- und Warmwasserversorgungsanlagen

- *§ 2 Nr. 6a BetrKV: die Kosten „bei zentralen Heizungsanlagen entsprechend Nummer 4a und Nummer 2, soweit sie nicht bereits berücksichtigt sind“.*
- *§ 2 Nr. 6b BetrKV: die Kosten „bei der eigenständig gewerblichen Lieferung von Wärme entsprechend Nummer 4 Buchstabe c und Nummer 2, soweit sie nicht dort bereits berücksichtigt sind“.*
- *§ 2 Nr. 6c BetrKV: die Kosten „bei verbundenen Etagenheizungen und Warmwasserversorgungsanlagen entsprechend Nummer 4 Buchstabe d und Nummer 2, soweit sie nicht dort bereits berücksichtigt sind“.*

Der Brennstoffverbrauch der zentralen Warmwasserversorgungsanlage bei verbundenen Anlagen, das heißt bei Heizanlagen, die Heizwasser und Warmwasser gleichzeitig bereiten, durfte bis zum 31.12.2008 pauschal mit 18 Prozent am Gesamtverbrauch angesetzt werden. Seit dem 1.1.2009 musste der Brennstoffverbrauch für das Warmwasser nach der Formel in § 9 HeizKV errechnet werden. Seit dem 31.12.20013 muss die auf die zentrale Warmwasserversorgungsanlage entfallende Wärmemenge mit einem Wärmezähler gemessen werden (§ 9 Abs. 2 HeizKV). Es muss somit ein Wärmezähler, das heißt der Temperaturfühler am Vor- und Rücklauf und das Messteil für den durchfließenden Wärmeträger, an der zentralen Warmwasserbereitungsanlage angebracht werden. Wärmezähler ermitteln keine Vergleichswerte des Einzelverbrauchs zum Gesamtverbrauch, sondern den Verbrauch der Wärme. Die gemessene Wärmemenge (nicht die Warmwassermenge) ist zur Gesamtwärmemenge des Gebäudes ins Verhältnis zu setzen. Nach dem sich hieraus ergebenden Prozentanteil müssen die einheitlich entstandenen Kosten auf Wärme- und Warmwassernutzer aufgeteilt werden. Die bisherige Praxis, die auf die Warmwasserversorgungsanlage entfallende Wärmemenge rechnerisch zu ermitteln, ist ab dem Stichtag 1.1.2014 nicht mehr zulässig. Die Messung muss spätestens für die ab 1.1.2014 beginnende Abrechnungsperiode mit Wärmezählern durchgeführt werden. Empfohlen wird meist, Ultraschallwärmezähler zu verwenden, die eine geringere Trägheit aufweisen als solche mit mechanischen Messwerken. Eine Befreiung von der Pflicht, Wärmezähler im Heizungskeller einzubauen, liegt nur dann vor, wenn die Wärmemenge lediglich mit einem unzumutbar hohen Aufwand gemessen werden kann.

Die Eichkosten für den Wärmezähler gehören zu den umlagefähigen Betriebskosten, nicht dagegen die Anschaffungskosten. Die Anschaffungskosten können als Modernisierungskosten über eine Mieterhöhung gemäß § 559 BGB an die Mieter weitergegeben werden.

2.7 Die Kosten des Betriebs des Personen- und Lastenaufzugs

§ 2 Nr. 7 BetrKV: „*... hierzu gehören die Kosten des Betriebsstroms, der Beaufsichtigung, der Bedienung, Überwachung und Pflege der Anlage, der regelmäßigen Prüfung ihrer Betriebsbereitschaft und Betriebssicherheit einschließlich der Einstellung durch eine Fachkraft sowie die Kosten der Reinigung der Anlage.*“

Zum Betriebsstrom gehören der elektrische Strom für die maschinelle Einrichtung und derjenige für die Beleuchtung des Fahrkorbs.

Seit Inkrafttreten der Betriebssicherheitsverordnung (BetrSichV) (BGBl. I 2002, S. 3777) am 1.1.2003, welche die Aufzugsverordnung abgelöst hat, gelten erhöhte Sicherheitsprüfungen für bestehende und neue Aufzugsanlagen. Wer einen Personenaufzug betreibt, muss die besonderen Vorschriften für eine überwachungsbedürftige Anlage beachten, § 12 BetrSichV. Gemäß § 15 BetrSichV ist der Eigentümer verpflichtet, den Aufzug in wiederkehrenden Abständen einer Hauptprüfung oder zusätzlichen Zwischenprüfungen zu unterziehen. Diese Prüfungen werden grundsätzlich vom TÜV oder von einem Sachverständigen vorgenommen. Die Prüfkosten sowie die Kosten für Prüfgewichte können umgelegt werden. Nicht ansatzfähig sind dagegen die Kosten für die sicherheitstechnische Bewertung der Liftanlage nach § 15 Abs. 3 BetrSichV. Bei dieser Bewertung wird der Turnus für die Zwischenprüfung ermittelt, sodass es sich hierbei um einen einmaligen Aufwand handelt. Das Gleiche gilt für die Kosten der außerordentlichen Prüfung nach § 16 BetrSichV, die nach Schadensfällen vorzunehmen ist.

Nach § 12 Abs. 4 BetrSichV muss gewährleistet sein, dass in Personenaufzügen auf Notrufe reagiert wird. Beauftragt der Eigentümer keinen Aufzugswärter, sondern richtet er eine Notrufbereitschaft ein, die aus dem Fahrkorb ständig erreichbar ist, sind die Kosten der **Notrufbereitschaft** einschließlich der Wartung und der Betriebskosten der Notrufanlage ansatzfähig (AG Hamburg, Urteil vom 6.1.1987, 43a C 432/86, WM 1987, 127; LG Gera, Urteil vom 31.1.2001, 1 S 185/00, WuM 2001, 615; AG Frankfurt/Main, Urteil vom 14.7.2000, 301 C 7149/00, WuM 2001, 615), nicht aber die Kosten der Anmietung einer Notrufanlage (Langenberg, Rdn. A 93).

§ 12 Abs. 3 BetrSichV schreibt vor, dass die Aufzugsanlage regelmäßig zu warten ist. Grundsätzlich sind Wartungskosten umlegbar. Die Wartung darf aber nur folgende Arbeiten umfassen: Überprüfung aller Sicherheitsteile, der Schalthebel, der Kabinenbeleuchtung, der Anzeigegeräte und des Ölstands im Getriebe sowie den Abschmierdienst und Ölwechsel. Die Wartungskosten dürfen neben dem Arbeitslohn für vorgenannte Tätigkeiten auch Kosten für Kleinmaterial beinhalten: Schrauben, Muttern, Splinten, Kohlen, Kontakte und sonstige Kleinteile. Die Kosten für den Austausch des Öls bei Hydraulikaufzügen zählen zu den Instandhaltungskosten (Wall in Eisenschmid/Wall, Rdn. 3348).

Schließt der Eigentümer mit der Wartungsfirma einen **Voll- oder Systemwartungsvertrag ab**, ist zu berücksichtigen, dass diese Verträge Instandhaltungskostenanteile beinhalten, die auf den Mieter nicht umgelegt werden dürfen.

- Soweit die Rechnung der Wartungsfirma die Kostenanteile getrennt ausweist, ergeben sich keine Schwierigkeiten, die Kosten in umlegbare Wartungskosten und nicht ansatzfähige Instandhaltungs- bzw. Reparaturkosten zu unterteilen.
- Ergibt sich aus der Rechnung keine genaue Aufteilung, ist der Reparaturkostenanteil zu schätzen. Die Rechtsprechung nimmt pauschale Kürzungen zwischen 20 und 50 Prozent vor (LG Düsseldorf, Urteil vom 22.10.1998, 21 S 191/98, DWW 1999, 354: 20 Prozent; LG Berlin, Urteil vom 27.3.1990, 29 S 172/89, GE 1990, 655: 20 Prozent; LG Essen, Urteil vom 12.4.1991, 1 S 768/90, WM 1991, 702: 50 Prozent; LG Duisburg, Urteil vom 2.3.2004, 13 S 265/03, WuM 2004, 717: 40 bis 50 Prozent; AG Spandau, Urteil vom 10.9.2009, 14 C 31/09, MM 2010, 111: 50 Prozent).
- Das LG Berlin geht in seiner Entscheidung vom 13.4.1999 (64 S 415/98, GE 1999, 777) sogar so weit, dass es eine Abrechnung als unwirksam ansieht, wenn die Erläuterung des Instandhaltungsanteils im Vollwartungsvertrag fehlt.

Bei den Kosten für die Behebung einer Betriebsstörung ist zu prüfen, wie die Störung behoben werden konnte.

- Gelang sie durch Wartungsarbeiten, sind diese Kosten umlagefähig (LG Duisburg, Urteil vom 2.3.2004, 13 S 265/03, WuM 2004, 717).
- Mussten dagegen Teile ausgetauscht werden, handelt es sich um nicht umlagefähige Reparaturkosten.

Die Kosten der Reinigung der Aufzugsanlage beinhalten die Reinigungskosten von Teilen und Flächen außerhalb des Fahrkorbs (Außenflächen des Fahrkorbs, Seile, Räder u. Ä.).

Die Kosten der Reinigung des Fahrkorbs zählen zu den Kosten der Gebäudereinigung (§ 2 Nr. 9 BetrKV).

Umstritten ist, ob die Kosten des Aufzugs grundsätzlich auch auf **Erdgeschossmieter** umgelegt werden können (LG Hannover, Urteil vom 7.10.1989, 11 S 8/89, WuM 1990, 228; LG Kiel, Urteil vom 3.8.2000, 8 S 310/99, NZM 2001, 92). Nach Auffassung des OLG Düsseldorf und des LG Berlin ist es entscheidend, ob der Erdgeschossmieter einen Nutzen vom Aufzug hat, wenn er zum Beispiel damit in den Keller, zur Tiefgarage oder zum Speicher gelangen kann (Beschluss vom 18.9.1985, 3 W 317/85, NJW-RR 1986, 95; LG Berlin, Urteil vom 30.5.2002, 67 S 418/01, MM 2002, 333).

Hat der Erdgeschossmieter keinerlei Vorteil durch einen Lift, scheidet die Umlage nach Ansicht des AG Braunschweig aus (Urteil vom 27.9.1995, 114 C 3016/95, WuM 1996, 284). Der BGH hat diese strittige Frage mit Urteil vom 20.9.2006 (VIII ZR 103/06, NZM 2006, 895) geklärt. Unabhängig von Nutzen hat auch der Erdgeschossmieter die anteiligen Aufzugskosten zu tragen.

Allerdings beurteilt der BGH in seiner neuesten Entscheidung vom 8.4.2009 (VIII ZR 128/08, WuM 2009, 351) den Sachverhalt anders, wenn sich der Lift in einem anderen Gebäudeteil befindet. In dem Fall ist die Wohnung des Mieters mit dem Lift gar nicht erreichbar, eben weil dieser sich in einem anderen Gebäudeteil befindet. Somit scheidet die Umlage von Aufzugskosten aus.

2.8 Die Kosten der Straßenreinigung und Müllbeseitigung

§ 2 Nr. 8 BetrKV: Dazu gehören *„die für die öffentliche Straßenreinigung und Müllbeseitigung zu entrichtenden Gebühren und die Kosten entsprechender nichtöffentlicher Maßnahmen. Zu den Kosten der Müllbeseitigung gehören namentlich die für die*

Müllabfuhr zu entrichtenden Gebühren, die Kosten entsprechender nichtöffentlicher Maßnahmen, die Kosten des Betriebs von Müllkompressoren, Müllschluckern, Müllabsauganlagen sowie des Betriebs von Müllmengenerfassungsanlagen einschließlich der Kosten der Berechnung und Aufteilung".

Straßenreinigung/Winterdienst

Umlagefähig sind sämtliche Straßenreinigungskosten, unabhängig davon, ob die Reinigung von der Gemeinde, dem Eigentümer oder einem von ihm beauftragten Dritten durchgeführt wird.

Der Begriff „Straßenreinigung" umfasst nicht nur die Säuberung der an das Grundstück angrenzenden öffentlichen Fußgängerwege und Straßen, sondern auch die Beseitigung von Schnee und das Streuen bei Schnee- und Eisglätte, den sog. **Winterdienst** (BGH, Urteil vom 27.11.1984, VI ZR 49/83, ZMR 1985, 121).

Die Wartungs- und Reparaturkosten maschineller Arbeitshilfen gehören ebenfalls zu den umlagefähigen Betriebskosten, da der Einsatz motorgetriebener Geräte gegenüber den Lohnkosten einer manuellen Reinigung deutlich günstiger ist (LG Berlin, Urteil vom 13.3.1986, 62 S 94/85, GE 1986, 1121; LG Hamburg, Urteil vom 13.7.1989, 7 S 185/88, WuM 1989, 640).

Ob die Erstanschaffung und auch die Ersatzbeschaffung von Reinigungsgeräten wie zum Beispiel eines Schneeräumgeräts ansetzbar sind, ist umstritten. Während das LG Hamburg (Urteil vom 30.5.1985, 7 S 326/84, WuM 1985, 390) und das AG Lörrach (Urteil vom 2.11.1994, 3 C 336/94, WuM 1996, 628) dies verneinen, bejahen das LG Berlin (Urteil vom 9.3.2000, 62 S 463/99, GE 2000, 539) und das AG Schöneberg (Urteil vom 20.12.2000, 6 C 206/00, NZM 2001, 808) die Ansetzbarkeit von Anschaffungskosten solcher Geräte, da auch dann die Kosten auf Dauer immer noch niedriger sind als bei einer Beauftragung eines Fremdunternehmens mit einer rein manuellen Ausführung.

Dieselbe Begründung gilt bei den Kosten für einen Laubsauger (LG Berlin, Urteil vom 9.3.2000, 62 S 463/99, GE 2000, 539).

Hat der Vermieter einem Mieter den Winterdienst mietvertraglich auferlegt und erhält der Mieter dafür als Vergütung einen Mietnachlass, können diese Kosten auf alle Mieter umgelegt werden. Erfüllt der Mieter seine mietvertraglichen Pflichten nicht, darf der Vermieter nach Abmahnung die Arbeiten an eine Firma vergeben.

Die dadurch entstehenden Kosten hat aber nur der vertragsbrüchige Mieter zu erstatten.

Anders gestaltet sich die Sachlage, wenn der Mieter aufgrund von Krankheit, Alter oder Gebrechlichkeit die Reinigung nicht mehr durchführen kann. In diesem Fall wird der Mieter von seiner Verpflichtung frei (LG Hamburg, Urteil vom 11.7.1989, 16 S 87/88, WuM 1989, 622). Der Vermieter darf die Arbeiten an eine Firma vergeben und die Kosten auf alle Mieter als neu eingeführte Betriebskosten umlegen.

Nach Auffassung des AG Münster (Urteil vom 3.8.2005, 5 C 805/05, WuM 2005, 648) ist der durch Alter oder Krankheit von der Winterdienstpflicht entbundene Mieter zur Übernahme der Winterdienstkosten verpflichtet.

Auch die Kosten für Reinigungsmittel sind ansetzbar, im Winter vor allem die Kosten für Streugut.

Die Kosten für die Schneeräumung von Dächern und das Abschlagen von Eiszapfen gehören nicht zu den nach § 2 Nr. 8 BetrKV umlagefähigen Winterdienstkosten (siehe aber 2.18 Sonstige Betriebskosten).

Müllbeseitigung

Umlegbare **Müllkosten** sind nur solche, die laufend entstehen, unabhängig davon, ob es sich um gemeindliche Müllabfuhrgebühren oder Kosten einer privaten Müllentsorgung handelt.

§ 2 Nr. 8 BetrKV ermöglicht nun, dass auch die Kosten für den Betrieb von Müllkompressoren, Müllschluckern, Müllabsauganlagen und Müllmengenerfassungsanlagen direkt als Kosten der Müllabfuhr geltend gemacht werden können. Neu eingeführt wurde außerdem, dass die bei der Müllmengenerfassung anfallenden Kosten der Berechnung und Aufteilung angesetzt werden dürfen. Der Mieter ist von seiner Zahlungsverpflichtung auch nicht deshalb befreit, wenn er den Müllschlucker gar nicht nutzt (KG Berlin, Urteil vom 4.7.2005, 8 U 13/05, WuM 2005, 774).

Bei Sperrmüllkosten handelt es sich um Kosten der Müllbeseitigung, die dem Vermieter als Eigentümer zwar nicht jährlich, aber doch wiederkehrend und somit **laufend** entstehen. Aufwendungen zur Beseitigung von Müll von den Gemeinschaftsflächen des Mietobjekts gehören auch dann zu den umlagefähigen Kosten der Müllentsorgung, wenn sie durch rechtswidriges Handeln Dritter ausgelöst worden sind (BGH, Urteil vom 13.1.2010, VIII ZR 137/09, WuM 2010, 153).

Die Kosten für den Kauf von Müllbehältern sind als Investitionskosten nicht ansatzfähig. Die Miete von zusätzlichen Abfallbehältnissen sind nicht umlegbar, weil der Entsorgungsträger die erforderlichen Gefäße bereitstellt (LG Neuruppin, Urteil vom 23.1.2003, 4 S 241/02, WuM 2003, 153).

Nach Auffassung des AG Frankfurt/Main (Urteil vom 18.9.2001, 33 C 1595/01-29, WuM 2001, 631) ist der Vermieter im Rahmen der Geringhaltung der Müllentsorgungskosten sogar verpflichtet, gelbe Mülltonnen für Plastik und braune für Kompost zur Verfügung zu stellen.

Die zusätzlichen Kosten für ein Müllmanagement sind nicht umlagefähig, da sie nicht in § 2 Nr. 8 BetrKV (bzw. § 27 Abs. 1 S. 2 Anlage 3 Nr. 8 II. BV) vorgesehen sind (LG Berlin, Urteil vom 7.7.2009, 63 S 443/08, GE 2009, 1254). Außerdem muss der Vermieter beweisen, dass durch die Einführung des Müllmanagements höhere Müllkosten gespart werden.

Der aufwendige Sortierdienst nebst Kontrolle der Wertstoffbehälter zur sachgerechten Müllabfuhr ist ohne Weiteres in den umlagefähigen Kostenbereich einzubeziehen (Langenberg, Rdn. H 76). Was die Müllplatzreinigung betrifft, handelt es sich um Kosten der Gartenpflege nach § 2 Nr. 9 BetrKV.

2.9 Die Kosten der Gebäudereinigung und Ungezieferbekämpfung

§ 2 Nr. 9 BetrKV: „*... zu den Kosten der Gebäudereinigung gehören die Kosten für die Säuberung der gemeinsam genutzten Gebäudeteile wie Zugänge, Flure, Treppen, Keller, Bodenräume, Waschküchen, Fahrkorb des Aufzugs.*“

Gebäudereinigung

Die Kosten umfassen sowohl Personalkosten als auch Kosten für Reinigungsmittel, jedoch nicht die Anschaffungskosten für Reinigungsgeräte. Vorrangig handelt es sich dabei um Kosten für die Bodenpflege in Form von Fegen und Putzen, je nach Bodenmaterial auch um das Aufbringen von Pflegesubstanzen und anschließendes Bohnern (Blank/Börstinghaus, § 556, Rdn. 53). Auch die Kosten für das gelegentliche Abfegen von Wänden und Decken zur Beseitigung von Spinnweben u. Ä., das Staubwischen an Geländern und das Putzen von Treppenhausfenstern sind umlagefähig. Mit der Durchführung der Arbeiten kann auch ein Reinigungsinstitut beauftragt werden.

Nicht dazu gehören allerdings die Kosten der Reinigung der Fassade, die Entfernung von Graffitis (AG Köln, Urteil vom 22.5.2000, 222 C 120/99, WuM 2001, 515) und die Reinigung von Marmorverkleidungen im Treppenhaus mit chemischen Stoffen (AG Köln, Urteil vom 16.12.1980, 214 C 301/80, WuM 1985, 368). Nur im Ausnahmefall können Kosten für Sonderreinigungen umlagefähig sein, wenn sie laufend entstehen und der Verursacher nicht festgestellt werden kann (AG Berlin, Urteil vom 27.7.2007, 11 C 35/07, GE 2007, 1259).

Wenn mietvertraglich vereinbart wurde, dass der Mieter die Treppenreinigung regelmäßig selbst durchführt, und möchte der Vermieter einen kostenpflichtigen Hausmeisterservice beauftragen, kann die vertragliche Regelung nur mit Zustimmung des Mieters geändert werden. Die vom Mieter übernommene Verpflichtung, die Hausreinigung selbst durchzuführen, besteht nur soweit und solange der Mieter in der Lage ist, die Arbeiten auszuführen. Ist er infolge Krankheit oder Alter nicht mehr dazu fähig, ist der Vermieter berechtigt, die Arbeiten einem Unternehmen zu übertragen und die dadurch entstehenden Kosten auf alle Mieter umzulegen (AG Köpenick, Urteil vom 26.10.2009, 5 C 11/09, GE 2009, 1558).

Die Kosten der Reinigung eines Glasdachs sind als Gebäudereinigungskosten nach dem Urteil des AG Potsdam vom 23.5.2007 (23 C 465/06, GE 2007, 917) umlegbar. Dagegen können die Kosten der Reinigung der Dachrinnen, der Lichtschächte und der Jalousien nur bei ausdrücklicher Vereinbarung als **sonstige** Betriebskosten umgelegt werden.

Zusätzlich zu den Kosten für einen Reinigungsdienst können die Kosten für einen **Mattenreinigungsdienst (Schmutzmatten)** in der Betriebskostenabrechnung angesetzt werden, denn die im Hausflur ausgelegten Fußmatten (Schlecht-Wetter-Matten) verringern die Verschmutzung des Treppenhauses (LG Berlin, Urteil vom 8.2.2007, 67 S 239/06, GE 2007, 1123).

Ungezieferbekämpfung

Die Kosten der **Ungezieferbekämpfung** sind nur umlagefähig, wenn sie zum Beispiel aufgrund behördlicher Anordnung zur regelmäßigen Ungezieferbekämpfung **laufend** entstehen, zum Beispiel Material- und Personalkosten zur Rattenbekämpfung (AG Hamburg, Urteil vom 14.4.1999, 40A C 715/98, WM 1999, 485; LG Berlin, Urteil vom 15.2.2002, 64 S 289/01, GE 2002, 595). Setzt der Vermieter Kosten für die Ungezieferbekämpfung an, ist er für einen unter Umständen jährlich erforderlichen Turnus beweispflichtig (KG Berlin, Urteil vom 8.4.2002, 8 U 8/01, GE 2002, 801, LG Berlin, Urteil vom 30.11.2010, 65 S 129/10, GE 2011, 200). Das AG Offenbach (Urteil vom 20.9.2001, 34 C 132/01, NZM 2002, 214) ist dagegen der Auffassung, dass auch Kosten einer einmaligen Schädlingsbekämpfung umlagefähig sind.

Dem widerspricht das AG Hamburg, wonach nur solche Maßnahmen umlagefähig sind, die sich auf Gemeinschaftsflächen beziehen und prophylaktisch sind (AG Hamburg, Urteil vom 15.8.2001, 45 C 35/01, WuM 2002, 265).

Einmalige Kosten der Ungezieferbekämpfung in der einzelnen Mietwohnung, zum Beispiel Entwesung einer verseuchten Wohnung, sind nicht ansetzbar (LG Siegen, Urteil vom 23.4.1992, 3 S 43/92, WuM 1992, 630; AG Köln, Urteil vom 13.7.1992, 213 C 164/92, WuM 1992, 630).

Die Kosten für die Beseitigung von **Wespennestern** sind nicht umlagefähig, weil sie nicht laufend, sondern nur selten anfallen (AG München, Urteil vom 24.6.2011, 412 C 32370/10, WuM 2011, 629).

Die Umlage der Kosten der allgemeinen Bekämpfung von Ameisen auf Flächen außerhalb des Gebäudes scheiden aus zwei Gründen aus. Zum einen hat dies konkret nichts mit dem Gebäude zu tun und zum anderen sind Ameisen nicht als Ungeziefer einzustufen (LG Berlin, Urteil vom 27.10.2000, 63 S 2/00, GE 2000, 1687; LG Hamburg, Urteil vom 21.5.2001, 311 S 42/01, GE 2001, 991).

Die Bekämpfung von Holzbock ist eine Instandhaltungsmaßnahme (Langenberg, Rdn. A 141).

2.10 Die Kosten der Gartenpflege

§ 2 Nr. 10 BetrKV: Zu den Kosten der Gartenpflege *„gehören die Kosten der Pflege gärtnerisch angelegter Flächen einschließlich der Erneuerung von Pflanzen und Gehölzen, der Pflege von Spielplätzen einschließlich der Erneuerung von Sand und der Pflege von Plätzen, Zugängen und Zufahrten, die nicht dem öffentlichen Verkehr dienen"*.

Garten

Die Gartenpflege umfasst das Rasenmähen und Nachsäen, das Ausbringen von Dünger, das Schneiden von Bäumen und Hecken, die Beseitigung von Unkraut, das Entfernen verblühter Blumen, das Vertikutieren, die Abfuhr der Gartenabfälle sowie das Bewässern der Gartenflächen. Die Pflege von Bäumen umfasst nicht nur das Auslichten, sondern auch die sog. Unterhaltungspflege. Nach LG Berlin (Urteil vom 24.1.1989, 16 S 148/88, WuM 1989, 191) fallen die Kosten der Neuanlegung des Rasens ebenfalls unter die Kosten der Gartenpflege. Die Kosten für die erstmalige Anlage eines Gartens dürfen dagegen nicht als Betriebskosten umgelegt werden (LG Berlin, Urteil vom 5.2.1999, 64 S 366/98, GE 1999/909).

Die durch die Pflegearbeiten verursachten Personalkosten sind grundsätzlich ansetzbar. Zu den umlagefähigen Kosten gehören Materialkosten für Pflanzen, Dünger u. Ä., zudem Betriebs- und Wartungs- sowie Reparaturkosten für Geräte, zum Beispiel den motorbetriebenen Rasenmäher (LG Hamburg, Urteil vom 13.7.1989, 7 S 185/88, WuM 1989, 640).

Die Umlage der Anschaffungskosten maschineller Geräte wurde von der älteren Rechtsprechung überwiegend abgelehnt. So entschied das LG Hamburg, dass die Anschaffungskosten für einen Rasenmäher nicht umlegbar seien (Urteil vom 30.5.1985, 7 S 326/84, WuM 1985, 390). Da sich jedoch die Kosten für die Beauftragung von Fremdunternehmen in der letzten Zeit erheblich erhöht haben, wird von den Gerichten neuerdings auch die Umlage der Anschaffungskosten maschineller Arbeitshilfen anerkannt mit der Begründung, dass diese Kosten auf Dauer immer noch niedriger seien als diejenigen, die bei einer Beauftragung einer Fremdfirma oder bei einer Umlage der Lohnkosten für eine rein manuelle Ausführung entstehen (AG Lichtenberg, Urteil vom 30.1.2003, 10 C 281/02, NZM 2004, 96). So gestattete zum Beispiel das LG Berlin die Umlage der Kosten für einen Laubsauger (Urteil vom 9.3.2000, 62 S 463/99, GE 2000, 539), das AG Schöneberg (Urteil vom 20.12.2000, 6 C 206/00, NZM 2001, 808) die Umlage der Kosten für ein Schneeräumgerät und das AG Starnberg die für einen Häcksler (Urteil vom 17.9.2002, 1 C 1209/02, NZM 2002, 910, wonach die Anschaffungskosten jedoch nicht gleich im Anschaffungsjahr in voller Höhe umgelegt werden können).

Vergibt der Vermieter die Gartenpflegearbeiten an eine Fremdfirma, muss er dies in der Betriebskostenabrechnung begründen, wenn die Kosten dadurch wesentlich höher sind als vorher bei Erledigung durch eigene Arbeitskräfte (AG Kiel, Urteil vom 18.4.2001, 113 C 490/00, WuM 2001, 418).

Die Kosten der **Erneuerung von Pflanzen** können nur angesetzt werden, wenn es um das notwendige Auswechseln von solchen Pflanzen geht, die aufgrund ihres Alters oder durch Witterungs- oder Umwelteinflüsse abgestorben sind.

Die Rechtsprechung bejaht die Umlage der Kosten für die Baumfällung, sofern die Bäume durch Alter, Witterungs- oder Umwelteinflüsse schadhaft geworden sind

(AG Düsseldorf, Urteil vom 19.7.2002, 33 C 6544/02, ZMR 2002, 828). Auch die Kosten für die notwendige Stabilisierung eines windbruchgefährdeten Baumes sind umlegbar (LG Landshut, Urteil vom 8.10.2003, 12 S 1677/03, DWW 2004, 126); ebenso die Baumfällkosten, wenn der Baum zu nah an dem Wohngebäude steht (AG Sinzig, Urteil vom 18.2.2004, 14 C 879/03, ZMR 2004, 829) oder wenn der Baum schlichtweg im Verhältnis zur Gartenfläche zu groß geworden ist (AG Düsseldorf, Urteil vom 19.7.2002, 33 C 6544/02, WuM 2002, 498).

Nach Ansicht des LG München II (Urteil vom 12.2.2008, 12 S 3615/07) ist das Fällen großer, alter Bäume grundsätzlich nicht als umlagefähige Instandsetzungsmaßnahme anzusehen. Angesichts der regelmäßig langen Lebensdauer von Bäumen handelt es sich bei Fällkosten nicht um Kosten, die relativ regelmäßig, das heißt in einem bestimmten Turnus, also „laufend" im Sinne von § 1 BetrKV anfallen. Im Übrigen heißt es auch im Verordnungstext, dass zu den Kosten der Gartenpflege die Kosten für das Schneiden und Auslichten von Bäumen zählen. Die selten anfallenden Fällkosten werden nicht angesprochen.

Die Kosten für das Auslichten oder Fällen von Bäumen sind umlagefähig, auch infolge eines Sturmschadens (LG Hamburg, Urteil vom 14.2.1992, 311 S 254/90, WuM 1994, 695; AG Köln, Urteil vom 27.9.2000, 207 C 213/00, NZM 2001, 41). Es kommt darauf an, ob es sich um eine Maßnahme im Rahmen einer ordnungsgemäßen, laufend ausgeführten Gartenpflege handelt.

Die Kosten infolge jahrelanger Vernachlässigung (LG Tübingen, Urteil vom 18.10.2004, 1 S 29/04, WuM 2004, 669; AG Potsdam, Urteil vom 1.7.2009, 23 C 457/08, WuM 2009, 548) scheiden ebenso aus wie Maßnahmen zur völligen Umgestaltung des Gartens (AG Köln, Urteil vom 27.9.2000, 207 C 213/00, NZM 2001, 41) oder Maßnahmen aufgrund von Nachbarbeschwerden (AG Hamburg-Wandsbek, Urteil vom 9.9.1985, 712 C 193/85, WuM 1986, 123).

Die Frage, ob die Umlage der Gartenpflegekosten voraussetzt, dass der Mieter die Gartenflächen auch nutzen kann, ist vom BGH (Urteil vom 26.5.2004, VIII ZR 135/03, WuM 2004, 399) entschieden worden. Danach kommt es für die Umlegbarkeit nicht darauf an, ob der Mieter selbst einen unmittelbaren Nutzen an der Gartenfläche hat. Es reicht aus, wenn der Gartenanteil allgemein den Gesamteindruck des Anwesens günstig beeinflusst. Anders verhält es sich bei Gartenflächen, die dem Vermieter oder anderen Mietern zur alleinigen Nutzung überlassen sind. An den Kosten für die Pflege solcher Gartenanteile dürfen die „ausgeschlossenen" Mieter nicht beteiligt werden.

Ist der Mieter mietvertraglich zur Gartenpflege verpflichtet, kommt eine Umlage der Baumfällkosten nicht in Betracht, sofern der Vermieter nicht die Voraussetzungen für eine Ersatzvornahme geschaffen hat oder eine sonst unaufschiebbare Maßnahme zur Gefahrenabwehr vorlag (BGH, Urteil vom 29.9.2008, VIII ZR 124/08, NZM 2009, 27).

Spielplätze

Zu den umlagefähigen Kosten der Pflege von **Spielplätzen** gehören (Wall in Betriebskosten-Kommentar, Rdn. 3554)

- die regelmäßige Kontrolle der Spielgeräte auf Verkehrssicherheit und Defekte,
- das Ölen und Schmieren der Spielgeräte,
- Reinigungsarbeiten einschließlich der Entfernung von Glasscherben, Kot und anderen Verunreinigungen,
- das Harken des Sandes,
- Vorsorge gegen Verunreinigungen des Sandes durch Hunde und Katzen
- Erneuerung des Sandes im Sandkasten. Der Austausch des Sandes hat mindestens alle zwei, in manchen Bundesländern (Bayern, Hamburg, Niedersachsen, Nordrhein-Westfalen, Schleswig-Holstein) jährlich zu erfolgen.

Die Erstausstattung des Spielplatzes dagegen gehört zu den Baukosten, die Ersatzbeschaffung zu den Instandhaltungskosten des Eigentümers (AG Stuttgart-Bad Cannstatt, Urteil vom 29.4.1996, 2 C 398/96, WuM 1996, 481).

Plätze, Zugänge und Zufahrten

Die Kosten für die Pflege von **Plätzen, Zugängen und Zufahrten** umfassen die Kosten der Pflege von Höfen, Mülltonnenhäuschen, Wäschetrockenplätzen, Zugängen und Zufahrten sowie dort aufgestellter Ausstattungsgegenstände wie Bänke, Abfallkörbe, Teppichstangen u. Ä. Die Umlagefähigkeit setzt voraus, dass diese Flächen allen Mietern zugänglich sind.

Die Pflege beinhaltet die Reinigung einschließlich der Schnee- und Eisbeseitigung, nicht aber die Gullyreinigung (AG Köln, Urteil vom 16.12.1980, 214 C 301/80, WuM 1985, 368).

Dachbegrünung

Die Pflegekosten für eine Dachbegrünung sind nicht ansetzbar, da es hierbei sowohl um die Abdeckung als auch um die Verbesserung der Isolationseigenschaft eines Flachdachs geht (KG, Urteil vom 28.11.2005, 8 U 125/05, WuM 2006, 35; LG Karlsruhe, Urteil vom 28.4.1996, 9 S 199/94, WuM 1996, 230).

2.11 Die Kosten der Beleuchtung

§ 2 Nr. 11 BetrKV: „*... hierzu gehören die Kosten des Stroms für die Außenbeleuchtung und die Beleuchtung der von den Hausbewohnern gemeinsam genutzten Gebäudeteile wie Zugänge, Flure, Treppen, Keller, Bodenräume und Waschküchen.*“

Es handelt sich hierbei ausschließlich um Stromkosten für die Beleuchtung der Gemeinschaftsflächen. Die Kosten umfassen die Grundgebühr, den mittels Arbeitspreis errechneten Verbrauch und ggf. die Zählermiete.

Die Bezeichnung „Stromkosten“ in der Betriebskostenabrechnung führt bereits nach Ansicht des AG Köln (Urteil vom 28.7.2009, 201 C 111/09, ZMR 2009, 933) zu einem formellen Fehler, weil nur **Beleuchtungskosten** angesetzt werden dürfen. Wenn der Vermieter einen Begriff wie „Allgemeinstrom“ verwendet, ist nicht erkennbar, welche Kosten sich dahinter verbergen. Diese Intransparenz führte wohl zu der Einstufung als formeller Fehler.

Das AG Frankfurt/Main geht ebenfalls davon aus, dass „Allgemeinstromkosten“ nicht umgelegt werden dürfen, sondern nur Stromkosten für die Beleuchtung. Die gesonderte Umlage von Stromkosten einer Entlüftungsanlage setzt eine entsprechende Vereinbarung voraus und ist unter „Sonstige Betriebskosten“ zu subsumieren (Urteil vom 13.1.2010, 33 C 3805/09, WuM 2010, 92). Anzumerken ist, dass der BGH die Abrechnung nicht vereinbarter Betriebskosten nicht als einen formellen Fehler einstuft, der zur Unwirksamkeit der Abrechnung führt (Urteil vom 10.10.2007, VIII 279/06, WuM 2007, 694).

Die Beleuchtungskosten für Räume, die nur vom Vermieter genutzt werden, sind von der Kostenumlage genauso auszunehmen, wie Beleuchtungskosten für Kellerräume, die an einzelne Hausbewohner vermietet sind. Es können nur die Kosten für die Beleuchtung von den Hausbewohnern gemeinsam genutzter Gebäudeteile sowie der Außenanlage angesetzt werden. Diese Gebäudeteile müssen allen Mietern in gleichem Maß zur Verfügung stehen (LG Mainz, Urteil vom 26.2.2002, 6 S 28/01,

WuM 2003, 624). Ebenso wenig umlagefähig sind Stromkosten für andere Einrichtungen, etwa für die Klingelanlage (AG Leipzig, Urteil vom 14.9.2007, 163 C 496/07, WuM 2007, 576). Auch die Betriebsstromkosten für die Heizungsanlage müssen in Abzug gebracht werden. Sie sind mit den Heizkosten abzurechnen (BGH, Urteil vom 20.2.2008, VIII ZR 27/07, WuM 2008, 285).

Stromkosten, die nicht unter Beleuchtungsstrom fallen, können unter „Sonstige Betriebskosten" mit entsprechender mietvertraglicher Vereinbarung umgelegt werden. Das betrifft zum Beispiel die Kosten des Betriebs einer Tiefkühltruhe, die allen Mietern zur Verfügung steht (AG Trier, Urteil vom 6.12.2000, 5 C 356/99, WuM 2001, 46).

Die Kosten für den Ersatz von Glühlampen, Leuchtstoffröhren, Lichtschaltern und Sicherungen fallen nicht unter die Betriebskosten, sondern unter Instandhaltungskosten (OLG Düsseldorf, Urteil vom 8.6.2000, 10 U 94/99, NZM 2000, 762).

Die Kosten für den Betrieb eines Notstromaggregats sind umlegbar (AG Koblenz, Urteil vom 12.10.1999, 15 C 1198/99, NZM 2000, 238).

2.12 Die Kosten der Schornsteinreinigung

§ 2 Nr. 12 BetrKV: „... *hierzu gehören die Kehrgebühren nach der maßgebenden Gebührenordnung, soweit sie nicht bereits als Kosten nach Nummer 4 Buchstabe a berücksichtigt sind.*"

Diese Betriebskostenart liegt nur vor, wenn das Gebäude nicht mit einer Zentralheizung ausgestattet ist. Nr. 12 betrifft daher nur Einzelfeuerstätten, das heißt Einzelöfen, die an einen Schornstein angeschlossen sind. Fallen Schornsteinfegerkosten für einen Einzelofen an, handelt es sich um umlagefähige Kosten.

Die Kosten der Schornsteinreinigung sind auch dann auf alle Mieter umlegbar, wenn ein Teil der Wohnungen mit Fernwärme versorgt wird (AG Charlottenburg, Urteil vom 25.1.2001, 10 C 11/00, GE 2001, 775).

Zur Umlage von Kosten der Feuerstättenschau und des Feuerstättenbescheids siehe „Die Kosten des Betriebs der zentralen Heizungsanlage einschließlich der Abgasanlage".

2.13 Die Kosten der Sach- und Haftpflichtversicherung

§ 2 Nr. 13 BetrKV: „*... hierzu gehören namentlich die Kosten der Versicherung des Gebäudes gegen Feuer-, Sturm- und Wasser- sowie sonstige Elementarschäden, der Glasversicherung, der Haftpflichtversicherung für das Gebäude, den Öltank und den Aufzug.*“

Der Begriff „namentlich“ bedeutet, dass die Aufzählung nicht abschließend ist. Allerdings sind nur Versicherungen ansetzbar, die dem Bereich der Sach- und Haftpflichtversicherung zuzurechnen sind und das Gebäude betreffen.

Mit der Novellierung des Betriebskostenkatalogs wurden die Sachversicherungen um die Elementarschädenversicherung erweitert. Die Elementarschädenversicherung deckt solche Schäden ab, die durch Naturereignisse hervorgerufen wurden, insbesondere durch Erdbeben, Überschwemmungen, Erdrutsch, Lawinen und Vulkanausbruch.

Die Kosten von Schwamm- und Hausbockversicherungen (LG Hamburg, Urteil vom 24.1.1989, 16 S 148/88, WuM 1989, 191) sind genauso ansetzbar wie die Kosten für Versicherungen wegen Schäden an Fernmelde-, Alarm- und Brandanlagen (Langenberg, Rdn. A 98) sowie Versicherungen bei Beschädigungen von Antennen und Parabolschüsseln sowie Versicherungskosten für die Aufzugsprechanlage und Aufzugsignalanlage (LG Berlin, Urteil vom 10.4.1987, 64 S 402/86, GE 1987, 517 und 781).

Die Kosten der **Terrorversicherung**, die der Vermieter im Lauf des Mietverhältnisses für ein gewerblich genutztes Mietobjekt abschließt, weil die Feuerversicherung die Terrorgefahren nicht mehr abdeckt, sind auf den Mieter umlegbar. Dies gilt auch, wenn es sich nicht um ein besonders gefährdetes Objekt handelt. Voraussetzung ist nach dem Urteil des OLG Stuttgart (vom 15.2.2007, 13 U 145/06, GuT 2007, 89), dass die Kosten von Sachverständigen als umlagefähige Betriebskosten bezeichnet sind. Ebenso ansatzfähig sind die Kosten einer Sachversicherung gegen Vandalismus (LG Braunschweig, Urteil vom 3.1.2006, 6 S 273/05, WuM 2010, 423) oder einer Versicherung gegen die Kosten durch Graffitis. Graffitischäden können im Rahmen einer Gebäudeversicherung mitversichert werden (Langenberg, Rdn. A 187).

Nicht umlagefähig sind die Kosten einer Rechtsschutzversicherung (OLG Düsseldorf, Urteil vom 2.2.1995, 10 U 39/94, ZMR 1995, 203), einer Mietausfallversicherung (OLG Düsseldorf, 29.6.2000, 10 U 116/99, NZM 2001, 588), einer privaten Hausrat- oder Haftpflichtversicherung und einer Reparaturversicherung (AG Köln, Urteil vom 17.7.1990, 208 C 614/89, WuM 1990, 556).

2.14 Die Kosten für den Hauswart

§ 2 Nr. 14 BetrKV: *„hierzu gehören die Vergütung, die Sozialbeiträge und alle geldwerten Leistungen, die der Eigentümer (Erbbauberechtigte) dem Hauswart für seine Arbeit gewährt, soweit diese nicht die Instandhaltung, Instandsetzung, Erneuerung, Schönheitsreparaturen oder die Hausverwaltung betreffen."*

Umlegbar sind nicht nur die Kosten für einen angestellten Hausmeister, sondern auch die Kosten für eine selbstständige Hausmeisterfirma (AG Köln, Urteil vom 2.9.1998, 213 C 582/96, WuM 1999, 466). Werden die Hausmeisterarbeiten von einem Mieter ausgeführt, ohne dass ein gesonderter Arbeitsvertrag besteht, und erhält der Mieter für seine Tätigkeit geldwerte Vorteile, zum Beispiel einen Mietnachlass, können diese Kosten umgelegt werden (AG Köln, Urteil vom 3.2.1997, 213 C 406/96, WuM 1997, 273). Schließlich können nach § 1 Abs. 1 S. 2 BetrKV auch Eigenleistungen des Vermieters angesetzt werden. Sie kann durch den Vermieter selbst, seine Arbeitnehmer oder einen unselbstständigen Regiebetrieb erbracht werden. Die Höhe der Kosten für mit eigenen Arbeitskräften erbrachte Gartenpflege- oder Hausmeisterleistungen darf nach den fiktiven Kosten eines Drittunternehmens angesetzt werden (BGH, Urteil vom 14.11.2012, VIII ZR 41/12, WuM 2013, 44), allerdings ohne Mehrwertsteuer.

Das Berufsbild des Hausmeisters wird in der BetrKV nicht definiert. § 2 Nr. 14 BetrKV beschreibt lediglich, was nicht umgelegt werden darf: Soweit die Arbeiten des Hausmeisters die Instandhaltung, Instandsetzung, Erneuerung oder die Hausverwaltung betreffen, können die Kosten nicht angesetzt werden, das heißt, sie müssen von der Gesamtvergütung des Hausmeisters abgezogen werden (LG Berlin, Urteil vom 4.2.2002, 67 S 185/01, GE 2002, 736).

Nicht umlagefähig sind unter anderem Kosten für die folgenden Hausmeistertätigkeiten:

- Reparaturen (auch nicht das Auswechseln von Glühlampen)
- Beauftragung von Handwerkern (AG Bergisch-Gladbach, Urteil vom 18.2.1992, 6 C 330/90, WuM 1992, 490)
- Wahrnehmung von Terminen mit Handwerkern (LG Wuppertal, Urteil vom 2.3.1999, 16 S 280/98, WuM 1999, 342)
- Kontrollen des Bauzustands (LG München, Urteil vom 23.2.2000, 15 S 9348/99 I, WuM 2000, 258) oder des Gesamtzustands des Anwesens (AG Köln, Urteil vom 15.4.1997, 209 C 463/96, WuM 1999, 235)
- Kontrolle der Wartungsfirmen und des Kaminkehrers (LG München I, Urteil vom 23.2.2000, 15 S 9348/99, WuM 2000, 258)

- Kontrollen zur Feststellung von Mängeln (AG Suhl, Urteil vom 27.5.2003, 5 C 1120/02, WuM 2003, 452)
- Wachdienst nur im Ausnahmefall
- Pförtnerdienst (Concierge oder Doorman) ist keine typische Hausmeistertätigkeit; nach dem Urteil des BGH vom 5.4.2005 können die Kosten als sonstige Betriebskosten umgelegt werden, wenn eine konkrete Notwendigkeit besteht (VIII ZR 78/05, NZM 2005, 452)
- Abrechnungen (AG Köln, Urteil vom 17.3.1993, 208 C 460/92, WuM 1995, 120)
- Zählerablesungen (LG Berlin, Urteil vom 4.12.2006, 67 S 223/06, GE 2007, 851)
- Entleerung von Münzautomaten (AG Köln, Urteil vom 2.9.1998, 213 C 582/96, WuM 1999, 466)
- Entgegennahme von Mängelanzeigen (AG Bergisch-Gladbach, Urteil vom 18.2.1992, 6 C 330/90, WuM 1992, 490)
- Tätigkeiten anlässlich einer Neuvermietung sowie Wohnungsbesichtigungen oder -abnahmen (AG Köln, Urteil vom 17.3.1993, 208 C 460/92, WuM 1995, 120), Beschaffen von Namensschildern für Mieter (LG München I, Urteil vom 23.2.2000, 15 S 9348/99, WuM 2000, 258)

Zu den typischen Hausmeistertätigkeiten zählen (LG München I, Urteil vom 23.2.2000, 15 S 9348/99, WuM 2000, 258):

- Maßnahmen zur Verkehrssicherung
- Straßenreinigung und Reinigung der Bürgersteige
- Reinigung technischer Räume, Reinigung von Lichtschächten
- Schließen von Fenstern in Gemeinschaftsräumen
- Leerung von Mülltonnen und Papierkörben, Bereitstellen von Mülltonnen für die Müllabfuhr, Besorgung und Bevorratung von Streugut (LG Gera, Urteil vom 31.1.2001, 1 S 185/00, WuM 2001, 615)
- Einweisung von Lieferanten
- Laufende Reinigungsarbeiten
- Winterdienst
- Gartenpflege
- Bedienung und Überwachung der Heizung/Wasserversorgung
- Kontrolle der Gemeinschaftsflächen und -einrichtungen
- Pflege des Maschinenparks
- Notfalldienst
- Betreuung und Bedienung des Aufzugs

Zu den Kosten des Hausmeisters zählen die Vergütung, die Sozialbeiträge, Zahlungen an die Berufsgenossenschaft (Unfallversicherung) und alle geldwerten Leistungen, die der Eigentümer dem Hausmeister für seine Arbeit gewährt, auch die Dienstwohnung (AG Köln, Urteil vom 3.2.1997, 213 C 406/96, WuM 1997, 273).

Zu den Sachleistungen gehören insbesondere der Mietwert einer unentgeltlich oder verbilligt überlassenen Mietwohnung sowie anteilige Kosten für Telefon und Telefax.

Die Kosten einer Vertretung im Urlaubs- und Krankheitsfall sind umlagefähig (AG Köln, Urteile vom 3.2.1997, 213 C 406/96 und vom 4.11.1996, 203 C 217/96, beide in WuM 1997, 273).

Nach dem **Grundsatz der Wirtschaftlichkeit** dürfen die Kosten des Hausmeisters nur umgelegt werden, wenn dessen Beschäftigung sachlich gerechtfertigt ist.

Unangemessen hohe Vergütungen hingegen sind nicht umlagefähig (LG Karlsruhe, Urteil vom 28.4.1995, 9 S 199/94, WuM 1996, 230). Kosten, die weit über dem ortsüblichen Durchschnitt liegen, können nur mit ihrem durchschnittlichen Satz auf die Mieter umgelegt werden (AG Köln, Urteile vom 10.7.1997, 215 C 7/97, NZM 1998, 305, vom 27.4.1999, 201 C 18/99, WuM 2000, 680 und vom 2.10.2000, 222 C 176/00, WuM 2001, 469; LG München I, Urteil vom 30.11.2001, 20 S 6719/01, NZM 2002, 286).

Die Darlegungs- und Beweislast für die Angemessenheit trifft den Vermieter (AG Leipzig, Urteil vom 17.6.2003, 18 C 2588/03, WuM 2003, 452). Der Beweis wird in der Regel durch ein Sachverständigengutachten zu führen sein (LG Karlsruhe, a. a. O).

Eine Betriebskostenabrechnung kann beanstandet werden, wenn einzelne typische Hausmeistertätigkeiten wie Gartenpflege, Winterdienst oder Hausreinigung gesondert abgerechnet und zusätzlich Hausmeisterkosten in nicht unerheblichem Umfang umgelegt werden, ohne dass erläutert wird, welche Tätigkeiten des Hausmeisters damit abgerechnet werden und ob und ggf. wie die Kosten für Instandsetzungs- und Verwaltungstätigkeiten herausgerechnet wurden (AG Berlin-Mitte, Urteil vom 31.10.2001, 18 C 259/01, NZM 2002, 523).

Wenn der Anteil der nicht umlagefähigen Hausmeisterkosten nicht festgestellt werden kann, muss dieser entweder durch einen Sachverständigen oder durch Schätzung ermittelt werden. Die Schätzung kann aber nicht generell durch Heranziehen von Betriebskostentabellen erfolgen (BGH, Urteil vom 20.2.2008, VIII ZR 27/07, NZM 2008, 403), sondern ist mithilfe der Leistungsbeschreibung vorzunehmen. Als allgemeiner Maßstab ist wohl ein Ansatz von 22,5 Prozent (LG Berlin, Urteil vom 29.7.1999, 61 S 513/98, GE 1999, 1127) für Instandhaltungskosten und 7,5 Prozent für Verwaltungskosten angemessen (Langenberg, Rdn. A 208).

Mangelhaft erbrachte Hausmeisterleistungen berechtigen den Mieter nicht, den auf ihn entfallenden Anteil der Hausmeisterkosten zu kürzen (AG Dresden, Urteil vom 13.6.2006, 140 C 4830/05). Der Mieter muss die mangelhaften Hausmeisterarbeiten zeitnah rügen, sodass der Vermieter den Hausmeister abmahnen und ggf. sein Entgelt kürzen kann.

2.15 Die Kosten für Antenne oder Breitband

2.15.1 Die Kosten des Betriebs der Gemeinschaftsantennenanlage

§ 2 Nr. 15a BetrKV: „*...hierzu gehören die Kosten des Betriebsstroms und die Kosten der regelmäßigen Prüfung ihrer Betriebsbereitschaft einschließlich der Einstellung durch eine Fachkraft oder das Nutzungsentgelt für eine nicht zu den Gebäuden gehörende Antennenanlage sowie die Gebühren, die nach dem Urheberrechtsgesetz für die Kabelweitersendung entstehen.*“

Die Kosten der Erstausstattung sind Baukosten, die Kosten der Ersatzbeschaffung sind Instandhaltungskosten des Eigentümers.

Von den Kosten des Hausstroms muss der umlagefähige Betriebsstrom der Antennenanlage in Abzug gebracht werden. Fehlt ein Zwischenzähler, kann der Verbrauch nach den Leistungsdaten des Verstärkers ermittelt werden.

Schließt der Vermieter einen Wartungsvertrag für die Antennenanlage ab, sind die Wartungskosten umlegbar. Der Vermieter muss allerdings beim Vollwartungsvertrag einen Abzug wegen des Reparaturanteils vornehmen.

Least oder mietet der Eigentümer die Antennenanlage, sind die Leasing- bzw. Mietkosten ansetzbar (Langenberg, Rdn. A 224).

Nach § 20b Urheberrechtsgesetz, der durch das 4. Urheberrechtsänderungsgesetz vom 8.5.1998 (BGBl. I, S. 902) eingefügt wurde, besteht für Kabelweitersendungsvorgänge eine Gebührenpflicht. Diese Gebühren sind seit 1.1.2004 umlagefähig. Der Einzug der Gebühren erfolgt durch die VG Media.

Ist nach Einführung des digitalen TV die zusätzliche Anschaffung eines Decoders (Set-Top-Box) erforderlich, mit dem das terrestrische digitale Fernsehen empfangen werden kann, trägt der Mieter die Kosten (LG Berlin, Urteil vom 21.8.2003, 67 T 79/03, GE 2003, 1613).

2.15.2 Die Kosten des Betriebs der mit einem Breitbandnetz verbundenen privaten Verteileranlage

§ 2 Nr. 15b BetrKV: „... *die Kosten des Betriebs der mit einem Breitbandnetz verbundenen privaten Verteilanlage, hierzu gehören die Kosten entsprechend Buchstabe a, ferner die laufenden monatlichen Grundgebühren für Breitbandanschlüsse.*“

§ 2 Nr. 15b BetrKV wurde mit Wirkung vom 10.5.2012 dahingehend geändert, dass die bisherige Position „Breitbandkabelnetz“ durch „Breitbandnetz“ ersetzt wurde. Damit soll klargestellt werden, dass die Kosten aller leitungsgebundenen Breitbandinfrastrukturen für die Grundversorgung mit Fernsehen und Rundfunk unter diese Betriebskostenart fallen. Inzwischen bieten einerseits TV-Kabelnetzbetreiber über den Kabelanschluss Telefonanschlüsse an, andererseits Telefonanbieter eine TV-Versorgung. Bislang war nur die Umlage der durch ein Breitbandkabelnetz entstehenden Kosten möglich, weil der Begriff „Breitbandkabel“ restriktiv ausgelegt wurde. Dies hatte zur Folge, dass der Vermieter bei einem Wechsel auf eine TV-Versorgung über eine Breitbandtelefonleitung die anfallenden Kosten nicht auf den Mieter umlegen konnte, falls keine entsprechende mietvertragliche Vereinbarung vorlag. Mit der Novelle wird sichergestellt, dass die Kosten von Telefonbreitband umgelegt werden können.

Wenn nach Einzug des Mieters ein Kabelanschluss in der Wohnung installiert wird, so können die einmaligen Kosten dafür zwar nicht im Rahmen der Betriebskostenabrechnung, aber als Modernisierungsumlage gemäß § 559 BGB geltend gemacht werden (AG Karlsruhe-Durlach, Urteil vom 19.2.1987, 2 C 672/86, DWW 1987, 165).

Wird die Verteilanlage geleast, können die monatlichen Leasinggebühren als Betriebskosten umgelegt werden.

Die monatlichen Grundgebühren für den Breitbandkabelanschluss sind ansetzbar, auch wenn der Mieter vom Kabelanschluss keinen Gebrauch machen will (AG

Münster, Urteil vom 7.2.1989, 4 C 471/88, WuM 1989, 190; AG Schöneberg, Urteil vom 17.11.2004, 103 C 350/04, GE 2004, 1595).

Die laufenden Kosten für einen Sperrfilter, der verhindert, dass der Mieter, der dem Kabelanschluss nicht zugestimmt hat, unberechtigterweise Programme aus dem Kabelnetz empfangen kann, sind dagegen nicht umlagefähig (AG Freiburg, Urteil vom 20.2.1996, 51 C 367/95, WuM 1996, 285).

2.16 Die Kosten des Betriebs der Einrichtungen für die Wäschepflege

§ 2 Nr. 16 BetrKV: „... *hierzu gehören die Kosten des Betriebsstroms, die Kosten der Überwachung, Pflege und Reinigung der Einrichtung, der regelmäßigen Prüfung ihrer Betriebsbereitschaft und Betriebssicherheit sowie die Kosten der Wasserversorgung, soweit sie nicht schon unter Nummer 2 berücksichtigt sind.*“

Es kommen hier die Betriebskosten der hauseigenen maschinellen Wascheinrichtungen wie Waschmaschinen, Wäscheschleudern, Trockenmaschinen und dergleichen in Betracht, die allen Bewohnern zur Verfügung stehen. In Nr. 16 der Anlage 3 zu § 27 II. BV lautete der Begriff noch „maschinelle Wascheinrichtung“. Durch die Ersetzung in „Einrichtung der Wäschepflege“ ist klargestellt, dass auch Trockengeräte wie Wäschetrockner, Wäscheschleudern oder Bügelmaschinen dazugehören.

Die Betriebskosten umfassen die Stromkosten einschließlich der Zählermiete, die Wartungs- und Prüfungskosten sowie die Wasserkosten. Wird der Wasserverbrauch nicht durch einen Zähler separat erfasst, dürfen die Wasserkosten nicht unter Nr. 16 umgelegt werden.

Bei einem Betrieb der Waschgeräte mit Münzen dürfen die Einnahmen nur die laufenden Kosten für Wasser und Strom decken. Kosten für die Anschaffung, Abschreibung und Kapitalverzinsung dürfen darin grundsätzlich nicht enthalten sein, da diese nach dem AG Hamburg mit der Miete abgegolten sind (Urteil vom 20.8.2003, 39 A C 56/03, WuM 2003, 565); es sei denn, im Mietvertrag wurde etwas anderes vereinbart.

Wird der Betrieb der Waschmaschinen mit Münzzählern geführt, ist zur Entlastung der Mieter, die die maschinelle Wascheinrichtung nicht benützen, die Münzeinnahme allen Mietern gutzubringen (AG Hamburg, Urteil vom 30.7.1993, 40b C 2437/92, WuM 1993, 619; AG Pinneberg, Urteil vom 25.9.2002, 69 C 59/02, ZMR 2003, 121).

2.17 Sonstige Betriebskosten

§ 2 Nr. 17 BetrKV: „*... hierzu gehören Betriebskosten im Sinne des § 1, die von den Nummern 1 bis 16 nicht erfasst sind.*“

Die Regelung zeigt, dass die Aufstellung der Betriebskosten in § 2 BetrKV nicht abschließend ist. Hier können also noch weitere Positionen umgelegt werden, insbesondere Betriebskosten von Nebengebäuden (zum Beispiel Garagen), Anlagen und Einrichtungen.

Die sonstigen Betriebskosten dürfen aber nur auf den Mieter umgelegt werden, wenn die einzelnen Positionen im Mietvertrag genau bezeichnet wurden (BGH, Urteil vom 7.4.2004, VIII ZR 167/03, NZM 2004, 417). Nicht ausreichend ist die pauschale Anführung von „sonstigen Betriebskosten“ (LG Osnabrück, Urteil vom 31.5.1995, 11 S 160/94, WuM 1995, 434; LG Hannover, Urteil vom 6.12.1990, 16 S 216/90, WuM 1991, 358).

Eine Ausnahme gilt nur dann, wenn die Betriebskosten nachträglich in zulässiger Weise neu eingeführt wurden. Diese Ausnahme ist jedoch nicht erfüllt, wenn es sich um sog. vergessene Betriebskosten handelt, das heißt um Kostenarten, die bei Abschluss des Mietvertrags bereits vorhanden waren und deren Aufnahme in den Mietvertrag nur vergessen wurde (Beispiel: Rauchwarnmelder in einem Bundesland, in dem bereits Rauchwarnmelder vorgeschrieben sind).

2.18 Einzelne sonstige Betriebskosten

- **Abflussrohr:** Die vorbeugende Reinigung von Wasserrohren ist nicht umlagefähig, weil es sich hierbei nicht um eine Wartungsarbeit handelt, sondern um eine Maßnahme, die Verstopfungen verhindert, also dem Erhalt des Hauses dient (AG Lörrach, Urteil vom 31.1.1995, 2 C 343/94, WuM 1995, 593). Das AG Tiergarten dagegen ist der Auffassung, dass die Kosten für die Überprüfung der Abwasserrohre umgelegt werden können (Urteil vom 23.4.1996, 9a C 644/95, GE 1996, 1435).
- **Bewachung:** Ob die Kosten **für Bewachung, Videoüberwachung und** Revierdienstpauschalen umlagefähig sind, hängt davon ab, worin der Hauptgrund

für die Einschaltung eines Bewachungsdienstes liegt. Soll in erster Linie das Gebäude geschützt werden, sind die Kosten nicht ansatzfähig (AG Berlin-Mitte, Urteil vom 14.5.2004, 6 C 164/03, MM 2004, 266). Hat die Bewachung den Zweck, vornehmlich das Eigentum der Mieter zu schützen (zum Beispiel bei teuren Ladeneinrichtungen oder Luxuswohnungen; LG Köln, Urteil vom 28.1.2004, 10 S 134/03, WuM 2004, 400), ist der Ansatz gerechtfertigt (bei Gewerbe, OLG Celle, Urteil vom 16.12.1998, 2 U 23/98, NZM 1999, 501).

- **Blitzschutzanlagen:** Blitzschutzanlagen für Hochhäuser müssen alle sechs Jahre durch Sachverständige überprüft werden. Da die Prüfung dem Erhalt des Gebäudes und der Sicherheit der Bewohner dient, sind die Kosten nach vorherrschender Meinung umlegbar (AG Bremervörde, Urteil vom 25.2.1987; WM 1987, 198; LG Berlin, Urteil vom 17.10.2000, 64 S 257/00, NZM 2002, 65, a. A. AG Berlin-Mitte, Urteil vom 31.1.2002, 19 C 176/01, WuM 2002, 186). Dies gilt auch für freiwillig installierte Anlagen (Langenberg, Rdn. A 271).
- **Brandmeldeanlagen:** Bei der regelmäßigen Prüfung und Wartung wird die Betriebssicherheit und Betriebsbereitschaft kontrolliert. Die dadurch entstehenden Kosten sind nach dem BGH umlagefähig. Der Aufwand für die reine Überprüfung manueller Brandmelder ist genauso ansetzbar wie der Aufwand für die nach DIN 0833 vorgeschriebene vierteljährliche Inspektion und jährliche Wartung von automatischen, elektronisch geregelten Brandmeldern. Dazu gehören auch die Kosten für den notwendigen Austausch von Kleinteilen wie Widerständen in mehrjährigem Abstand (Langenberg, Rdn. A 272).
- **Center-Management:** Bei gewerblichen Mietverhältnissen sind die Kosten des Center-Managements umlegbar, wenn in der mietvertraglichen Vereinbarung die einzelnen Leistungen aufgeschlüsselt sind (OLG Rostock, Urteil vom 13.12.2004, 3 U 56/04, NZM 2005, 507). Mehrdeutige und ungenaue Bezeichnungen genügen dagegen nicht. Solange kein eindeutiger Inhalt der Bezeichnung erkennbar ist, ist eine formularmäßige Umlage der Kostenposition „Center-Manager“ oder Center-Management’ unwirksam (BGH, Urteil vom 6.4.2005, XII ZR 158/01, NZM 2005, 863).
- **Conciergedienst/Pförtnerdienst:** Die Kosten für einen Concierge-Dienst sind nicht immer umlagefähig. Eine Umlage kommt nur dann in Betracht, wenn die Einführung eines derartigen Dienstes aufgrund konkreter Verhältnisse vor Ort geboten ist. Lediglich ein allgemeines, nicht substanziiertes Sicherheitsbedürfnis, insbesondere älterer Mieter, reicht nicht aus (BGH, Urteil vom 5.5.2005, VIII ZR 78/04, NZM 2005, 452).
- **Dachcheck:** Zur Erhaltung von Funktion und Sicherheit wird zwar ein regelmäßiger Dachcheck empfohlen. Im Hinblick auf das Wirtschaftlichkeitsgebot wird dies aber wohl nur bei den bekanntlich gefährdeten Flachdächern infrage kommen. Bei anderen Dächern genügt in der Regel eine Kontrolle der Schneefanggitter durch Sichtkontrolle (Langenberg, Rdn. A 275).
- **Dachrinne:** Das Reinigen von Dachrinnen ist in wiederkehrenden Abständen vor allem dort erforderlich, wo das Laub von hohen Bäumen in die Dachrinnen

fällt und den Abfluss des Regenwassers behindert (BGH, Urteil vom 7.4.2004, VIII ZR 146/03, WuM 2004, 292 und VIII ZR 167/03, WuM 2004, 290).
Erfolgt die Reinigung allerdings nur in langen, unregelmäßigen Abständen, wird sie zum Teil der Instandhaltung zugerechnet (LG Berlin, Urteile vom 24.8.1999, 64 S 120/99, GE 1999, 1428 und vom 18.8.1994, 64 S 75/94, GE 1994, 1381).

- **Dachrinnenheizung:**Sie verhindert Personenschäden durch herunterfallende Eiszapfen. Die Stromkosten der Dachrinnenheizung können angesetzt werden, wenn die Anlage vornehmlich zur Verkehrssicherung dient (AG Lüdenscheid, Urteil vom 6.11.1986, 8 C 818/86, WuM 1987, 87; LG Berlin, Urteil vom 17.10.2000, 64 S 257/00, NZM 2002, 65; Stürzer/Koch, B 68). Die Entscheidung des AG Hamburg-Altona, die Kosten der Dachrinnenheizung als Kosten der Entwässerung anzusetzen, sodass es keiner besonderen Vereinbarung für die Umlage von Dachrinnenkosten bedarf (Urteil vom 3.1.2002, 317 C 474/00, GE 2001, 773), dürfte wohl verfehlt sein.
- **Druckerhöhungsanlagen:** Bei den Strom- und Wartungskosten sowie den Kosten der Überprüfung nach der BetrSichV handelt es sich um Kosten der Wasserversorgung nach § 2 Nr. 2 BetrKV.
- **Durchflussbegrenzer:** Im Gegensatz zu den umlagefähigen Wartungskosten für Wassermengenregler (§ 2 Nr. 2 BetrKV) sind die Wartungskosten für den Druckflussbegrenzer nicht ansetzbar, weil sie auf einen bestimmten Wasserdurchlauf ohne Toleranzbereich eingestellt sind. Das bedeutet, dass sich bei Veränderung des Wasserdrucks entsprechend die Durchlaufmenge verändert und das Einsparpotenzial verringert bzw. der Nutzer mit einem unbefriedigenden Wasserdurchlauf konfrontiert wird (Langenberg, Rdn. A 283).
- **Elektroleitungen (E-Check):** Der Vermieter ist im Rahmen der ihn treffenden Instandhaltungspflicht gehalten, die elektronische Anlage des vermieteten Gebäudes nach Maßgabe der anerkannten Regeln der Technik regelmäßig (mindestens alle vier Jahre) zu prüfen (OLG Saarbrücken, Urteil vom 4.6.1993, 4 U 109/92, NJW 1993, 3077). Nach dem Urteil des BGH sind die wiederkehrenden Kosten der Prüfung der Betriebssicherheit einer Elektroanlage umlegbar (Urteil vom 14.2.2007, VIII ZR 123/06, NJW 2007, 1059). Der Vermieter ist allerdings nicht verpflichtet, ohne besonderen Anlass eine regelmäßige Generalinspektion der Elektroleitungen und Elektrogeräte in den Wohnungen seiner Mieter vorzunehmen (BGH, Urteil vom 15.10.2008, VIII ZR 321/07, NZM 2008, 927).
- **Fensterwartung:** Auf der Basis des BGH-Urteils vom 7.4.2004 (VIII ZR 167/03, NZM 2004, 417) dürfte die regelmäßige Wartung von Fenstern durch Sicht- und Funktionskontrollen umlagefähig sein. Es könnte aber ein Verstoß gegen das Wirtschaftlichkeitsgebot vorliegen, weil es unter Umständen günstiger sein könnte, den Eintritt kleinerer Schäden abzuwarten und dann zu beheben, als zusätzlich regelmäßige Kontrollen durchzuführen. Bei großen Terrassenfenstern, die mit einem Hebe- und Schiebemechanismus versehen sind, ist eine

regelmäßige Wartung jedoch sinnvoll, um die Leichtgängigkeit der schweren Elemente zu gewährleisten (Langenberg, Rdn. A 286).

- **Feuerlöscher:** Zu den umlagefähigen Kosten für Feuerlöschgeräte gehören nicht die Anschaffungskosten von Feuerlöschern (AG St. Goar, Urteil vom 14.12.1989, 3 C 180/89, DWW 1990, 152), sondern die alle zwei Jahre anfallenden Wartungskosten der Löschgeräte. Darin enthalten ist auch der notwendige Austausch des Löschmittels (LG Berlin, Urteil vom 17.10.2000, 64 S 257/00, NZM 2002, 65).
- **Gegensprechanlage:** Die Überprüfung der Gegensprechanlage verursacht keine umlagefähigen Wartungskosten, da der Ansatz der Kosten am Wirtschaftlichkeitsgebot scheitert (AG Hamburg, Urteil vom 16.12.1987, 39b C 1698/87, WuM 1988, 308).
- **Gemeinschaftseinrichtungen:** Die Kosten für Wasser und Entwässerung, Wartung und Reinigung einer Gemeinschaftseinrichtung (zum Beispiel Schwimmbad, Sauna, Fitnessraum, Spiel- oder Hobbyraum) sind umlagefähig, soweit die Anlage sämtlichen Mietern zur Verfügung steht (LG Osnabrück, 31.5.1995, 11 S 160/94, WuM 1995, 434).
- **Kontoführungsgebühren:** Liegt eine klare Vereinbarung vor, dürfen allerdings nur bei Gewerberaummietverhältnissen Kontogebühren angesetzt werden (OLG Düsseldorf, 14.5.2002, 24 U 126/01, NZM 2002, 700).
- **Lichtschacht:** Die Reinigungskosten für Lichtschächte sind umlegbar (LG Berlin, Urteil vom 17.10.2000, 64 S 257/00, NZM 2005, 65).
- **Lüftungsanlagen:** Soweit die Überprüfung und Reinigung öffentlich-rechtlich vorgeschrieben ist, erfolgt die Umlage der Kosten als Kosten der Schornsteinreinigung bereits nach § 2 Nr. 12. Ansonsten werden allgemein die Wartungskosten für eine Lüftungsanlage für ansetzbar gehalten (LG Frankenthal, Urteil vom 19.5.1999, 2 S 7/99, NZM 1999, 958; LG Berlin, Urteil vom 17.10.2000, 64 S 257/00, NZM 2002, 65).
- **Rauch- und Wärmeabzugsanlagen (RWA-Anlagen):** Die Wartung von RWA-Anlagen dient der Funktionsfähigkeit und der Sicherheit der Mietparteien. Die Kosten sind nach dem BGH daher grundsätzlich umlagefähig. Bei vollautomatischen Anlagen ist eine jährliche Überprüfung durch einen Fachmann nach DIN 18232 vorgeschrieben. Sowohl die jährlichen Prüfkosten als auch die Kosten des in mehrjährigem Turnus notwendigen Austauschs elektronischer Kleinteile sind umlagefähig (Langenberg, Rdn. A 307).
- **Rauchwarnmelder:** Die Kosten der Überprüfung von Rauchwarnmeldern zählen zu den umlagefähigen Kosten. Gemäß DIN 14676 Nr. 6 ist bei Rauchwarnmeldern einmal **jährlich** eine Funktionsprüfung durchzuführen (AG Lübeck, Urteil vom 5.11.2007, 21 C 1668/07, ZMR 2008, 302). Die Kosten der Kontrolle von Betriebsfähigkeit und Betriebssicherheit sind grundsätzlich nach dem BGH ansatzfähig (BGH, Urteil vom 7.4.2004, VIII ZR 167/03, WuM 2004, 290 und vom

14.2.2007, VIII ZR 123/06, GE 2007, 439). Das gilt auch für die Kosten eines Batteriewechsels (AG Lübeck, a. a. O). Nach Ansicht des LG Magdeburg (Urteil vom 27.9.2011, 1 S 171/11, NZM 2012, 305) sind sogar die Kosten für die Anmietung der Geräte umlegbar, wenn eine entsprechende mitvertragliche Vereinbarung vorliegt. Welches Bundesland eine Einbaupflicht für Rauchwarnmelder vorschreibt, zeigt die Tabelle Kapitel 17.

- **Rückstausicherung:** Sie verhindert das Eindringen von Wasser aus Kellerabläufen, wenn das Wasser durch heftige Regengüsse nicht mehr ordnungsgemäß ablaufen kann. Die Kosten für das Prüfen und Reinigen der Anlage sind ansetzbar (LG Braunschweig, Urteil vom 27.10.1983, 7 S 73/83, ZMR 1984, 243).
- **Schließanlagen:** Bei Prüf- und Nachstellkosten für Schließanlagen handelt es sich nicht um Wartungskosten, sondern um einen nicht ansetzbaren Instandhaltungsaufwand (AG Schöneberg, Urteil vom 9.9.1998, 6 C 421/97, GE 1998, 1343).
- **Schnee- und Eiszapfenbeseitigung:** Bei Wohnraum sind die Kosten nicht umlagefähig, da hier das Merkmal der vorbeugenden Untersuchung der Bestandteile des Dachs fehlt (Langenberg, Rdn. A 322). Beim Gewerbe dagegen kann der Vermieter diese Kostenumlage vereinbaren, wenn die umzulegenden Kosten begrenzt werden (Langenberg, Rdn. 321).
- **Sicherheits- und Notstrombeleuchtung:** Der bei Ausfall der Hauptbeleuchtung durch die Sicherheitsbeleuchtung verbrauchte Strom fällt unter die Stromkosten nach § 2 Nr. 11 BetrKV, ebenso die durch ein Notstromaggregat verursachten Stromkosten. Das Notstromaggregat muss nach öffentlich-rechtlichen Vorschriften (zum Beispiel bei Hochhäusern) regelmäßig auf Funktions- und Betriebssicherheit überprüft werden. Diese Wartungskosten für die Funktionskontrolle und das Abschmieren und ggf. den Ersatz von Kleinteilen sowie der Einstellung der Anlage sind umlagefähig (Langenberg, Rdn. A 324).
- **Sprinkleranlagen:** Sprinkler, die nur in gewerblich genutzten Gebäuden eingebaut werden, sind nach DIN 14489 Nr. 19 regelmäßig zu warten. Die Wartungskosten können somit umgelegt werden.
- **Sprühwasser-Löschanlagen:** Da nach DIN 14494 Nr. 9 die Verpflichtung zur Wartung einer Sprühwasser-Löschanlage im gewerblichen Bereich besteht, handelt es sich auch hier um umlagefähige Betriebskosten (Langenberg, Rdn. A 328).
- **Sonstige Stromkosten:** Stromkosten, die keiner anderen Position zuzuordnen sind, zum Beispiel für Rolltore und Stellplätze in einer Tiefgarage, können mit entsprechender Vereinbarung umgelegt werden. Das betrifft auch zum Beispiel die Kosten des Betriebs einer Tiefkühltruhe, die allen Mietern zur Verfügung steht (AG Trier, Urteil vom 6.12.2000, 5 C 356/99, WuM 2001, 46).

- **Wartungskosten für**
  - **Presscontainers**
  - **Pumpen** (Laut LG Berlin, Urteil vom 17.10.2000, 64 S 257/00, NZM 2002, 65, sind diese ansetzbar.)
  - **Überladebrücken** an den Rampen für Lkw
  - **Rolltoren an Rampen**
  - **Rolltreppe** (gewerbliche Mietverhältnisse)

2.19 Nicht umlagefähige Betriebskosten

Die Verwaltungskosten sind gemäß § 1 Abs. 2 BetrKV für Wohnraum nicht ansetzbar. Die Umlage dieser Kosten kann auch individualvertraglich in Wohnraummietverträgen nicht vereinbart werden, da der Betriebskostenkatalog des § 2 BetrKV abschließend ist. Nach Ansicht des OLG Koblenz (RE vom 7.1.1986, 4 W RE 720/85, ZMR 1986, 87) ist eine Vereinbarung unwirksam, nach der der Mieter andere Nebenkosten als die in der Anlage 3 zu § 27 II. BV genannten Betriebskosten zu leisten hat (OLG Karlsruhe, RE vom 6.5.1988, 9 REMiet 1/88, WM 1988, 204).

Bei Geschäftsraummietverträgen hingegen dürfen diese Kosten ausnahmsweise umgelegt werden, wenn das ausdrücklich mietvertraglich vereinbart wurde (KG Berlin, Urteil vom 27.2.1995, 8 U 7830/93, GE 1995, 563; BGH, Urteil vom 9.12.2009, XII ZR 109/08, NZM 2010, 123).

Nach dem **Transparenzgebot** muss die entsprechende Vereinbarung im Gewerbemietvertrag aber klar formuliert sein. Die Umlagefähigkeit von Kostenpositionen wie „Center-Manager", „Raumkosten", „allgemeiner Service" oder „Verwaltungskosten" verneint das KG Berlin (Urteil vom 8.10.2001, 8 U 6267/00, NZM 2002, 954).

Durch eine individualvertragliche Vereinbarung kann auch festgelegt werden, dass der Gewerberaummieter die Kosten einer rechtlich nicht mit dem Vermieter identischen Hausverwaltung (OLG Nürnberg, Urteil vom 21.3.1995, 3 U 3727/94, WuM 1995, 308) oder eine Verwaltungspauschale zur Abgeltung des Verwaltungsaufwands des Vermieters (AG Schöneberg , Urteil vom 29.3.2000, 7 C 499/99, ZMR 2000, 685) trägt.

Sind die Hausverwaltungskosten exorbitant hoch, sodass der Mieter damit vernünftigerweise nicht zu rechnen braucht, ist eine diesbezügliche Formularklausel in einem Gewerbemietvertrag als Überraschungsklausel gemäß § 305c BGB unwirksam (OLG Köln, Urteil vom 4.7.2006, 22 U 40/06, NZM 2006, 701).

Zu den Verwaltungskosten, die nicht umgelegt werden dürfen, zählen ebenso die Zwischenablesekosten, zu denen auch die Nutzerwechselgebühren gehören (BGH, Urteil vom 14.11.2008, VIII ZR 19/07, NJW 2008, 575).

Instandhaltungs- und Instandsetzungskosten

Nach § 1 Abs. 2 Ziffer 2 BetrKV gehören auch die Kosten nicht zu den Betriebskosten, die während der Nutzungsdauer zur Erhaltung des bestimmungsmäßigen Gebrauchs aufgewendet werden müssen, um die durch Abnutzung, Alterung sowie Witterungseinwirkung entstehenden baulichen oder sonstigen Mängel ordnungsgemäß zu beseitigen.

Instandhaltungskosten sind lediglich in begrenztem Umfang, beispielsweise als Wartungskosten, unter den einzelnen Positionen umlagefähig (vgl. Wartungskosten des Aufzugs, von Gartengeräten oder der Gemeinschaftsantenne).

Kapitalkosten sind keine Bewirtschaftungskosten und somit nicht umlagefähig. Erbbauzinsen (LG Osnabrück, Urteil vom 19.5.1987, 12 S 46/87, WuM 1987, 267) sowie Erbbaupacht (AG Osnabrück , Urteil vom 4.3.1985, 40 C 396/84, WuM 1985, 344) sind ebenso Kapitalkosten wie die Abschreibung.

Weitere **nicht umlagefähige** Betriebskosten sind laut Rechtsprechung:

- Installations- und Anschaffungskosten für Feuerlöscher (AG St. Goar, Urteil vom 14.12.1989, 3 C 180/89, DWW 1990, 152).
- Kosten für die Spülung der Fußbodenheizung (AG Köln, Urteil vom 27.8.1998, 222 C 376/97, WuM 1999, 235).
- Mietkosten für einen Gastank (AG Bad Kreuznach, Urteil vom 9.5.1989, 2 C 338/88, WuM 1989, 310); eine entsprechende Vereinbarung ist unwirksam. Das LG Hannover ist dagegen der Auffassung, dass die Mietkosten umlegbar sind (Urteil vom 27.7.1983, 11 S 123/83, WuM 1985, 92).
- Leasingkosten für Brenner, Öltank und Verbindungsleitungen können nicht angesetzt werden (BGH, Urteil vom 17.1.2008, VIII ZR 92/08, NZM 2009, 120).
- Kosten für die Reinigung der Hausfassade von Graffitischmierereien sind dem Bereich der Instandhaltung zuzurechnen (AG Köln, Urteil vom 22.5.2000, 22 C 120/99, WuM 2001, 515).
- Wartungskosten für eine Klingelsprechanlage oder einen Türöffner (AG Hamburg, Urteil vom 16.12.1987, 39b C 1698/87, WuM 1988, 308).
- Bank- und Kontogebühren gemäß § 1 Abs. 2 Nr. 1 BetrKV bei Wohnraummietverhältnissen (OLG Karlsruhe, RE vom 6.5.1988, WuM 1988, 204), wohl aber bei Gewerbe.

ARBEITSHILFE ONLINE

CHECKLISTE: Betriebskostenabrechnung
Wurden alle Positionen berücksichtigt?

	Ja	Nein
Ist die Abrechnung übersichtlich und vollständig?	☐	☐
Enthält die Abrechnung den korrekten Adressaten und die Bezeichnung der Wohnung?	☐	☐
Enthält die Abrechnung den richtigen Absender?	☐	☐
Enthält die Abrechnung den genauen Abrechnungszeitraum (zwölf Monate)?	☐	☐
Sind die Gesamtkosten detailliert nach einzelnen Betriebskostenarten aufgelistet?	☐	☐
Wird für jede Betriebskostenposition der richtige Verteilerschlüssel aufgeführt und falls nötig erläutert?	☐	☐
Enthalten die Positionen „Hausmeister“ und „Aufzug“ Instandhaltungs- oder Verwaltungskosten? Ist ein Vorwegabzug erforderlich?	☐	☐
Ist ein Vorwegabzug wegen gewerblicher Vermietung erfolgt (eventuell zu prüfen bei Grundsteuer, Wasser/Abwasser, Müll, Versicherungen)? Gegebenenfalls erläutern!	☐	☐
Ist der Kostenanteil des Mieters ersichtlich? Wird ggf. die kürzere Nutzdauer berücksichtigt?	☐	☐
Enthält die Abrechnung die Position „sonstige Betriebskosten“?	☐	☐
Werden nur die mietvertraglich vereinbarten „sonstigen Betriebskosten“ wie Dachrinnenreinigung, Feuerlöscherwartung usw. aufgeführt?	☐	☐
Werden die geleisteten Vorauszahlungen aufgeführt?	☐	☐
Ist der Saldo (Nachforderung bzw. Erstattung) deutlich ausgewiesen?	☐	☐
Wird eine (angemessene) Frist zur Begleichung der Nachforderung gesetzt?	☐	☐
Wird dem Mieter die Belegeinsicht angeboten?	☐	☐
Wird die Vorauszahlung neu festgesetzt?	☐	☐

3 Umlage der Betriebskosten auf die Mieter

3.1 Gesetzliche Grundlagen für die Umlage der Betriebskosten

Der Gesetzgeber hat in den §§ 556, 556a und 560 BGB Rechtsgrundlagen für die **Vereinbarung, Abrechnung und Veränderung von Betriebskosten** geschaffen. Vermieter können die Betriebskosten in unterschiedlicher Weise an die Mietpartei übertragen. Grundsätzlich unterscheidet man

- die Betriebskosten**pauschale, über die nicht abgerechnet wird** und
- die Betriebskosten**vorauszahlung** bzw. **-abschlagszahlung** mit der Verpflichtung der jährlichen Rechnungslegung.

Viele Vermieter halten es für selbstverständlich, dass der Mieter die im Zusammenhang mit der Nutzung des Mietobjekts entstehenden Kosten automatisch zu tragen habe, dass hier eine Art Gewohnheitsrecht bezüglich der Kostenübernahme bestehe. Aus dem Gesetzestext selbst ergibt sich jedoch keine direkte Verpflichtung der Mietpartei, die Betriebskosten, soweit sie tatsächlich anfallen, zu zahlen.

! **WICHTIG**

Eine gesetzliche Verpflichtung, wonach der Mieter sämtliche mit dem Betrieb der Immobilie zusammenhängenden Kosten unmittelbar zu tragen hat, gibt es nicht. Es bedarf immer einer vertraglichen Vereinbarung, um die Betriebskosten weitergeben zu können.

Fehlt im Mietvertrag eine Vereinbarung zur Umlage bzw. Weitergabe von Betriebskosten, so sind gemäß § 535 Abs. 1 S. 3 BGB die Lasten, d.h. die Betriebskosten vom Vermieter zu tragen.

3.1.1 Was gilt im Wohnraummietrecht?

Im Bereich des sozialen Wohnungsbaus finden sich die entsprechenden Vorschriften über die Betriebskosten in den §§ 20ff Neubaumietenverordnung (NMV).

Welche Betriebskosten der Vermieter im Einzelnen dem Mieter übertragen kann, ergibt sich aus der Aufzählung des § 2 der BetrKV. Um die in § 2 BetrKV aufgeführten Positionen auf die Mietpartei übertragen zu können, muss eine entsprechende vertragliche Vereinbarung vorliegen.

Für den Bereich des Wohnraummietrechts sind die in § 2 BetrKV aufgezählten Betriebskosten abschließend, das heißt, der Vermieter kann auch durch vertragliche Vereinbarungen grundsätzlich keine weiteren in § 2 BetrKV nicht genannten Positionen an den Mieter weitergeben. Lediglich im Rahmen des § 2 Nr. 17 BetrKV dürfen weitere Positionen umgelegt werden, sofern sie Nebengebäude, Anlagen und Einrichtungen des Mietobjekts betreffen.

BEISPIEL

Der Vermieter kann durch eine Vertragsklausel die Kosten für die Dachrinnenreinigung oder für die Wartung von Duplexgaragen dem Mieter auferlegen.

Nicht möglich sind dagegen Klauseln, die den Wohnraummieter zur Zahlung von Verwaltungskosten oder Rücklagen verpflichten.

3.1.2 Was gilt im Gewerberaummietrecht?

Dem **Mieter von Gewerberäumen** können neben den in § 2 BetrKV aufgezählten Positionen weitere Kosten übertragen werden. Dies setzt ebenfalls eine entsprechende vertragliche Vereinbarung voraus. So kann zum Beispiel ein Mieter gewerblicher Räume vertraglich verpflichtet werden, auch die Verwaltergebühren zu tragen. Bei der Umlage von Verwalterkosten in einem Formularvertrag über Geschäftsräume ist allerdings das Transparenzgebot zu beachten. Der Begriff „Verwalterkosten“ ist näher zu umschreiben und von den anderen Betriebskosten abzugrenzen (OLG Rostock, Urteil vom 10.4.2008, 3 U 158/06, GuT 2008, 200). Nach Auffassung des BGH ist jedoch eine Klausel, die „die Kosten der kaufmännischen und technischen Hausverwaltung der Mietsache“ dem Mieter auferlegt, wirksam (BGH, Urteil vom 4.5.2011, XII ZR 112/09, NZM 2012, 83).

3.2 Vertragliche Grundlage für die Abrechnung der Betriebskosten

§ 535 Abs. 2 BGB verpflichtet den Mieter, an den Vermieter die **vereinbarte** Miete zu entrichten. Der Gesetzgeber überlässt es somit den Vertragsparteien, eine entsprechende **vertragliche Regelung** auch im Hinblick auf die Betriebskosten zu finden, die dem jeweiligen Interesse der Parteien und den Umständen gerecht wird. Der Gesetzgeber unterlässt es für den Bereich des preisfreien Wohnraummietrechts ausdrücklich, den Parteien Vorgaben zur Gestaltung der Miete und deren Struktur zu machen.

Anders stellt sich die Rechtslage im sozialen Wohnungsbau dar. Hier muss der Vermieter für die Ermittlung der Kostenmiete unter anderem auch die Betriebskosten als Teil der Bewirtschaftungskosten ansetzen. Zur Geltendmachung von Betriebskosten im preisgebundenen Wohnraum genügt es, wenn der Vermieter den Umfang der umzulegenden Betriebskosten durch Bezugnahme auf § 2 BetrKV (früher: Anlage 3 zu § 27 II. BV) umschreibt und eine angemessene Vorauszahlung festsetzt. Einer Aufschlüsselung der Vorauszahlungen auf die einzelnen Betriebskostenpositionen bedarf es jedoch nicht (BGH, Urteil vom 13.1.2010, VIII ZR 137/09, ZMR 2010, 433).

Die HeizKV bestimmt, dass der Gebäudeeigentümer die Kosten für den Betrieb einer zentralen Heizungs- und Warmwasserversorgungsanlage sowie der eigenständigen gewerblichen Lieferung von Wärme und Warmwasser **verbrauchsabhängig** auf die Nutzer verteilen muss. Nach der HeizKV ist daher die Vereinbarung einer sog. Bruttowarmmiete (zum Begriff siehe „Gestaltung der Mietstruktur“) grundsätzlich unzulässig. § 2 der Heizkostenverordnung bestimmt, dass die Regelungen dieser Verordnung rechtsgeschäftlichen Bestimmungen vorgehen, sofern es sich nicht um ein Gebäude mit nicht mehr als zwei Wohnungen handelt. Mit Urteil vom 19.7.2006 (VIII ZR 212/05, NZM 2006, 652) hat der BGH entschieden, dass die Regelung des § 2 HeizKV zwar vertraglichen Vereinbarungen vorgehe, gleichwohl die Vereinbarung einer Bruttowarmmiete nicht nichtig sei, sondern nur von der Heizkostenverordnung verdrängt werde.

Die Kosten für den Betrieb einer zentralen Heizungs- und Warmwasseranlage sind daher grundsätzlich bei allen Mietverhältnissen neben der Miete gesondert umzulegen.

Es kommt also für die Frage der Umlegbarkeit der Betriebskosten auf die Mietpartei ganz entscheidend darauf an, welche **vertraglichen Vereinbarungen** Vermieter mit dem Mieter getroffen haben. Ob und in welchem Umfang Betriebskosten an den Mieter weitergeben können, ist ausschließlich eine Frage der Vertragsgestaltung. Wie diese aussieht, ist aus diesem Grund für beide Parteien von großer Bedeutung.

3.2.1 Gestaltung der Mietstruktur

Es gibt in der Praxis eine Vielzahl von Möglichkeiten, die Mietstruktur zu gestalten. Entsprechend haben sich auch unterschiedliche **Mietbegriffe** entwickelt:

- **Bruttowarm- oder Inklusivmiete:** Hier wird als Miete ein einziger Betrag ausgewiesen; für Betriebskosten einschließlich derer für Heizung und Warmwasser wird keine gesonderte Zahlung als Pauschale oder als Vorschuss vereinbart. Zu beachten ist, dass die Vereinbarung einer Bruttowarmmiete gegen die HeizKV verstößt, sofern diese Anwendung findet.

BEISPIEL

Miete	550 €

- **Bruttokaltmiete**: Mit Ausnahme der Betriebskosten für Heizung und Warmwasser sind in der vereinbarten Miete alle übrigen Betriebskosten enthalten. Sie werden nicht durch eine Pauschale oder Vorauszahlung neben der Miete separat erhoben.

BEISPIEL

Miete	500 €
Vorauszahlung für die Heiz- und Warmwasserkosten	50 €

- **Nettokaltmiete:** Neben der Miete werden für sämtliche anfallenden und umlegbaren Betriebskosten Vorauszahlungen oder Pauschalen erhoben, § 556 Abs. 2 BGB.
  - Entweder wird hier eine **Vorauszahlung** für alle Betriebskosten bezahlt, auch für Heizung und Warmwasser, oder
  - für die Heiz- und Warmwasserkosten wird eine Vorauszahlung angesetzt und zusätzlich für die übrigen Betriebskosten eine **Pauschale** oder zusätzliche Vorauszahlung vereinbart.

  Hierzu zählen auch diejenigen Fälle, in denen der Mieter nicht mit dem Vermieter, sondern **direkt** mit einem Versorgungsunternehmen **abrechnet**, zum

Beispiel wenn er Müllplaketten bei der Gemeinde kauft oder Gas oder Wasser aufgrund eines eigenen Vertrags direkt mit einem Versorgungsunternehmen abrechnet. Die Kosten der Versorgung des Mietobjekts mit Strom werden in den meisten Fällen bereits von den Versorgungsunternehmen direkt mit den Verbrauchern abgerechnet.

BEISPIEL

Miete	500 €
Vorauszahlung auf die Heiz- und Warmwasserkosten	50 €
Vorauszahlung auf die übrigen Betriebskosten gemäß § 2 BetrKV	50 €

Oder:

Miete	500 €
Vorauszahlung auf sämtliche Betriebskosten gemäß § 2 BetrKV	100 €

Oder:

Miete	500 €
Vorauszahlung auf die Heiz- und Warmwasserkosten	50 €
Pauschale für die übrigen Betriebskosten gemäß § 2 BetrKV	50 €

- **Teilinklusiv- oder Teilbruttokaltmiete:** Hier werden zwar neben der Miete Betriebskosten gesondert geltend gemacht, jedoch werden nicht wie bei der Nettokaltmiete sämtliche anfallenden Positionen dem Mieter weiterberechnet. In der Regel werden diejenigen Kosten, die verbrauchsabhängig sind, wie zum Beispiel Wasser, Schmutzwasser, Allgemein- und Hausstrom oder auch Müllbeseitigung, dem Mieter gegenüber gesondert in Rechnung gestellt, die übrigen Betriebskosten sind dann in der Miete enthalten, das heißt mit Zahlung der Miete abgegolten.
  In der Praxis führt die Vereinbarung einer Teilinklusivmiete zu den häufigsten Streitigkeiten zwischen den Mietvertragsparteien. Zumeist enthalten ältere Mietverträge Teilinklusivmieten und die Parteien streiten darum, ob und welche Betriebskosten vom Mieter zu tragen sind oder ob es sich um eine Pauschale oder eine Vorauszahlungsvereinbarung handelt.

BEISPIEL

Miete	500 €
Vorauszahlung auf die Heiz- und Warmwasserkosten	50 €
Vorauszahlung auf die Kosten für Wasser, Abwasser und Müllbeseitigung	20 €
Oder:	
Miete	500 €
Vorauszahlung auf die Heiz- und Warmwasserkosten	50 €
Pauschale für Wasser, Abwasser und Müllbeseitigung	50 €

Im Beispiel sind die Positionen Wasser und Abwasser bzw. Schmutzwasser eindeutig umlagefähig. Strittig ist aber, ob auch die Gebühren für das sog. Niederschlagswasser an den Mieter weitergegeben werden können. Da es sich hierbei ebenfalls um sog. Entwässerungskosten im Sinne des § 2 Nr. 3 BetrKV handelt, sind diese vom Mieter grundsätzlich zu bezahlen. Allerdings entspricht die Bezeichnung „Abwasser" nicht der rechtlichen Bezeichnung „Entwässerung", so dass aufgrund dieser Abweichung nicht eindeutig die Verpflichtung des Mieters zur Übernahme der Kosten auch für die Grundstücksentwässerung (Niederschlagswasser) entnommen werden kann.

Regelungen für die neuen Bundesländer

Für die **neuen Bundesländer** galt bis 11.6.1995 die **Betriebskostenumlage-Verordnung** (nunmehr außer Kraft). Damit hatte der Vermieter die Möglichkeit, bei Mietverhältnissen, die vor dem 11.6.1995 abgeschlossen wurden, die vereinbarte Mietstruktur einseitig zu ändern und künftig die Betriebskosten auf den Mieter umzulegen. Außerdem konnte er Vorauszahlungen verlangen. Diese Möglichkeit der einseitigen **Umstrukturierung** endete jedoch zum 31.12.1997.

Für Verträge, die nach dem Inkrafttreten des Mietenüberleitungsgesetzes (MÜG, abgedruckt in WuM 1995, 359ff) am 11.6.1995 abgeschlossen werden, gelten die allgemeinen Bestimmungen, das heißt, für die Übertragung der Betriebskosten auf die Mietpartei bedarf es einer eindeutigen vertraglichen Regelung.

3.2.2 Betriebskostenvereinbarung

Vermieter und Mieter können vereinbaren, dass die Betriebskosten entweder als monatliche **Pauschale** oder als **Vorauszahlung** (§ 556 Abs. 2 S. 1 BGB) geschuldet werden. Ist keine Vereinbarung über die Weitergabe der Betriebskosten getroffen worden, so schuldet der Mieter deren Zahlung auch nicht.

- Enthält der Mietvertrag eine Klausel, wonach der Mieter für die Betriebskosten eine monatliche **pauschale Zahlung** zu leisten hat, kann der Vermieter über die im vergangenen Jahr tatsächlich entstandenen und angefallenen Betriebskosten dem Mieter gegenüber **nicht abrechnen**.
- Schuldet der Mieter hingegen eine **Betriebskostenvoraus- bzw. -abschlagszahlung**, so hat der Vermieter nicht nur das Recht, sondern auch die **Verpflichtung**, über die Betriebskosten des abgelaufenen Abrechnungszeitraums Rechnung zu legen. Der Mieter hat ihm gegenüber einen **Anspruch auf Erstellung der Abrechnung**.

In Zeiten, in denen die Betriebskosten als sog. zweite Miete enorm gestiegen sind, ist es für die Parteien von großer Bedeutung, ob eine Abrechnung erfolgen kann oder nicht. Gerade im Hinblick auf die hohen Verbrauchskosten wie diejenigen für Wasser, Abwasser oder Müll ist die Beantwortung der Frage, wer diese letztendlich zu tragen hat, von großer Bedeutung.

Daher ist genau zu überlegen, wie ein Mietvertrag gestaltet werden soll: Ob und wenn ja, in welchem Umfang, soll er eine wirksame Übertragung der Zahlung der Betriebskosten auf den Mieter enthalten?

Für den Mieter muss sich aus den vertraglichen Vereinbarungen eindeutig ergeben, welche Kosten er zusätzlich zur Grundmiete zu zahlen hat. Die vereinbarte Mietstruktur muss erkennen lassen, dass der Mieter die Nebenkosten ganz oder anteilig neben der Grundmiete tragen soll (OLG Düsseldorf, 11.2.1982, 10 U 118/81, ZMR 1984, 20). Enthält ein Vertrag mehrere Varianten, wie die Betriebskosten umgelegt werden können, ist aber keine Variante angekreuzt oder kenntlich gemacht, genügt die Umlagevereinbarung nicht dem Bestimmtheitserfordernis (OLG Rostock, Urteil vom 14.1.2010, 3 U 50/09, MDR 2010, 1045).

! **WICHTIG**

Ist die Vereinbarung über die Tragung der Betriebskosten nicht eindeutig und unmissverständlich formuliert, schuldet der Mieter die Zahlung von Betriebskosten nicht. Es gilt dann § 535 Abs. 1 S. 3 BGB, mit der Folge, dass der Vermieter die Betriebskosten zu tragen hat.

3.2.3 Auswirkungen der Schuldrechtsreform und Transparenzgebot

Mit Wirkung zum 1.1.2002 ist das Gesetz zur Modernisierung des Schuldrechts in Kraft getreten. Nach einer Übergangszeit von einem Jahr findet es mit Wirkung seit **1.1.2003** auch auf sämtliche **Dauerschuldverhältnisse**, zu denen Wohnraum- und Gewerberaummietverträge zählen, uneingeschränkt Anwendung. Der Vermieter muss daher die entsprechenden Bestimmungen des BGB beachten, Artikel 229, § 5 S. 2 EGBGB.

Für den Bereich des Mietrechts ergeben sich insbesondere

- aus den geänderten Bestimmungen zur Verjährung und
- aus der Eingliederung der bisherigen Bestimmungen des Gesetzes zur Regelung des Rechts der Allgemeinen Geschäftsbedingungen (AGB-Gesetz) in das BGB

weitreichende Folgen.

Bisher musste die Wirksamkeit **vorformulierter Vertragsklauseln** an den Vorgaben des AGB-Gesetzes geprüft werden. Nunmehr sind diese Regelungen in das BGB aufgenommen worden und finden sich mit geringen Änderungen in den §§ 305ff BGB. Die Wirksamkeit vorformulierter Betriebskostenvereinbarungen sind daher an den Vorgaben dieser Bestimmungen zu messen.

Von großer Bedeutung ist das **Transparenzgebot**, das nunmehr ausdrücklich in das Gesetz aufgenommen wurde, § 307 Abs. 1 S. 2 BGB (§ 9 AGBG a. F.). Danach kann sich eine unangemessene Benachteiligung für den Mieter, daraus ergeben, dass eine Bestimmung eines Formularvertrags nicht klar und verständlich ist. Verstößt eine vorformulierte Vertragsklausel gegen das Transparenzgebot, so führt dies zu deren **Unwirksamkeit**, § 307 Abs. 1 S. 1 BGB.

HINWEIS

Die Forderung nach klaren und eindeutigen Formulierungen war bereits in der Vergangenheit Leitgedanke bei der Überprüfung vorformulierter Vertragsklauseln und wurde als „ungeschriebener Rechtssatz" von der Rechtsprechung stets angewandt.

Der Vermieter muss also aus der Sicht eines juristisch unkundigen Vertragspartners zu prüfen, ob die Vertragsklausel verständlich ist. Ergeben sich **Unklarheiten** oder **verschiedene Auslegungsmöglichkeiten**, ist dem Transparenzgebot nicht Genüge getan und die Klausel ist ungültig.

Andererseits dürfen aber an den Inhalt einer Vertragsklausel nicht **überzogene Anforderungen** gestellt werden. Vereinbarungen müssen nur im Rahmen des tatsächlich Möglichen verständlich abgefasst sein (BGH, Urteil vom 3.6.1998, VIII ZR 317/97, NZM 1998, 710).

Fraglich ist, ob das Transparenzgebot durch seine Aufnahme in das Gesetz nunmehr eine andere Wertung und Beachtung erfährt als vor Inkrafttreten der Schuldrechtsreform. Nach der Begründung zum Gesetzesentwurf sollten die Bestimmungen des AGB-Gesetzes inhaltlich übernommen werden, ohne dass wesentliche materiell-rechtliche Änderungen damit verbunden sein sollten (vgl. Heinrichs in NZM 2003, 6ff). Dies bedeutet grundsätzlich, dass für die Vereinbarung von Betriebskosten nach wie vor die von der Rechtsprechung bisher entwickelten Grundsätze angewendet werden können.

Dies ist insbesondere für diejenigen Mietverträge von Bedeutung, in denen bei der Übertragung der Betriebskosten auf den Mieter inhaltlich auf § 2 BetrKV (bis 31.12.2003: Anlage 3 zu § 27 der II. BV) verwiesen wird, ohne dass die einzelnen Betriebskostenarten benannt werden.

Nach überwiegender Rechtsprechung genügt ein **vertraglicher Hinweis** auf den Verordnungstext selbst dann, wenn dessen Wortlaut dem Mietvertrag nicht beigefügt wurde oder weitere Erläuterungen nicht erfolgt sind (BGH, Urteil vom 8.4.2009, VIII ZR 128/08, NJW 09, 2058, OLG Frankfurt/Main, Urteil vom 10.5.2000, 20 REMiet 2/97, WuM 2000, 411). Der BGH hat sogar für ein der Preisbindung unterliegendes Mietverhältnis entschieden, dass es der Aufschlüsselung einzelner Betriebskostenarten im Mietvertrag nicht bedarf. Vielmehr genügt die Bezugnahme auf Anlage 3 zu § 27 BV (jetzt § 2 BetrKV) und die Angabe der ungefähr zu erwartenden Kosten durch Mitteilung des Gesamtbetrags der geforderten Vorauszahlungen (BGH, Urteil vom 13.2.2010, VIII ZR 137/09, WuM 10, 153).

Es gab und gibt durchaus **kritische Stimmen**, die eine Betriebskostenvereinbarung, die lediglich auf einen Gesetzes- bzw. Verordnungstext verweist, ohne die Besonderheiten des Einzelfalls zu berücksichtigen, für unwirksam halten (Schumacher, NZM 2003, 13ff). Zum Teil wird die Ansicht vertreten, dass der Wortlaut des § 2 BetrKV oder der Anlage 3 zu § 27 II. BV nicht für jedermann allgemein verständlich und klar und daher für jeden Mietvertrag eine **gesonderte Auflistung** der jeweils abzurechnenden Betriebskosten erforderlich sei.

Nicht ausreichend ist jedoch folgende Vereinbarung im Mietvertrag: „Der Mieter schuldet neben der Miete eine monatliche Vorauszahlung auf Betriebskosten in Höhe von…“. Diese Vereinbarung sieht lediglich vor, dass der Mieter einen Betriebskostenvorschuss in einer bestimmten Höhe monatlich zu zahlen hat, ohne dass eine Bezugnahme zu § 2 BetrKV vorliegt. Hier fehlt es an der Angabe, auf welche Betriebskosten sich diese Zahlung beziehen soll. Die Klausel ist inhaltlich nicht bestimmt genug und daher nicht ausreichend für eine wirksame Umlagevereinbarung (BGH, Urteil vom 2.5.2012, XII ZR 88/10, GuT 2012, 133).

TIPP

Bei Betriebskostenvereinbarungen ist in jedem Fall auf eine inhaltlich eindeutige Formulierung zu achten. Es empfiehlt sich, den gesamten Wortlaut des § 2 BetrKV dem Mietvertrag als Anlage beizufügen.

Da § 2 BetrKV immer wieder inhaltlich geändert wird, sollte bei der Vertragsgestaltung auch darauf geachtet werden, die Bezugnahme auf den Gesetzestext dynamisch zu gestalten, zum Beispiel so: „Für Art und Umfang der Betriebskosten ist die Betriebskostenverordnung in ihrer jeweils geltenden Fassung maßgeblich."

Wird keine solche Dynamisierung vereinbart, so gilt diejenige Fassung der Betriebskostenverordnung, die zum Zeitpunkt des Vertragsschlusses galt (BGH, Urteil vom 22.2.2006, VIII ZR 362/04, WuM 06, 322).

3.2.4 Fälle aus der Rechtsprechung

An dieser Stelle folgen einige Rechtsprechungsbeispiele zur Gestaltung von Betriebskostenvereinbarungen. Sie sollen Richtschnur für den Abschluss von Verträgen sein.

- Hat der Vermieter im Mietvertrag die „**Gemeindeabgaben**" auf den Mieter übertragen, so sind als Betriebskosten auch die Grundsteuern zu zahlen (OLG Hamm, Urteil vom 26.4.2005, 7 U 48/04, ZMR 2005, 617).
- Als nicht ausreichend für die Weitergabe zum Beispiel der Grundsteuer und Abwassergebühren wird eine Vereinbarung angesehen, nach der der Mieter die „**Grundbesitzabgaben**" zu zahlen hat. Nach Ansicht des OLG Düsseldorf ist diese Vereinbarung zu unbestimmt (Urteil vom 29.6.2000, 10 U 116/99, NZM 01/588).
- Eine vertragliche Vereinbarung, wonach der Mieter verpflichtet wird, die **Betriebskosten gemäß Anlage 3 zu § 27 II. BV** zu tragen, reicht aus. Eine zusätzliche Aufzählung der einzelnen Betriebskostenarten ist nicht erforderlich (BGH, Urteile vom 13.2.2010, VIII ZR 137/09, WuM 10/153 und vom 8.4.2009, VIII ZR 128/08, NJW 09, 2058; OLG Hamm, RE vom 22.8.1997, 30 REMiet 3/97, WuM 1997, 542; OLG

Karlsruhe, RE vom 18.10.1985, 3 REMiet 1/85, WuM 1986, 9; OLG Düsseldorf, Urteil vom 14.12.2000, 10 U 134/98, ZMR 2001, 882).

- Sowohl bei preisfreiem Wohnraum als auch bei Gewerberaum bedarf die Umlage von Betriebskosten auf die Mieter einer **inhaltlich eindeutigen Vereinbarung**. Die Begriffsbestimmung in der II. BV, Anlage 3 zu § 27 Abs. 2, kann auch bei gewerblichen Mietverträgen als **Auslegungsrichtlinie** verwendet werden (OLG Jena, Urteil vom 16.10.2001, 8 U 392/01, NZM 2002, 70).
- Die Vereinbarung in einem gewerblichen Mietvertrag, dass „die Kosten der kaufmännischen und technischen Hausverwaltung der Mietsache“ umlagefähig sind, reicht aus, da die Weitergabe der Verwaltungskosten bei Geschäftsraummietverhältnissen nicht ungewöhnlich ist (BGH, Urteil vom 4.5.2011, XII ZR 112/09, GuT 2011, 48). Dagegen soll nach Auffassung des OLG Düsseldorf die Vereinbarung der Umlage der „**Kosten für das Management**“ wegen Intransparenz nicht ausreichen (OLG Düsseldorf, Urteil vom 21.7.2011, I-24 U 153/10, WuM 2012, 203).
- Eine **Formularklausel** in einem Mietvertrag, wonach der Mieter sämtliche Betriebskosten mit Ausnahme der Grundsteuer direkt trägt, ist unklar und im Zweifel dahingehend auszulegen, dass der Mieter die Grundsteuer nicht zu übernehmen hat (KG Berlin, Urteil vom 8.2.2001, 8 U 7527/99, GE 2001, 849).
- Auch eine Mietvertragsklausel, wonach der Mieter „**anteilig alle mit dem Mietobjekt verbundenen Betriebskosten**“ zu tragen habe, enthält keine eindeutige Kostentragungspflicht bezüglich der Grundsteuer (OLG Jena, Urteil vom 16.10.2001, 8 U 392/01, NZM 2002, 70).
- Die vertragliche Abrede, der Mieter habe alle nicht aufgeführten Kosten in Ansehung des Mietobjekts zu tragen, ist unwirksam (OLG Düsseldorf, Urteil vom 14.5.2002, 24 U 142/01, NZM 2002, 700).
- Ist in einem **gewerblichen Mietvertrag** vereinbart, dass sämtliche Betriebskosten anteilig zulasten des Mieters gehen und hierfür monatliche Vorauszahlungen geleistet werden, ohne dass im Vertrag an der vorgesehenen Stelle eine entsprechende Summe eingetragen wurde, so stellt diese Klausel wegen **fehlender inhaltlicher Bestimmtheit** keine wirksame Betriebskostenvereinbarung dar (OLG Düsseldorf, Urteil vom 26.9.2002, 10 U 170/01, GE 2002, 1427).
- Kostenarten, die nicht ausdrücklich im Mietvertrag benannt sind, sind **im Zweifel** auch **nicht** gegenüber dem Mieter **abrechenbar**, sondern bereits mit der Zahlung der vereinbarten Miete abgegolten (OLG Düsseldorf, 19.7.2000, 10 U 116/99, DWW 2000, 196). Denn haben die Parteien als Miete ohne nähere Bestimmung einen **einheitlichen Betrag vereinbart**, werden dadurch im Regelfall auch die an sich umlagefähigen Betriebskosten mit eingeschlossen, die jedoch im Außenverhältnis vom Vermieter gegenüber den Lieferanten oder Versorgungsunternehmen zu tragen sind (OLG Stuttgart, Beschluss vom 13.7.1983, 8 REMiet 2/83, WuM 1983, 285).

HINWEIS

Wird bei der Umlagevereinbarung auf die Aufzählung der Betriebskosten verzichtet, ohne dass ein Hinweis auf § 2 BetrKV erfolgt, genügen Zusätze wie „zum Beispiel", „etc.", „usw." nicht, um alle möglichen Betriebskosten auf den Mieter umzulegen.

- Wird in einem Vertrag vereinbart, dass zur Deckung der Nebenkosten eine Vorauszahlung in bestimmter Höhe zu leisten ist, ohne dass die Kostenarten einzeln ausgewiesen sind oder eine Bezugnahme auf den Betriebskostenkatalog der Anlage 3 zu § 27 II. BV erfolgt, so ist nach einer Entscheidung des OLG Düsseldorf (Urteil vom 23.5.2002, 10 U 96/01, GuT 2002, 136) eine nicht abzurechnende Nebenkostenpauschale vereinbart (siehe auch AG München, Urteil vom 30.6.1998, 413 C 8965/98, NZM 1999, 415).
- Eine Vereinbarung, der Mieter habe alle Nebenkosten zu tragen, ist nach LG Aachen mangels **hinreichender Bestimmtheit** unwirksam (Urteil vom 23.2.2001, 5 S 360/00, NZM 2001, 707). Fehlt eine Umlagevereinbarung im Mietvertrag gänzlich, so wird diese auch nicht durch jahrelanges Abrechnen und Ausgleichen der jeweiligen Salden ersetzt (LG Berlin, Urteil vom 13.8.2010, 63 S 658/09, GE 2010, 1542).
- Ist in einem Wohnraummietvertrag vereinbart, dass alle **Nebenkosten vom Mieter getragen** werden, gilt dies nur insoweit, als der Verbrauch für Strom, Wasser und Abwasser durch Zähler ermittelt werden kann und vom Mieter daher diese, aber keine darüber hinausgehenden Kosten zu tragen sind (LG Saarbrücken, Urteil vom 19.12.1997, 13 B S 244/1997, NZM 1999, 458).

In der Regel werden für den Vertragsabschluss bei Wohnraummietverträgen **vorformulierte Vertragsmuster** verwendet. Hier kommt es leider allzu oft vor, dass im Vertrauen auf die inhaltliche und formelle Richtigkeit der Formulare entsprechende Lückentexte, Ankreuzungen o. Ä. nicht vollständig und richtig ausgefüllt werden. Gerade wenn Verträge eine Aufzählung der einzelnen Betriebskostenarten enthalten, ist das Risiko groß, dass bestimmte Positionen im Vertragstext gar nicht erst aufgeführt sind. Auch das korrekte Ausfüllen von Lückentexten und Ankreuzungen kann zu widersprüchlichen Vereinbarungen führen, mit der Folge, dass der Vermieter die Betriebskosten dem Mieter nicht oder nur zum Teil weitergeben kann.

TIPP

Es ist ratsam, jeden vorformulierten Vertragstext vor Unterzeichnung einer genauen inhaltlichen Überprüfung zu unterziehen, im Zweifel auch unter Zuhilfenahme des Gesetzestextes von § 2 BetrKV.
Zudem ist auf die begriffliche Unterscheidung zwischen „Pauschale" und „Abschlagszahlung" bzw. „Vorauszahlung" zu achten.

Das LG Frankfurt/Main hatte einen Fall zu entscheiden, dem ein Formularmietvertrag mit einer Klausel zugrunde lag, wonach der Mieter „**folgende Betriebskosten im Sinne der 2. BV § 27 zu tragen**" habe. Daran schloss sich eine Auflistung einzelner, jedoch nicht aller im Sinne der II. BV umlegbaren Betriebskosten an. Das LG hatte hier nur die einzeln aufgelisteten Betriebskosten als umlegbar angesehen (Urteil vom 30.8.1985, 2/17 S 178/85, WuM 1986, 93). Diejenigen Betriebskosten, die nicht ausdrücklich im Vertragstext benannt worden waren, konnten dem Mieter nicht weitergegeben werden.

Ungenauigkeiten und Unklarheiten des Vertragstextes gehen in der Regel zulasten des Vermieters.

TIPP

Bei Vertragsschluss ist unbedingt auf eine exakte, verständliche Formulierung des Mietbegriffs zu achten.

3.3 Änderung der Mietstruktur

Eine nachträgliche Änderung der Mietstruktur ist nur in Ausnahmefällen möglich. Besteht zwischen den Parteien Einigkeit, so kann während des Mietverhältnisses die bei Vertragsbeginn festgelegte Mietstruktur einvernehmlich geändert werden. Darüber hinaus sieht die Heizkostenverordnung vor, dass für die Kosten von Heizung und Warmwasser **zwingend** eine verbrauchsabhängige Abrechnung zu erfolgen hat. Ist daher daher eine sog. Bruttowarmmiete vereinbart, so können gemäß § 2 HeizKV der Heiz- und Warmwasserkostenanteil einseitig aus der Gesamtmiete herausgenommen und künftig als Vorauszahlung festgelegt werden. Sowohl Vermieter als auch Mieter haben einen entsprechenden Anspruch auf Änderung bzw. Umstrukturierung der Miete dahingehend, dass künftig die Kosten für Heizung und Warmwasser separat ausgewiesen und abgerechnet werden, § 4 Abs. 4 HeizKV.

Wird neben der Miete für sämtliche Betriebskosten im Sinne des § 2 Betriebskostenverordnung eine Pauschale geleistet, so ist auch in diesem Fall eine Anpassung bzw. Änderung der Struktur durch den Vermieter möglich. Da Heizung und Warmwasser verbrauchsabhängig abzurechnen sind, kann für diese Positionen keine Pauschale vereinbart werden. Der Vermieter hat dann rechnerisch nachvollziehbar die Pauschale in einen Anteil für kalte und einen Anteil für warme Betriebskosten aufzuspalten. Dies kann zum Beispiel nach dem Verhältnis der beiden Betriebskostenarten bei Beginn des Mietverhältnisses erfolgen (LG Heidelberg, 25.2.2011, 5 S 77/10, WuM 2011, 217; AG Wedding, 24.4.2009, 20 C 2/09, MM 09, 263). Für die sog.

kalten Betriebskosten bleibt es bei der Pauschale, für die warmen Betriebskosten wird künftig eine Vorauszahlung angesetzt, über die abzurechnen ist.

Von der Änderung der Mietstruktur ist grundsätzlich die Änderung des Verteilerschlüssels für die Verteilung von Betriebskosten zu unterscheiden (siehe Kapitel 7.6 „Änderung des Umlageschlüssels“). Gleichwohl kann die Änderung der Mietstruktur dazu führen dass künftig abgerechnet wird und ein (neuer) Verteilerschlüssel eingeführt wird.

Bei einer Bruttokaltmiete wird zum Beispiel durch Einbau von Kaltwasseruhren künftig neben der Miete eine Vorauszahlung für Wasser und Schmutzwasser gezahlt und nach Ablauf des Abrechnungszeitraums über diese Kosten nach Verbrauch abgerechnet (vgl. auch Kapitel 4.3.2).

3.3.1 Was gilt bei gewerblichen Mietverhältnissen?

Bei gewerblichen Mietverhältnissen kann der Vermieter eine Veränderung der Mietstruktur ggf. durch eine sog. **Änderungskündigung** erreichen. Dabei kündigt der Vermieter den Mietvertrag unter Einhaltung der gesetzlichen oder vertraglichen Kündigungsfrist und bietet dem Mieter den Abschluss eines neuen Vertrags zu geänderten Konditionen an.

§ 556a Abs. 2 BGB sieht zwar vor, dass unter bestimmten Voraussetzungen der Vermieter berechtigt ist, eine Strukturänderung herbeizuführen, diese Bestimmung gilt jedoch nicht für Geschäftsraummietverhältnisse.

HINWEIS

Eine gesetzliche Grundlage, wonach der Vermieter bei einem bestehenden Mietverhältnis die Änderung der Mietstruktur erreichen kann, gibt es für den Bereich des Gewerbemietrechts im Gegensatz zu Wohnraummietverhältnissen nicht.

Der Vermieter von Geschäftsräumen kann zum Beispiel dann eine Änderung des Verteilerschlüssels verlangen, wenn die Voraussetzungen für eine Störung der Geschäftsgrundlage vorliegen (§ 313 Abs. 1 BGB). Das kann dann der Fall sein, wenn ein dauerhafter und nicht nur vorübergehender Leerstand von Mieträumen vorliegt. Sind diese Voraussetzungen gegeben, muss der Vermieter bei Weigerung des Mieters nicht zunächst auf Zustimmung klagen, sondern die Klage ist auf die nach dem veränderten Verteilerschlüssel geschuldete Leistung zu richten (OLG Düsseldorf, Urteil vom 28.10.2010, I-24 U 28/10, ZMR 2011, 795).

3.3.2 Was gilt bei Wohnraummietverhältnissen?

Unterliegen Wohnungen der **Preisbindung**, zum Beispiel **Sozialwohnungen**, kann der Vermieter durch einseitige Erklärung gemäß § 10 Abs. 1 Wohnungsbindungsgesetz (WoBindG) den Umfang der vom Mieter zu tragenden Betriebskosten für künftige Abrechnungszeiträume ändern. Hat der Vermieter im Mietvertrag nur einige Betriebskostenarten als umlagefähig vereinbart, so kann er seine Abrechnungen auf weitere Betriebskosten ausdehnen, die gemäß BetrKV umlagefähig sind, dem Mieter aber in der Vergangenheit nicht weitergegeben wurden (BGH, Urteil vom 14.4.2010, VIII ZR 120/09, WuM 2010, 364).

Für Wohnungen im **frei finanzierten Wohnungsbau** besteht eine **gesetzliche Ausnahme** von dem Grundsatz, dass eine Änderung vertraglicher Bestimmungen nur einvernehmlich zwischen den Parteien erfolgen kann.

§ 556a Abs. 2 BGB regelt, dass Vermieter Betriebskosten abweichend von getroffenen Vereinbarungen **künftig** nach einem Maßstab umlegen dürfen, der dem erfassten unterschiedlichen Verbrauch oder der unterschiedlichen Verursachung Rechnung trägt. Die Bestimmung des § 556a BGB gilt nicht nur für Verträge, die nach dem 1.9.2001 (Inkrafttreten der Mietrechtsreform) vereinbart wurden, sondern gleichermaßen für Verträge, die zu diesem Zeitpunkt schon bestanden haben (BGH, Urteil vom 21.9.2011, VIII ZR 97/11, WuM 2011, 682).

Bei einer **Erfassung des individuellen Verbrauchs** einer Mietpartei, zum Beispiel durch Wasserzähler, kann der Vermieter also diese Kosten dem Mieter in Rechnung stellen — selbst dann, wenn diese bisher überhaupt nicht, zum Beispiel bei einer Brutto- oder Teilbruttomiete, oder nur mit einer Pauschale angesetzt waren.

Handelte es sich bisher um eine sog. **Inklusivmiete**, das heißt, musste der Mieter zum Beispiel die Wasserkosten bisher nicht separat neben der Miete zahlen, so kann eine **Umstrukturierung** der Miete nur unter gleichzeitiger Herabsetzung der Inklusivmiete vorgenommen werden. Würde ein Vermieter zusätzlich zur bisher gezahlten Miete eine Vorauszahlung für Wasserkosten verlangen, läge eine Mieterhöhung vor, die der Mieter jedoch nicht schuldet.

Waren beispielsweise die Wasserkosten bisher mit einer **Pauschale** angesetzt, so kann künftig auf verbrauchsabhängige Abrechnung umgestellt werden. Einer Reduzierung der Grundmiete bedarf es in diesem Fall nicht, denn die bisherige Pauschale kann künftig als Vorauszahlung angesetzt werden.

Wie funktioniert die gesetzliche Umstrukturierung gemäß § 556a Abs. 2 BGB?

Durch die Mietrechtsreform wurde der bis 31.8.2001 geltende § 4 Abs. 5 MHG durch § 556a Abs. 2 BGB ersetzt. Die beiden gesetzlichen Bestimmungen sind inhaltlich vergleichbar. Sah der § 4 Abs. 5 MHG a. F. bisher eine Umstrukturierung nur für die Positionen der Wasserversorgung, der Entwässerung sowie der Müllabfuhr vor, so ist § 556a Abs. 2 BGB **auf alle** diejenigen **Positionen** anwendbar, bei denen eine Verbrauchs- bzw. Verursachungsermittlung erfolgen kann. Dies setzt voraus, dass der Vermieter z.B. durch technische Einrichtungen den Verbrauch oder die Verursachung ermitteln kann.

! **WICHTIG**

§ 556a Abs. 2 BGB gibt dem Vermieter die Möglichkeit, zum einen eine vereinbarte Mietstruktur und zum anderen einen vereinbarten Verteilerschlüssel zu ändern.

► **BEISPIEL**

Eine Bruttokaltmiete kann in eine Teilnetto- bzw. Teilinklusivkaltmiete geändert werden, wenn durch Einbau von Kaltwasserzählern künftig eine verbrauchsabhängige Wasserabrechnung erfolgen kann (Umstrukturierung).
Rechnet der Vermieter bereits über sämtliche Betriebskosten nach dem Verhältnis der Wohnflächen ab, so kann künftig für die Wasserkosten eine verbrauchsabhängige Abrechnung erfolgen, nachdem Wasseruhren eingebaut wurden (Änderung des Verteilerschlüssels). Für die übrigen Betriebskosten bleibt es dagegen bei der Umlage nach Wohnflächen.

a) Verbrauchsermittlung

Um die Voraussetzung der Verbrauchsermittlung zu erfüllen, ist in erster Linie an die Installation von Zählern zu denken.

Bei der **Verbrauchsermittlung** der Wasserkosten sind zum Beispiel **Zähler** in der jeweiligen Mieteinheit an jeder „Zapfstelle“ erforderlich. Fraglich ist hierbei, ob es genügt, nur einzelne Wohnungen mit entsprechenden Zählern auszustatten und eine Abrechnung dann nur gegenüber diesen Mietparteien vorzunehmen. Das ist insbesondere dann von Bedeutung, wenn es sich bei einer Mietpartei zum Beispiel um eine Großfamilie handelt, die naturgemäß einen höheren Wasserverbrauch hat als ein Einpersonenhaushalt.

Für diese Vorgehensweise spricht der Wortlaut des Gesetzestextes, wenn von einer „**teilweisen**“ **Umlage** die Rede ist. Auch die Tatsache, dass in einem Mietshaus Mietverträge mit verschiedenen Konditionen und Strukturen geschlossen werden können (Grundsatz der Vertragsfreiheit), zeigt, dass eine Gleichbehandlung aller Mieter im Hinblick auf die Betriebskostenumlage nicht gewährleistet werden muss und kann. Dies führt zu der Annahme, dass auch eine nur teilweise, also gegenüber einzelnen Mietparteien, verbrauchsabhängige Weitergabe der Betriebskosten möglich sein muss.

Genauso hat es auch das LG Berlin gesehen, als es entschieden hat, dass in einer Wohnung, die mit **Kaltwasserzählern** ausgestattet ist, die Kosten auch dann nach Verbrauch umgelegt werden müssen, wenn in anderen Wohnungen kein Wasserzähler vorhanden ist (Urteil vom 24.6.1999, 76 S 546/98, MM 2000, 150 und GE 1999, 1052).

Dem ist der BGH mit seiner Entscheidung vom 12.3.2008 (VIII ZR 188/07, NZM 2008, 444) entgegengetreten. Danach ist ein Vermieter zu einer Umlage der Wasserkosten nach Verbrauch nicht verpflichtet, solange nicht **alle** Mietwohnungen eines Gebäudes mit Wasserzählern ausgestattet sind.

Anders als bei der verbrauchsabhängigen Abrechnung der Kosten für Heizung und Warmwasser — hier existiert die bundesweit gültige Heizkostenverordnung — besteht für die Erfassung und Abrechnung von Kaltwasser keine einheitliche Regelung. Entsprechende Vorschriften können jedoch in den Bauordnungen der jeweiligen Bundesländer enthalten sein. So kann zum einen die Ausstattung von **Neubauten** mit entsprechenden Erfassungsgeräten, zum anderen die **Nachrüstungspflicht** für Bestandsimmobilien vorgeschrieben sein. Mit Ausnahme Bayerns sehen inzwischen alle Bundesländer eine Ausstattungspflicht für Neubauten vor.

Wenn keine Nachrüstungspflicht existiert, ist der Vermieter **nicht verpflichtet**, in ein bestehendes Haus nachträglich Wasserzähler einbauen zu lassen. Auch kann die Mehrheit der Mieter ihn nicht durch Abstimmung zum Einbau von Erfassungsgeräten zwingen. Hat die Mehrheit der Mieter auf eigene Kosten Wasserzähler installiert, so ist der Vermieter nicht verpflichtet, die zum Beispiel von ihm selbst bewohnte Einheit ebenfalls entsprechend auszustatten.

Auch hat ein Mieter keinen Anspruch auf verbrauchsabhängige Abrechnung der Wasserkosten, wenn er eigenmächtig eine Wasseruhr installiert (AG Wedding, Urteil vom 26.6.2002, 16 C 473/01, GE 2002, 536). Wird der Kaltwasserverbrauch bereits durch geeignete Geräte erfasst, so kann sich eine Duldungspflicht des Mieters im Hinblick auf künftige Verbrauchserfassungen durch Funkablesung — weil moderner — aus § 554 Abs. 2 BGB ergeben (BGH, Urteil vom 28.9.2011, VIII ZR 326/10, WuM 2011, 6259.

!

ACHTUNG

In allen Bundesländern außer Bayern sind Vermieter verpflichtet, Neubauten mit Wasserzählern auszustatten.

Werden den jeweiligen Mietparteien bedarfsgerecht einzelne Restmüllbehälter anstelle eines einzigen Müllcontainers zur Verfügung gestellt, so handelt es sich um eine zulässige Verbrauchserfassung des Mülls. Der Vermieter kann dann die jeweiligen Kosten der Behälter den Mietern direkt in Rechnung stellen (AG Brandenburg an der Havel, 25.10.2004, 32 (33) C 543/03, WuM 2010, 423).

b) Vorerfassung

Von der Verbrauchserfassung zu unterscheiden ist die sog. **Vorerfassung**. Befindet sich im Anwesen ein Gewerbebetrieb, der bedingt durch seine Betriebsart höhere Betriebskosten verursacht, beispielsweise ein Bäcker, ein Friseur oder eine Wäscherei, muss zur Vermeidung **unbilliger Mehrbelastungen** der Wohnungsmieter eine **Vorerfassung** der durch den Gewerbebetrieb verursachten Mehrkosten durch Zwischenzähler erfolgen. § 556a Abs.1 BGB regelt, dass die Betriebskosten „nach dem Anteil der Wohnfläche“ umzulegen sind. Dies führt dazu, dass zunächst diejenigen Kosten abzugrenzen sind, die nicht durch die Wohnnutzung verursacht sind (siehe Kapitel 7.3 „Vorwegabzug“). Die so ermittelten Mehrkosten sind sodann von den Gesamtkosten des Hauses in Abzug zu bringen. Der Restbetrag ist auf die übrigen Mieter des Anwesens entsprechend den vertraglichen Bestimmungen zu verteilen.

Nach einer Entscheidung des BGH vom 25.11.2009 (VIII ZR 69/09, GE 2010, 117) ist diese sog. Differenzmethode grundsätzlich zulässig. Ein Vermieter ist mangels Vereinbarung nicht verpflichtet, verschiedene Nutzergruppen durch jeweils gesonderte Zähler zu erfassen. Dies gilt jedenfalls für die Abrechnung von Kosten für Wasser, Abwasser und Niederschlagswasser. Eine gesetzliche Bestimmung, dass zur Vorerfassung verschiedener Nutzergruppen jeweils Zwischenzähler eingebaut werden müssen, existiert für diese Betriebskostenarten nicht. § 556a Abs. 1 BGB sieht nämlich auch für verbrauchsabhängige Positionen grundsätzlich die Verteilung nach Wohnfläche vor (BGH, Urteil vom 25.11.2009, VIII ZR 334/08, ZMR 2010, 282).

Anders gestaltet sich die Vorerfassung jedoch für die Heiz- und Warmwasserkosten. Hier gehen die Bestimmungen der HeizKV vor. Danach muss gemäß § 5 Abs. 2 S. 1 HeizKV der Anteil **jeder** Nutzergruppe am Gesamtverbrauch durch gesonderte Zähler erfasst werden. Dies gilt auch dann, wenn nur zwei Nutzergruppen im Anwesen vorhanden sind. Die Differenzmethode gilt daher bei der Verteilung der Heiz- und Warmwasserkosten nicht. Das bedeutet: Wenn nur ein Anteil einer Nutzergruppe gemessen wird und der Anteil der anderen Nutzergruppe am Gesamtverbrauch durch den Abzug des gemessenen Anteils ermittelt wird, verstößt diese Vorgehensweise gegen die Bestimmungen der HeizKV (BGH, Urteil vom 16.7.2008, VIII ZR 57/07, WuM 2008, 556).

c) Verursachungsermittlung

Neben den Positionen für Wasser, Abwasser und Strom, deren Verbrauch durch Zähler ermittelt werden kann, kommt insbesondere die **Erfassung der Verursachung** von Müll bzw. Abfall oder auch die Benutzung von Liftanlagen in Betracht. Zu denken wäre hier an eine künftige **Verteilung nach**

- **Kopfzahl** (bei Müll) oder
- **Stockwerkslage** der Wohnung (bei einer Liftanlage),

wenn bisher diese Betriebskostenpositionen gar nicht oder nach dem Verhältnis der Wohn- und Nutzflächen des Anwesens abgerechnet wurden.

Der Gesetzgeber hat jedoch bewusst den Begriff der „**erfassten Verursachung**" gewählt. Auch wenn im Einzelfall die Abkehr von der Verteilung der Kosten nach der Wohnfläche zu einer Umlage nach Personenanzahl oder einem anderen Verteilerschlüssel zu mehr Gerechtigkeit führen kann, ist gerade diese Vorgehensweise vom Gesetzestext nicht gedeckt, § 556a Abs. 2 BGB. Der Wechsel eines Umlageschlüssels, ohne dass künftig der Verbrauch oder die Verursachung der betreffenden Betriebskostenart ermittelt werden können, ist nicht zulässig (LG Augsburg, Urteil vom 17.12.2003, 7 S 3983/03, ZMR 2004, 269).

Eine mietvertragliche Vereinbarung, wonach Betriebskosten auf die einzelnen Parteien eines Mehrfamilienhauses nach dem Verhältnis der **Wohn- und Nutzflächen** umgelegt werden, galt nach einem Urteil des BGH auch für solche Betriebskosten, die sich der Wohnung **konkret** zuordnen lassen (zum Beispiel Grundsteuer bei Eigentumswohnungen oder Kabelgebühren). Diese Rechtsprechung hatte dem Vermieter bei der Betriebskostenabrechnung erhebliche Schwierigkeiten bereitet, da er dann beispielsweise die auf die Wohnung entfallende Grundsteuer nicht mehr nach dem jeweiligen Grundsteuerbescheid ansetzen durfte, sondern die Summe der Grundsteuerbeträge sämtlicher Wohnungen des Anwesens ermitteln musste, um anschließend wieder eine Verteilung nach den Wohn- und Nutzflächen vorzunehmen (BGH, Urteil vom 26.5.2004, VIII ZR 169/03, WuM 2004, 403).

Von dieser Auffassung hat der BGH nunmehr Abstand genommen. Wird nämlich die Grundsteuer von der Kommune direkt für die Eigentumswohnung erhoben, bedarf es keines Umlageschlüssels, sondern diese Umlage kann der Vermieter in der Abrechnung „direkt" an den Mieter weitergeben (BGH, Urteil vom 13.9.2011, VIII ZR 45/11, VIII ZR 69/11, WuM 2011, 684). Durch eine weitere Entscheidung hat der BGH diese Rechtsauffassung bestätigt; ist eine bestimmte Betriebskostenart abgrenzbar und dem einzelnen Mieter zweifelsfrei zuzuordnen, so ist für die Anwendung eines vereinbarten Umlageschlüssels kein Raum, da es bei derartigen Positionen nichts umzulegen gibt (Urteil vom 17.4.2013, VIII ZR 252/12, WuM 2013, 358).

Gleichwohl sollte in den Mietvertrag eine eindeutige Regelung aufgenommen werden, wonach Betriebskosten, die **konkret** zugeordnet werden können, vom allgemeinen Umlageschlüssel ausgenommen sind und mit ihrem konkreten Betrag in der Betriebskostenabrechnung angesetzt werden. Es handelt sich hierbei zum Beispiel um die Kabelgebühr oder Grundsteuer bei Eigentumswohnungen oder auch diejenigen Positionen, die durch Verbrauchserfassung ermittelt werden. Daneben kann der Vermieter die konkrete Zuordnung von Betriebskostenpositionen auch dadurch erreichen, indem er von seinem **Recht auf Umstrukturierung** gemäß § 556a Abs. 2 BGB Gebrauch macht.

Was bedeutet „Erfassen der Verursachung"?

Wie können der Vermieter nun die Verursachung von Betriebskostenarten einzeln und gerecht erfassen, wenn die Installation von Zählern nicht weiterhilft? Die moderne Technik macht es möglich, zum Beispiel durch die Benutzung von Müllcontainern mit entsprechenden Gewichtsmessungen des Abfalls unter Verwendung von Chipkarten. Die Kosten können dann nach der Menge des entsorgten Abfalls auf die Mieter aufgeteilt werden. Ein derartiges Kartensystem wäre auch bei der Verteilung der Aufzugskosten, je nach Häufigkeit der Benutzung und Fahrzeit durch die Mieter, denkbar. Solche Erfassungsmöglichkeiten fordern aber vom Vermieter zum Teil enorme technische Installationen, die mit nicht unerheblichen Kosten verbunden sind.

Auf die Fragen, die sich im Zusammenhang mit der Installation von solchen Erfassungsgeräten ergeben, insbesondere wegen der eventuellen Duldungspflicht des Mieters zum Einbau, § 554 BGB, oder zur Möglichkeit seitens des Vermieters, eine Mieterhöhung wegen Modernisierung durchzusetzen, § 559 BGB, soll hier nicht näher eingegangen werden.

Erklärung zur Umstrukturierung

Zur Umstrukturierung eines Mietvertrags hat der Vermieter eine **einseitige, empfangsbedürftige Erklärung** in **Textform** abzugeben, **§ 126b BGB**. „Textform" bedeutet: Die Erklärung nach § 556a Abs. 2 BGB muss **nicht eigenhändig** unterzeichnet sein. Vielmehr genügt es, wenn

- die Erklärung in Schriftzeichen lesbar ist,
- die Person des Erklärenden genannt und
- der Abschluss der Erklärung entsprechend erkennbar gemacht wird, § 126b BGB.

Hauptanwendungsfall der Textform ist die Übermittlung von Erklärungen durch **Telefax** oder auch die **Übermittlung von Kopien**.

! **ACHTUNG**

Der Vermieter muss gleichwohl den Nachweis dafür erbringen, dass der Erklärungsempfänger, also der Mieter, diese Erklärung erhalten bzw. von ihr Kenntnis genommen hat. Die Erklärung in Textform entbindet inicht von der Verpflichtung, im Zweifel den Zugang dieser Erklärung beim Mieter zu beweisen.

Die Wirksamkeit der Erklärung ist jedoch **nicht von der Zustimmung** der Mietpartei **abhängig**.

Welche Inhalte muss die Erklärung haben?

In der Erklärung hat der Vermieter den **Grund** für die Umstrukturierung **zu nennen und zu erläutern**. Vor allem ist die Betriebskostenart, über die künftig nach Verbrauch oder erfasster Verursachung abgerechnet werden soll, zu bezeichnen, ebenso die Art der künftigen Verbrauchserfassung. Das gilt auch, wenn mehrere Betriebskostenpositionen künftig nach Verbrauch oder Verursachung umgelegt werden sollen. Dann ist die Erklärung für jede Betriebskostenart getrennt vorzunehmen.

Die gesetzliche Umstrukturierung betrifft nicht nur solche Betriebskosten, die Mieter bisher als Pauschale schuldeten, sondern auch diejenigen, die bisher in der Miete mit enthalten waren (sog. Brutto- bzw. Teilbruttomiete).

Soll von einer bisherigen **Bruttomiete** auf teilweise Abrechnung umgestellt werden, so sind die nun künftig per Abrechnung geltend zu machenden Kosten bisher in der Gesamtmiete enthalten. Diese Kosten sind daher rechnerisch zu erfassen und die bisher gezahlte Miete entsprechend zu reduzieren. Denn bleibt die Miethöhe unverändert und verlangt der Vermieter zusätzlich eine Vorauszahlung auf die künftig abzurechnende Betriebskostenposition, führt dies unweigerlich zu einer Mieterhöhung und somit zur Schlechterstellung des Mieters, § 556a Abs. 2 S. 3 BGB.

Der **Umfang der Reduzierung** kann zum Beispiel anhand einer Abrechnung unter Zugrundelegung der aktuellen Verbrauchszahlen oder Kosten des Anwesens ermittelt werden. Liegen ausnahmsweise keine Verbrauchszahlen vor, so kann auch eine vernünftige Schätzung der Kostenpositionen, die künftig abgerechnet werden sollen, für die Höhe der Mietsenkung durchgeführt werden. Jedenfalls muss vermieden werden, dass sich der Vermieter aufgrund der Umstrukturierung bereichert

Um künftig eine verbrauchs- bzw. verursachungsabhängige Abrechnung wirtschaftlich sinnvoll erstellen zu können, ist es für den Vermieter von Bedeutung, dass neben der Miete eine **Voraus- bzw. Abschlagszahlung** vom Mieter verlangen wird. Zwar ergibt sich dieses Recht nicht ausdrücklich aus dem Gesetz, ein entsprechender Anspruch auf Zahlung von Vorschüssen ist dem Vermieter jedoch nach Sinn und Zweck dieser Vorschrift zuzugestehen. Wenn nämlich die Änderung der Mietstruktur zu einer Reduzierung der Bruttomiete führt, ohne dass daneben Vorauszahlungen verlangen werden können, wäre der Vermieter benachteiligt. Er könnte zwar nach Ablauf des Abrechnungszeitraums die tatsächlich angefallenen Betriebskosten abrechnen, für die Zeit bis zur Erstellung der Abrechnung und der Zahlung der Betriebskosten müsste er jedoch in Vorlage treten. Daher kann und darf der Vermieter sinnvollerweise Vorauszahlungen auf die Betriebskosten in der Höhe fordern, um die er die Bruttomiete reduziert hat.

Welche Fristen müssen beachtet werden?

Nach § 556a Abs. 2 S. 2 BGB kann die Erklärung zur Umstrukturierung der Betriebskosten nur **vor Beginn eines Abrechnungszeitraums** abgegeben werden. Eine rückwirkende Änderung der Mietstruktur oder eine solche, die für die laufende Abrechnungsperiode Geltung haben soll, ist unwirksam (so auch OLG Frankfurt/Main, Urteil vom 12.3.2003, 7 U 50/02, ZMR 2004, 182, wonach bei einer Änderung des Verteilerschlüssels dies dem Mieter ebenfalls vor Beginn der Abrechnungsperiode mitgeteilt werden muss). Ebenso sind vertragliche Vereinbarungen, die es dem Vermieter gestatten auch rückwirkende Änderungen der Mietstruktur durchzuführen nicht wirksam, da gemäß § 556a Abs. 3 BGB zum Nachteil des Mieters abweichende Vereinbarungen unwirksam sind.

Eine **gesetzliche Frist** für die Abgabe und für das Wirksamwerden der Änderungserklärung gibt es nicht. Vielmehr hat diese Erklärung die Wirkung, dass im **darauf folgenden Abrechnungszeitraum** nunmehr eine entsprechende Abrechnung erfolgen kann und muss.

BEISPIEL

Wenn das Abrechnungsjahr mit dem Kalenderjahr identisch ist, so kann der Vermieter grundsätzlich bis spätestens zum 31.12. eines Jahres für das nächste Kalenderjahr die Umstrukturierung erklären. Dabei muss er auf eine ordnungsgemäße Zustellung achten und die Möglichkeit des Mieters zur Kenntnisnahme berücksichtigen.

Eine gemäß den Vorgaben des § 556a Abs. 2 BGB abgegebene Erklärung des Vermieters begründet einen **Anspruch auf Abrechnung** für das nächste Abrechnungsjahr. Ob jedoch eine Verbrauchserfassung oder Verursachungsermittlung durchgeführt wird oder nicht, liegt allein in der Entscheidungsgewalt des Vermieters. Dem Mieter steht **kein Anspruch auf Umstrukturierung** zu.

HINWEIS

Die gesetzliche Umstrukturierung findet auf alle Mietstrukturen Anwendung. Von Bedeutung ist die Umstrukturierung jedoch bei Brutto- bzw. bei Inklusivmieten sowie bei Teilinklusivmieten. Für die Umstrukturierung einer Bruttowarmmiete in eine Bruttokaltmiete enthält die HeizKV die spezielleren und aus diesem Grund auch vorrangigeren Bestimmungen.
Eine formularvertragliche Vereinbarung, wonach es im Ermessen des Vermieters steht, Bruttokaltmieten auf Nettokaltmieten mit Vorauszahlungen und umgekehrt umzustellen, stellt eine unangemessene Benachteiligung des Mieters im Sinne des § 9 AGBG (a. F.) dar und ist deshalb unwirksam (AG Tempelhof-Kreuzberg, Urteil vom 8.4.2002, 6 C 523/00, MM 2002, 230).

3.3.3 Änderung der Mietstruktur durch schlüssiges Verhalten

Liegen die Voraussetzungen für die gesetzliche Umstrukturierung nach § 556a Abs. 2 BGB nicht vor oder findet § 556a Abs. 2 BGB keine Anwendung (zum Beispiel bei Gewerbemietverträgen), so kann sich dennoch im Einzelfall eine Änderung der Mietstruktur während der Dauer des Mietverhältnisses ergeben. Hat nämlich der Mieter jahrelang Betriebskosten bezahlt, obwohl er hierzu nach dem Wortlaut des Vertrags gar nicht verpflichtet gewesen wäre, kann diese jahrelange Übung dennoch zu einer Zahlungsverpflichtung führen.

BEISPIEL

- Stellt der Vermieter Betriebskosten in Rechnung, die vertraglich nicht geschuldet sind, und zahlt der Mieter **widerspruchslos** oder nimmt er **vorbehaltlos** eine Rückzahlung entgegen, so **kann** durch dieses **schlüssige Verhalten** (man spricht hier von **„konkludentem" Verhalten**) eine Änderung der vertraglich verankerten Mietstruktur herbeigeführt werden.
- Verwenden der Vermieter jahrelang einen **anderen Verteilerschlüssel** als im Mietvertrag vereinbart und moniert der Mieter diesen Abrechnungsmodus nicht, so kann hier ebenfalls durch konkludentes Verhalten eine Vertragsänderung herbeigeführt werden.
- Werden entgegen vertraglichen Vereinbarungen Betriebskosten nicht abgerechnet oder umgekehrt pauschal angesetzte Betriebskosten abgerechnet, so kann durch jahrelange Übung ebenfalls eine Vertragsänderung eintreten.

Hintergrund: Willenserklärungen können nicht nur ausdrücklich mündlich oder schriftlich abgegeben werden, sondern auch, soweit keine Formvorschriften entgegenstehen, durch schlüssiges Verhalten (Palandt/Heinrichs, Einf. zu § 116 Rdn. 6). Dabei kommt es entscheidend darauf an, wie der Erklärungsempfänger das Verhalten werten durfte. Maßgeblich ist daher nicht unbedingt, wie der Handelnde sein Verhalten verstanden haben wollte, sondern wie es der Erklärungsempfänger verstehen durfte.

Die Rechtsauffassungen, die in den vorbezeichneten Fällen eine **Änderung der Mietstruktur** zulassen, sind im Einzelfall sehr **umstritten**. Gleichwohl ist grundsätzlich anerkannt, dass der Mieter sich nicht ausdrücklich bereit erklären muss, künftig Zahlungen zu leisten, die er eigentlich nicht schuldet. Schon sein Verhalten kann dazu führen, dass aus Sicht des Vermieters eine Änderung bei den vertraglich geschuldeten Leistungen erfolgt.

Die hierzu ergangene Rechtsprechung ist höchst unterschiedlich und kontrovers. Mit einer Entscheidung vom 7.4.2004 (VIII ZR 146/03, NZM 2004, 418) hat der BGH seine bisherige Auffassung beibehalten, wonach eine Änderung der Mietstruktur grundsätzlich auch durch schlüssiges Verhalten möglich sein kann (siehe auch BGH, Urteile vom 21.1.2004, VIII ZR 99/03, NZM 2004, 253 und vom 29.5.2000, XII ZR 35/00, NZM 2000, 961). Danach führte die jahrelange Einstellung einer Betriebskostenart in die Abrechnung, die ursprünglich nicht vereinbart worden war, dazu, dass eine **konkludente** Betriebskostenvereinbarung vorlag, weil der Mieter diese Abrechnungspraxis des Vermieters jahrelang **widerspruchslos hingenommen** und durch Zahlung akzeptiert hatte.

Nach Ansicht des BGH kann auch der Umlegungsmaßstab für Betriebskosten konkludent vereinbart werden. Eine mietvertragliche Schriftformklausel steht der Wirksamkeit der Vereinbarung nicht entgegen, wenn die Parteien einverständlich handeln (BGH, Beschluss vom 2.11.2005, VIII ZR 52/05, WuM 2005, 774).

Anderer Auffassung ist aber das AG Mannheim (Urteil vom 8.11.2001, 16 C 260/01, DWW 1-2, 2002, 36), das eine jahrzehntelange Zahlung nicht geschuldeter Betriebskostenpositionen nicht als ausreichend ansieht, um eine geänderte Mietstruktur zu begründen. Allein der Ausgleich von Forderungen durch den Mieter stelle keinen rechtsgeschäftlichen Willen zur Abänderung der vertraglichen Vereinbarung dar.

Durch irrtümliche Zahlung nach dem Mietvertrag nicht geschuldeter Betriebskosten wird der Mietvertrag nicht stillschweigend geändert (AG Bad Dürkheim, Urteil vom 11.5.2005, 1 C 51/05, WuM 2005, 648).

Die Rechtsmeinungen, die eine Vertragsänderung durch konkludentes Verhalten ablehnen, begründen dies zumeist mit dem **fehlenden Erklärungsbewusstsein** des Handelnden im Hinblick auf die eintretenden Rechtsfolgen.

Dem kann man vom Grundsatz her jedoch nicht unbedingt folgen, da sich der Handelnde sein Verhalten grundsätzlich zurechnen lassen muss, wenn man zudem aus der Sicht des Erklärungsempfängers auf einen Willen zur Vertragsänderung schließen kann (siehe BGH, Urteil vom 7.4.2004, a. a. O.).

Das LG Mannheim verwehrte dem Vermieter einen Zahlungsanspruch, da er eine nicht als umlagefähig vereinbarte Betriebskostenposition in die Abrechnung aufgenommen und der Mieter hiergegen keine Einwände erhoben und gezahlt hatte. Das soll selbst dann gelten, wenn diese Abrechnungspraxis seit mehr als zehn Jahren praktiziert wurde (Urteil vom 27.1.1999, 4 S 141/98, NZM 1999, 365). Das LG Mannheim hätte für die Annahme eines **Rechtsbindungswillens** und eine entsprechende Vertragsänderung zumindest eine Aussprache der Vertragspartner über die Weitergabe der neuen Positionen vorausgesetzt.

In einer weiteren Entscheidung vom 7.11.2007 hat das LG Mannheim die Auffassung vertreten, dass auch ein bloßes Untätigbleiben der Vertragspartner nicht zu einer Änderung des Vertrags führt. Werden jahrelang Betriebskostenvorauszahlungen geleistet, ohne dass der Vermieter hierüber abrechnet, so führt dieses Verhalten nicht dazu, dass nunmehr anstelle der Vorauszahlungen eine Pauschale für die Betriebskosten als vereinbart gilt (Urteil vom 7.11.2007, 4 S 68/07, DWW 2008, 61).

Entgegen BGH (Urteil vom 29.5.2000, a. a. O.) ist nicht ohne Weiteres eine stillschweigende Vertragsänderung anzunehmen, wenn ein Mieter über mehrere Jahre Betriebskostennachforderungen gemäß der Abrechnung zahlt, obgleich darin Kostenarten berechnet sind, die nach dem Mietvertrag nicht umgelegt werden können (LG Landau/Pfalz, Urteil vom 28.2.2001, 1 S 354/00, WuM 2001, 613).

Dagegen wertet es das LG Berlin als **konkludente Zustimmung**, wenn der Mieter einen Nachzahlungsbetrag entrichtet oder ein Abrechnungsguthaben entgegengenommen hat (LG Berlin, Urteil vom 28.2.2002, 62 S 333/01, MM 2002, 183).

Nach Ansicht des AG Speyer (Urteil vom 26.4.2001, 34 C 76/01, NZM 2001, 708) kann allein in der Nachlässigkeit des Vermieters, nicht alle umlagefähigen Betriebskosten abzurechnen, keine vertragsabändernde Erklärung von seiner Seite gesehen werden.

Nach Ansicht des LG Hamburg (Urteil vom 26.1.2005, 40 BC 335/04, ZMR 2005, 370) fehlt der Rechtsbindungswille, wenn der Vermieter viele Jahre nicht abrechnet, obwohl er hierzu gemäß Mietvertrag verpflichtet wäre. Das „schlichte Nichtstun“ führt nicht zu einer konkludenten Vertragsänderung. Dagegen lautet ein anderes Urteil des LG Hamburg, dass aus Sicht des Erklärungsempfängers das „Nichtabrechnen“ über Jahre hinweg als stillschweigende Änderung dahingehend verstanden wird, dass nunmehr eine Pauschale geschuldet ist (Urteil vom 3.9.2004, 311 S 26/04, NZM 2005, 216).

Mit einer Entscheidung vom 13.2.2008 (VIII ZR 14/06, WuM 2008, 225) hat der BGH allerdings die Anforderungen an das Vorliegen einer **konkludenten Vertragsänderung** verschärft. In dem zur Entscheidung stehenden Fall hatte ein Vermieter mehr als 20 Jahre nicht über die Betriebskosten abgerechnet, obwohl im Mietvertrag eine entsprechende Vereinbarung enthalten war. Der Rechtsnachfolger des Vermieters hatte dann erstmalig dem Mieter eine Betriebskostenabrechnung erstellt, die dieser mit dem Hinweis auf Verwirkung bzw. eingetretene konkludente Vertragsänderung nicht zahlte. Der BGH vertrat die Auffassung, dass sich allein aus dem Umstand, dass der Vermieter bzw. sein Rechtsnachfolger über zwei Jahrzehnte nicht abgerechnet hat, nicht auf einen Willen des Vermieters schließen lässt, dass für die Zukunft eine Abrechnung ausgeschlossen sein soll.

Eine konkludente Vertragsänderung soll auch dann nicht eintreten, wenn der Vermieter über einzelne Betriebskosten, die als umlagefähig vereinbart sind, längere Zeit (hier acht Jahre) nicht abgerechnet hat. Ohne weitere Anhaltspunkte konnte daher der Mieter nicht annehmen, dass der Vermieter diese Positionen auch in Zukunft nicht mehr geltend machen wollte (BGH, Urteil vom 27.1.2010, XII ZR 22/07, NZM 2010, 240).

Diese Urteile machen deutlich, dass es nach wie vor entscheidend auf die Bewertung eines jeden Einzelfalls ankommt.

3.3.4 Umstellung von Eigenversorgung auf Wärmelieferung (Contracting) bei Wärme oder Warmwasser

Durch das am 1.5.2013 in Kraft getretene Mietrechtsänderungsgesetz wurde § 556c BGB neu eingefügt. Dieser regelt die Voraussetzungen für die Umstellung von der Eigenversorgung des Anwesens mit Wärme und Warmwasser auf gewerbliche Lieferung (Contracting). Wenn der Vermieter von Eigenversorgung auf Fremdversorgung umstellt, führt dies in der Regel zu höheren Heiz- und Warmwasserkosten. Die Rechnung des Wärmelieferanten besteht aus einem fixen Grundpreis und einem Arbeitspreis, der je nach Verbrauch bzw. in Anspruch genommener Wärmemenge variiert. In diesem Wärmepreis sind seitens des Lieferanten auch Investitions- und Verwaltungskosten sowie der Unternehmergewinn mit einkalkuliert. Diese Kostenpositionen kann ein Vermieter, der in Eigenregie eine Heizungsanlage betreibt, nicht an die Mieter weitergeben. Der Vermieter, der seinerseits die Rechnung des Wärmelieferanten erhält, gibt diese lediglich an den Mieter weiter, ohne dass er die Kalkulation des Lieferanten kennt oder auf die Preisbildung Einfluss nehmen kann. Die Umstellung auf „Contracting" führt daher in der Regel zu einer wirtschaftlichen Benachteiligung des Mieters, da der Wärmepreis Kostenpositionen enthält, die in der Heiz- und Warmwasserkostenabrechnung, die der Mieter bisher vom Vermieter erhalten hat, nicht enthalten waren.

Damit die Interessen des Vermieters, die des Lieferanten und auch die des Mieters gleichberechtigt berücksichtigt werden können, enthält § 556c BGB Bestimmungen, die bei der Umstellung von Eigenversorgung auf Wärmelieferung zu beachten sind.

§ 556c BGB regelt nunmehr die wesentlichen Voraussetzungen für die Umlage von Kosten der gewerblichen Wärmelieferung in einem **bestehenden** Mietverhältnis:

1. Es muss bereits ein Mietverhältnis bestehen: Die Bestimmung des § 556c BGB regelt die Umstellung der Energieversorgung. Das ist aber nur möglich, wenn von einer bisherigen (Eigen-)Versorgung zu einer anderen Art der Versorgung gewechselt werden soll. Für Mietverhältnisse, die erst nach Umstellung auf Contracting begründet werden, findet § 556c BGB keine Anwendung.
2. Der Mieter muss nach den vertraglichen Vereinbarungen verpflichtet sein, die Betriebskosten für Wärme oder Warmwasser zu tragen: Das ist dann der Fall, wenn der Mieter eine Bruttokalt-, Teilinklusiv- oder Nettokaltmiete schuldet. In diesen Fällen sind die Betriebskosten neben der Miete durch eine Pauschale oder durch Vorauszahlung mit jährlicher Abrechnung vom Mieter zu zahlen.
3. Der Vermieter hat die Wärme- und Warmwasserversorgung in Eigenregie auszuführen: Das ist immer dann der Fall, wenn für das Gebäude eine zentrale

Heiz- und Warmwasseranlage existiert, die vom Vermieter betrieben wird. Werden die Mieträume jedoch durch Einzelöfen oder Etagenheizung versorgt und trägt der Mieter für diese Geräte die Verantwortung, so findet § 556c BGB keine Anwendung.

4. Der Vermieter stellt von Eigenversorgung auf Versorgung durch eigenständige gewerbliche Lieferung durch einen Wärmelieferer um: Gemäß § 556c Abs. 1 Nr. 1 BGB kann die Umstellung dadurch erfolgen, dass der Wärmelieferant die Wärme mit verbesserter Effizienz entweder aus einer neuen Anlage liefert oder durch Anschluss an ein Wärmenetz zur Verfügung stellt. Der Errichtung einer neuen Anlage bedarf es allerdings nicht, wenn der Jahresnutzungsgrad der bestehenden Anlage vor der Umstellung mindestens 80 Prozent beträgt (§ 556c Abs. 1 S. 2 BGB; vgl. Wall in WuM 2014, 68ff).
5. Die Kosten der Wärmelieferung dürfen die Betriebskosten für die bisherige Eigenversorgung mit Wärme und Warmwasser nicht übersteigen: Um prüfen zu können, ob das Gebot der Kostenneutralität eingehalten ist, ist ein Vergleich zwischen den bisherigen Wärme- und Warmwasserkosten und den Kosten nach Umstellung durchzuführen. Die Vorgehensweise hierfür ist in den §§ 8 bis 10 Wärmelieferverordnung (WärmeLV) geregelt.

Liegen die Voraussetzungen für die Umstellung vor, so hat der Vermieter dem Mieter spätestens **drei Monate** vorher die Umstellung in Textform mitzuteilen (§ 556c Abs. 2 BGB). Die Frist für die Einwendungen gegen die Betriebskostenabrechnung beginnt erst dann zu laufen, wenn der Mieter eine ordnungsgemäße Umstellungsankündigung erhalten hat.

Liegen die Voraussetzung für eine Umstellung auf eigenständig gewerbliche Lieferung **nicht** vor, darf der Vermieter dem Mieter den kompletten Wärmepreis nicht weiterberechnen. Der Mieter ist dann nur verpflichtet, die Kosten zu tragen, die in § 7 Abs. 2 HeizKV aufgezählt sind. Damit der Vermieter, der ja die Heizungsanlage nicht mehr in Eigenregie betreibt, gleichwohl eine Heiz- und Warmwasserkostenabrechnung erstellen kann, hat er gegenüber dem Wärmelieferanten einen Auskunftsanspruch über diejenigen Kosten, die im Wärmepreis enthalten sind.

Letztlich stellt § 556c Abs. 3 BGB eine Ermächtigungsgrundlage dar, die die Bundesregierung ermächtigt, durch Rechtsverordnung Vorschriften für Wärmelieferverträge, die bei Umstellung zu schließen sind, zu erlassen. Von dieser Ermächtigungsgrundlage hat die Bundesregierung Gebrauch gemacht und die Wärmelieferverordnung vom 7.6.2013 beschlossen.

3.4 Einführung neuer Betriebskosten

Mit Vertragsabschluss haben die Vertragsparteien die Mietstruktur festgelegt. Im Lauf eines Mietverhältnisses können sich jedoch Änderungen ergeben, die die **Neueinführung von Betriebskosten** erforderlich machen.

▶ **BEISPIEL**

Schließt der Vermieter erst nach Abschluss des Mietvertrags eine Versicherung ab oder kann er die Hausmeisterarbeiten nicht mehr selbst durchführen und will einen Hausmeister einstellen, stellt sich die Frage, wie er diese Betriebskosten dem Mieter weiterberechnen kann. Auch wenn Modernisierungsmaßnahmen durchgeführt werden, zum Beispiel Einbau eines Aufzugs oder Installation von Kabelfernsehen, entstehen neue Betriebskosten.

Betriebskosten können nicht nur auf Veranlassung des Vermieters neu entstehen, sondern auch durch gesetzliche Neuerungen. So ist seit 10.5.2012 eine Novelle der Betriebskostenverordnung in Kraft, die in § 2 Nr. 15 die Umlage von Kosten des Betriebs von „Breitbandnetz" — bisher „Breitbandkabelnetz" — und „Breitbandanschlüssen" — bisher „Breitbandkabelanschlüssen" — vorsieht. Darüber hinaus verursacht die Einführung der Trinkwasserverordnung zum 1.11.2011 neue Betriebskosten. Die Pflichten, die sich aus der Trinkwasserverordnung für Betreiber und Eigentümer ergeben, dienen letztendlich der Prüfung der Betriebssicherheit und Betriebsbereitschaft der Wasserversorgung. Deshalb sind sie auch zu den Wasserkosten im Sinne des § 2 Nr. 2, 4, 5, 6 BetrKV zu zählen (Serwe, ZMR 2012, 167; a. A. Schmid, ZMR 2012, 10).

Für die Weitergabe neuer gesetzlicher Betriebskosten an den Mieter kommt es auf die Fassung der Betriebskostenverordnung zum Zeitpunkt des Vertragsabschlusses an. Enthält diese die neuen Betriebskosten noch nicht, sind sie grundsätzlich auch nicht umlagefähig. Etwas anderes kann sich nur ergeben, wenn die vertragliche Vereinbarung eine sog. dynamische Klausel enthält.

● **HINWEIS**

Gesetzliche Grundlagen, wie „neue" Betriebskosten auf die Mietpartei umgelegt werden können, existieren nicht.

Es gibt dennoch rechtliche Möglichkeiten, neue Betriebskosten an die Mietpartei weiterzugeben. Zunächst besteht die Möglichkeit einer **einvernehmlichen Anpassung** der vertraglichen Vereinbarungen. Allerdings müssen hierzu Vermieter und Mieter über die künftige Umlegbarkeit neuer Betriebskostenpositionen einig sein.

Dies wird in den meisten Fällen am Einverständnis des Mieters scheitern, da er dann höhere Kosten tragen müsste. Der Vermieter kann neue Betriebskosten daher nur an den Mieter weitergeben, wenn im **Vertrag** ein entsprechender **Vorbehalt** formuliert ist bzw. die Umlage der Betriebskostenposition schon dem Grunde nach vereinbart war (LG Frankfurt/Main, Urteil vom 31.1.1997, 2/17 S 295/96, WuM 1999, 46).

BEISPIEL

Werden öffentliche Abgaben neu eingeführt oder entstehen Betriebskosten neu, so können diese vom Vermieter im Rahmen der gesetzlichen Vorschriften umgelegt und es kann eine angemessene Vorauszahlung festgesetzt werden.

Viele Formularverträge sehen sog. Mehrbelastungsklauseln vor; hier ist jedoch Vorsicht geboten, denn Klauseln wie „soweit zulässig, ist der Vermieter bei Erhöhung bzw. Neueinführung von Betriebskosten berechtigt, den entsprechenden Mehrbetrag vom Zeitpunkt der Entstehung an umzulegen" sind unwirksam. Zum einen erlaubt diese Klausel auch die Umlage von Betriebskosten, die nicht in § 2 BetrKV aufgezählt sind, zum anderen wäre danach eine unbeschränkte rückwirkende Umlage von neuen Betriebskosten möglich. Diese weitreichende Mehrbelastung des Mieters verstößt jedoch gegen gesetzliche Bestimmungen.

Mit der Entscheidung von 27.9.2006 (VIII ZR 80/06, WuM 2006, 612) hat der BGH nunmehr klargestellt, dass Kosten einer Sach- und Haftpflichtversicherung, die während des bestehenden Mietverhältnisses für das Mietobjekt neu abgeschlossen wird, auf den Mieter anteilig umgelegt werden können. Voraussetzung ist allerdings, dass derartige Kosten auch im Mietvertrag als umlagefähig vereinbart sind, zum Beispiel durch Bezugnahme auf § 2 Betriebskostenverordnung, und dem Vermieter das Recht eingeräumt ist, neu entstehende Betriebskosten auf die Mieter umzulegen. Der BGH hat in dieser Entscheidung auch klargestellt, dass die Umlagefähigkeit neuer Betriebskosten nicht davon abhängt, dass dem Mieter hierdurch Vorteile entstehen. Sind im Mietvertrag die im Mietobjekt anfallenden Betriebskosten im Einzelnen aufgeführt und umlagefähig vereinbart, können neue, später entstehende Betriebskosten nur aufgrund mietvertraglichen Vorbehalts oder zu treffender Vereinbarung der Parteien umgelegt werden (AG Bonn, Urteil vom 23.11.2004, 6 C 441/04, WuM 2005, 61).

Vermieter einer Gewerbeimmobilie können mittels einer sog. **Änderungskündigung** eine Vertragsanpassung, das heißt die Aufnahme neuer Betriebskosten in den Mietvertrag, erreichen.

Sieht der Mietvertrag keine Möglichkeit der Weitergabe neu eingeführter Betriebskosten vor, so kann sich ausnahmsweise ein Anspruch auf Umlage der neuen Position im Wege der **ergänzenden Vertragsauslegung** ergeben: Wurden bauliche Veränderungen bzw. Modernisierungen durchgeführt, die zu neuen Betriebskosten führen, die sich erst im Zusammenhang mit der Baumaßnahme ergeben, zum Beispiel beim Einbau eines Aufzugs die regelmäßigen Prüf- und Überwachungskosten, sollen diese Kosten dem Mieter berechnet werden können, selbst wenn ein vertraglicher Vorbehalt fehlt (OLG Köln, Urteil vom 13.7.1994, 16 U 9/94, ZMR 1995, 69). Die Duldungspflicht des Mieters zur Modernisierung umfasst nämlich auch die Pflicht zur Vereinbarung der Abrechnung über neu entstandene Betriebskosten (LG Frankfurt/Main, Urteil vom 18.12.1998, 16 S 185/98, WuM 1999, 403; Flatow in DWW 2007, 195).

Mit der zum 1.5.2013 in Kraft getretenen Mietrechtsreform wurde neu in § 555c Abs. 1 Nr. 3 BGB geregelt, dass im Rahmen einer Ankündigung über Modernisierungsmaßnahmen zusätzlich zum Betrag der zu erwartenden Mieterhöhung die voraussichtlichen **künftigen Betriebskosten** mitgeteilt werden müssen. Strittig ist insoweit, ob sich diese Mitteilungspflicht nur auf bereits bestehende Betriebskosten bezieht oder ob hierdurch auch neue, bisher nicht entstandene Betriebskosten künftig umgelegt werden können.

Soweit ein vertraglicher Vorbehalt besteht, dass neue Betriebskosten gemäß dem Betriebskostenkatalog umlagefähig sein sollen, ist dies unkritisch. Entstehen jedoch Betriebskosten neu, die im Katalog des § 2 Betriebskostenverordnung nicht enthalten sind, so ist nach dem Wortlaut des § 555c Abs. 1 Nr. 3 BGB nicht eindeutig, ob auch diese Kosten umlagefähig sind.

Werden zum Beispiel Rauchwarnmeldern neu eingebaut, führt dies künftig zu neuen Betriebskosten (zum Beispiel durch die Wartung der Geräte, Batterieaustausch). Ob diese umlagefähig sind, ist nicht eindeutig. Vertritt man die Auffassung, dass es für die Weitergabe dieser neuen Betriebskosten einer Vorbehaltsklausel im Mietvertrag bedarf, ergibt sich jedoch aus dem Betriebskostenkatalog des § 2 BetrKV, dass diese Kosten nicht in den Nummern 1 bis 16 des § 2 BetrKV aufgezählt sind. Eine Weitergabe kommt daher nur gemäß § 2 Nr. 17 als „sonstige Betriebskosten“ in Betracht. Eine Umlage von sonstigen Betriebskosten ist allerdings nur dann möglich, wenn diese explizit im Mietvertrag genannt sind.

Nach Auffassung des LG Magdeburg kann der Vermieter die Kosten der turnusmäßigen Überprüfung von Rauchwarnmeldern umlegen, da der erstmalige Einbau dieser Geräte eine **Modernisierungsmaßnahme** darstellt. Bei den Wartungskosten handelt es sich demnach um Folgekosten. Auf eine Mehrbelastungsklausel soll es in diesem Fall nicht ankommen (LG Magdeburg, Urteil vom 27.9.2011, 1 S 171/11, ZMR 2011, 957; siehe auch BGH, Urteil vom 27.6.2007, VIII ZR 202/06, WuM 07, 571).

Der Vermieter kann nach Auffassung des BGH neu entstehende Betriebskosten, hier Aufzugskosten, mittels einer entsprechenden Erklärung nach § 560 Abs. 1 BGB auf den Mieter umlegen. Bei dieser Entscheidung hat der BGH ausgeführt, dass derartige neu eingeführte Betriebskosten ausnahmsweise die Erhöhung der Miete rechtfertigen können, da solche Betriebskosten von einer Teilinklusivmiete nicht erfasst sind (Urteil vom 21.1.2004, VIII ZR 99/03, NZM 2004, 253). Allerdings handelte es sich in dem vom BGH entschiedenen Fall um Betriebskosten, die im Betriebskostenkatalog des § 2 BetrKV explizit genannt sind (§ 2 Nr. 7 BetrKV).

Nach hier vertretener Auffassung muss es dem Vermieter jedoch auch möglich sein, neue Betriebskosten, die in § 2 BetrKV nicht genannt sind und die durch Modernisierungsmaßnahmen entstehen, künftig auf die Mieter umzulegen. Der Wortlaut des § 555c Abs. 1 Nr. 3 BGB lässt die Weitergabe „künftiger" Betriebskosten zu, eine Einschränkung dahingehend, dass es sich nur um solche handeln darf, die in § 2 BetrKV genannt sind oder wenn eine Vorbehaltsklausel im Mietvertrag deren Weitergabe vorsieht, hat der Gesetzgeber gerade nicht gemacht.

Anders stellt sich die Rechtslage dann dar, wenn ein Mietvertrag über Räume neu geschlossen wird, die bereits mit Rauchwarnmeldern ausgestattet sind. Hier entstehen Betriebskosten bezüglich der Rauchwarnmelder nicht im Wege einer Modernisierung während eines bestehenden Mietverhältnisses neu. In diesen neu zu schließenden Mietvertrag muss der Vermieter die Umlage der Betriebskosten von Rauchwarnmeldeanlagen als sonstige Betriebskosten (§ 2 Nr. 17 BetrKV) vereinbaren.

In der Regel wird ein Vermieter über die Höhe künftiger Betriebskosten keine genauen Angaben machen können, gerade wenn es sich um solche Kosten handelt, die vom Verbraucherverhalten abhängen, etwa die Heizkosten. Es reicht jedoch aus, wenn der Vermieter diese Betriebskosten schätzt, zumal er nur die „voraussichtlichen" künftigen Kosten mitteilen muss.

Nach einer neuen Entscheidung des BGH (Urteil vom 12.3.2014, VIII ZR 147/13, WuM 2014, 284) kann der Vermieter im Rahmen einer Modernisierungsmaßnahme, hier Einbau einer Zentralheizung, vom Mieter künftig die neuen Betriebskosten für die Beheizung und das Warmwasser verlangen, auch wenn eine Indexmiete vereinbart ist. Die Vereinbarung einer Indexmiete schließt nur die Mieterhöhung wegen Modernisierung aus, nicht jedoch die Geltendmachung von Betriebskosten (§ 557b Abs. 2 BGB).

4 Die Betriebskostenpauschale

Der Vermieter kann die Betriebskosten neben der Grundmiete als Betriebskostenvorauszahlung oder als **Betriebskostenpauschale** auf den Mieter abwälzen, § 556 Abs. 2 BGB. Eine Betriebskostenpauschale liegt dann vor, wenn der Mieter einen **festen monatlichen Betrag** für die Betriebskosten bezahlt, ohne dass hierüber nach Ablauf des Abrechnungszeitraums eine Abrechnung erfolgt.

HINWEIS

Für die Heiz- und Warmwasserkosten kann eine Pauschale nicht vereinbart werden. § 6 HeizKV sieht zwingend eine verbrauchsabhängige Abrechnung vor. Eine Ausnahme gilt nur für das vom Vermieter selbst bewohnte Zweifamilienhaus. Hier ist durch Individualvereinbarung eine Pauschale bzw. Bruttowarmmiete möglich.

Die Vereinbarung von Pauschalen hat für den Vermieter grundsätzlich den Vorteil, dass er sich am Ende eines Abrechnungszeitraums die Erstellung der Betriebskostenabrechnung erspart und auch Streitigkeiten mit dem Mieter über eventuelle Betriebskostennachzahlungen aus dem Weg gehen kann. Andererseits trägt der Vermieter grundsätzlich das Risiko steigender Betriebskosten. Der Mieter seinerseits muss damit rechnen, dass die Höhe der tatsächlich angefallenen Betriebskosten unter dem von ihm gezahlten Pauschalbetrag liegt.

Auch wenn die Vereinbarung einer Pauschale für die Betriebskosten einen Verzicht auf die Weitergabe der tatsächlich angefallenen Betriebskosten seitens des Vermieters bedeutet, heißt das nicht, dass die Höhe der vertraglich festgesetzten Pauschale für die gesamte Dauer des Mietverhältnisses unveränderbar ist. Sowohl eine **Erhöhung** als auch eine **Ermäßigung** der Pauschale sind möglich.

4.1 Anpassung bei gewerblichen Mietverhältnissen

Im Bereich des gewerblichen Mietrechts existiert anders als bei Wohnraummietverhältnissen keine gesetzliche Regelung, die die Anpassung von Betriebskostenpauschalen regelt.

HINWEIS

§ 560 BGB gilt nicht für gewerbliche Mietverhältnisse.

Bei **Gewerbemietverträgen** kann der Vermieter die Pauschale bei gestiegenen Betriebskosten entweder einvernehmlich, das heißt durch eine Vereinbarung mit dem Mieter, anpassen oder eine Änderungskündigung aussprechen. Die Kündigung führt dazu, dass der Vermieter dem Mieter anbietet, einen neuen Mietvertrag mit geänderten Konditionen abzuschließen. Umgekehrt wird ein Mieter bei sinkenden Betriebskosten den Vermieter zu einer Reduzierung der Pauschale ebenfalls durch Kündigung veranlassen können.

Da Gewerberaummietverträge in der Regel auf eine bestimmte Laufzeit abgeschlossen werden, werden die Mietvertragsparteien zumeist keinen Gebrauch vom Ausspruch einer **Änderungskündigung** machen können, da diese als **ordentliche Kündigung** einen auf unbestimmte Zeit abgeschlossenen Vertrag voraussetzt.

Es empfiehlt sich daher für beide Vertragsparteien, bei Abschluss eines Gewerberaummietvertrags darauf zu achten, dass eine entsprechende **Vertragsgrundlage** geschaffen wird, mit der auch bei einer fest vereinbarten Vertragslaufzeit die Betriebskostenpauschale sowohl nach oben als auch nach unten angepasst werden kann. Man spricht hier von einem sog. **Anpassungsvorbehalt**.

BEISPIEL: Praxis-Beispiel

„Der Vermieter ist berechtigt, Erhöhungen der Betriebskosten im Sinne des § 2 BetrKV in ihrer jeweils geltenden Fassung anteilig auf den Mieter umzulegen, sofern Vorauszahlungen auf Betriebskosten ganz oder teilweise nicht vereinbart sind (Bruttokalt- bzw. Teilbruttokaltmiete)."

4.2 Anpassung bei Wohnraummietverhältnissen

Durch die Mietrechtsreform wurde in § 560 BGB die gesetzliche Grundlage für die **Anpassung von Betriebskostenpauschalen** für den Bereich des preisfreien Wohnraumrechts geschaffen.

ACHTUNG

Der Geltungsbereich von § 560 BGB betrifft nicht den sozialen Wohnungsbau. Für preisgebundenen Wohnraum stellt § 20 Abs. 3, 4 NMV die Rechtsgrundlage für die Weitergabe erhöhter Betriebskosten dar.

§ 560 BGB regelt sowohl die **Erhöhung** von Betriebskostenpauschalen, § 560 Abs. 1, 2 BGB, als auch deren **Ermäßigung**, § 560 Abs. 3 BGB.

4.2.1 Erhöhung der Betriebskostenpauschale

Voraussetzung 1: Betriebskostenpauschale neben der Miete

Schuldet der Mieter die Zahlung einer Betriebskostenpauschale, ist der Vermieter berechtigt, Erhöhungen der Betriebskosten durch Erklärung in Textform anteilig auf den Mieter umzulegen, soweit dies mietvertraglich vereinbart ist.

Der Vermieter sollte daher zunächst prüfen, ob im Mietvertrag eine **pauschale Zahlung** für Betriebskosten neben der Grundmiete vereinbart ist. Ist lediglich eine **Inklusiv- bzw. Teilinklusivmiete** ohne zusätzliche Zahlung einer Betriebskostenpauschale vereinbart, so reicht dies nicht aus. Die Neuregelung des § 560 Abs. 1 BGB fordert ausdrücklich eine **neben** der Grundmiete zu zahlende Pauschale und lässt eine Erhöhung nur für diese Mietstruktur zu.

Ist daher in einer vereinbarten Pauschale nur ein Teil der Betriebskosten enthalten, zum Beispiel Wasser und Müll, so kann auch nur für diese Positionen eine Anpassung erfolgen. Alle anderen Betriebskosten, das sind diejenigen, die nicht extra aufgeführt sind, gelten dann als bereits mit der Mietzahlung abgegolten. Eine Anpassung dieser Positionen ist nicht möglich.

HINWEIS

Bis zum Inkrafttreten der Mietrechtsreform am 31.8.2001 war es gemäß dem bis dahin geltenden § 4 Abs. 2 S. 1 MHG a. F. grundsätzlich möglich, Erhöhungen der Betriebskosten auch dann an den Mieter weiterzugeben, wenn es sich um eine Inklusiv- oder Teilinklusivmiete (Bruttokalt- bzw. Teilbruttokaltmiete) handelte, die Betriebskosten also nicht mit einem separaten Betrag neben der Grundmiete zu zahlen waren.

Voraussetzung 2: Vereinbarung eines Erhöhungsvorbehalts

Als weitere Voraussetzung fordert § 560 Abs. 1 BGB, dass der Vermieter die **Erhöhungsmöglichkeit vertraglich vereinbart hat**. Erhöhte Kosten kann er also nur dann an den Mieter weitergeben, wenn der Mietvertrag einen **Erhöhungsvorbehalt** enthält. Allein die gesetzliche Grundlage des § 560 Abs. 1 BGB begründet für sich gesehen keinen Anspruch auf eine Erhöhung der Pauschale.

Folgende Formulierung im Mietvertrag könnte Ihnen einen Anspruch auf Erhöhung der Pauschale sichern.

BEISPIEL

„Der Vermieter ist berechtigt, Erhöhungen der Betriebskosten im Fall der Vereinbarung einer Grundmiete mit Betriebskostenpauschale anteilig durch schriftliche Erklärung auf den Mieter umzulegen."
Alternativ:
„Erhöhen sich nach Vertragsabschluss einzelne der vereinbarten Betriebskosten so weit, dass die Umlage nicht mehr zu deren Deckung ausreicht, schuldet der Mieter die auf ihn entfallenden Erhöhungsbeträge unter Beachtung der Bestimmungen des § 560 BGB" (siehe Pfeifer, S. 126, Formulierungsvorschlag zu § 4 Abs. 3 MHG a. F.).

HINWEIS

Bei der Auslegung von Erhöhungsvorbehalten sind die Bestimmungen der §§ 133, 157, 242 sowie die §§ 305ff BGB zu beachten. Letztere wurden durch Artikel 1 Gesetz zur Modernisierung des Schuldrechts (SchuModG) vom 26.11.2001 (BGBl. I, S. 3138) eingeführt und sind an die Stelle der bis zum 31.12.2001 geltenden Bestimmungen des AGBG getreten.

Bei der Formulierung von Erhöhungsvorbehalten hat der Vermieter die Bestimmung des § 560 Abs. 6 BGB beachten, die zum Nachteil des Mieters abweichende Vereinbarungen für unwirksam erklärt. Dies ist zum Beispiel dann der Fall, wenn eine Klausel eine rückwirkende Erhöhung vorsieht oder eine Anpassung erlaubt, ohne dass die Voraussetzung des § 560 Abs. 2 S. 2 BGB vorliegen.

- Eine Erhöhungsvereinbarung, die es dem Vermieter gestattet, „soweit zulässig bei Erhöhung oder Neueinführung von Betriebskosten den entsprechenden Mehrbetrag vom Zeitpunkt der Entstehung an umzulegen", ist jedenfalls unwirksam (BGH, Urteil vom 20.1.1993, VIII ZR 10/92, NJW 1993, 1061).
- Auch das OLG Celle hat eine Formularklausel für unwirksam erklärt, die für die Zahlungsverpflichtung des Mieters den Zeitpunkt der Entstehung der Mehrbelastung bestimmt (Urteil vom 29.12.1989, 2 U 200/89, WM 1990, 103).
- Enthält ein Mietvertrag einen Vorbehalt dergestalt, dass die Miete nachträglich in einen Kaltmietteil und einen abzurechnenden Betriebskostenanteil aufgespaltet werden kann, kann der Vermieter hieraus keinen Anspruch auf Vertragsänderung herleiten (LG München I, Urteil vom 24.9.1997, 14 S 4962/97, WuM 1999, 46).

Wenn keine Betriebskostenpauschale ausgewiesen ist

Es stellt sich die Frage, wie die Fälle zu bewerten sind, in denen eine Betriebskostenpauschale nicht ausgewiesen ist, jedoch ein Erhöhungsvorbehalt vertraglich vereinbart wurde. Hier ist zu unterscheiden:

a) Verträge, die ab dem 1.9.2001 — dem Zeitpunkt des Inkrafttretens der Mietrechtsreform — neu vereinbart wurden, Neuverträge

Für diese Verträge gilt ausnahmslos neues Recht mit der Folge, dass der Vermieter trotz Erhöhungsvorbehalt keine Rechtsgrundlage zur Anhebung der Betriebskostenpauschale hat.

Ansonsten müsste nämlich der Mieter erhöhte Betriebskosten zahlen, ohne dass ihm der Kostenanteil der Betriebskosten im Verhältnis zur Grundmiete bekannt wäre. Eine ursprünglich günstige Inklusivmiete würde sich somit bei einer Erhöhung im Nachhinein zulasten des Mieters ins Gegenteil wenden.

Der Gesetzgeber wollte für den Mieter mehr **Transparenz** im Bereich der Betriebskosten erreichen. Daher sind abweichende Vereinbarungen gemäß § 560 Abs. 6 BGB unwirksam.

Im Ergebnis ist dem zu folgen, da es ja dem Vermieter freisteht, bei Vertragsabschluss die Vorgaben des § 560 BGB zu beachten. In Zeiten, in denen die Betriebskosten als „zweite Miete" einen erheblichen Kostenfaktor mit steigender Tendenz darstellen, darf dem Mieter der Ansatz bzw. die Kalkulationsgrundlage für die Betriebskosten nicht verborgen bleiben (siehe Langenberg, Rdn. C 8).

b) Verträge, die vor dem 1.9.2001 vereinbart wurden, Altverträge

Für die Zeit vor Inkrafttreten der Mietrechtsreform stellte § 4 Abs. 2 MHG a. F. die Rechtsgrundlage für die Weitergabe erhöhter Betriebskosten dar. Danach war es dem Vermieter grundsätzlich möglich, auch bei einer **Inklusivmiete** die Erhöhung von Betriebskosten durch einseitige Willenserklärung an den Mieter weiterzugeben.

Würde man auf diese sog. Altverträge neues Recht unmittelbar anwenden, so wäre dies zum Nachteil der Vermieter, die bei Vertragsabschluss noch auf die alte Rechtslage vertrauen durften. Artikel 229 § 3 Abs. 4 EGBGB bestimmt daher, dass auf Mietverhältnisse, die bereits am 1.9.2001 bestanden haben und bei denen die Betriebskosten ganz oder teilweise in der Miete enthalten sind, bezüglich einer

Betriebskostenerhöhung § 560 Abs. 1, 2, 5 sowie 6 BGB in der ab 1.9.2001 geltenden Fassung anzuwenden sind, soweit im Mietvertrag vereinbart ist, dass der Mieter Erhöhungen der Betriebskosten zu tragen hat.

! **ACHTUNG**

Fehlt ein entsprechender Erhöhungsvorbehalt, ist eine Umlage auch bei Altverträgen nicht möglich.

Liegen die Voraussetzungen für die Weitergabe erhöhter Betriebskosten im Sinne des § 560 BGB nicht vor, kann der Vermieter nur durch den Ausspruch eines Mieterhöhungsverlangens gemäß § 558 BGB (Mieterhöhung bis zur ortsüblichen Vergleichsmiete) eine Steigerung der Miete erreichen.

Damit können dann unter Umständen die seit Vertragsabschluss gestiegenen Betriebskosten aufgefangen werden. Liegt die ortsübliche Vergleichsmiete jedoch über der maximal auszusprechenden Mieterhöhung, trägt der Vermieter das Risiko dafür, dass die Miete hinter dem ortsüblichen Niveau zurückbleibt und in angemessener Zeit eine Angleichung nicht erreicht werden kann. Die Kappungsgrenze von derzeit in der Regel 20 Prozent innerhalb von drei Jahren hindert den Vermieter nämlich daran, regelmäßige Anpassungen vorzunehmen, auch wenn die ortsübliche Miete noch nicht erreicht ist, § 558 Abs. 3 BGB.

Eine Vereinbarung, wonach die Betriebskostenpauschale indexiert werden soll, das heißt, dem Verbraucherpreisindex angepasst werden kann, ist unwirksam. Für das Wohnraummietrecht sind die Erhöhungsmöglichkeiten für die Miete, die Betriebskostenvorauszahlung und die Betriebskostenpauschale abschließend geregelt. Für die Anpassung der Pauschale enthält § 560 BGB die entsprechenden Regelungen. Die Vereinbarung einer Indexerhöhung regelt § 557b BGB. Danach kann nur die Miete und nicht eine Vorauszahlung oder Pauschale nach einem bestimmten Index erhöht werden.

Voraussetzung 3: Erklärung unter Angabe von Gründen

Weitere Wirksamkeitsvoraussetzung für die Umlage erhöhter Betriebskosten ist, dass der Vermieter in seiner Erhöhungserklärung den **Grund für die Umlage** bezeichnen muss. Die **Erklärung** kann **in Textform** erfolgen, sie muss nicht eigenhändig unterzeichnet werden, **§ 126b BGB**. Für den Nachweis der Zustellung trägt der Vermieter die Beweislast (vgl. hierzu „Umlage der Betriebskosten auf die Mieter"). Und so gehen er vor:

1. Für die Angabe des Grundes muss der Vermieter zunächst eine **Gegenüberstellung der bisherigen und der neuen Betriebskosten** vornehmen.
2. Dann muss er für jede sich erhöhende Kostenart den Unterschiedsbetrag darstellen.
3. Ergibt sich eine **Erhöhung des Gesamtbetrags**, kann eine Weitergabe an den Mieter erfolgen.

Haben sich zwar einzelne Positionen erhöht, andere jedoch reduziert, sodass die Gesamtbelastung im Ergebnis zu keiner Mehrbelastung führt, können Sie die Pauschale nicht erhöhen. Sie müssen auf jeden Fall alle Positionen berücksichtigen (siehe Langenberg, Rdn. C 23 mit weiteren Nachweisen).

Darüber hinaus kann der Vermieter verpflichtet sein, nicht nur die sich ändernden Beträge zu benennen, sondern auch darzustellen, warum sich einzelne Positionen erhöht haben. Dies ist dann der Fall, wenn sich aus den Rechnungen, Bescheiden o. Ä. der Grund für die Erhöhung nicht direkt ergibt.

- War zum Beispiel die Einstellung eines zusätzlichen Hausmeisters oder der Wechsel einer Servicefirma nötig geworden?
- Oder sind Verträge ausgelaufen, sodass an deren Stelle andere teurere Verträge geschlossen werden mussten?
- Oder haben sich schlicht die Gebühren erhöht?

Ergibt die Gegenüberstellung der bisherigen und der neuen Kosten eine Erhöhung, so ist in der Erklärung an den Mieter **der Verteilerschlüssel mitzuteilen** und ggf. zu **erläutern**. Sodann muss dem Mieter der Betrag mitgeteilt werden, um den sich die Pauschale erhöht (siehe auch AG Charlottenburg, Urteil vom 2.8.2013, 220 C 32/13, juris-i).

Wenn für die Betriebskosten eine Pauschale ausgewiesen ist, ist dies unproblematisch. Für sog. **Altverträge**, bei denen eine Weitergabe erhöhter Betriebskosten auch dann möglich ist, wenn es sich um eine Inklusivmiete handelt (siehe oben), ist es nicht immer einfach, die Differenz zwischen den bisher mit der Miete gezahlten Betriebskosten und den neuen Beträgen darzustellen.

Hierzu hat der Vermieter die Höhe der einzelnen Positionen zum **Zeitpunkt des Vertragsabschlusses** oder, wenn zwischenzeitlich eine Erhöhung der Inklusivmiete stattgefunden hat, zum **Zeitpunkt der letzten Mieterhöhung** zu ermitteln. Denn die Erhöhung der Inklusivmiete führt auch zu einer Erhöhung der in dieser Miete enthaltenen Betriebskosten (KG Berlin, 5.8.1997, 8 REMiet 8850/96, WuM 1997, 540).

Bei einer **Staffelmietvereinbarung** errechnet sich der Erhöhungsbetrag aus der seit der jeweils letzten Staffelmieterhöhung eingetretenen Betriebskostensteigerung (LG Berlin, 1.11.2001, 61 S 49/01, MM 2002, 10).

HINWEIS

Bei einer Erhöhungserklärung gemäß § 560 Abs. 1, 2 BGB kann der Vermieter nur diejenigen Steigerungen berücksichtigen, die seit einer letzten Mietanpassung gemäß § 558 BGB oder Erhöhung nach § 560 Abs. 1 BGB eingetreten sind.

TIPP

Der Vermieter kann seiner Erklärung die Fotokopien entsprechender Belege beilegen, damit der Mieter die Erhöhung nachprüfen kann. Grundsätzlich genügt es auch, wenn er dem Mieter Einsicht in die Belege anbietet.

Eine Erhöhung kann nur vorgenommen werden, wenn **Mehrkosten tatsächlich entstanden** sind. Dem Mieter können nicht schon im Vorfeld erwartete Mehrbelastungen weitergereicht werden, beispielsweise wenn der Wirtschaftsplan der Wohnungseigentümergemeinschaft für das nächste Wirtschaftsjahr Kostensteigerungen vorsieht oder seitens der Leistungserbringer Kostensteigerungen angekündigt werden, ohne dass diese bereits geltend gemacht werden.

Wann wird die Erklärung wirksam?

Erhöhungen können grundsätzlich nur **mit Wirkung für die Zukunft** weitergegeben werden. Der Mieter schuldet den auf ihn entfallenden Teil der Umlage mit **Beginn des auf die Erklärung folgenden übernächsten Monats**, § 560 Abs. 2 S. 1 BGB.

BEISPIEL

Unabhängig davon, ob die Erhöhungserklärung dem Mieter am 1.6. oder am 30.6. eines Jahres zugeht, ist die erhöhte Zahlung am 1.8. fällig.

Wesentlich ist hier der **Zeitpunkt, zu dem die Erklärung** dem Mieter **zugegangen ist**. Weil hierdurch eine Frist, nämlich die Fälligkeit der erhöhten Zahlung, ausgelöst wird, sollte der Vermieter auf eine nachweisliche Zustellung seines Schreibens achten, zum Beispiel durch Einschreiben mit Rückschein oder Botenzustellung.

HINWEIS

Die Erklärung selbst ist **nicht fristgebunden**. Anders als nach § 4 Abs. 2 MHG a. F. ist die Zahlungsverpflichtung des Mieters nicht mehr davon abhängig, ob die Erklärung des Vermieters vor oder nach dem 15. eines Monats abgegeben wurde.

Anders als eine Mieterhöhung bis zur ortsüblichen Miete gemäß § 558 BGB bedarf es bei der Erhöhung der Betriebskosten gemäß § 560 BGB **keiner Zustimmung des Mieters**. Zahlt der Mieter dennoch nicht, so kann der Vermieter den Mieter direkt auf Zahlung verklagen.

Ausnahme: rückwirkende Erhöhung

Liegt der Grund für die Erhöhung darin, dass sich Betriebskosten **rückwirkend** erhöht haben, so kann diese Erhöhung ausnahmsweise auch für die Vergangenheit geltend gemacht werden, höchstens jedoch seit Beginn des der Erklärung vorausgehenden Kalenderjahres, sofern der Vermieter **innerhalb von drei Monaten** nach Kenntnis der Erhöhung die Erklärung abgibt, § 560 Abs. 2 S. 2 BGB.

Rückwirkende Mehrbelastungen können sich zum Beispiel dadurch ergeben, dass es aufgrund geänderter Gesetze bei Steuer- und Abgabenbescheiden zu Nachbelastungen kommt oder auch Abrechnungen von Leistungsträgern verbrauchsabhängiger Positionen zu Nachforderungen führen.

BEISPIEL

Erhält der Vermieter am 1.6.2014 eine nachträgliche Grundsteuererhöhung für den Zeitraum seit 1.1.2012 und kommt er erst im Oktober dazu, dem Mieter die Erhöhung mitzuteilen, so kann er diese nicht mehr rückwirkend verlangen, da er die Erklärung nicht innerhalb von drei Monaten nach Kenntnis der Grundsteuererhöhung weitergegeben hat.
Der Vermieter müsste in diesem Fall also bis spätestens 1.9.2014 die Weitergabe der Grundsteuererhöhung mitteilen. Dann schuldet der Mieter die Zahlung erhöhter Grundsteuer, allerdings erst ab 1.1.2013. Die Mehrbelastung für das Jahr 2012 ist vom Vermieter allein zu tragen.

Hat der Vermieter die **Dreimonatsfrist** versäumt, kann er eine Erhöhung nur mehr für die Zukunft vornehmen unter Berücksichtigung des § 560 Abs. 1 BGB.

Eine Erhöhung kann auch dann **nicht** rückwirkend weitergegeben werden, wenn der Vermieter es versäumt hat, bereits eingetretene Mehrbelastungen rechtzeitig geltend zu machen. Die rückwirkende Belastung des Mieters setzt eine **echte Rückwirkung** voraus, das heißt, die entsprechenden Abgaben- oder Gebührenbescheide müssen selbst auf die Vergangenheit zurückwirken.

BEISPIEL

Hat es der Vermieter versäumt, die aufgrund eines Bescheids festgestellten erhöhten Kosten gemäß § 560 Abs. 1 BGB dem Mieter weiterzubelasten, kann er nicht über § 560 Abs. 2 S. 2 BGB die Erhöhung rückwirkend vom Zeitpunkt der tatsächlich eingetretenen Steigerung an verlangen.

Der Vermieter ist daher gut beraten, bei Kenntnis von **Kostensteigerungen** diese **alsbald** dem Mieter **weiterzuberechnen** und mit seiner Erklärung nicht allzu lange zu warten. Er kann ohnehin die Kostensteigerung nicht unmittelbar, sondern frühestens ab Beginn des übernächsten Monats geltend machen.

Dagegen kann der Vermieter von **Geschäftsräumen** auch rückwirkende Erhöhungen von Betriebskosten auf den Mieter umlegen, wenn der Mietvertrag eine sog. **Mehrbelastungsklausel** enthält, zum Beispiel „Tritt durch Erhöhung oder Neueinführung von Betriebskosten eine Mehrbelastung des Vermieters ein, ist der Mieter verpflichtet, den entsprechenden Mehrbetrag vom Zeitpunkt der Entstehung an zu zahlen“ (siehe auch OLG Düsseldorf, Urteil vom 29.10.2007, I-24 U, 94/07, GuT 2008/34; OLG Frankfurt/Main, Urteil vom 10.2.1999, 17 U 210/97, NZM 2000, 243).

Ein ausdrücklicher Nachforderungsvorbehalt bei den jeweiligen Betriebskostenabrechnungen ist nach dieser Rechtsprechung nicht erforderlich. Daher kann die Grundsteuer nach einem neuen Urteil des LG Berlin vom Vermieter erst recht nachgefordert werden, wenn das Finanzamt die Grundsteuer rückwirkend festsetzt und sich der Vermieter in den früheren Abrechnungen eine Nachforderung, zum Beispiel durch den Vermerk bei der Position Grundsteuer „Zurzeit 0“ ausdrücklich vorbehalten hat (Urteil vom 26.5.2004, 32 O 717/03, GE 2004, 817).

4.2.2 Ermäßigung der Betriebskostenpauschale

Die gesetzliche Regelung des § 560 Abs. 3 BGB hat wiederum nur für den Bereich des preisfreien Wohnraumrechts Geltung. Für Gewerbemietverhältnisse bedarf es für die Reduzierung einer Betriebskostenpauschale entweder einer vertraglichen Regelung oder einer gütlichen Einigung.

Für preisfreie Wohnraummietverhältnisse gilt: Der Vermieter muss eine **Reduzierung** von Betriebskosten ebenfalls an die Mietpartei weitergeben. Ermäßigen sich die Betriebskosten, muss er eine **Betriebskostenpauschale** vom Zeitpunkt der Ermäßigung an entsprechend herabsetzen, § 560 Abs. 3 S. 1 BGB.

HINWEIS

Diese Regelung ist fast inhaltsgleich an die Stelle des bis 1.9.2001 geltenden § 4 Abs. 4 MHG a. F. getreten. War in § 4 Abs. 4 S. 1 MHG a. F. noch von „Betriebskosten" die Rede, so nennt § 560 Abs. 3 BGB ausdrücklich die Betriebskostenpauschale. Eine Reduzierung der Betriebskosten kommt demnach, wie auch bei der Erhöhung, nur dann infrage, wenn der Mieter neben der Zahlung der Grundmiete die Zahlung einer Betriebskostenpauschale schuldet.
So auch LG Berlin (Urteil vom 18.5.2004, 65 S 46/04, GE 2004, 1396), wonach bei einer vereinbarten Bruttomiete eine Herabsetzung der Miete wegen gesunkener Betriebskosten nicht in Betracht kommt, sofern unklar ist, welche Betriebskosten in der Miete in welchem Umfang enthalten sind.

Anders als bei der Weitergabe von Mehrbelastungen ist ein sog. vertraglicher „**Reduzierungsvorbehalt**" nicht Voraussetzung für die Ermäßigung der Pauschale.

§ 560 Abs. 3 S. 2 BGB bestimmt, dass die Ermäßigung dem Mieter **unverzüglich** mitzuteilen ist. Der Mieter hat somit einen **direkten Anspruch** aus dem Gesetz auf Reduzierung der Betriebskosten.

Eine Ermäßigung der Betriebskosten liegt aber nur dann vor, wenn wiederum das **Gesamtergebnis der Gegenüberstellung** von Steigerungen und Reduzierungen zu einer Verringerung der bisher gezahlten Pauschale führt (siehe oben). Verlangt ein Mieter die Reduzierung der Pauschale, weil sich nach seinem Kenntnisstand zum Beispiel die Müllgebühren verringert haben, so ist der Vermieter berechtigt, zugleich Erhöhungen von Kosten, die er bisher nicht weitergegeben hat, im Rahmen der Berechnung zu berücksichtigen.

Ein Auskunftsanspruch des Mieters gegen den Vermieter zur tatsächlichen Höhe der von einer Pauschale abgedeckten Betriebskosten gemäß § 242 BGB kommt nur dann in Betracht, wenn konkrete Anhaltspunkte für eine nachträgliche Ermäßigung der Betriebskosten bestehen (BGH, Urteil vom 16.11.2011, VIII ZR 106/11, NZM 2012, 20).

Wie bei der Weitergabe von Erhöhungen muss der Vermieter in seiner Erklärung die **Grundlagen und den Verteilerschlüssel** für die Reduzierung mitteilen. Damit der Mieter die Möglichkeit hat, die Richtigkeit der Angaben zu überprüfen, sollten darüber hinaus die entsprechenden Belege in Fotokopie ausgehändigt bzw. dem Mieter Einsichtsrecht gewährt werden.

Die Ermäßigung tritt ab dem **Zeitpunkt der tatsächlichen Reduzierung** der Betriebskostenpauschale ein. Anders als bei der Erhöhungserklärung ist hier nicht der Zeitpunkt des Zugangs der Erklärung beim Mieter maßgeblich. Die Reduzierung kann daher auch rückwirkend erfolgen.

Hat es der Vermieter versäumt, die Betriebskostenpauschale rechtzeitig herabzusetzen, steht dem Mieter jedoch lediglich ein Berichtigungsanspruch zu. Eine einseitige Reduzierung der Pauschale durch den Mieter ist nicht zulässig (siehe Langenberg, Rdn. D 10).

HINWEIS

Für die rückwirkende Erhöhung der Pauschale sieht § 560 Abs. 2 BGB eine Ausschlussfrist von drei Monaten vor, die Ermäßigung der Pauschale ist jedoch zeitlich unbegrenzt, denn eine entsprechende Regelung im Gesetz fehlt ausdrücklich (LG Mannheim, 27.1.1999, 4 S 141/98, NZM 1999, 365).

Die Frage, ob die Reduzierung von Betriebskostenpauschalen nur möglich ist, wenn zuvor eine Erhöhung erfolgt war, war bereits für den Anwendungsbereich des § 4 Abs. 4 MHG a. F. umstritten und ist auch durch die Neuregelung in § 560 Abs. 3 BGB nicht geklärt worden. Der Gesetzestext des § 4 Abs. 4 MHG a. F. ist fast wörtlich übernommen worden, eine inhaltliche Änderung erfolgte nicht.

Allerdings ist dieser Meinungsstreit in der Praxis von nicht allzu großer Bedeutung, denn in Zeiten, in denen ständige Kostensteigerungen auf der Tagesordnung stehen und die Höhe des Betriebskostenanteils gemessen an der Miete immer mehr steigt, stellt sich die Frage der Ermäßigung der Betriebskosten kaum.

Zwar werden von den Vertragspartnern energiesparende Maßnahmen unternommen, zum Teil auch staatlicherseits vorgegeben und gefördert, doch können all diese Vorhaben kaum zu einer allgemeinen Senkung der Betriebskosten führen.

Einsparungen durch Wärmedämmungen der Fassaden, Einbau isolierender Fenster o. Ä. führen zwar zur Einsparung von Energiekosten, jedoch werden Kostensteigerungen in anderen Bereichen diese Einsparungen in der Regel wieder auffangen. Darüber hinaus wirken sich Einsparungen bei den Energiekosten grundsätzlich auf die Heiz- und Warmwasserkosten, nicht aber auf die übrigen Betriebskosten aus.

Nach der HeizKV sind die für Heizung und Warmwasser anfallenden Kosten verbrauchsabhängig abzurechnen, sodass Einsparungen in diesem Bereich unmittelbar an den Mieter weitergegeben werden.

HINWEISE

Für Verträge, die vor dem 1.9.2001 abgeschlossen wurden, gilt gemäß Artikel 229 § 3 Abs. 4, 2. HS EGBGB ebenfalls die Verpflichtung – entsprechend dem § 560 Abs. 3 BGB –, Ermäßigungen an die Mietpartei weiterzugeben.
Mit Inkrafttreten der Mietrechtsreform am 1.9.2001 wurde der **Grundsatz der Wirtschaftlichkeit**, der im Bereich des preisgebundenen Wohnraumrechts bereits im § 20 Abs. 1 S. 2 NMV, § 24 Abs. 2 II. BV verankert ist, in das BGB aufgenommen. Sein Geltungsbereich ist nunmehr auch für den preisfreien Wohnraum gesetzlich verankert, § 560 Abs. 5 BGB, § 556 Abs. 3 S. 1, 2. HS BGB.

Der BGH hat in einer Entscheidung vom 12.1.2011 festgestellt, dass die Einwendungsfrist des § 556 BGB – innerhalb von zwölf Monaten nach Zugang der Betriebskostenabrechnung – auch dann gelten soll, wenn der Vermieter Betriebskosten abgerechnet hat, obwohl eine Pauschale vereinbart war (VIII ZR 148/10, GE 2011, 307).

5 Die Betriebskostenvorauszahlung

Anders als bei einer Pauschale muss der Vermieter über eine Vorauszahlung abrechnen, und zwar jährlich, § 556 Abs. 3 S. 1 BGB. Zu Teilabrechnungen ist er nicht verpflichtet, § 556 Abs. 3 S. 4 BGB.

HINWEIS

Für den Bereich des preisgebundenen Wohnraums ergibt sich die jährliche Abrechnungspflicht des Vermieters aus § 20 Abs. 3 S. 2 NMV.

5.1 Vereinbarung einer Betriebskostenvorauszahlung

Voraussetzung für die Abrechnungspflicht des Vermieters ist, dass eine wirksame **mietvertragliche Vorauszahlungsvereinbarung** existiert. § 556 Abs. 2 BGB sieht vor, dass entweder eine Pauschale oder eine **Vorauszahlung für die Betriebskosten** neben der Miete vereinbart werden kann. Die Vertragsparteien haben grundsätzlich ein Wahlrecht, ob sie die Betriebskosten in Form einer Pauschale oder als Voraus- bzw. Abschlagszahlung festlegen, vorbehaltlich anderer Regelungen, wie zum Beispiel die HeizKV oder die Neubaumietenverordnung (NMV).

Die Vorauszahlung wird in der Regel als eine **monatliche Abschlagszahlung** geschuldet, über die nach Ablauf des Abrechnungszeitraums unter Zugrundelegung der konkreten Kosten abzurechnen ist.

Ob für den Vermieter ein Recht und eine Verpflichtung besteht, eine Betriebskostenabrechnung zu erstellen, richtet sich ausschließlich nach den **vertraglichen Vereinbarungen**, die er mit dem Mieter getroffen hat. Schuldet der Mieter neben der Grundmiete eine Voraus- oder Abschlagszahlung, so muss eine Abrechnung erfolgen.

Voraussetzung ist allerdings auch hier, dass die vertraglichen Regelungen **eindeutig und unmissverständlich** sind. Im Sinne des **Bestimmtheitsgrundsatzes**, § 241 Abs. 2 BGB, müssen die abrechnungsfähigen Betriebskosten **inhaltlich konkretisiert** oder **eindeutig bestimmbar** bezeichnet werden. Ist das nicht der Fall, sind sie **im Zweifel** mit dem vereinbarten Mietzins abgegolten (OLG Düsseldorf, 29.6.2000, 10 U 116/99, ZMR 2000, 668 und WuM 2000, 435).

Hat der Vermieter mit seinem Mieter vertraglich vereinbart, dass er die Betriebskosten auf ihn umlegen kann, zum Beispiel für die Gartenpflege, so obliegt die Ausführung dieser Arbeiten dem Vermieter, das heißt, er muss sich um die Ausführung der Gartenpflege kümmern, kann dann aber dem Mieter die Kosten in Rechnung stellen (LG Berlin, Urteil vom 15.3.2002, 64 S 258/01, NZM 2003, 20).

Anders gestaltet sich die Rechtslage, wenn der Mieter verpflichtet ist, zum Beispiel Reinigungsarbeiten selbst durchzuführen bzw. durchführen zu lassen. In diesem Fall kann der Vermieter Kostenersatz erst verlangen, wenn der Mieter die vertraglichen Arbeiten trotz entsprechender Aufforderung und Fristsetzung nicht durchführt und die Arbeit an einen Dritten übergeben wird. Bei dem Kostenerstattungsanspruch handelt es sich jedoch nicht um eine Forderung aus einer Betriebskostenabrechnung, sondern um einen Schadensersatzanspruch (AG Magdeburg, Urteil vom 14.8.2002, 12 C 66/02, WuM 2002, 576).

5.2 Beispiele aus der Rechtsprechung

In der Praxis drehen sich die häufigsten Streitigkeiten darum, ob vermieterseits eine Betriebskostenabrechnung überhaupt durchgeführt werden kann oder nicht. Zumeist sind das die Fälle, in denen die vertraglichen Vereinbarungen, also die Mietstruktur, nicht eindeutig formuliert sind oder verschiedene Auslegungen zulassen.

Aber auch diejenigen Fälle, in denen die Mietstruktur eindeutig die Abrechnung zulässt, der Vermieter es aber über einen längeren Zeitraum hinweg unterlassen hat, die Betriebskosten oder einzelne Positionen dem Mieter gegenüber abzurechnen, beschäftigen die Gerichte in hohem Maß. Die Auslegung einer Vertragsvereinbarung hat nach allgemeinen Kriterien zu erfolgen.

5.2.1 Vereinbarung von Vorauszahlungen

Wurde bei Abschluss des Mietvertrags nicht darüber gesprochen, welche Nebenkosten im Einzelnen umgelegt werden sollen, und **fehlt es** in dem verwendeten Formularmietvertrag **an entsprechenden Eintragungen und Streichungen** an den vorgesehenen Stellen, so kommt eine Betriebskostenvereinbarung nicht wirksam zustande (AG Lippstadt, 6.12.2002, 6 C 188/87, DWW 1988, 87).

- Sind trotz entsprechender Vereinbarung die Betriebskosten, hier **20 Jahre** lang, nicht abgerechnet worden, ist davon auszugehen, dass die Vertragspartner die Zahlung von Nebenkosten als Pauschale ansehen wollten (AG Gelsenkirchen, 9.11.2000, 3a 233/00, ZMR 2001, 459).
- Sieht der Mietvertrag zwar vor, dass der Mieter Nebenkosten monatlich vorauszuzahlen hat, enthält er jedoch **keine Angaben** darüber, **welche Nebenkosten** vom Mieter zu tragen sind, und ist der im Vertragsformular für die Auflistung von Nebenkosten vorgesehene Leerraum durchgestrichen worden, so hat der Vermieter die vom Mieter geleisteten Vorauszahlungen zu erstatten, § 812 Abs. 1 S. 2 BGB (OLG Dresden, Urteil vom 20.6.2000, 23 U 403/00, NZM 2000, 827). Das OLG Dresden ließ in diesem Fall auch keine Umdeutung der Vereinbarung in eine Bruttokaltmiete oder Betriebskostenpauschale zu.
- Enthält der Formularvertrag keine hinreichend klare Bestimmung, aus der sich die Verpflichtung des Mieters ergibt, andere Nebenkosten als die neben der Miete aufgeführten Heizkosten zu tragen, und ist vielmehr geregelt, dass in der Miete die „**nachfolgenden Betriebskosten**" nicht enthalten seien, ohne zu bestimmen, wer diese zu tragen hat, fehlt es an einer wirksamen Abwälzung der kalten Betriebskosten auf den Mieter (AG Schöneberg, Urteil vom 19.6.1992, 12 C 193/92, MM 1993, 142).
- Das OLG München hat in einem gewerblichen Mietvertrag jedoch folgende Klausel für wirksam und ausreichend erachtet: „Es besteht zwischen den Parteien Einigkeit darüber, dass der Mieter alle anfallenden Nebenkosten — soweit gesetzlich zulässig — zu tragen hat und dass diese nach dem von der Eigentümergemeinschaft des Objekts A zu beschließenden Abrechnungsmodus zu ermitteln sein werden" (Urteil vom 10.1.1997, 21 U 2464/95, ZMR 1997, 233).

5.2.2 Änderung durch konkludentes Verhalten

- Eine Vereinbarung zur Umlage von Betriebskosten kann auch stillschweigend — zum Beispiel durch jahrelanges widerspruchsloses Zahlen des Mieters auf die Nachforderung hin — zustande kommen (BGH, Urteil vom 7.4.2004, VIII ZR 146/03, NZM 2004, 418).

  Allerdings hat der BGH in einer späteren Entscheidung klargestellt, dass die Annahme einer konkludenten Vertragsänderung nur die Ausnahme sein kann. In dem zur Entscheidung stehenden Fall hatte der Vermieter über 20 Jahre lang nicht abgerechnet. Gleichwohl hatte das Gericht eine Vertragsänderung hin zu einer Pauschale verneint. Der BGH begründete dies damit, dass allein die Tatsache, dass über zwei Jahrzehnte nicht über Betriebskosten abgerechnet wurde, nicht den Schluss zulässt, der Vermieter wolle auch in Zukunft keine Abrechnungen erstellen (Urteil vom 13.2.2008, VIII ZR 14/06, WuM 08, 225).

- Eine mangels Konkretisierung unwirksame Vereinbarung zur Zahlung eines Betriebskostenvorschusses kann dadurch **geheilt** werden, dass über einen **längeren Zeitraum** der Mieter Betriebskostenabrechnungen hingenommen hat, ohne die Verpflichtung dem Grunde nach anzugreifen (LG Berlin, Urteil vom 23.1.2001, 64 S 402/00, GE 2001, 552; siehe auch BGH, Urteil vom 29.5.2000, XII ZR 35/00, NZM 2000, 961, GE 2000, 1614).
- Sind in der Betriebskostenabrechnung des Vermieters **Kosten** enthalten, deren Abrechnung im Mietvertrag **nicht vereinbart** ist, erkennt der Mieter durch die Zahlung der ausgewiesenen Nachforderung deklaratorisch an, sämtliche abgerechneten Betriebskosten zu schulden (AG Alsfeld, Urteil vom 12.1.2000, 31 C 422/99, NZM 2001, 707, nicht rechtskräftig, nachgehend LG Gießen).
- Ist vertraglich eine Kaltmiete vereinbart und leistet der Mieter in **vier aufeinanderfolgenden Jahren** aufgrund vom Vermieter erteilter Nebenkostenabrechnungen Zahlungen, liegt hierin eine **konkludente Ergänzung** und **Konkretisierung** des Mietvertrags (LG Saarbrücken, Urteil vom 12.2.1999, 13 B S 226/98, NZM 1999, 408).
- Wurde über mehrere Jahre hinweg über vom Mieter geleistete Vorschüsse abgerechnet, so liegt darin eine konkludente Änderung des Mietvertrags dahingehend, dass auch **zukünftig Vorschüsse** zu zahlen sind (LG Berlin, Urteil vom 19.6.2001, 64 S 168/00, NZM 2002, 940).
- Eine andere Ansicht vertritt dagegen das AG Mannheim, wonach auch eine jahrelange Zahlung von Betriebskostenpositionen zu **keiner konkludenten Änderung** der Mietstruktur führt, denn es fehlt diesbezüglich an einem **rechtsgeschäftlichen Willen** beider Parteien (Urteil vom 8.11.2001, 16 C 260/01, DWW 1-2, 2002, 36).
- Wird mindestens sechs Jahre lang über Betriebskosten nicht abgerechnet, so ist eine etwaige vertragliche Regelung von beiden Parteien **konkludent** dahingehend abgeändert worden, dass nur eine Pauschale geschuldet ist (AG München, Urteil vom 17.10.2002, 432 C 7023/02, Sternel, *Mietrecht*, 4. Aufl., V Rdn. 139ff).
- Nach dem Rechtsentscheid des OLG Hamm, Urteil vom 22.8.1997 (REMiet 3/97, a. a. O.) ist es für die Umlage aller Betriebskosten gemäß Anlage 3 zu § 27 II. BV ausreichend, wenn vertraglich bestimmt wird, dass neben der Grundmiete eine monatliche Vorauszahlung für die „**Betriebskosten gemäß § 27 II. BV**" zu leisten ist. Eine entsprechende Vereinbarung ist **auch dann wirksam, wenn dem Vertrag eine Aufstellung der Betriebskosten nicht beigefügt ist** und dem Mieter der Inhalt der Anlage 3 zu § 27 II. BV nicht mitgeteilt oder weitere Erläuterungen nicht gegeben worden sind (OLG Frankfurt/Main, Urteil vom 10.5.2000, 20 REMiet 2/97, WuM 2000, 411, NZM 2000, 757).
- Für einen **Gewerberaummietvertrag** hat das OLG Celle mit Urteil vom 16.12.1998 (2 U 23/98, ZMR 1999, 238 und WuM 2000, 130) eine Verweisung auf die II. BV § 27 Abs. 2 ausreichen lassen, um den Mieter zur Zahlung der Betriebskosten

zu verpflichten, auch ohne dass der Gesetzestext beigefügt war. Umgekehrt ist es jedoch für eine Zahlungsverpflichtung des Mieters **nicht ausreichend**, wenn vertraglich festgehalten ist: „Die Betriebskosten gemäß § 27 II. BV sind in der Miete nicht enthalten."

HINWEIS

Konkludente Vertragsänderungen mit der Folge, dass im Sinne des Vermieters eine Abrechnung über Betriebskosten erfolgen kann, stellen nach wie vor die Ausnahme dar.

5.2.3 Wann ist eine Vorauszahlung angemessen?

§ 556 Abs. 2 S. 2 BGB bestimmt, dass Vorauszahlungen für Betriebskosten nur in **angemessener Höhe** vereinbart werden dürfen. Zum Nachteil des Mieters abweichende vertragliche Bestimmungen sind unwirksam, § 556 Abs. 4, Abs. 2 S. 2 BGB. Vorauszahlungen, die überhöht angesetzt wurden, sind daher insoweit unwirksam, als sie die **Angemessenheitsgrenze** überschreiten, § 139 BGB.

Die Höhe der anzusetzenden Abschlagszahlung hat sich nach den zu erwartenden Kosten für die Wohnung zu richten. Neben der Absicht, die Kosten annähernd mit den Vorauszahlungen decken zu können, muss der Vermieter allerdings auch gewisse **Kostensteigerungen** und nicht kalkulierbare, verbrauchsbedingte Mehrkosten berücksichtigen können (BayObLG, RE vom 5.10.1995, REMiet 1/95, WuM 1995, 694). Die Grenze ist da zu ziehen, wo sich der Vermieter finanzielle Vorteile verschaffen könnte, ohne hierzu ein berechtigtes Interesse nachweisen zu können.

Überschreitet die Nachforderung die als angemessen angesehenen Vorauszahlungen **wesentlich**, so kann der Vermieter die Zahlung der restlichen Betriebskosten dem Mieter gegenüber nicht verlangen. Wesentlich ist die Überschreitung dann, wenn die Nachforderung die Vorauszahlung um das **7,5- bis Achtfache** übersteigt (OLG Naumburg, Urteil vom 23.11.2001, 9 U 171/01, NZM 2002, 387).

Bei einer **Neuvermietung** ist anhand der Abrechnung bzw. der Kosten aus dem Vorjahr ein **monatlicher Durchschnittswert** zu ermitteln, der dann künftig als Vorauszahlung für die Betriebskosten anzusetzen ist.

Handelt es sich um eine **Erstvermietung**, so fehlen in der Regel Vergleichszahlen, weshalb der Vermieter auf statistisches Datenmaterial oder Werte aus Mietspiegeln, Datenbanken o. Ä. zurückgreifen darf. Auch eine verbrauchsnahe Schätzung kann im Einzelfall ausreichen.

TIPP

Bei einer Neuvermietung empfiehlt es sich, einen Hinweis in den Vertrag mit aufzunehmen, dass die Höhe der Vorauszahlungen zum Beispiel nur geschätzt wurde.

Wie wichtig es ist, auf eine angemessene Höhe der Vorauszahlungen zu achten, zeigt ein Rechtsentscheid des BayObLG vom 5.10.1995 (REMiet 1/95, WuM 95/694, ZMR 1996, 20). Erweisen sich nämlich die vereinbarten **monatlichen Vorauszahlungen** auf Betriebskosten im Verlauf des Mietverhältnisses als **unangemessen hoch**, so kann der Mieter vom Vermieter die **Herabsetzung** der vereinbarten Zahlungen verlangen. Zur Durchsetzung seines Anspruchs kann der Mieter unter Umständen auch ein Zurückbehaltungsrecht ausüben.

Ist umgekehrt dem Vermieter bei Abschluss des Mietvertrags **bekannt**, dass die **Nebenkostenvorauszahlungen erheblich zu niedrig** angesetzt sind, so kann ein Schadensersatzanspruch unter dem Gesichtspunkt der „**culpa in contrahendo**" (Verschulden bei Vertragsschluss) gegeben sein, der ebenfalls zu einem Anspruch auf Vertragsanpassung führt, und zwar dergestalt, dass die Vorauszahlungen für die Betriebskosten als Pauschale zu werten sind (AG München, Urteil vom 24.9.1999, 452 C 14736/99, ZMR 2000, 620; LG München, Urteil vom 30.4.2002, 12 S 7512/01, ZMR 2002, 758).

Nach Auffassung des AG Göttingen trifft den Vermieter sogar eine Aufklärungspflicht gegenüber einem Mietinteressenten dahingehend, dass die vereinbarten Betriebskostenvorauszahlungen die tatsächlichen Kosten nicht decken werden, wenn dem Vermieter dies aus den Vorjahren bekannt ist (Urteil vom 29.8.2007, 28 C 34/07, WuM 2007, 574).

Nach Auffassung des BGH ist der Vermieter jedoch **nicht verpflichtet**, Vorauszahlungen auf die umlegbaren Betriebskosten so zu kalkulieren, dass sie in etwa **kostendeckend** sind. Nach den gesetzlichen Vorschriften ist dem Vermieter nämlich lediglich untersagt, unangemessen hohe Vorauszahlungen zu verlangen, § 556 Abs. 2 S. 2 BGB. Dementsprechend können die Parteien von Vorauszahlungen sogar gänzlich absehen. Der Begriff „Vorauszahlungen" besagt nur, dass dem Mieter die vorausbezahlten Beträge gutzubringen sind, nicht aber, dass die Summe der Vorauszahlungen den Abrechnungsbetrag auch nur annähernd erreicht.

Ein Mieter darf daher nicht darauf vertrauen, dass die vereinbarten Vorauszahlungsbeträge die tatsächlich anfallenden Betriebskosten decken. Der Mieter darf die Nachzahlung selbst dann nicht verweigern, wenn die tatsächlichen Betriebskosten um mehr als 100 Prozent über den Vorauszahlungen liegen.

Allerdings handelt es sich dann um eine Pflichtverletzung des Vermieters, wenn **besondere Umstände** vorliegen, die den Schluss zulassen, dass der Mieter über den tatsächlichen Umfang der Kosten getäuscht wurde, um ihn zum Abschluss des Mietvertrags zu bewegen; zum Beispiel wenn der Vermieter bei Vertragsabschluss die Angemessenheit der Betriebskosten ausdrücklich zugesichert oder diese bewusst zu niedrig angesetzt hat (BGH, Urteil vom 11.2.2004, VIII ZR 195/03, WuM 04/201).

Das OLG Rostock gab einem Vermieter Recht, der seinen Mieter auf Nachzahlung aus einer Betriebskostenabrechnung in Anspruch nahm, obwohl die Vorauszahlungen zu niedrig bemessen waren. Der Mieter konnte hier nicht beweisen, dass der Vermieter ihn über die tatsächliche Höhe der Betriebskosten arglistig getäuscht hatte. Weiterhin hat das OLG Rostock entschieden, dass der Vermieter grundsätzlich nicht verpflichtet sei, überhaupt Vorauszahlungen zu verlangen, und deshalb auch nicht, Vorauszahlungen überschlägig in etwa kostendeckend zu vereinbaren. Nur bei **arglistiger Täuschung** macht sich der Vermieter dem Mieter gegenüber schadensersatzpflichtig (OLG Rostock, Urteil vom 23.10.2008, 3 U 123/07, ZMR 2009, 527).

Nach Ansicht des OLG Dresden (RE vom 20.12.2002, REMiet 2/02, NJW-RR 2004, 84) fehlt es im Regelfall an einem Schaden des Mieters, wenn die ordnungsgemäß abgerechneten Betriebskosten tatsächlich auch angefallen sind und die angesetzten Betriebskostenvorauszahlungen erheblich übersteigen.

HINWEIS

Zu beachten ist, dass mit Inkrafttreten der Schuldrechtsreform am 1.1.2002 das Rechtsinstitut der „culpa in contrahendo“ als Anspruchsgrundlage für Verletzungen von Sorgfaltspflichten vor oder bei Vertragsabschluss in das BGB aufgenommen wurde. Die entsprechenden Bestimmungen finden sich in den §§ 241 Abs. 2, 311 Abs. 2, 3 BGB.

Anders sieht das AG Hamburg diese Problematik, wonach die Vereinbarung von Vorauszahlungen auf Betriebskosten nicht besagt, dass die Höhe der Vorauszahlungen nach dem Willen der Parteien den voraussichtlichen Abrechnungsbetrag erreichen sollen (AG Hamburg, Urteil vom 30.1.2001, 42 C 550/00, ZMR 2001, 628).

Etwas anderes soll nur gelten, wenn der Vermieter **bewusst unrichtige Angaben** über die Höhe des Betriebskostenvorschusses macht. Darin liegt eine bewusste Täuschung, die sowohl zur Anfechtung nach § 123 BGB berechtigt als auch einen Schadensersatzanspruch rechtfertigt (LG Berlin, Urteil vom 7.8.2001, 64 S 109/01, NZM 2002, 212).

Ein neueres Urteil des LG Düsseldorf hat den Konflikt zwischen Vermieter und Mieter bei **erheblich zu niedrig angesetzten Nebenkostenvorauszahlungen** anders gelöst. Soweit kein **Vertrauenstatbestand** im Hinblick auf die Höhe der tatsächlichen Nebenkosten geschaffen ist, kann der Vermieter vom Mieter stets die tatsächlichen Nebenkosten verlangen, und zwar auch dann, wenn diese die Vorauszahlungen erheblich übersteigen. Allerdings kann der Mieter in diesem Fall zum **Ausspruch einer fristlosen Kündigung** berechtigt sein (LG Düsseldorf, Urteil vom 3.1.2002, 21 S 609/00, NZM 2002, 604).

5.3 Wann sind die Vorauszahlungen fällig?

Die Abschlagszahlungen auf die Betriebskosten sind Teil des vom Mieter geschuldeten Entgelts für die Überlassung der Mietsache, § 535 Abs. 2 BGB. Die Fälligkeit ergibt sich daher für Wohnraummietverträge ohne Weiteres aus § 556b Abs. 1 BGB, das heißt, die Miete sowie Vorauszahlungen sind spätestens bis **zum dritten Werktag** der einzelnen Zeitabschnitte zu entrichten.

HINWEIS

Für Geschäftsraummietverträge ergibt sich die Fälligkeit der Mietzahlung zum dritten Werktag aus §§ 579 Abs. 2 i. V. m. § 556b, Abs.1 BGB.

Vereinbarungen, nach denen die Vorauszahlungen nur viertel- oder halbjährlich zu zahlen sind, können dem **Grundsatz der Angemessenheit** widersprechen, § 556 Abs. 2 S. 2 BGB. Ein Vermieter sollte daher nicht ohne Not von der üblichen monatlichen Zahlungspflicht abweichen. Im Einzelfall sollte er im Mietvertrag erläutern, warum er eine andere Fälligkeit vereinbart hat.

BEISPIEL

Soll der Mieter zum Beispiel nur bestimmte Betriebskosten tragen und werden dem Vermieter diese Kosten seitens der Leistungserbringer nur vierteljährlich in Rechnung gestellt, so kann es in diesem Fall sinnvoll sein, dass der Mieter die Zahlungen auch nur vierteljährlich leistet.

Vorschüsse für die Betriebskosten können nicht mehr als solche geltend gemacht werden, wenn sowohl der Abrechnungszeitraum als auch die Abrechnungsfrist abgelaufen sind (LG Berlin, Urteile vom 15.3.2002, 64 S 258/01, GE 2002, 803 und vom 15.2.2002, 64 S 289/01, GE 2002, 595).

5.4 Anpassung von Vorauszahlungen

Für die Anpassung von Vorauszahlungen auf Betriebskosten für nicht preisgebundenen Wohnraum stellt § 560 Abs. 4 BGB die einschlägige Rechtsgrundlage dar.

Der Gesetzeswortlaut des § 560 Abs. 4 BGB setzt voraus, dass die Leistung von **Vorauszahlungen vertraglich** geschuldet ist. Dagegen ist ein vertraglicher Vorbehalt nicht Voraussetzung dafür, dass eine Anpassung der Vorauszahlungen erfolgen kann.

HINWEIS

Anders verhält es sich bei der Anpassung bzw. Erhöhung von Betriebskostenpauschalen.

So hat es das LG Berlin für unschädlich erachtet, wenn in einem Wohnraummietvertrag eine Erhöhungsmöglichkeit für „Vorauszahlungen" vereinbart ist, die Zahlung der Nebenkosten jedoch mit pauschal „150 DM" vereinbart ist (LG Berlin, Urteil vom 15.3.2002, 64 S 258/01, GE 2002, 803).

§ 560 Abs. 4 BGB gibt beiden Vertragsparteien das Recht, eine Anpassung durchzuführen. Voraussetzung ist allerdings, dass eine **Betriebskostenabrechnung** über die vorangegangene Abrechnungsperiode vorliegt, aus der sich ergibt, dass die Vorauszahlungen entweder zu niedrig oder zu hoch angesetzt waren.

HINWEIS

Es genügt nicht, wenn dem Vermieter im Lauf des Jahres eine Mitteilung über eine Kostensteigerung, zum Beispiel ein Wirtschaftsplan, zugeht, die er dann zum Anlass nimmt, eine Erhöhung der Vorauszahlungen vorzunehmen. Allein aus der letztaktuellen Abrechnung der Betriebskosten muss sich die monatliche Unterdeckung bzw. Überzahlung im Hinblick auf die Höhe der geleisteten Vorschüsse ergeben.

Allerdings kann der Vermieter die Erhöhung von Betriebskostenvorauszahlungen für die Zukunft nicht verlangen, wenn sich die Erhöhung aus einer **unwirksamen Betriebskostenabrechnung** ergibt (LG Berlin, Urteil vom 2.2.1999, 64 S 347/98, GE 1999, 907). So auch LG Itzehoe, wonach für die Anpassung der Zugang einer (lediglich) formell ordnungsgemäßen Abrechnung Voraussetzung ist. Deren inhaltliche Richtigkeit kann nur für die Erhöhung der Vorauszahlung Bedeutung erlangen (Urteil vom 29.10.2010, 9S 52/09, WuM 2011, 26). Allerdings hat der BGH nunmehr entschieden, dass für die Anpassung der Vorauszahlungen eine **formell und in-**

haltlich korrekte Abrechnung vorliegen muss. Blieben nämlich inhaltliche Fehler bei der Anpassung unberücksichtigt, hätte das zur Folge, dass Vorauszahlungen nicht mehr anhand des zu erwartenden Abrechnungsergebnisses bemessen werden würden. Darüber hinaus stünde dem Vermieter aufgrund einer fehlerhaften Abrechnung eine Vorauszahlung zu, die er bei korrekter Abrechnung nicht verlangen könnte (BGH, Urteil vom 15.5.2012, VIII ZR 246/11, WuM 2012, 321).

Die Anpassung der Vorauszahlungen ist auch dann möglich, wenn bereits die folgende Abrechnungsperiode abgelaufen, aber noch nicht abgerechnet ist (BGH, Urteil vom 18.5.2011, VIII ZR 271/10, WuM 2011, 424). Hat der Vermieter zum Beispiel das Jahr 2010 abgerechnet und dem Mieter die Anpassung der Vorauszahlungen Anfang 2012 mitgeteilt, kann der Mieter nicht einwenden, dass eine Abrechnung über die Betriebskosten für 2011 schon möglich und deshalb die Anpassung aufgrund der Abrechnung für 2010 nicht mehr zulässig sei (BGH, Urteil vom 18.5.2011, a. a. O.).

Wenn Vorauszahlungen auf die Betriebskosten vertraglich vereinbart sind, trifft den Vermieter die Verpflichtung, innerhalb der Abrechnungsfrist (zwölf Monate) dem Mieter eine Betriebskostenabrechnung zukommen zu lassen. Hat der Vermieter verspätet abgerechnet, kann er dem Mieter gegenüber die sich aus der Abrechnung ergebende Nachforderung nicht mehr geltend machen, § 556 Abs. 3 S. 3 BGB. Der BGH hat einem Vermieter jedoch das Recht zuerkannt, aus einer verspäteten Abrechnung eine sich daraus ergebende Erhöhung der Vorauszahlungen für die Zukunft geltend zu machen. § 560 Abs. 4 BGB setzt lediglich das Vorliegen einer Abrechnung voraus (Urteil vom 16.6.2010, VIII ZR 258/09, WuM 2010, 490; LG Berlin, Urteil vom 14.9.2009, 67 S 44/09, ZMR 2010, 115).

§ 560 Abs. 4 BGB gibt sowohl dem Vermieter als auch dem Mieter das Recht, eine Anpassung der Vorauszahlung vorzunehmen. So kann der Mieter die Vorauszahlung anpassen, wenn er inhaltliche Fehler der Abrechnung beanstandet und selbst das zutreffende Ergebnis ermittelt (BGH, Urteil vom 6.2.2013, VIII ZR 1184/12, WuM 2013, 235).

Das LG Duisburg hat in einem Urteil klargestellt, dass bei getrennten Vorauszahlungen für Heizkosten und sonstige Betriebskosten für die jeweiligen Vorauszahlungen ein gesondertes Anpassungsrecht besteht. Das bedeutet, dass bei gestiegenen Heizkosten nur die Heizkostenvorauszahlung und bei gestiegenen sonstigen Betriebskosten nur die entsprechende Vorauszahlung angepasst werden kann (Urteil vom 22.2.2006, 13 T 9/06, WuM 2006, 199).

Die Erklärung über die Anpassung der Vorauszahlungen ist dem Vertragspartner in **Textform**, § 126b BGB, mitzuteilen. Da der Gesetzestext **keine Erklärungsfrist** vorsieht, wird die Anpassungserklärung mit ihrem **Zugang** beim Erklärungsempfänger wirksam, § 130 BGB.

Aus Beweisgründen sollte der Vermieter darauf achten, seine Anpassungserhöhung nachweislich zuzustellen (Einschreiben mit Rückschein oder per Boten). Die erhöhte Vorauszahlung ist sodann grundsätzlich mit der nächstfälligen Mietzahlung geschuldet, denn anders als bei der Anpassung der Betriebskostenpauschale hat der Gesetzgeber hier keine Frist festgelegt. Anderer Ansicht ist das AG Köln (Urteil vom 22.7.2004, 222 C 44/04, ZMR 2004, 920), wonach die Anhebung der Vorauszahlungen nach § 560 IV BGB erst zum Beginn des auf die Erklärung folgenden übernächsten Monats fällig ist, in Anlehnung an § 560 Abs. 2 BGB.

Denn unabhängig davon, ob der Vermieter dem Mieter am ersten oder am letzten Werktag eines Monats die Erhöhung der Vorauszahlungen mitteilt, wären die neuen Vorschüsse bereits **im folgenden Monat** zu zahlen, was dem Mieter jedoch eine angemessene Überlegungs- und Prüfungsmöglichkeit abschneiden würde. Obwohl dies nach wie vor strittig ist, wird die erhöhte Vorauszahlung wohl erst zum Beginn des auf die Erklärung folgenden übernächsten Monats fällig sein, in Anlehnung an § 560 Abs. 2 BGB. Die Anpassung der Vorauszahlungen ist grundsätzlich nur für die Zukunft möglich (BGH, Urteil vom 18.5.2011, VIII ZR 271/10, WuM 2011, 424).

Für die Anpassung gilt ebenso wie für die Vereinbarung der Vorauszahlungen der Grundsatz der „Angemessenheit", § 560 Abs. 4 BGB. Die Höhe der Anpassung der Vorauszahlung soll sich am Ergebnis der letzten Abrechnung orientieren. In der Regel wird ein Zwölftel des Abrechnungsergebnisses für die Anpassung (Erhöhung oder Reduzierung) anzusetzen sein. Gleichwohl kann der Vermieter andere bereits eingetretene oder noch einzutretende Umstände, von denen die im laufenden Jahr entstehenden Kosten voraussichtlich beeinflusst werden, berücksichtigen. Nach Auffassung des BGH ist aber ein **„abstrakter" Sicherheitszuschlag** in Höhe von zehn Prozent auf die zuletzt abgerechneten Betriebskosten nicht gerechtfertigt (Urteil vom 28.9.2011, VIII ZR 294/10, WuM 2001, 686).

Anders als § 560 Abs. 2 BGB (Anpassung einer Betriebskostenpauschale) sieht § 560 Abs. 4 BGB **keine rückwirkende Anpassung** der Vorauszahlungen vor. Hat es daher eine Vertragspartei versäumt, die für sie günstige Anpassung dem Vertragspartner gegenüber rechtzeitig zu erklären, so kann sie dies nicht für die Vergangenheit nachholen. Erhöhte bzw. reduzierte Abschlagszahlungen sind nur **für die Zukunft** geschuldet. Der Grundsatz der Wirtschaftlichkeit, § 560 Abs. 5 BGB, ist zu beachten.

Für **Gewerbemietverträge** empfiehlt es sich, eine entsprechende Anpassungsklausel zu vereinbaren, da § 560 Abs. 4 BGB nur für den Bereich des frei finanzierten Wohnraumrechts gilt. Eine Klausel in einem Gewerbemietvertrag, die den Vermieter berechtigt, die laufenden Vorauszahlungen nach „Kostenanfall des Vorjahres" anzupassen, ist wirksam; allerdings setzt die Anhebung der Vorauszahlungen eine prüffähige Abrechnung voraus (OLG Dresden, Urteil vom 12.3.2002, 5/23 U 2557/01, ZMR 2002, 416). Nach Auffassung des BGH kann in einem Geschäftsraummietvertrag in Allgemeinen Geschäftsbedingungen auch wirksam vereinbart werden, dass der Vermieter nach einer Betriebskostenabrechnung durch **einseitige** Erklärung die Vorauszahlungen anpassen darf (Urteil vom 5.2.2014, XII ZR 65/ 13, GE 2014, 455).

Verlangt der Vermieter die Zahlung erhöhter Vorauszahlungen und leistet der Mieter diese nicht, so kann der Vermieter den Mieter auf Zahlung verklagen. Einer vorherigen Klage auf **Zustimmung** zur Zahlung der erhöhten Vorauszahlungen bedarf es nicht.

Zahlt der Mieter die Erhöhung der Vorauszahlung nicht, so kann der Vermieter, wenn die Voraussetzungen des § 543 BGB vorliegen, das Mietverhältnis fristlos kündigen. Er muss dazu nicht erst den Mieter auf Zahlung der Erhöhungsbeträge verklagt haben und dieser muss nicht rechtskräftig zur Zahlung der Erhöhungsbeträge verurteilt worden sein (BGH, Urteil vom 18.7.2012, VIII ZR 1/11, WuM 2012, 497).

5.5 Geltendmachung von rückwirkenden Erhöhungen

Nicht selten kommt es vor, dass nach Erstellung einer Betriebskostenabrechnung und Ausgleich des sich hieraus ergebenden Saldos dem Vermieter noch nach Ablauf eines Abrechnungszeitraums Erhöhungen von Betriebskosten rückwirkend in Rechnung gestellt werden. § 560 Abs. 2 S. 2 BGB enthält für die Betriebskosten**pauschale** eine Regelung, wonach eine rückwirkende Erhöhung dann auch dem Mieter gegenüber geltend gemacht werden kann. Für die Betriebskosten**vorauszahlung** existiert keine dem § 560 Abs. 2 S. 2 BGB entsprechende Regelung.

▶ **BEISPIEL**

Der Vermieter hat dem Mieter im Oktober 2012 die Betriebskostenabrechnung für den Zeitraum 1.1.2011 bis 31.12.2011 zugestellt. Der Mieter hat die sich daraus ergebende Nachzahlung ausgeglichen. Im April 2013 erhält der Vermieter einen Bescheid, aus dem sich die rückwirkende Erhöhung der Grundsteuer für den Zeitraum ab 2010 ergibt.

Es stellt sich die Frage, ob der Vermieter die Erhöhung der Grundsteuer für die Abrechnungszeiträume 2010 und 2011 dem Mieter gegenüber noch nachfordern kann. Für den Abrechnungszeitraum 2012 kann der Vermieter die erhöhte Grundsteuer geltend machen, so lange die Abrechnungsfrist (31.12.2013) noch nicht abgelaufen ist. Für die vergangenen Abrechnungszeiträume ist fraglich, ob § 560 Abs. 2 S. 2 BGB entsprechend Anwendung findet mit der Folge, dass der Vermieter innerhalb von drei Monaten nach Kenntnis der Erhöhung, im Beispielfall Juli 2013, dem Mieter die Erhöhung mitteilen muss. Entsprechend § 560 Abs. 2 S. 2 BGB wäre für den Vermieter allerdings in jedem Fall die Nachforderung für die Zeiträume 2010 und 2011 ausgeschlossen.

Nach einer Entscheidung des LG Halle vom 8.2.2006 (2 S 230/05, WuM 2006, 645) kann ein Vermieter grundsätzlich nachträgliche Erhöhungen einer schon bezahlten **Betriebskostenabrechnung** korrigieren und die erhöhten Kosten nachträglich geltend machen. Begründet wird das zum einen damit, dass sich die Vorschrift des § 560 Abs. 2 S. 2 BGB ausschließlich auf die Betriebskostenpauschale bezieht und nicht auf die Betriebskostenvorauszahlung angewendet werden kann. Zum anderen hat es der Vermieter auch nicht zu vertreten, dass er die Erhöhung erst nachträglich geltend machen konnte.

Der Vermieter soll auch dann zu einer nachträglichen Weitergabe von Erhöhungen berechtigt sein, wenn das Mietverhältnis bereits beendet ist (LG Rostock, Urteil vom 27.2.2009, 1 S 200/08, WuM 2009, 232).

Zu der strittigen Frage, inwieweit ein Vermieter auch rückwirkende Erhöhungen an den Mieter weitergeben kann, obwohl der Abrechnungszeitraum schon verstrichen ist, existiert noch keine höchstrichterliche Rechtsprechung, sodass die weitere Rechtsprechung abzuwarten bleibt.

5.6 Was geschieht mit der Mehrwertsteuer?

Ein häufiges Problem bei der **gewerblichen Vermietung** stellt die Frage nach der Berücksichtigung der **Mehrwertsteuer** auf Betriebskosten im Rahmen der Abrechnung dar. Hat der Vermieter zur Umsatzsteuer optiert, ist fraglich, ob er die Mehrwertsteuer, derzeit 19 Prozent, bei allen Betriebskosten in Ansatz bringen muss oder ob auf einzelne Positionen keine bzw. eine geringere Mehrwertsteuer anzusetzen ist.

HINWEIS

Bei Geschäftsraummietverträgen, bei denen der Vermieter zur Mehrwertsteuerpflicht nach § 9 UStG optiert hat, ist dieser verpflichtet, in Mietverträgen ab dem 1.1.2004 im Rubrum die Steuernummer und eine fortlaufende Nummerierung der Verträge anzugeben.

Schuldet der Mieter von Gewerberaum nach dem Mietvertrag die auf den Mietzins entfallende Mehrwertsteuer, gilt dies nach ergänzender Vertragsauslegung auch für die Pflicht des Mieters zur Zahlung abgerechneter Betriebskosten. Voraussetzung: Der Vermieter hat selbst Mehrwertsteuer auf die Betriebskosten zu zahlen (OLG Schleswig-Holstein, Urteil vom 17.11.2000, 4 U 146/99, GE 2001, 851).

In einer Entscheidung vom 26.10.1995 vertritt das OLG Düsseldorf die Meinung, dass auf alle Betriebskosten eine Mehrwertsteuer in Höhe der auf die Miete entfallenen Mehrwertsteuer zu entrichten sei (OLG Düsseldorf, Urteil vom 26.10.1995, 10 U 207/94, ZMR 1996, 82 und WuM 1996; 211; LG Hamburg, Urteil vom 23.1.1998, 311 S 165/97, DWW 1998, 119 und ZMR 1998, 294). Für letztere Auffassung spricht, dass nach Abschnitt 29 Abs. 3 UStR **unselbstständige Nebenleistungen**, das heißt Leistungen, die im engen Zusammenhang mit einer Hauptleistung stehen, umsatzsteuerrechtlich **wie die Hauptleistung** behandelt werden (sie teilen deren umsatzsteuerrechtliches Schicksal).

Bei Ausübung der Option zur Umsatzsteuer durch den Vermieter beträgt der Steuersatz für die Miete (Hauptleistung) und die Nebenkosten (Nebenleistung) 19 Prozent, § 12 Abs. 1 UStG.

HINWEIS

Die Finanzämter sind grundsätzlich nicht an die Urteile der Zivilgerichte gebunden.

5.7 Besonderheiten beim Einfamilienhaus

Bei der Vermietung eines Einfamilienhauses, eines Reihenhauses oder einer Doppelhaushälfte können anstelle der Vereinbarung einer Betriebskostenvorauszahlung auch andere Regelungen zum Thema „Betriebskosten“ getroffen werden. Solche besonderen Vereinbarungen können in einem Zusatz zum Mietvertrag abgeschlossen werden.

Direktabrechnung: Bei der Vermietung eines Einfamilienhauses ist eine Vereinbarung nicht unüblich, wonach der Mieter anstelle einer Betriebskostenvorauszahlung die Betriebskosten, soweit möglich, direkt zum Beispiel an die Gemeinde, die Stadtwerke oder den Kaminkehrer bezahlt. Insofern sollte aber vorher abgeklärt werden, ob die entsprechenden Versorgungsunternehmen mit einer Direktabrechnung mit dem Mieter einverstanden sind, da dies örtlich unterschiedlich gehandhabt wird. Ist das nicht möglich, kann auch vereinbart werden, dass der Mieter die Betriebskosten nach jeweiliger Rechnungslegung an den Vermieter bezahlt. Über den Betrieb der Heizungs- und Warmwasserbereitungsanlage des Hauses kann vereinbart werden, dass der Mieter diese auf eigene Kosten und in eigener Regie betreibt (Lieferung des Heizöls, turnusmäßige Wartung und Pflege der Heizanlage).

ARBEITSHILFE ONLINE

CHECKLISTE: Vereinbarung zu den Betriebskosten
Wurden die Betriebskosten richtig vereinbart?

	Ja	Nein
Der Mietvertrag enthält eine Klausel, die den Mieter dazu verpflichtet, zusätzlich zur Miete die Betriebskosten zu tragen.	☐	☐
Damit der Mieter weiß, welche Betriebskosten er zu zahlen hat, nimmt der Mietvertrag Bezug auf § 2 Betriebskostenverordnung.	☐	☐
Für den Mieter ist ersichtlich, für welche Betriebskosten eine Vorauszahlung und für welche Positionen eine Pauschale vereinbart wurde.	☐	☐
Die Höhe der Vorauszahlung/der Pauschale ist ersichtlich.	☐	☐
Bei einer Pauschale: Wurde der Erhöhungsvorbehalt beachtet?	☐	☐
Für die Heiz- und Warmwasserkosten ist eine Vorauszahlung mit jährlicher Abrechnung vereinbart.	☐	☐
Wenn der Mieter bestimmte Betriebskosten direkt mit einem Dritten abrechnen soll (zum Beispiel für Öl, Gas, Strom etc.), wird dies im Mietvertrag zusätzlich festgelegt.	☐	☐
Im Mietvertrag ist geregelt, nach welchem Verteilerschlüssel die Betriebskosten umgelegt werden.	☐	☐
Der Mietvertrag enthält eine Klausel, wonach neu entstehende Betriebskosten umgelegt werden dürfen.	☐	☐
Für die Umlage sonstiger Betriebskosten (zum Beispiel Feuerlöscherwartung, Schwimmbad usw.) enthält der Mietvertrag eine genaue Auflistung dieser Positionen.	☐	☐
Der Mietvertrag enthält eine Klausel, wonach der Mieter die Kosten der Zwischenablesung bei Auszug, den er veranlasst hat, trägt.	☐	☐

6 Die Abrechnung

6.1 Form

Eine schriftliche Form der Betriebskostenabrechnung ist im Gesetz nicht zwingend vorgeschrieben. Gemäß § 556 Abs. 3 S. 2 BGB hat der Vermieter dem Mieter die Abrechnung nach Ablauf des Abrechnungszeitraums **mitzuteilen**. Über die Form der Mitteilung ist dagegen nichts ausgesagt.

Notwendigerweise erfolgt eine Abrechnung jedoch in **schriftlicher Form**, eine mündlich erteilte Betriebskostenabrechnung ist nur schwer vorstellbar. Aber auch eine in **Textform**, § 126 b BGB (Telefax, E-Mail), erstellte Abrechnung genügt den Anforderungen der Mitteilung im Sinne des § 556 Abs. 3 S. 2 BGB.

Es reicht allerdings nicht aus, wenn der Vermieter die Abrechnung im Treppenhaus aushängt oder dem Mieter die Möglichkeit bietet, diese beim Hausmeister einzusehen. „**Mitteilung**" im Sinne des Gesetzes bedeutet, dass der Vermieter die Abrechnung dem Mieter als Adressaten direkt zu übermitteln hat. Es geht nicht an, dass sich der Mieter selbst über allgemein zugängliche Quellen über den Inhalt der Abrechnung Kenntnis verschaffen muss. Besteht die Mietpartei aus mehreren Personen, so muss die Abrechnung an alle Mieter gehen.

Wenn aber nur ein Mieter die Betriebskostenabrechnung erhalten hat, besteht dennoch ein Anspruch des Vermieters auf Nachzahlung. Da alle Mieter, die den Mietvertrag unterschrieben haben, Gesamtschuldner sind, kann der Vermieter nach seinem Belieben jeden Schuldner ganz oder teilweise in Anspruch nehmen. Allerdings wird die Abrechnung nur demjenigen gegenüber fällig, der eine Abrechnung erhalten hat (BGH, Urteil vom 28.4.2010, VIII ZR 263/09, WuM 2010, 356).

HINWEIS

Die Abrechnung hat grundsätzlich der Vermieter oder ein vom ihm Beauftragter zu erstellen.

Es ist wohl nicht notwendig, dass eine Abrechnung unterschrieben sein muss, da die Formvorschrift des § 126 BGB nicht greift.

6.2 Welche Inhalte muss die Abrechnung haben?

Aus § 259 BGB ergibt sich die Pflicht zur **Rechnungslegung**. Die inhaltlichen Anforderungen an die Betriebskostenabrechnung müssen daher an § 259 BGB sowie an den Entscheidungen des BGH vom 23.11.1981 (VIII ZR 198/80, ZMR 1982, 108) und vom 27.11.2002 (VIII ZR 108/02, NJW-RR 2003, 442) gemessen werden.

Eine Abrechnung muss demnach mindestens die folgenden Bestandteile umfassen:

- Eine geordnete Zusammenstellung der **Gesamtkosten**
- Die Angabe und Erläuterung des zugrunde gelegten **Verteilerschlüssels**
- Die Berechnung des **Anteils des Mieters**
- Den Abzug der **Vorauszahlungen** des Mieters

HINWEIS

Der Vermieter muss die Abrechnung klar, übersichtlich und rechnerisch nachvollziehbar gestalten.
Und: Wenn der Vermieter vergisst, das Abrechnungsjahr auszuweisen, liegt ein Formfehler vor (AG Aachen, Urteil vom 16.5.2007, 80 C 591/06).

Bei Geschäftsraummietverträgen, bei denen der Vermieter zur Mehrwertsteuer nach § 9 UStG optiert hat, ist er verpflichtet, in laufenden Mietverträgen ab dem 1.1.2004 im Rubrum seine **Steuernummer** und eine **fortlaufende Nummerierung** der Verträge anzugeben. Dasselbe gilt für die Betriebskostenabrechnungen. Verträge, die vor dem 1.1.2004 abgeschlossen wurden, müssen aber nicht um eine laufende Nummerierung ergänzt werden. Allerdings ist darauf zu achten, dass alle Mietverträge und Betriebskostenabrechnungen eines Mietobjekts, so auch die Wohnraummietverträge und die Betriebskostenabrechnungen für Wohnungen, fortlaufend nummeriert werden müssen, sofern der Vermieter für ein Mietverhältnis des Anwesens zur mehrwertsteuerpflichtigen Vermietung optiert hat.

6.2.1 Aufstellung der Gesamtkosten

Die Aufstellung der **Gesamtkosten** erfordert eine übersichtlich gegliederte **Darstellung der Einnahmen und Ausgaben**, wobei der Vermieter nur diejenigen Kosten ansetzen darf, die ihm auch tatsächlich entstanden sind.

Die Aufstellung hat getrennt nach den jeweiligen Betriebskostenarten zu erfolgen. Auch wenn der Betriebskostenkatalog des § 2 BetrKV einzelne Positionen in einer Nummer zusammenfasst, zum Beispiel die Kosten der Straßenreinigung und Müllbeseitigung in § 2 Nr. 8 BetrKV, sind diese Positionen in der Abrechnung **getrennt** auszuweisen (a. A. KG Berlin, Urteil vom 28.5.1998, 8 REMiet 4877/97, WuM 1998, 474).

Es bedarf daher für die Wirksamkeit einer Abrechnung einer erkennbaren Darstellung **jeder einzelnen Betriebskostenposition**.

Der Mieter muss leicht nachvollziehen können, wie sich die Beträge der einzelnen Positionen zusammensetzen.

In seiner Entscheidung vom 16.9.2009 hat der BGH jedoch zum Ausdruck gebracht, dass eine Betriebskostenabrechnung auch dann formell ordnungsgemäß ist, wenn der Vermieter anstelle der Auflistung der einzelnen Versicherungen lediglich eine Position „Versicherung“ aufführt (VIII ZR 346/08, WuM 2009, 669). Der Vermieter darf sogar die Kosten für Frischwasser und Schmutzwasser jedenfalls dann in einer Summe zusammenfassen und einheitlich abrechnen, wenn die Umlage dieser Kosten einheitlich nach dem durch den Zähler erfassten Frischwasserverbrauch vorgenommen wird (BGH, Urteil vom 15.7.2009, VIII Z 340/08, NZM 2009, 698). Es stellt keinen formellen Fehler dar, wenn der Vermieter die Kosten für Wasser, Abwasser und Niederschlagswasser zusammenfasst und einheitlich nach dem Flächenmaßstab abrechnet, obwohl nach den mietvertraglichen Vereinbarungen eine verbrauchsabhängige Abrechnung erfolgen soll. Möglicherweise kann der Mieter den Abrechnungsbetrag analog § 12 HeizKV um 15 Prozent wegen unterbliebener Verbrauchserfassung kürzen (BGH, Urteil vom 13.3.2012, VIII ZR 218/11, ZMR 2012, 615). In der Praxis können die Vermieter nunmehr Kostenpositionen soweit zusammenfassen, wie die Anlage 3 zu § 27 II. BV bzw. § 2 BetrKV dies zulassen.

Für jede Kostenart sind zunächst die **Gesamtkosten** mitzuteilen und sodann ist die Herleitung des jeweiligen Kostenanteils aus den Gesamtkosten ggf. mehrerer Liegenschaften zu erläutern. Ebenso muss in der Abrechnung die Trennung der Betriebskosten bei gemischt genutzten Gebäuden erläutert werden (LG Köln, Urteil vom 9.1.2001, 12 S 217/00, WuM 2001, 496).

Dieser **Vorwegabzug** bei gemischt genutzten Häusern ist nicht nur zwingend vorzunehmen, sondern in der Abrechnung auch so darzustellen, dass der Mieter den Gesamtbetrag der Betriebskostenposition genannt bekommt. Dann ist der Anteil des gewerblich genutzten Raums darzustellen, bevor der Restbetrag auf die verbleibenden Wohnraumflächen verteilt wird (BGH, Urteile vom 14.2.2007, VIII ZR 1/06, NZM 2007, 244, vom 11.9.2007, VIII ZR 1/07, NZM 2007, 770 und vom 9.10.2013, VIII ZR 22/13, GE 2013, 1651).

BEISPIEL

Kaltwasserkosten des Anwesens	10.000 EUR
Gesamtfläche	200 qm
Fläche des Friseurgeschäfts	50 qm
Kaltwasserkosten des Friseurgeschäfts (nach Zähler)	2.500 EUR

Es verbleiben 7.500 € für 150 Quadratmeter Wohnfläche.

Es ist erforderlich, dass eine vorweg vorgenommene Aufteilung der Gesamtkosten auf die gewerblichen Mieter einerseits und die Wohnraummieter andererseits nachvollziehbar ist. Zur Wirksamkeit der Abrechnung ist es insoweit notwendig, dass für den Mieter die Gesamtkosten (im Beispiel die Wasserkosten von 10.000 EUR) und der Rechenschritt ersichtlich sind, mit dem der auf die Wohnraummieter aufgeteilte Betrag (Beispiel oben: 7.500 EUR) ermittelt wurde. Diese Erläuterung gehört zu den Mindestanforderungen an eine Betriebskostenabrechnung.

Nach Auffassung des BGH (Urteil vom 11.8.2010, VIII ZR 45/10, WuM 2010, 627) sind auch Erläuterungen zu berücksichtigen, die der Vermieter dem Mieter außerhalb der Abrechnung – aber vor Ablauf der Abrechnungsfrist – erteilt hat, zum Beispiel im Mietvertrag, in einer vorausgegangenen Abrechnung oder auf Nachfrage des Mieters. Würde dem Mieter nur der Betrag, der auf die Wohnungsmieter entfällt, angerechnet werden, ohne die Kosten der gewerblichen Mieter abzuziehen, handele es sich um einen formellen Fehler. Unterlässt der Vermieter dagegen den Vorwegabzug, obwohl durch die gewerbliche Nutzung ein erheblicher Mehrverbrauch verursacht wird, gehört dies nicht zu den Mindestanforderungen einer Abrechnung. Ein zu Unrecht unterbliebener Vorwegabzug betrifft (nur) die materielle Unwirksamkeit der Abrechnung und führt daher nicht zur Unwirksamkeit der Abrechnung insgesamt, sondern zu einer entsprechenden Korrektur um den erforderlichen Vorwegabzug (BGH, a. a. O.). Im Übrigen obliegt dem Mieter die Darlegungs- und Beweislast dafür, dass durch die gewerbliche Nutzung erhebliche Mehrkosten entstehen.

Außer dem Vorwegabzug bei gemischt genutzten Häusern sind Besonderheiten in der Abrechnung darzustellen, die sich ergeben, wenn in den Gesamtkosten Instandhaltungsanteile enthalten sind, die dem Mieter aber nicht auferlegt werden dürfen. Wenn das Anwesen mit einem Lift ausgestattet ist und Wartungskosten angesetzt werden, ist zu prüfen, ob es sich nicht um einen Vollwartungsvertrag handelt. Liegt ein Vollwartungsvertrag vor, müssen die darin enthaltenen Instandhaltungskosten herausgerechnet werden (notfalls durch Schätzung mit einer prozentualen Quote, siehe „Die Kosten des Betriebs des Personen- und Lastenaufzugs“).

BEISPIEL

Liftwartungskosten	15.000 EUR
25-prozentiger Abzug wegen Instandhaltungsanteil	3.750 EUR
Auf die Mieter zu verteilende Wartungskosten	11.250 EUR

Zum Teil wird von den Gerichten gefordert, dass neben den Beträgen auch das **Datum** der entsprechenden Gebührenbescheide oder Rechnungen mitgeteilt wird (AG Berlin Neukölln, Urteil vom 8.4.1992, 13 C 489/91, MM 1992, 318; LG Berlin, Urteil vom 19.8.1997, 64 S 268/97, ZMR 1998, 166). Dies führt jedoch nach Auffassung des KG Berlin (Urteil vom 28.5.1998, a. a. O.) zu weit, denn das Rechnungsdatum als solches enthält keinen eigenen Informationswert und ist für die Aufstellung des Gesamtergebnisses nicht von Bedeutung.

Eine Betriebskostenabrechnung ist nicht prüffähig, wenn die unter der Bezeichnung „Heizkosten“ ausgewiesenen Aufwendungen neben den eigentlichen Heizkosten weitere, nicht unbeträchtliche Kosten für Klimaanlage und Wasser enthalten und dies nicht direkt aus der Abrechnung ersichtlich ist (OLG Dresden, Urteil vom 12.3.2002, 5/23 U 2557/01, ZMR 2002, 416).

Auch wenn die Anforderungen mancher Gerichte überzogen erscheinen, so hat der Vermieter wegen der **Ausschlussfrist**, § 556 Abs. 3 S. 2 BGB keine Möglichkeit, eine eventuell durch ein Gericht festgestellte unwirksame Abrechnung nach Ablauf der Abrechnungsfrist neu zu erstellen. Ist die Ausschlussfrist bei Urteilsfindung bereits abgelaufen, besteht keine Möglichkeit mehr, die Abrechnung zulasten des Mieters zu berichtigen. Das Risiko einer formell unwirksamen Betriebskostenabrechnung trägt daher grundsätzlich der Vermieter.

6.2.2 Angabe und Erläuterung des Verteilerschlüssels

Zweiter zwingender Bestandteil der Abrechnung ist die Mitteilung des **Verteilerschlüssels** für das **gesamte Anwesen** und die **jeweilige Mietereinheit** (Wohnung oder Gewerbe). Verwendet der Vermieter mehrere Umlageschlüssel, muss er diese ebenfalls benennen und ggf. erläutern.

Es reicht nicht aus, wenn der Vermieter dem Mieter einen Prozentsatz oder Anteil an den Gesamtkosten mitteilt, ohne darzulegen, wie sich dieser Anteil rechnerisch zusammensetzt. Er muss anhand der gesamten Betriebskosten für das Anwesen darstellen und erläutern, welchen Verteilerschlüssel, ggf. für einzelne Positionen, er verwendet und wie sich der Anteil des Mieters errechnet.

Gehören dem Vermieter mehrere auf einem Grundstück stehende Häuser, kann er deren Betriebskosten zusammen nach einem **einheitlichen Verteilerschlüssel**, zum Beispiel der Wohnfläche, umlegen. Entfallen jedoch bestimmte Betriebskosten nur auf bestimmte Häuser, so kann er auch nur die Mieter dieser Häuser mit den Kosten belasten. Der Vermieter muss in der Abrechnung mit Erläuterung des Verteilerschlüssels darstellen, welche Kosten nur für einzelne Häuser und welche für alle Häuser anfallen (LG Berlin, Urteil vom 2.2.1999, 64 S 347/98, GE 1999, 907).

In diesem Zusammenhang ist das Urteil des BGH vom 23.6.2010 (VIII ZR 227/09, WuM 2010, 493) wichtig. Zu einer **Wirtschaftseinheit** gehörten mehrere Gebäude. Die Betriebskosten wurden nach dem Flächenmaßstab verteilt. Es wurde von der Mieterseite beanstandet, dass nicht die Einzelflächen aller Gebäude angegeben worden seien. In der beanstandeten Betriebskostenabrechnung hatte der Vermieter den Flächenmaßstab verwendet, indem er die Betriebskosten durch die maßgebliche Gesamtfläche teilte und das Ergebnis mit der Wohnungsfläche multiplizierte. Damit enthielt die Abrechnung sowohl die Angabe des Verteilerschlüssels als auch die für die Errechnung des Anteils des Mieters erforderliche Angabe der Gesamtfläche, zu der die Wohnfläche des Mieters ins Verhältnis zu setzen ist. Ob die der Abrechnung zugrunde gelegten Flächen zutreffen, berührt nicht die formelle Wirksamkeit, sondern die inhaltliche Richtigkeit der Abrechnung. Genauso entschied der BGH mit seinem Urteil vom 2.2.2011 (VIII ZR 151/10, WuM 201, 159): Werden mehrere Wohngebäude von Mietbeginn an durch eine Gemeinschaftsheizung versorgt, darf der Vermieter auch ohne mietvertragliche Vereinbarung diese Gebäude zu einer Abrechnungseinheit zusammenfassen.

Rechnet der Vermieter nach dem seit 1.1.2004 gesetzlichen Verteilerschlüssel ab, nämlich nach dem Verhältnis der **Wohn- und Nutzflächen**, müssen zunächst die Wohn- und Nutzflächen des Anwesens dargestellt werden. Sodann ist darzulegen, wie der Mieteranteil unter Zugrundelegung der entsprechenden Wohn- bzw. Nutzfläche ermittelt wurde. Kommen **mehrere Verteilerschlüssel** zur Anwendung, muss auch immer das Verhältnis des Umlageschlüssels bezogen auf das Anwesen bzw. die Wirtschaftseinheit und den Mieteranteil genauer erläutert werden.

BEISPIEL

Werden die Müllgebühren nicht im Verhältnis der Wohn- und Nutzflächen auf die Mieter, sondern nach „Kopfanteil" verteilt, so muss in der Abrechnung die Gesamtanzahl der Personen im Abrechnungszeitraum benannt werden. Gegebenenfalls muss bei der Berechnung nach Personenanzahl auch eine zeitliche Aufgliederung vorgenommen werden, wenn sich zum Beispiel durch Umzüge die Zusammensetzung der Bewohner ändert.

Erfolgt die Umlage nach Verbrauch, der von Zwischenzählern erfasst wird, so müssen in der Abrechnung der Gesamtverbrauch sowie die Verbrauchseinheiten des Mieters dargestellt werden.

6.2.3 Abzug der Vorauszahlungen

Hat der Vermieter nach den obigen Vorgaben die Abrechnung erstellt, muss er die vom Mieter innerhalb des Abrechnungszeitraums geleisteten **Abschlagszahlungen** ansetzen und vom ermittelten Abrechnungssaldo **in Abzug bringen**. Grundsätzlich sind nur die tatsächlich geleisteten Vorauszahlungen anzusetzen (BGH, Urteil vom 23.11.1981, VIII ZR 298/80, NJW 1982, 573). Sodann muss er den nach Verrechnung mit den Vorauszahlungen festgestellten **Saldo** benennen:

- Entweder ergibt sich ein **Guthaben** zugunsten des Mieters oder
- eine **Nachforderung** des Vermieters.

Hat der Mieter **keine** Vorauszahlungen geleistet, obwohl er hierzu vertraglich verpflichtet war, muss der Vermieter dennoch eine Betriebskostenabrechnung erstellen (KG Berlin, Urteil vom 25.2.2002, 8 W 420/01, NZM 2002, 671). Werden in der Betriebskostenabrechnung die angesetzten Vorauszahlungen zu hoch oder zu niedrig oder sogar fälschlicherweise mit null angesetzt, liegt lediglich ein inhaltlicher, materieller Fehler vor, der nicht zur Unwirksamkeit der Abrechnung führt (BGH, Urteile vom 13.12.2011, VIII ZR 286/10, WuM 2012, 98 und vom 15.2.2012, VIII ZR 197/11, NZM 2012, 416).

Wenn keine Vorauszahlungen erbracht wurden, darf der Vermieter die fehlenden Vorauszahlungen nur einklagen, solange noch keine Abrechnungsreife besteht. Nur in diesem Fall ist der Vermieter berechtigt, auch die Sollvorschüsse in die Betriebskostenabrechnung einzustellen. Denn auch aus einer solchen Abrechnung ist ohne Weiteres erkennbar, dass der Vermieter die bereits eingeklagten offenen Vorauszahlungen gesondert verlangt und mit dem Saldo der Abrechnung nur den sich im Fall der Zahlung der Vorschüsse noch ergebenden Nachzahlungsbetrag geltend macht (BGH, Urteile vom 27.11.2002, VIII ZR 108/02, NZM 2003, 196 und vom 23.9.2009, VIII ZA 2/08, NJW 2009, 3575). Ob die angesetzten Vorschüsse der Höhe nach zutreffend sind, stellt eine Frage der inhaltlichen Richtigkeit der Abrechnung dar.

Der Vermieter hat in der Regel die geleisteten Zahlungen des Mieters in die Abrechnung einzustellen, also die Istzahlungen.

Bei einer Mietminderung wird nicht nur die Grundmiete, sondern es werden auch die Betriebskostenvorauszahlungen gemindert. Bei der Ermittlung der Istzahlungen ist zunächst einmal die Leistungsbestimmung durch den Mieter maßgeblich. Wenn eine solche Leistungsbestimmung fehlt, ist der gezahlte Betriebskostenvorschuss zu kürzen. Das bedeutet, dass bei einer Minderung von beispielsweise zehn Prozent statt des geschuldeten Betriebskostenvorschusses von 80 nur 72 EUR zu zahlen sind.

Wie dann die Minderung tatsächlich von der Höhe her zu berücksichtigen ist, kann allerdings erst bei der Jahresabrechnung festgestellt werden, da erst dann die vom Mieter geschuldeten Betriebskosten feststehen. Die Summe ist mit dem Minderungsbetrag zu kürzen, der also vom Vermieter zu übernehmen ist. Einzelheiten dazu sind nach wie vor strittig.

6.2.4 Wie wird eine Mietminderung bei der Abrechnung berücksichtigt?

Bemessungsgrundlage für die Mietminderung

In seinen Entscheidungen vom 6.4.2005 (XII ZR 225/03, WuM 2005, 384) und vom 20.7.2005 (VIII ZR 347/04, WuM 2005, 573) hat der BGH klargestellt, dass als Bemessungsgrundlage für die Minderung ausschließlich die Bruttomiete infrage kommt. Hierbei ist es unerheblich, ob die Betriebskosten als Vorauszahlung oder Pauschale geschuldet sind. Es ist also immer von der Gesamtmiete auszugehen. Dabei spielt es keine Rolle, ob sich der Mangel an der Mietsache tatsächlich auf die Betriebskosten auswirkt.

BEISPIEL

Selbst wenn ein Heizungsausfall vorliegt, der bestenfalls die Heizkosten, nicht aber die Kosten für Müll oder die Versicherungen betrifft, ist laut BGH von der insgesamt monatlich geschuldeten Mietzahlung auszugehen.

Demnach sind auch Vorauszahlungen auf Betriebskosten und Pauschalen von der Minderung betroffen.

BEISPIEL

So wird die Minderung berechnet: Ein Mieter zahlt für seine Vierzimmerwohnung 800 EUR Miete zuzüglich 100 EUR Vorauszahlung für Heizung und Warmwasser sowie eine Pauschale von 100 EUR für die übrigen Betriebskosten. Bemessungsgrundlage für eine Minderung ist deswegen ein Betrag von 1.000 EUR. Baulärm in der Nachbarschaft berechtigt den Mieter zu einer Minderung von 20 Prozent, damit schuldet er nunmehr monatlich 800 EUR.

Nun stellt sich die Frage, wie die Minderung bei einer Betriebskostenabrechnung zu berücksichtigen ist. Würde man sie bei der Betriebskostenabrechnung nicht berücksichtigen, so müsste der Mieter eine höhere Nachzahlung leisten, da er ja weniger Betriebskosten gezahlt hat. Durch die höhere Nachzahlung würde dann allerdings das Minderungsrecht unterlaufen werden. Folgende Beispiele veranschaulichen, welche Probleme auftreten.

BEISPIEL 1

Monatliche Grundmiete	800 EUR
Monatliche Betriebskostenvorauszahlung	200 EUR
Gesamtmiete	1.000 EUR

Die Minderung beträgt 20 Prozent.

Vereinbarte Vorauszahlung:	12 x 200 EUR = 2.400 EUR
Abzüglich 20 %	- 480 EUR
Tatsächlich geleistete Vorauszahlung	1.920 EUR

Betriebskostenabrechnung

Die auf die Mieträume entfallenen Kosten betragen:	2.600 EUR
Abzüglich **geleisteter** Vorauszahlungen	1.920 EUR
Nachforderung	680 EUR

Der Mieter müsste nach der Abrechnung die zu Recht einbehaltenen Zahlungen wiederum erstatten. Das Minderungsrecht des Mieters würde hier ins Leere laufen. Das Ergebnis ist unbillig und nicht akzeptabel (a. A. AG Aachen, Urteil vom 16.5.2007, 80 C 591/06).

BEISPIEL 2

Monatliche Grundmiete	800 EUR
Monatliche Betriebskostenvorauszahlung	200 EUR
Gesamtmiete	1.000 EUR

Die Minderung beträgt 20 Prozent.
Der Mieter zahlt daher monatlich: **800 EUR, davon 160 EUR BK**

Betriebskostenabrechnung

Die auf die Mieträume entfallenen Kosten betragen:	2.600 EUR
Abzüglich **vereinbarter** Vorauszahlungen 12 x 200 EUR	2.400 EUR
Nachforderung des Vermieters	200 EUR

Ist die Minderungsquote zwischen den Parteien unstrittig, ist dieser Lösungsweg akzeptabel. Ist allerdings die Minderungsquote vom Mieter zu hoch angesetzt worden, kann der Vermieter dies bei der Abrechnung nicht berücksichtigen.

BEISPIEL 3

Monatliche Grundmiete	800 EUR
Monatliche Betriebskostenvorauszahlung	200 EUR
Gesamtmiete	1.000 EUR

Die Minderung beträgt 100 Prozent.

Betriebskostenabrechnung

Die auf die Mieträume entfallenen Kosten betragen:	2.100 EUR
Abzüglich **vereinbarter** Vorauszahlungen 12 x 200 EUR	2.400 EUR
Guthaben zugunsten des Mieters	300 EUR

Bei einer Minderungsquote von 100 Prozent müsste der Mieter nicht nur keine Miete bezahlen, sondern ihm stünde noch ein Guthaben von 300 EUR zu!
Dieses Ergebnis ist unbillig und vom Gesetzgeber nicht gewollt, denn die Minderung führt nur zu einer angemessenen Reduzierung der Miete, höchstens jedoch zur Nichtzahlung der Miete, § 536 BGB.

BEISPIEL 4

Monatliche Grundmiete	800 EUR
Monatliche Betriebskostenvorauszahlung	200 EUR
Gesamtmiete	1.000 EUR

Die Minderungsquote beträgt 20 Prozent.

Betriebskostenabrechnung

Die auf die Mieträume entfallenen Kosten betragen:	2.500 EUR
Abzüglich Minderungsanspruch 20 % (von 2.500 EUR) =	500 EUR
Die um die Minderungsquote reduzierten Kosten betragen	2.000 EUR
Abzüglich tatsächlich geleisteter Vorauszahlung	
(20 % von 200 € = 160 € x 12 Monate):	-1.920 EUR
Nachforderung des Vermieters	80 EUR

Die Minderung wird bei den Kosten für die Mieträume berücksichtigt und dann erst wird der Saldo aus Abrechnungsergebnis und tatsächlich geleisteten Vorauszahlungen gebildet. Hat der Mieter daher eine zu hohe Minderungsquote angesetzt, wird die Nachforderung des Vermieters entsprechend höher ausfallen.

Das LG Berlin folgt diesem Lösungsansatz. Die erfolgte Mietminderung erstreckt sich auch auf die Nebenkosten. Deshalb sind sowohl die jeweilige Jahresmiete als auch der Abrechnungsbetrag der Nebenkosten um die Minderungsquote zu verringern (Urteil vom 7.7.2006, 63 S 342/05, GE 2006, 1235).

Der BGH hat in einer Entscheidung vom 13.4.2011 (VIII ZR 223/10, WuM 2011, 284) letztendlich diese Berechnungsmethode bestätigt. Der BGH führt in seiner Begründung aus, dass sich eine berechtigte Minderung auf die Gesamtmiete einschließlich aller Betriebskosten erstreckt. Die Minderung kann daher erst aufgrund der Jahresabrechnung abschließend ermittelt werden und somit auch, ob sich noch eine Nachforderung zugunsten des Vermieters oder ein Guthaben zugunsten des Mieters ergibt.

Lösung nach BGH-Entscheidung vom 13.4.2011

1. Vereinbarte monatliche Miete

Monatliche Nettomiete	800 EUR
Monatliche Betriebskosten-VZ	200 EUR
Monatliche Gesamtmiete	1.000 EUR
Jährliche Gesamtmiete	12.000 EUR

2. Vom Mieter im Abrechnungsjahr geschuldete Mieten

12 × 800 EUR (Nettomiete)	9.600 EUR
Zzgl. Betriebskosten laut Abrechnung	2.500 EUR
Geschuldete Jahresbruttomiete (ohne Minderung)	12.100 EUR

Dem Mieter steht ein Minderungsrecht in Höhe von 20 Prozent zu (20 Prozent von 12.100 EUR - 2.420 EUR).

12.100 EUR - 2.420 EUR = 9.680 EUR.

Der Mieter schuldet eine (geminderte) Jahresbruttomiete in Höhe von 9.680 EUR. Dies entspricht einer monatlichen Miete von 9.680 EUR : 12 = 806,67 EUR.

3. Vom Mieter tatsächlich geleistete Mieten

12 × 800 EUR (1.000 EUR : 20 %) = 9.600 EUR

4. Nachforderung des Vermieters

9.680 EUR - 9.600 EUR = 80,00 EUR

Die geltende Rechtsprechung führt dazu, dass Streitigkeiten über die Höhe von Minderungen in Auseinandersetzungen über Betriebskostenabrechnungen hineinreichen können. Es müsste dann unter Umständen in einem Prozess, in dem über die Betriebskostenabrechnung gestritten wird, ein Gutachten zu Mängeln an der Mietsache eingeholt werden. In diesem wird die Minderungsquote ermittelt, die dann der Kürzung des Rechnungsbetrags bei den Betriebskosten zugrunde gelegt wird.

6.3 Wann ist der Abrechnungssaldo fällig?

Hat der Mieter eine ordnungsgemäße und nachvollziehbare Abrechnung erhalten, stellt sich die Frage, ob ein sich hieraus ergebender **Nachzahlungsanspruch** des Vermieters grundsätzlich mit Zugang der Abrechnung **fällig** ist.

- Nach häufiger Meinung tritt die Fälligkeit des Zahlungsanspruchs erst ein, wenn dem Mieter auf sein Verlangen hin prüffähige Unterlagen überlassen wurden oder er von einem ihm angebotenen **Einsichtsrecht** in die Belege Gebrauch gemacht hat (LG Duisburg, Urteil vom 16.10.2001, 13 S 208/01, WuM 2002, 32; AG Diez, Urteil vom 26.9.2001, 8 C 210/01, WuM 2001, 560).
- Nach Auffassung des AG Hamburg wird ein Nachzahlungsanspruch des Vermieters aus der Betriebskostenabrechnung grundsätzlich erst dann fällig, wenn dem Mieter die abstrakte Möglichkeit gewährt wurde, Einsicht in die Originalunterlagen zu nehmen (AG Hamburg, Urteil vom 17.7.2002, 46 C 74/02, WuM 2002, 499).
- Das AG Potsdam ist der Ansicht, dass die Fälligkeit einer Betriebskostenabrechnung voraussetzt, dass dem Mieter eine prüfungsfähige Abrechnung zugegangen und ein angemessener Zeitraum abgelaufen ist, innerhalb dessen dem Mieter die Möglichkeit zur Überprüfung der Abrechnung gegeben wird (Urteil vom 16.12.1999, 26 C 473/99, NZM 2001, 378).
- Verwehrt der Vermieter dem Mieter die Einsicht in die Belege oder macht er sie ihm nicht zugänglich, ist ein Saldo aus der Betriebskostenabrechnung nicht durchsetzbar (OLG Düsseldorf, Urteil vom 23.3.2000, 10 U 160/97, ZMR 2000, 452). Dagegen entfällt die Fälligkeit nicht, wenn dem Mieter kein konkreter Termin für eine Belegeinsicht genannt wird. Das Schweigen auf eine entsprechende Terminanfrage stellt keine Verweigerung des Rechts zur Einsichtnahme dar (LG Berlin, Urteil vom 14.6.2012, 67 S 244/12, GE 2012, 1038).
- Der BGH hat in seinen Entscheidungen vom 11.11.2004 (IX ZR 237/03, WuM 2005, 147) und vom 9.3.2005 (VIII ZR 57/04, NJW 2005, 1499) betont, dass der Gläubiger gemäß § 271 Abs. 1 BGB die Leistung sofort verlangen kann, wenn eine Zeit für die Leistung weder bestimmt noch aus den Umständen zu entnehmen ist. Der Anspruch des Vermieters auf Bezahlung der vom Mieter zu tragenden Betriebskosten wird deshalb grundsätzlich mit der Erteilung der — formell ordnungsgemäßen — Abrechnung fällig. Der Eintritt der Fälligkeit setzt nicht voraus, dass nach Erteilung der Abrechnung zunächst eine angemessene Frist zu ihrer Überprüfung durch den Mieter verstrichen ist.

TIPP

Der Mieter sollte bereits in der Betriebskostenabrechnung darauf hingewiesen werden, dass er Einsicht in die Originalbelege nach Terminvereinbarung nehmen kann.

Der Mieter hat das Recht, die Abrechnung in angemessener Zeit zu überprüfen. Je nach Umfang der Abrechnung und je nach Einzelfall beträgt die **angemessene Prüfungs- und Überlegungsfrist** zwei bis drei Wochen (LG Berlin, Urteil vom 1.9.2000, 64 S 477/99, ZMR 2001, 33). Das AG Gelsenkirchen hat dem Mieter sogar einen Monat Zeit gelassen, um die Schlüssigkeit der Abrechnung prüfen zu können (Urteil vom 12.10.1992, 9 C 625/92, WuM 1994, 549).

Vorformulierte vertragliche Vereinbarungen, wonach dem Mieter eine **unangemessen kurze Überlegungs- und Prüfungsfrist** zugestanden wird, sind jedenfalls **unwirksam**. Gleiches gilt für entsprechend kurze Fristen, die dem Mieter bereits in der Abrechnung gesetzt werden.

Der Vermieter muss dem Mieter zur Wahrung seiner Interessen ausreichend Zeit zugestehen, sowohl die formellen als auch die materiellen Kriterien der Abrechnung, zum Beispiel Zusammenstellung und Aufteilung der Kosten, Verteilerschlüssel, Ermittlung des Saldos usw., zu prüfen und zu werten.

Wurden die Betriebskosten formell wirksam abgerechnet, kann der Mieter nicht unter Berufung auf inhaltliche Mängel eine erneute Abrechnung verlangen (AG Tempelhof-Kreuzberg, Urteil vom 20.3.2002, 5 C 688/01, GE 2002, 932).

Ein sich aus der Betriebskostenabrechnung ergebendes Guthaben zugunsten des Mieters ist zwar sofort zur Zahlung fällig, der Vermieter ist aber erst nach Mahnung durch den Mieter mit der Rückerstattung der geleisteten Betriebskostenvorauszahlungen in Verzug (AG Iserlohn, Urteil vom 17.7.2012, 43 C 112/12, DWW 2012, 264).

Wenn ein Betriebskostenguthaben verspätet an den Mieter ausbezahlt wird, weil der Vermieter mit der Erstellung der Abrechnung in Verzug geraten ist, ergibt sich kein Anspruch auf Verzugszinsen. § 288 BGB findet keine Anwendung (BGH, Urteil vom 5.12.2012, XII ZR 44/11, WuM 2013, 168).

6.4 Haushaltsnahe Dienst- und Handwerkerleistungen

Durch die Neufassung des § 35a Abs. 2 Einkommensteuergesetz (EStG) kann nicht nur der selbst nutzende Wohnungseigentümer, sondern auch der Mieter einer Wohnung eine Steuerermäßigung auf alle haushaltsnahen Dienstleistungen und sämtliche Handwerkerleistungen für Renovierungs-, Erhaltungs- sowie Modernisierungsmaßnahmen beantragen. Die Einkommensteuerermäßigung erfolgt durch Abzug des Ermäßigungsbetrags von der festgesetzten Steuerschuld.

Seit dem 1.1.2009 sind nach dem Gesetz zur Förderung von Familien und haushaltsnahen Dienstleistungen alle haushaltsnahen Dienstleistungen einschließlich Pflegeleistungen, die bisher von verschiedenen Gesetzesstellen erfasst waren, in einer Vorschrift zur Förderung privater Haushalte als Auftraggeber einer Dienstleistung bzw. als Arbeitgeber sozialversicherungspflichtig Beschäftigter zusammengefasst worden (Familienleistungsgesetz vom 22.12.2008, BGBl. 2008, Teil I Nr. 64).

Die Förderung wurde deutlich ausgeweitet auf einheitlich 20 Prozent der Aufwendungen von bis zu 20.000 EUR, höchstens jedoch 4.000 EUR pro Jahr.

BEISPIEL

Wer 2014 insgesamt für eine Haushaltshilfe 20.000 EUR bezahlt hat, kann 20 Prozent der Kosten von der Einkommensteuer abziehen, das sind maximal 4.000 EUR.

§ 35a EStG sieht drei Ermäßigungstatbestände vor.

- **Sozialversicherungspflichtig angestellte Haushaltshilfen bzw. bei selbstständiger Tätigkeit:** Bei haushaltsnahen Beschäftigungsverhältnissen bzw. Dienstleistungen (auch bei Pflege- und Betreuungsleistungen) bis zu 20.000 EUR in Höhe von 20 Prozent, höchstens 4.000 EUR.
- **Geringfügig beschäftigte Haushaltshilfen:** Für haushaltsnahe Beschäftigungsverhältnisse bei geringfügigen Beschäftigungen bis zu 2.550 EUR in Höhe von 20 Prozent, höchstens 510 EUR.
- **Handwerkerleistungen:** Bei Inanspruchnahme von Handwerkerleistungen verringert sich die Einkommensteuer seit 2009 um weitere 20 Prozent der Aufwendungen, höchstens 1.200 EUR. Dies entspricht dem Arbeitslohn aus Handwerkerrechnungen in Höhe von 6.000 EUR, § 35a Abs. 3 EStG. Begünstigt sind sämtliche Aufwendungen für Renovierungs-, Erhaltungs- und Modernisierungsmaßnahmen für die zu eigenen Wohnzwecken genutzte Wohnung.
  Hierzu gehören unter anderem Malerarbeiten, Reparaturen oder Austausch von Fenstern, Türen oder Bodenbelägen, Reparatur oder Austausch der Heiz-, Elektro- oder Sanitäranlagen, Reparatur von Haushaltsgegenständen vor Ort, Modernisierung oder Austausch der Einbauküche, Modernisierung des Bades, Maßnahmen der Gartengestaltung. Alle handwerklichen Tätigkeiten im Rahmen einer Neubaumaßnahme werden nicht gefördert. Als Neubaumaßnahme gelten all diejenigen Maßnahmen, die im Zusammenhang mit einer Erweiterung der Wohn- bzw. Nutzfläche anfallen.

Das überarbeitete Anwendungsschreiben des Bundesfinanzministeriums (BFM) vom 10.1.2014 zu haushaltsnahen Dienstleistungen beantwortet zahlreiche Auslegungsfragen. Es beinhaltet einen Katalog begünstigter bzw. nicht begünstigter Maßnahmen (siehe unten).

Welche Aufwendungen sind begünstigt? Begünstigt sind jeweils die Aufwendungen für die Arbeitsleistung (also der Arbeitslohn) einschließlich der in Rechnung gestellten Maschinen- und Fahrtkosten und die hierauf entfallende Umsatzsteuer. Materialkosten bleiben außer Ansatz. Folgende Betriebskostenpositionen kommen infrage: Wartungskosten für die Heiz- und Warmwasseranlage, Liftkosten, Kaminkehrergebühren, Gebäudereinigung, Gartenpflege, Winterdienst, Hausmeister, Wartungsarbeiten (Feuerlöscher etc.).

Voraussetzung für die Steuerermäßigung ist, dass der Steuerpflichtige die Aufwendung durch Vorlage einer Rechnung und die Zahlung auf das Konto des Erbringers der haushaltsnahen Dienstleistung oder Handwerkerleistung durch Beleg des Kreditinstituts nachweist. Ab 2006 gilt dies auch für Wohnungseigentümer und Mieter, wenn die Rechnung auf den Namen des Hausverwalters oder der Wohnungseigentümergemeinschaft ausgestellt ist. In diesem Fall hat der Verwalter/ Vermieter den Nachweis durch eine entsprechende **Bescheinigung** zu führen.

Für den Vermieter besteht keine gesetzliche Verpflichtung, die Betriebskostenabrechnung über die von der bisherigen Rechtsprechung herausgearbeiteten Kriterien hinaus so zu gestalten, dass dem Mieter eine steuerliche Abzugsfähigkeit gewährleistet wird. Hier ist allenfalls eine Anspruchsgrundlage nach § 242 BGB bzw. in vertraglichen Nebenpflichten zu sehen. Sollte aber die Rechtsprechung einen Anspruch des Mieters gegen den Vermieter auf eine steuerlich berücksichtigungsfähige Abrechnung bejahen, würden sich folgende Konsequenzen ergeben:

1. Der Vermieter (bzw. Verwalter bei Wohnungseigentumsanlagen) ist bei künftigen Vertragsabschlüssen gehalten, den Auftragnehmer zu verpflichten, die begünstigten Aufwendungen in der Rechnung gesondert auszuweisen.
2. In der Betriebskostenabrechnung sind die nach § 35a Abs. 1, 2 EStG in Betracht kommenden Tätigkeiten durch zusätzlichen Ausweis der Material- und Restkosten (Arbeitslohn, Fahrt- und Maschinenkosten) darzustellen.
3. Da die Ermäßigungstatbestände nebeneinander Anwendung finden, muss kenntlich gemacht werden, ob eine sozialversicherungspflichtige Tätigkeit oder ein Dienst-/Werkvertragsverhältnis besteht.

Der Mieter hat gegenüber dem Vermieter einen einklagbaren Anspruch auf Aushändigung einer Aufgliederung, welche die Kosten der steuerlich relevanten haushaltsnahen Dienstleistungen im Sinne von § 35 a EStG im Rahmen der Betriebskostenabrechnung ausweist (AG Charlottenburg, Urteil vom 1.7.2009, 222 C 90/09, WuM 2009, 587). Enthält die Abrechnung der Nebenkosten keinen Ausweis der haushaltsnahen Dienstleistungen, hat der Mieter einen Anspruch auf eine Bescheinigung gemäß § 35a EStG über die haushaltsnahen Dienstleistungen. Ob der Vermieter die Ausstellung der Bescheinigung aber von einer Aufwandsentschädigung abhängig machen kann, ist wohl abzulehnen. Nach Meinung des AG Hamburg vom 9.9.2009 (49 C 157/09, Info M 2010, 10) ist eine Aufwandsentschädigung von 25 Euro zulässig, da es sich bei der Bescheinigung um eine Zusatzleistung des Vermieters handelt, die ihren Grund in den persönlichen Steuerverhältnissen des Mieters hat. Nach herrschender Meinung (Schmidt-Futterer, Rdn. 720; AG Berlin-Lichtenberg, Urteil vom 23.5.2011, 105 C 394/10, NZM 2012, 236) dagegen ist die Aufstellung den Mietern unentgeltlich zur Verfügung zu stellen, weil es sich um nicht umlagefähige Verwaltungskosten handelt.

HINWEIS

Ob der eine oder andere Posten nun tatsächlich steuerbegünstigt ist, ist für den Vermieter nicht von Bedeutung. Diese Entscheidung ist von der Finanzverwaltung zu treffen. Den Vermieter trifft nicht die Verpflichtung, eine Einordnung bestimmter Leistungen in bestimmte Steuertatbestände vorzunehmen. Aus diesem Grund sollte in der Abrechnung der Hinweis erfolgen, dass in der Abrechnung lediglich eine Aufspaltung in Material- und Arbeits-/Fahrt-/Maschinenkosten vorgenommen wurde, ohne eine Aussage über eine steuerliche Abzugsfähigkeit zu treffen.

Der Vermieter ist in keinem Fall durch die Abgabefrist für die Einkommensteuererklärung gemäß § 149 Abs. 2 Abgabenordnung (AO) (zum 31.5. des Folgejahres) daran gehindert, die Frist zur Erstellung der Betriebskostenabrechnung nach § 556 BGB auszuschöpfen.

Nachträgliche Berücksichtigung: Mieter und Miteigentümer von Wohnungseigentumsgemeinschaften, die ihre Eigentumswohnung selbst nutzen, beantragen teilweise unter Vorlage der Jahresabrechnung, Verwalter- oder Vermieterbescheinigung, den für das betreffende Kalenderjahr bereits bestandskräftigen Einkommensteuerbescheid zu ändern, damit für die sich aus der Abrechnung/der Bescheinigung ergebenden begünstigenden Aufwendungen die Steuerermäßigung nach § 35a EStG nachträglich berücksichtigt wird. Wird nach Bestandskraft des Bescheides erstmalig eine Steuerermäßigung im Sinne des § 35a EStG geltend gemacht und eine entsprechende Bescheinigung vorgelegt, kann der Steuerbescheid nach § 173 Abs. 1 Nr. 2 AO geändert werden. Ein grobes Verschulden liegt bei der erstmaligen Beantragung der Steuerermäßigung regelmäßig nicht vor.

ARBEITSHILFE ONLINE

Muster für eine Bescheinigung der haushaltsnahen Dienstleistungen

Name und Anschrift des Verwalters/Vermieters

Name und Anschrift des Eigentümers/Mieters

Bescheinigung zur Vorlage beim Finanzamt für das Jahr ....

über den Anteil der nach § 35a EStG begünstigten Aufwendungen für das folgende Objekt

(Ort, Straße, Hausnummer und ggf. genaue Lagebeschreibung der Wohnung)

Hiermit wird bescheinigt, dass in der Jahresabrechnung/Nebenkostenabrechnung für das oben bezeichnete Objekt anteilig folgende steuerbegünstigten Aufwendungen enthalten sind:

1. Aufwendungen für geringfügige Beschäftigungen im Privathaushalt (sog. Mini-Jobs)		
	vom – bis	Aufwendungen
Art der Tätigkeit		EUR
Art der Tätigkeit		EUR
2. Aufwendungen für sozialversicherungspflichtige Beschäftigungen im Privathaushalt		
	vom – bis	Aufwendungen
Art der Tätigkeit		EUR
Art der Tätigkeit		EUR

3. Aufwendungen für die Inanspruchnahme von haushaltsnahen Dienstleistungen im Inland		
Art der haushaltsnahen Dienstleistung	Name und Anschrift des Dienstleisters	Arbeitskosten EUR
Art der haushaltsnahen Dienstleistung	Name und Anschrift des Dienstleisters	EUR
4. Handwerkerleistungen für Renovierungs-, Erhaltungs- und Modernisierungsmaßnahmen		
Art der haushaltsnahen Dienstleistung	Name und Anschrift des Dienstleisters	Arbeitskosten EUR
Art der haushaltsnahen Dienstleistung	Name und Anschrift des Dienstleisters	EUR

Ort und Datum   Unterschrift des Verwalters/Vermieters

Hinweis der Finanzverwaltung: Zur Überprüfung der Bescheinigung kann das Finanzamt die Vorlage von Unterlagen und Zahlungsnachweisen vom Verwalter oder Vermieter verlangen (§ 97 AO).

ARBEITSHILFE ONLINE

Katalog der begünstigten und nicht begünstigten Maßnahmen

Das Bundesfinanzministerium hat durch sein überarbeitetes Anwendungsschreiben vom 14.1.2014 zahlreiche Auslegungsfragen beantwortet.

Maßnahme	**Begünstigt**	**Nicht begünstigt**	**Haushaltsnahe Dienstleistung**	**Handwerkerleistung**
Abfallmanagement („Vorsortierung“)	Innerhalb des Grundstücks	Alle Maßnahmen außerhalb des Grundstücks	X	
Abflussrohrreinigung	Innerhalb des Grundstücks	Außerhalb des Grundstücks		X
Ablesedienste und Abrechnung bei Verbrauchszählern (Strom, Gas, Wasser, Heizung usw.)		X		
Abriss eines baufälligen Gebäudes mit anschließendem Neubau		X		
Abwasserentsorgung	Wartung und Reinigung innerhalb des Grundstücks	Alle Maßnahmen außerhalb des Grundstücks		X
Anliegerbeitrag		X		
Arbeiten				
1. am Dach	X			X
2. an Bodenbelägen	X			X
3. an der Fassade	X			X
4. an Garagen	X			X

Maßnahme	Begünstigt	Nicht begünstigt	Haushaltsnahe Dienstleistung	Handwerker-leistung
5. an Innen- und Außen-wänden 6. an Zu- und Ableitungen	X X Soweit innerhalb des Grundstücks	Alle Maßnahmen außerhalb des Grundstücks		X X
Architekten-leistung		X		
Asbestsanierung	X			X
Aufstellen eines Baugerüsts	Arbeitskosten	Miete, Material		X
Aufzugnotruf		X		
Außenanlagen, Errichtung von ~, wie zum Beispiel Wege, Zäune	Arbeitskosten für Maßnahmen auf privatem Grundstück	Auf öffentlichem Grundstück oder im Rahmen einer Neubaumaß-nahme (Rdn. 21) Materialkosten		X
Austausch oder Modernisierung 1. der Einbau-küche 2. von Boden-belägen (zum Beispiel Teppich-boden, Parkett, Fliesen) 3. von Fenstern und Türen	X X X			X X X

Maßnahme	**Begünstigt**	**Nicht begünstigt**	**Haushaltsnahe Dienstleistung**	**Handwerker-leistung**
Bereitschaft der Erbringung einer ansonsten begünstigten Leistung im Bedarfsfall	Als Neben-leistung einer ansonsten begünstigten Hauptleistung	Nur Bereitschaft	Abgrenzung im Einzelfall	Abgrenzung im Einzelfall
Brandschaden-sanierung	Soweit nicht Versicherungs-leistung	Soweit Versiche-rungsleistung		X
Breitbandkabel-netz	Installation, Wartung u. Reparatur innerhalb des Grundstücks	Alle Maßnahmen außerhalb des Grundstücks		X
Carport, Ter-rassenüberda-chung	Arbeitskosten	Materialkosten sowie Errichtung im Rahmen einer Neubaumaß-nahme (Rdn. 21)		X
Chauffeur		X		
Dachgeschos-sausbau	Arbeistkosten	Materialkosten sowie Errichtung im Rahmen einer Neubaumaß-nahme (Rdn. 21)		X
Dachrinnen-reinigung	X			X
Datenverbin-dungen	s. Haus-anschlüsse	s. Haus-anschlüsse		X
Deichabgaben		X		
Dichtheitsprü-fung von Ab-wasseranlagen		X		
Elektroanlagen	Wartung und Reparatur			X

Maßnahme	Begünstigt	Nicht begünstigt	Haushaltsnahe Dienstleistung	Handwerkerleistung
Energiepass		X		
Entsorgungsleistung	Als Nebenleistung (zum Beispiel Bauschutt, Fliesenabfuhr bei Neuverfliesung eines Bads, Grünschnittabfuhr bei Gartenpflege)	Als Hauptleistung	Abgrenzung im Einzelfall	Abgrenzung im Einzelfall
Erhaltungsmaßnahmen	Arbeitskosten für Maßnahmen auf privatem Grundstück	Materialkosten sowie alle Maßnahmen außerhalb des Grundstücks	Abgrenzung im Einzelfall	Abgrenzung im Einzelfall
Erstellung oder Hilfe bei der Erstellung der Steuererklärung		X		
Fäkalienabfuhr		X		
Fahrstuhlkosten	Wartung und Reparatur	Betriebskosten		X
Fertiggaragen		Materialkosten sowie Errichtung im Rahmen einer Neubaumaßnahme (Rdn. 21)		X
Feuerlöscher	Wartung			X
Feuerstättenschau, s. auch Schornsteinfeger		X		
Fitnesstrainer		X		

Maßnahme	Begünstigt	Nicht begünstigt	Haushaltsnahe Dienstleistung	Handwerker-leistung
Friseur-leistungen	Nur soweit sie zu den Pflege und Betreu-ungsleistungen gehören, wenn sie im Leistungs-katalog der Pflegeversiche-rung aufgeführt sind (und der Behinderten-pauschbetrag nicht geltend gemacht wird; s. Rdn. 8, 10, 32, 33)	Alle anderen	X	
Fußboden-heizung	Wartung, Spü-lung, Reparatur, nachträglicher Einbau	Materialkosten		X
Gärtner	Innerhalb des Grundstücks	Alle Maßnahmen außerhalb des Grundstücks	Abgrenzung im Einzelfall	Abgrenzung im Einzelfall
Garten-gestaltung	Arbeitskosten	Materialkosten sowie erstmalige An-lage im Rahmen einer Neubau-maßnahme (Rdn. 21)		X
Gartenpfle-gearbeiten (zum Beispiel Rasenmähen, Heckenschnei-den)	Innerhalb des Grundstücks einschließlich Grünschnitt-entsorgung als Nebenleistung	Alle Maßnahmen außerhalb des Grundstücks	X	
Gemeinschafts-maschinen bei Mietern (zum Beispiel Waschmaschine, Trockner)	Reparatur und Wartung	Miete		X

Maßnahme	Begünstigt	Nicht begünstigt	Haushaltsnahe Dienstleistung	Handwerkerleistung
Gewerbeabfallentsorgung		X		
Graffitibeseitigung	X			X
Gutachtertätigkeiten		X		
Hand- und Fußpflege	Nur soweit sie zu den Pflege- und Betreuungsleistungen gehören, wenn sie im Leistungskatalog der Pflegeversicherung aufgeführt sind (und der Behindertenpauschbetrag nicht geltend gemacht wird; s. Rdn. 8, 10, 32, 33)	Alle anderen	X	
Hausanschlüsse	Zum Beispiel für den Anschluss v. Stromkabeln, für Fernsehen, für Internet über Kabelfernsehen, Glasfaser oder per Satellitenempfangsanlage sowie Weiterführung der Anschlüsse, jeweils innerhalb des Grundstücks	Materialkosten sowie erstmalige Anschlüsse im Rahmen einer Neubaumaßnahme (Rdn. 21) und alle Maßnahmen außerhalb des Grundstücks		X
Hausarbeiten wie Reinigen, Fensterputzen, Bügeln usw. (Rdn. 1)	X		X	

Maßnahme	Begünstigt	Nicht begünstigt	Haushaltsnahe Dienstleistung	Handwerkerleistung
Haushaltsauflösung		X		
Hauslehrer		X		
Hausmeister, Hauswart	X		X	
Hausreinigung	X		X	
Hausschwammbeseitigung	X			X
Hausverwalterkosten oder -gebühren		X		
Heizkosten:				
1. Verbrauch		X		
2. Gerätemiete für Zähler		X		
3. Garantiewartungsgebühren	X			X
4. Heizungswartung und Reparatur	X			X
5. Austausch der Zähler nach dem Eichgesetz	X			X
6. Schornsteinfeger	s. Schornsteinfeger	s. Schornsteinfeger		
7. Kosten des Ablesediensts		X		
8. Kosten der Abrechnung an sich		X		
Hilfe im Haushalt (Rdn. 11, 12, 14) — s. Hausarbeiten				
Insektenschutzgitter	Montage und Reparatur	Material		X

Maßnahme	Begünstigt	Nicht begünstigt	Haushaltsnahe Dienstleistung	Handwerker-leistung
Kamineinbau	Arbeitskosten	▪ Materialkosten sowie ▪ Errichtung im Rahmen einer Neubaumaßnahme (Rdn. 21)		X
Kaminkehrer — s. Schornsteinfeger				
Kellerausbau	Arbeitskosten	▪ Materialkosten sowie ▪ Errichtung im Rahmen einer Neubaumaßnahme (Rdn. 21)		X
Kellerschacht-abdeckung	Montage und Reparatur	Material		X
Kfz — siehe Reparatur		X		
Kinderbetreuungskosten	Soweit sie nicht unter § 10 Abs. 1 Nr. 5 EStG (§ 9c EStG a. F.) fallen und für eine Leistung im Haushalt des Steuerpflichtigen anfallen	Im Sinne von § 10 Abs. 1 Nr. 5 EStG (§ 9c EStG a. F.); s. Rdn. 34	X	
Klavierstimmer	X			X
Kleidungs- und Wäschepflege und -reinigung	Im Haushalt des Steuerpflichtigen		X	
Kontrollaufwendungen des TÜV, zum Beispiel für den Fahrstuhl oder den Treppenlift		X		

Maßnahme	Begünstigt	Nicht begünstigt	Haushaltsnahe Dienstleistung	Handwerkerleistung
Kosmetikleistungen	Nur soweit sie zu den Pflege- und Betreuungsleistungen gehören, wenn sie im Leistungskatalog der Pflegeversicherung aufgeführt sind (und der Behindertenpauschbetrag nicht geltend gemacht wird; s. Rdn. 8, 10, 32, 33)	Alle anderen	X	
Laubentfernung	Auf privatem Grundstück	Auf öffentlichem Grundstück	Abgrenzung im Einzelfall	Abgrenzung im Einzelfall
Leibwächter		X		
Leibwächter		X		
Material und sonstige im Zusammenhang mit der Leistung gelieferte Waren einschließlich darauf entfallende Umsatzsteuer		Rdn. 39 Bsp.: Farbe, Fliesen, Pflastersteine, Mörtel, Sand, Tapeten, Teppichboden und andere Fußbodenbeläge, Waren, Stützstrümpfe usw.		
Mauerwerksanierung	X			X
Miete von Verbrauchszählern (Strom, Gas, Wasser, Heizung usw.)		X		

Maßnahme	Begünstigt	Nicht begünstigt	Haushaltsnahe Dienstleistung	Handwerkerleistung
Modernisierungsmaßnahmen (zum Beispiel Badezimmer, Küche)	Innerhalb des Grundstücks	Alle Maßnahmen außerhalb des Grundstücks		X
Montageleistung, zum Beispiel beim Erwerb neuer Möbel	X			X
Müllabfuhr		X		
Müllentsorgungsanlage (Müllschlucker)	Wartung und Reparatur			X
Müllschränke	Anlieferung und Aufstellen	Material		X
Nebenpflichten der Haushaltshilfe wie kleine Botengänge oder Begleitung von Kindern, kranken, alten oder pflegebedürftigen Personen bei Einkäufen oder zum Arztbesuch	X		X	
Neubaumaßnahmen			Rdn. 21	
Notbereitschaft/ Notfalldienste	Soweit es sich um eine nicht gesondert berechnete Nebenleistung zum Beispiel im Rahmen eines Wartungsvertrags handelt	Alle anderen reinen Bereitschaftsdienste		

Maßnahme	Begünstigt	Nicht begünstigt	Haushaltsnahe Dienstleistung	Handwerker-leistung
Pflasterarbeiten	Innerhalb des Grundstücks	Materialkosten sowie alle Maßnahmen außerhalb des Grundstücks		X
Pflegebett		X		
Pflege der Außenanlagen	Innerhalb des Grundstücks	Alle Maßnahmen außerhalb des Grundstücks	X	
Pilzbekämpfung	X			X
Prüfdienste/ Prüfleistung (zum Beispiel bei Aufzügen)		X		
Rechtsberatung		X		
Reinigung	Der Wohnung, des Treppenhauses und der Zubehörräume		X	
Reparatur, Wartung und Pflege				
1. von Bodenbelägen (zum Beispiel Teppichboden, Parkett, Fliesen)	X		Pflege	Reparatur und Wartung
2. von Fenstern u. Türen (innen u. außen)	X		Pflege	Reparatur und Wartung

Maßnahme	Begünstigt	Nicht begünstigt	Haushaltsnahe Dienstleistung	Handwerkerleistung
3. von Gegenständen im Haushalt des Steuerpflichtigen (zum Beispiel Waschmaschine, Geschirrspüler, Herd, Fernseher, Personalcomputer und andere)	Soweit es sich um Gegenstände handelt, die in der Hausratversicherung mitversichert werden können	Arbeiten außerhalb des Grundstücks des Steuerpflichtigen	Pflege im Haushalt bzw. auf dem Grundstück des Steuerpflichtigen	Reparatur und Wartung im Haushalt bzw. auf dem Grundstück des Steuerpflichtigen
4. von Heizungsanlagen, Elektro-, Gas- und Wasserinstallationen	Auf dem Grundstück des Steuerpflichtigen	Außerhalb des Grundstücks des Steuerpflichtigen		X
5. von Kraftfahrzeugen (einschließlich TÜV-Gebühren)		X		
6. von Wandschränken	X			X
Schadensfeststellung, Ursachenfeststellung (zum Beispiel bei Wasserschaden, Rohrbruch usw.)		X		
Schadstoffsanierung	X			X
Schädlings-/Ungezieferbekämpfung	X		Abgrenzung im Einzelfall	Abgrenzung im Einzelfall

Maßnahme	Begünstigt	Nicht begünstigt	Haushaltsnahe Dienstleistung	Handwerkerleistung
Schornsteinfeger	▪ Schornstein-Kehrarbeiten ▪ Reparatur und Wartungsarbeiten (Rdn. 58)	▪ Mess- oder Überprüfungsarbeiten ▪ Feuerstättenschau (Rdn. 22, 58)		X X
Sekretär, hierunter fallen auch Dienstleistungen in Form von Büroarbeiten (zum Beispiel Ablageorganisation, Erledigung von Behördengängen, Stellen von Anträgen bei Versicherungen, Banken usw.		X		
Sperrmüllabfuhr		X		
Statikerleistung		X		
Straßenreinigung	Auf privatem Grundstück	Auf öffentlichem Grundstück	X	
Tagesmutter bei Betreuung im Haushalt des Steuerpflichtigen	Soweit es sich bei den Aufwendungen nicht um Kinderbetreuungskosten (Rdn. 34) handelt	Kinderbetreuungskosten (Rdn. 34)	X	

Maßnahme	Begünstigt	Nicht begünstigt	Haushaltsnahe Dienstleistung	Handwerker-leistung
Taubenabwehr	X		Abgrenzung im Einzelfall	Abgrenzung im Einzelfall
Technische Prüf-dienste (zum Beispiel bei Aufzügen)		X		
Terrassenüber-dachung	Arbeitskosten	▪ Materialkos-ten sowie ▪ Errichtung im Rahmen ei-ner Neubau-maßnahme (Rdn. 21)		X
Tierbetreuungs-, -pflege- oder -arztkosten		X		
Trockeneis-reinigung	X			X
Trockenlegung von Mauerwerk	Arbeiten mit Maschinen vor Ort	Ausschließliche Maschinen-anmietung		X
TÜV-Gebühren		X		
Überprüfung von Anlagen (zum Beispiel Gebühr für den Schorn-steinfeger oder für die Kontrolle von Blitzschutz-anlagen)	s. Schornstein-feger	TÜV-Gebühren; s. auch Schorn-steinfeger		X
Umzäunung, Stützmauer oder Ähnliches	Arbeitskosten für Maßnahmen auf privatem Grundstück	▪ Materialkos-ten sowie ▪ Maßnahmen auf öffentli-chem Grund-stück oder ▪ im Rah-men einer Neubau-maßnahme (Rdn. 21)		X

Maßnahme	Begünstigt	Nicht begünstigt	Haushaltsnahe Dienstleistung	Handwerker-leistung
Umzugsdienst-leistungen	Für Privatperso-nen (Rdn. 19, 31)		Abgrenzung im Einzelfall	Abgrenzung im Einzelfall
Verarbeitung von Gebrauchs-gütern im Haushalt des Steuerpflich-tigen	X		X	
Verbrauchs-mittel, wie Schmier-, Rei-nigungs- oder Spülmittel sowie Streugut	X		Als Nebenleis-tung (Rdn. 39), Abgrenzung im Einzelfall	Als Nebenleis-tung (Rdn. 39), Abgrenzung im Einzelfall
Verwalterge-bühr		X		
Wachdienst	Innerhalb des Grundstücks	Außerhalb des Grundstücks	X	
Wärmedämm-maßnahmen	X			X
Wartung: 1. Aufzug 2. Heizung u. Öltankan-lagen (ein-schließlich Tankreini-gung) 3. Feuerlöscher 4. CO_2-Warn-geräte 5. Pumpen 6. Abwasser-Rückstau-Sicherungen	 X X X X X X			 X X X X X X
Wasserscha-densanierung	X	Soweit Versiche-rungsleistung		X
Wasserversor-gung	Wartung und Reparatur			X

Maßnahme	Begünstigt	Nicht begünstigt	Haushaltsnahe Dienstleistung	Handwerkerleistung
Winterdienst	Innerhalb des Grundstücks	Alle Maßnahmen außerhalb des Grundstücks	X	
Zubereitung von Mahlzeiten im Haushalt des Steuerpflichtigen	X		X	

7 Der Verteilerschlüssel

7.1 Gesetzliche Regelung

Mit Ausnahme der Kosten für Heizung und für Warmwasser, die nach den Bestimmungen der HeizKV zu verteilen sind können die Vertragsparteien den Umlageschlüssel für die Betriebskosten **frei vereinbaren**.

HINWEIS

Bei preisgebundenen Wohnungen dagegen ist gemäß § 20 Abs. 2 S. 1 NMV der Umlageschlüssel „Wohnfläche" — bis auf wenige Ausnahmen — zwingend vorgeschrieben. Das bedeutet, dass die Parteien keine wirksame Vereinbarung über einen abweichenden Umlageschlüssel treffen können.

Fehlt eine vertragliche Regelung, muss der Vermieter preisfreien Wohnraums seit dem 1.9.2001 die Betriebskosten nach dem **Anteil der Wohnfläche** umlegen, § 556a Abs. 1 S. 1 BGB. Allerdings sind gemäß § 556a Abs. 1 S. 2 BGB Betriebskosten, die von einem **erfassten Verbrauch** oder einer **erfassten Verursachung** durch die Mieter abhängen, nach einem Maßstab umzulegen, der dem unterschiedlichen Verbrauch oder der unterschiedlichen Verursachung Rechnung trägt.

Wird der Verbrauch von Kaltwasser durch Kaltwasserzähler erfasst, ist der Vermieter nach dem Willen des Gesetzgebers verpflichtet, verbrauchsabhängig abzurechnen. Fehlt aber eine Ausstattung zur Verbrauchserfassung, hat der Mieter gegenüber dem Vermieter keinen Anspruch darauf, zum Beispiel Kaltwasseruhren einzubauen, es sei denn, es besteht eine Nachrüstpflicht nach Länderverordnung (siehe hierzu Tabelle in Kapitel 18).

Bei der Erstellung der Betriebskostenabrechnung ist es sehr wichtig, dass der Verteilerschlüssel verständlich dargestellt wird. Gegebenenfalls muss der Abrechnung eine Erläuterung zum Verteilerschlüssel beigefügt werden (zum Beispiel bei einem Personenflächenschlüssel), denn die Unverständlichkeit führt zu einem formellen Mangel und damit zur Unwirksamkeit der Abrechnung (BGH, Urteil vom 9.4.2008, VIII ZR 84/07, WuM 2008, 351). Nach dem Urteil des BGH vom 28.5.2008 ist zur Erstellung einer formell ordnungsgemäßen Abrechnung eine Erläuterung der angesetzten Flächenwerte nicht allein deswegen erforderlich, da diese Werte für aufeinanderfolgende Abrechnungsjahre Unterschiede aufweisen, deren Grund für den Mieter nicht ohne Weiteres erkennbar ist. Ob die angesetzten Flächen zutreffen, berührt allein die materielle Richtigkeit der Abrechnung (VIII ZR 261/07, GE 2008, 855). Das bedeutet, dass Fehler bei den Flächenangaben auch noch nach Ablauf der Abrechnungsfrist berichtigt werden können.

Bei einer Abrechnung, in der mehrere Gebäude oder Gebäudeteile einer Wohnanlage zu einer – je nach Betriebskostenart unterschiedlichen Abrechnungseinheit – zusammengefasst werden, betrifft die Frage, ob die der Abrechnung zugrunde gelegten unterschiedlichen Bezugspunkte für die einzelnen Betriebskosten maßgeblich sind und ob die insoweit angesetzten Flächenangaben zutreffen, nicht die formelle Wirksamkeit, sondern die inhaltliche (materielle) Richtigkeit der Abrechnung (BGH, Urteil vom 23.6.2010, VIII ZR 227/09, WuM 2010, 493).

7.2 Die wichtigsten Umlageschlüssel im Einzelnen

7.2.1 Wohnfläche

Ausführliche Informationen zur Wohnfläche (insbesondere zur Berechnung der Wohnfläche) enthält das Kapitel „Die Wohn- und Nutzfläche".

Eine Betriebskostenabrechnung ist auch dann formell ordnungsgemäß, wenn bei den nach Wohnfläche umzulegenden Betriebskostenpositionen der Verteilerschlüssel in Bruchteilen (BGH, Urteil vom 15.9.2010, VIII ZR 181/09, WuM 2010, 683) oder in Prozentzahlen angegeben wird (BGH, Urteil vom 13.12.2011, VIII ZR 286/10, WuM 2012, 98).

7.2.2 Personenzahl

Soweit keine zwingenden Vorschriften dagegenstehen, kann der Vermieter mit seinen Mietern ebenso die Personenzahl als Verteilerschlüssel vereinbaren. Für die Anwendung dieses Umlagemaßstabs spricht die Annahme, dass er gerechter sei als die Verteilung nach Wohnflächen. Diese Annahme muss sich aber nicht unbedingt bewahrheiten. Es gibt keine Garantie dafür, dass zum Beispiel ein Einzelmieter grundsätzlich weniger Wasser braucht als ein Dreipersonenhaushalt. Wenn die Personenzahl als Umlageschlüssel gewählt wird, ist zu bedenken, dass damit ein erheblicher Verwaltungsaufwand verbunden ist.

- Es muss stets die Anzahl der Bewohner überprüft werden. Bei jedem Mieterwechsel kann sich die Personenzahl verändern.
- Nicht nur die gemeldeten Personen, sondern auch lang andauernden Besuch oder Untermieter sind zu berücksichtigen. Das Register beim Einwohnermeldeamt stellt keine hinreichend exakte Grundlage für die Feststellung der wechselnden Personenzahl in einem Mietshaus mit mehreren Wohnungen dar (BGH, Urteil vom 23.1.2008, VIII ZR 82/07, NZM 2008, 242).
- In seiner Abrechnung muss der Vermieter darlegen und ggf. beweisen, in welchem Monat wie viele Personen in den einzelnen Wohnungen wohnten.
- Für Zeiten des Leerstands ist eine fiktive Person anzusetzen (BGH, Urteil von 8.1.2013, VIII ZR 180/12, WuM 2013, 227).

HINWEIS

Zu- oder Abschläge für Säuglinge oder sonstige Besonderheiten, die mit den Lebensgewohnheiten der Bewohner zusammenhängen, muss der Vermieter nicht vornehmen (LG Mannheim, Urteil vom 27.1.1999, 4 S 141/98, NZM 1999, 365).

In der Betriebskostenabrechnung hat der Vermieter die Gesamtpersonenzahl sowie die für die Mietwohnung zugrunde gelegte Personenzahl anzugeben, damit der Mieter anhand dieser Angaben die Umlage gedanklich und rechnerisch nachvollziehen kann. Der Vermieter aber ist nicht verpflichtet, eine Belegungsliste der Abrechnung beizufügen. Sollte der Mieter die Gesamtpersonenzahl bestreiten, handelt es sich um eine Frage der inhaltlichen Richtigkeit, sodass es ausreicht, wenn der Vermieter eine Belegungsliste bei der Einsichtnahme vorlegt (BGH, Urteil vom 15.9.2010, VIII 181/09, WuM 2010, 683). Möglicherweise kommt es aufgrund von Mieterwechseln zu Gesamtpersonenzahlen, die mit einem Bruchteil angegeben werden (zum Beispiel 15,98 Personen). Der BGH hat mit Urteil vom 15.9.2010 festgestellt, dass weitere Details auf formeller Ebene nicht erforderlich sind. Es genügt, wenn die Personenbruchteile im Rahmen der Belegeinsicht dem Mieter erklärt werden.

7.2.3 Miet- oder Wohneinheiten

Ein Umlagemaßstab nach Miet- oder Wohneinheiten kommt dann in Betracht, wenn diese annähernd vergleichbar sind, wenn sie also gleich groß sind oder jede Mieteinheit den gleichen Nutzen hat.

In der Abrechnung muss die Gesamtanzahl der Wohneinheiten genannt werden. Gibt es über die Anzahl der Wohneinheiten Unstimmigkeiten, zum Beispiel weil der Vermieter bei verschiedenen Betriebskostenpositionen eine unterschiedliche

Anzahl an Wohneinheiten benennt, handelt es sich um eine Frage der inhaltlichen und nicht der formellen Richtigkeit der Abrechnung (BGH, Urteil vom 19.11.2008, VIII ZR 295/07, GE 2009, 189). Die formelle Wirksamkeit der Abrechnung wird dadurch nicht berührt.

BEISPIEL

Dieser Verteilerschlüssel ist für die Abrechnung der Kabelgebühren geeignet.

7.2.4 Verbrauchs- und Verursachungserfassung

Wurden Verbrauchserfassungsgeräte installiert, muss der Vermieter in der verbrauchsabhängigen Abrechnung Folgendes darlegen:

- den Gesamtverbrauch,
- den Einzelverbrauch und
- die entsprechenden umzulegenden Kosten.

Für das ordnungsgemäße Funktionieren der Verbrauchserfassungsgeräte ist der Vermieter beweispflichtig. Wenn zum Beispiel ein Verstoß gegen die Vorschriften des Eichrechts vorliegt, muss er beweisen, dass die Geräte trotzdem einwandfrei funktioniert haben.

Sind nicht alle Wohnungen mit Kaltwasserzählern ausgestattet, sollte nicht verbrauchsabhängig abgerechnet werden, sondern kann die Umlage nach dem Flächenmaßstab erfolgen (BGH, Urteil vom 12.3.2008, VIII ZR 188/07, WuM 2008, 350). Bei der Umlage der Kaltwasserkosten nach dem Flächenanteil genügen Zweifel der Mieter an der Billigkeit dieses Maßstabs nicht, um eine Änderung des Umlageschlüssels zu rechtfertigen (BGH, a. a. O.).

Wenn der Mieter nach Einbau von Kaltwasserzählern durch den Vermieter sich nicht bereit erklärt, einen direkten Vertrag mit den Stadtwerken abzuschließen, ist er dem Vermieter zur Zahlung der Wasserkosten verpflichtet (BGH, Urteil vom 16.4.2008, VIII ZR 75/07, WuM 2008, 350).

Nach § 2 Abs. 1 Eichgesetz (EichG) müssen Messgeräte geeicht sein. Gemäß § 25 Abs. 1 Nr. 1a EichG ist es untersagt, ungeeichte Messgeräte zur Bestimmung des Volumens von Flüssigkeiten im geschäftlichen Verkehr zu verwenden. Bei Verstoß kann eine Geldbuße bis zu 10.000 EUR verhängt werden.

Wenn die Gültigkeit der Eichung überschritten ist, dürfen die Messergebnisse nicht mehr bei der Verteilung der Kosten zugrunde gelegt werden. Die Eichgültigkeitsfrist beginnt nicht erst mit dem Einbau der Messgeräte zu laufen, sondern gemäß § 12 Abs. 3 Eichordnung mit dem Ablauf des Jahres, in dem das Gerät geeicht wurde. Daher kann trotz des Einbaus neuer Geräte die Frist schon teilweise abgelaufen sein. Der Vermieter sollte darauf achten, dass für alle Messgeräte im Haus die Eichgültigkeitsfrist zum selben Zeitpunkt beginnt.

Es gelten die folgenden **Eichfristen**:

- Kaltwasserzähler: alle sechs Jahre
- Warmwasserzähler: alle fünf Jahre
- Wärmezähler: alle fünf Jahre

Ungeeichte Wasseruhren können laut Urteil des AG Löbau keine Grundlage für eine Betriebskostenabrechnung sein (Urteil vom 12.12.2008, 6 C 290/06, WuM 2008, 486). Verwendet der Vermieter Wasserzähler, deren Eichfrist schon vor neun Jahren abgelaufen ist, kann dies durch eine Schätzung korrigiert werden. Der Vermieter hat in diesem Fall zu beweisen, dass die Zähler trotz der fehlenden Eichung ordnungsgemäß gemessen haben (BGH, Urteil vom 17.11.2010, VIII ZR 112/10, GE 2011, 126).

Werden die Wasser- und Abwasserkosten nach Verbrauch mittels Zähler abgerechnet, sind die Mietkosten für den Zähler nach demselben Umlegungsmaßstab, also nach dem Anteil des Verbrauchs, und nicht nach der Anzahl der Wohnungen umzulegen (BGH, Urteil vom 6.10.2010, VIII ZR 183/09, WuM 2010, 685). Dieser Grundsatz findet seine Grenze dort, wo eine solche Umlage wegen erheblichen Leerstands in der Abrechnungseinheit zu einer unzumutbaren Mehrbelastung der Mieter mit Fixkosten der Wasserversorgung führt, weil nur sie diese zu tragen haben.

7.2.5 Miteigentumsanteile

Bei vermieteten Eigentumswohnungen empfiehlt sich eine Abrechnung der Betriebskosten nach den **Miteigentumsanteilen**.

Dieser Umlageschlüssel entspricht auch grundsätzlich der Billigkeit (OLG Braunschweig, Urteil vom 27.11.1998, 5 U 85/98, WuM 1999, 173). Auf jeden Fall kann der Vermieter eine Umlage nach Miteigentumsanteilen vornehmen, wenn die Miteigentumsanteile mit den Nutzflächen übereinstimmen (LG Berlin, Urteil vom 29.4.2002, 62 S 413/01, GE 2002, 860). Hiervon kann in der Regel ausgegangen werden.

HINWEIS

Das Sondereigentum und der Anteil am Gemeinschaftseigentum stimmen nicht zwingend überein, das Verhältnis der Miteigentumsanteile spiegelt also nicht unbedingt das Verhältnis der nutzbaren Flächen wider. In diesen Fällen der Nichtübereinstimmung ist es umstritten, ob die Umlage nach Miteigentumsanteilen billigem Ermessen entspricht.

Nach dem AG Düsseldorf ist eine entsprechende Vereinbarung dieses Umlagemaßstabs auch in einem Formularvertrag zulässig (Urteil vom 14.3.1990, 22 C 7597/89, DWW 1991, 373).

Fehlt eine entsprechende Vereinbarung im Mietvertrag, trägt der Vermieter die Beweislast, dass das Verhältnis der Miteigentumsanteile mit dem Flächenmaßstab übereinstimmt. Stellt sich heraus, dass geringe Differenzen bestehen, ist die Abrechnung formal unwirksam (LG Berlin, Urteil vom 27.9.2004, 67 S 158/04, MM 2004, 410).

Wird das Mietshaus in Eigentumswohnungen umgewandelt, erhebt die Kommune die Grundsteuer je Eigentumswohnung direkt. In diesem Fall bedarf es keines Verteilerschlüssels und die Grundsteuer darf in voller Höhe „direkt" in der Abrechnung ausgewiesen werden (BGH, Urteil vom 13.9.2011, VIII ZR 45/11, NZM 2012, 96).

7.2.6 Kombinierter Personen-/Flächenschlüssel

Mietvertraglich zulässig ist auch ein sog. kombinierter Personen-/Flächenschlüssel, wonach für jede einzelne Wohnung nach Kopfzahl multipliziert mit der Quadratmeterzahl der Wohnung und der Monatszahl der Bewohnung pro Jahr abgerechnet wird. Die Kombination aus Fläche und Kopfzahl ist grundsätzlich zulässig. Bei Leerstand muss allerdings eine fiktive Wohnungsbelegung einbezogen werden (LG Krefeld, Urteil vom 17.3.2010, 2 S 56/09, WuM 2010, 357, wonach auch ohne Beifügung einer Belegungsübersicht des Hauses eine Abrechnung formell wirksam ist).

7.2.7 Personenmonate/Personentage

Zulässig ist auch ein Verteilerschlüssel, der aus einer Kombination aus der Personenzahl und der Anzahl der Monate/Tage besteht. Entscheidend ist, dass dieser Verteilerschlüssel mietvertraglich vereinbart wurde. In der Betriebskostenabrechnung sollte der Hinweis erfolgen, dass sich der Schlüssel aus dem Produkt der Bewohner und der Anzahl der Monate ergibt. Außerdem muss angegeben werden, für welchen Zeitraum wie viele Personen pro Wohnung berücksichtigt worden sind (LG Mannheim, Urteil vom 3.7.2002, 4 S 142/01, MietRB 2003, 2). Einige Gemeinden erheben Müllgebühren nach Personentagen, sodass schon aus Gründen der Verteilungsgerechtigkeit dieser Umlageschlüssel mit der jeweiligen Mietpartei vereinbart werden sollte. Bei diesem Verteilerschlüssel muss der Vermieter auch bei ausschließlich verbrauchsabhängigen Kosten einen Wohnungsleerstand berücksichtigen (LG Krefeld, Urteil vom 17.3.2010, 2 S 56/09, WuM 2010, 357).

7.3 Vorwegabzug

Gibt es in einem Anwesen neben Wohneinheiten auch Gewerberäume, muss der Vermieter prüfen, ob in der Betriebskostenabrechnung für Wohnraummieter ein **Vorwegabzug** vorzunehmen ist.

Bei preisgebundenem Wohnraum heißt es: „Betriebskosten, die nicht für Wohnraum entstanden sind, sind vorweg abzuziehen." Das bedeutet, dass zunächst ermittelt werden muss, welche Kosten von den Gesamtkosten auf die gewerblichen Flächen entfallen. Die verbleibenden Kosten können dann auf die Wohnraummieter verteilt werden.

Befinden sich in einem Anwesen neben Wohnungen auch Geschäftsräume, darf der Vermieter die Betriebskosten nur dann nach einem einheitlichen Verteilerschlüssel abrechnen, wenn auf die gewerblichen Räume nicht wesentlich höhere Betriebskosten entfallen oder eine Trennung der Kosten aus technischen oder sonstigen Gründen nicht möglich ist. Liegen diese Voraussetzungen nicht vor, muss der Vermieter für die gewerblichen Räume zwingend einen **Vorwegabzug** vornehmen. Das bedeutet, dass er die Kosten der gewerblichen Räume erst von den Gesamtkosten abziehen muss, bevor er die restlichen Kosten auf die Wohnungen verteilt (LG Berlin, Urteil vom 2.8.2004, 65 S 151/04, MM 2004, 374). Der Grund dafür, getrennte Betriebskostenabrechnungen vorzunehmen, liegt in der unterschiedlichen Kostenverursachung. So können zum Beispiel

- die Versicherungsprämien für den Gewerbeanteil höher ausfallen,
- die Grundsteuer wegen der Gewerbenutzung höher sein oder
- der Wasserverbrauch beispielsweise bei einem Friseurgeschäft stärker ins Gewicht fallen

als bei einer reinen Wohnnutzung.

Die Rechtsprechung ist zunehmend der Auffassung, dass ein Vorwegabzug erfolgen muss:

- Hat der Vermieter in seiner Betriebskostenabrechnung Wohn- und Gewerbeflächen einheitlich abgerechnet, so ist das LG Düsseldorf der Ansicht, dass der Mieter plausibel darlegen muss, dass die Gewerberäume erhöhte Kosten verursachen und er hierdurch benachteiligt wird (Urteil vom 3.4.1990, 24 S 474/89, DWW 1990, 240).
- Das AG Wiesbaden ist dagegen der Auffassung, dass eine getrennte Vorwegerfassung der verbrauchsabhängigen Betriebskosten der Gewerberäume stets zu erfolgen habe, es sei denn, dies ist objektiv nicht möglich (Urteil vom 22.11.1995, 98 C 260/95 — 13, WuM 1996, 96).
- Eine Vorwegerfassung kann ausnahmsweise auch entfallen, wenn die gewerblichen Kosten annäherungsweise denen einer Wohnraumnutzung entsprechen (KG Berlin, Urteil vom 28.5.1998, 8 REMiet 4877/97 und ZMR 1998, 627; LG Frankfurt/Main, Urteil vom 30.9.1997, 211 S 55/97, ZMR 1997, 642; AG Düren, Urteil vom 30.8.2000, 45 C 353/00, WuM 2001, 46). Nach AG Stollberg (Urteil vom 25.10.2001, 3 C 659/01, ZMR 2002, 360) trägt der Vermieter aber die Darlegungs- und Beweislast für derartige Umstände.
- Die Kostentrennung im gemischt genutzten Gebäude muss zum Verwaltungsaufwand der Berechnungen **im angemessenen Verhältnis** stehen (AG Hamburg, Urteil vom 15.1.2001, 45 C 35/01, WuM 2002, 265).
- Hat der Vermieter einen Vorwegabzug beispielsweise bei der Grundsteuer zu berücksichtigen, muss er in der Betriebskostenabrechnung darauf hinweisen, dass die auf den Gewerbemieter entfallenden Kosten nicht in den auf die Wohnungsmieter umzulegenden Kosten enthalten sind (AG Lichtenberg, Urteil vom 9.2.2004, 10 C 418/03, MM 2004, 169).
- Nimmt der Vermieter bei gemischt genutzten Häusern keinen Vorwegabzug vor, muss er aber jedenfalls in der Betriebskostenabrechnung unter Angabe des Gewerbes die Gründe darlegen und erläutern, warum ein Vorwegabzug unterbleiben kann und eine Kostenverteilung nach einem einheitlichen Umlagemaßstab angemessen ist (AG Osnabrück, Urteil vom 22.7.2004, 6 C 121/04, WuM 2004, 668).
- Bei einem gemischt genutzten Anwesen ist der auf eine Gaststätte entfallende Wasserverbrauch mangels Einzelzähler anhand eines vergleichbaren Objekts zu schätzen (LG Berlin, Urteil vom 12.3.2001, 62 S 459/00, GE 2001, 698).
- Der BGH hat mit Urteil vom 8.3.2006 (VIII ZR 78/05, WuM 2006, 200) überraschend entschieden, dass ein Vorwegabzug nicht unter allen Umständen notwendig ist. In der Urteilsbegründung gibt er allerdings zu bedenken, dass er an die Sachverhaltsfeststellungen des Berufungsgerichts gebunden war und möglicherweise in einem anderen Fall zu einem anderen Ergebnis kommen könnte.

Nach dieser Entscheidung des BGH ist ein Vorwegabzug nicht geboten, wenn die Gewerbeflächen nicht zu einer ins Gewicht fallenden Mehrbelastung der Wohnraummieter führen. Der Mieter trägt die Beweislast dafür, dass die Betriebskostenabrechnung ohne Vorwegabzug zu einer erheblichen Mehrbelastung der Wohnraummieter führt (BGH, Urteil vom 25.10.2006, VIII ZR 251/05, WuM 2006, 684).

7.4 Leerstand

Stehen in einem Anwesen Gewerberäume oder Wohnungen leer, weil beispielsweise die Neuvermietung nicht gelungen oder ein Umbau geplant ist, hat der Vermieter die auf diese Flächen entfallenden Kosten zu tragen (BGH, Urteil vom 16.7.2003, VIII ZR 30/03, NJW 2003, 2902; KG Berlin, Urteil vom 8.7.2010, 12 U 26/09, GuT 2010, 199). Der Vermieter darf die Gesamtfläche nicht um die freistehende Fläche verringern. Das Vermietungsrisiko ist vom Vermieter zu übernehmen. Das gilt für alle Betriebskostenpositionen.

Der BGH hat mit Urteil vom 31.5.2006 (VIII ZR 159/05, NZM 2006, 655) entschieden, dass das Leerstandsrisiko des Vermieters auch für verbrauchsabhängige Betriebskosten wie Wasser, Abwasser und Müll gilt. Einen Anspruch auf Änderung des Umlageschlüssels wegen erheblichen Leerstands besteht nicht. Der Vermieter hat schließlich die Möglichkeit der einseitigen Umstellung auf eine verbrauchsabhängige Abrechnung der Betriebskosten gemäß § 556a Abs. 2 BGB. Der Vermieter übernimmt also den Anteil der leer stehenden Räumlichkeiten (OLG Hamburg, Urteil vom 22.8.1990, 4 U 51/89, WuM 2001, 343).

Aus Gründen der Umlagegerechtigkeit muss bei Verwendung des Personenzahlschlüssels der Leerstand sogar bei verbrauchsabhängigen Betriebskosten berücksichtigt werden. Nach Ansicht des BGH ist für die Zeiten des Leerstands eine fiktive Person anzusetzen (BGH, Urteil vom 8.1.2013, VIII ZR 180/12, WuM 2013, 227).

7.5 Welcher Verteilerschlüssel für welche Betriebskosten?

Die Vertragsparteien dürfen für die einzelnen Betriebskostenarten unterschiedliche Umlagemaßstäbe vereinbaren.

7.5.1 Grundsteuer

Die Grundsteuer wird bei Wohnraum in aller Regel nach dem Verhältnis der Wohnflächen abgerechnet. Dies gilt auch für den preisgebundenen Wohnraum gemäß § 20 Abs. 1 S. 1 NMV. Bei gemischt genutzten Anwesen wird im Grundsteuerbescheid für Gewerberäume zumeist ein höherer Wert angesetzt als für Wohnräume. Nach herrschender Meinung gilt, dass eine Vorverteilung der Grundsteuer im Verhältnis der Anteile der unterschiedlichen Nutzungen zu erfolgen hat (AG Köln, Urteil vom 20.9.1989, 203 C 257/89, WuM 1990, 32; LG Frankfurt/Main, Urteil vom 30.9.1997, 2-11 S 55/97, WuM 1997, 630).

Die sachliche Berechtigung der Pflicht zum Vorwegabzug zeigt sich bei der genaueren Betrachtung des Verfahrens der Grundsteuerfestsetzung. Basis für die Festsetzung ist der Einheitswert. Er ist das Produkt, das sich aus der Multiplikation der nach dem Ertragswertverfahren ermittelten Jahresrohmiete (§ 79 BewG) mit dem Vervielfältiger (§ 80 BewG) ergibt, der wiederum aus dem BewG beigefügten Tabellen ersichtlich ist und von Grundstücksgröße, Bauart, Bauausführung, Baujahr und Gemeindegröße abhängt. Der Einheitswert wird mit dem einheitlichen Grundsteuermessbetrag von 3,5 Promille (§ 15 GrStG) multipliziert, das Produkt mit dem von der Gemeinde festgelegten Hebesatz (§ 25 GrStG). Das Ergebnis: die zu zahlende Grundsteuer.

Nach dem Urteil des AG Charlottenburg vom 18.7.2008 (220 C 20/08, MM 2008, 299) hat bei einem gemischt genutzten Haus ein Vorwegabzug der Grundsteuer nach den für Wohn- und Gewerberaum unterschiedlichen Jahresrohmieten zu erfolgen, da nur so berücksichtigt wird, mit welchen Anteilen diese jeweils in die Berechnung der Grundsteuer eingeflossen ist. Allein eine Differenzierung nach Jahresrohmieten gewährleistet, dass der Wohnungsmieter lediglich die auf die Wohnfläche entfallenden Betriebskosten anteilig zu tragen hat.

BEISPIEL 1

Der Einheitswert des Hauses beläuft sich auf 90.000 EUR. Die Rohmiete der Wohnungen beträgt 30.000 EUR bei einer Fläche von 200 Quadratmetern. Die Rohmiete der Gewerberäume liegt bei 60.000 EUR bei einer Fläche von 50 Quadratmetern. Der Gewerbeanteil an der Gesamtrohmiete macht also zwei Drittel aus, die Gewerbeflächen stellen ein Fünftel der Gesamtfläche. Ein Vorwegabzug ist unerlässlich. Die Wohnraummieter dürfen also nur mit einem Drittel der Grundsteuerkosten, die Gewerbemieter mit zwei Dritteln belastet werden.

BEISPIEL 2

Der Einheitswert beträgt 50.000 EUR. Die Rohmiete der Wohnungen beträgt 10.000 EUR bei einer Fläche von 70 Quadratmetern, diejenige des Gewerbeanteils 40.000 EUR bei 280 Quadratmetern. Der Gewerbeanteil an der Rohmiete beträgt vier Fünftel, der Gewerbeanteil an den Flächen liegt ebenfalls bei vier Fünfteln, sodass ein Vorwegabzug nicht notwendig ist.

7.5.2 Wasser und Abwasser

Nach § 21 Abs. 2 NMV sind bei **preisgebundenem Wohnraum** zunächst die Wasserkosten abzuziehen, die nicht der Wohnraumnutzung zuzuordnen sind, also beispielsweise Kosten des Wassers für Gewerbeeinheiten oder die Wasserkosten der Waschanlage in Gemeinschaftseinrichtungen. Die verbleibenden Kosten dürfen nach der Personenzahl oder nach erfasstem Wasserverbrauch umgelegt werden. Wenn alle Wohnungen mit Wasserzählern ausgerüstet sind, sind gemäß § 21 Abs. 2 S. 3 NMV die Wasserkosten nach dem individuellen Verbrauch abzurechnen.

Die Kosten der Entwässerung sind mit dem für die Kosten der Wasserversorgung anzuwendenden Maßstab umzulegen, § 21 Abs. 3 S. 2 NMV. Hier hat der Vermieter kein eigenständiges Wahlrecht.

Bei preisfreiem Wohnraum kann der Vermieter mit dem Mieter die Verteilung der Kalt- und Abwasserkosten

- nach Wohnflächen,
- nach Personenzahl oder
- sogar nach der Anzahl der Wasserzapfstellen

vereinbaren, wenn keine Zähler vorhanden sind.

Im Gegensatz zu der bundesweit einheitlichen Regelung für die verbrauchsabhängige Abrechnung von Heizungs- und Warmwasserkosten in der HeizKV unterliegen die Vorschriften zur Abrechnungspflicht von Kaltwasser den jeweiligen Bundesländern. Für Neubauten besteht — außer in Bayern, Brandenburg und Sachsen-Anhalt — inzwischen durchweg die Pflicht zum Einbau von Kaltwasserzählern. Geregelt ist die Pflicht zur Abrechnung in den jeweiligen Landesbauverordnungen der Bundesländer. In Kapitel 18 findet sich eine tabellarische Übersicht (Stand 16.7.2014) darüber, welches Bundesland eine Pflicht zum Einbau von Kaltwasserzählern in Alt- und

Neubauten vorsieht. Inzwischen verlangen immer mehr Bundesländer eine Nachrüstpflicht für den Gebäudebestand mit Kaltwasserzählern, derzeit zählen dazu Hamburg, Mecklenburg-Vorpommern und Schleswig-Holstein.

Bei gemischt genutzten Objekten ist gemäß § 556a Abs. 1 BGB eine Kostentrennung notwendig. Auf die getrennte Erfassung kann der Vermieter nur dann verzichten, wenn die von den Gewerbemietern verursachten Wasserkosten offensichtlich unter denen für die Wohnungen liegen (zum Beispiel bei Büros).

Ist eine Kostentrennung erforderlich, muss der Vermieter im Gewerbebereich einen Zwischenzähler installieren. Zur Ermittlung des Wasserverbrauchs einer Gewerbeeinheit ist sogar ausnahmsweise zulässig, nach der Differenzmethode vorzugehen. Der mittels Zwischenzähler gemessene Verbrauch des Gewerbemieters wird von dem Gesamtverbrauch des Anwesens abgezogen. Der restliche Wasserverbrauch wird auf die übrigen Wohnungsmieter verteilt. Ein Anspruch der Wohnungsmieter auf Abrechnung nach Verbrauch innerhalb der Wohneinheiten besteht nicht (BGH, Urteile vom 25.11.2009, VIII ZR 334/08, ZMR 2010, 282 und vom 25.11.2009, VIII ZR 69/09, WuM 2010, 35). Sollte kein Zwischenzähler vorhanden sein, muss der Vermieter eine Schätzung des Wasseranteils der Gewerbemieter anhand eines vergleichbaren Objekts vornehmen (LG Berlin, Urteil vom 12.3.2001, 62 S 459/00, GE 2001, 698).

Der Vermieter darf die Kosten für Frischwasser und Schmutzwasser bei der Betriebskostenabrechnung jedenfalls dann in einer Summe zusammenfassen und einheitlich abrechnen, wenn die Umlage dieser Kosten einheitlich nach dem durch Zähler erfassten Frischwasserverbrauch vorgenommen wird (BGH, Urteil vom 15.7.2009, VIII ZR 340/08, NZM 2009, 698).

Messtoleranzen bei Zählern

Bisweilen kommt es zu unterschiedlichen Verbrauchsanzeigen zwischen dem Hauptwasserzähler und der Summe der Einzelwasserzähler. Woran liegt das? Die Einzelwasserzähler beginnen je nach Typ und Einbaulage erst ab einem Durchfluss von zwölf Litern pro Stunde zu zählen. Musste der Wasserzähler technisch bedingt senkrecht montiert werden, fängt der Zähler erst ab 20 Litern Durchlass pro Stunde an zu zählen. Der Hauptwasserzähler dagegen erfasst den Verbrauch – technisch bedingt – bereits schon bei einem Durchfluss von sieben Litern pro Stunde. Während die Einzelwasserzähler kleine verbrauchte Wassermengen nicht erfassen, registriert der Hauptwasserzähler auch den geringen Verbrauch. So entstehen Differenzen zwischen der Summe der Einzelzähler und der Anzeige des Hauptzählers. Genauere Einzelwasserzähler wären zwar herstellbar, sind jedoch wegen ihrer enormen Kosten unwirtschaftlich. Sowohl der Hauptwasserzähler als auch die Einzelwasserzähler unterliegen dem Eichgesetz. Die Eichordnung gibt zulässige Fehlergrenzen vor (**Eichfehlergrenzen**, § 33 EichO).

Die Fehlergrenzen betragen:

Kaltwasserzähler	± 2 Prozent im oberen Bereich ± 5 Prozent im unteren Bereich
Warmwasserzähler	± 3 Prozent im oberen Bereich ± 5 Prozent im unteren Bereich

Die Messdifferenzen können aber auch entstehen, wenn es im Gebäude Zapfstellen in Gemeinschaftsräumen gibt, die nicht mit einem Wasserzähler ausgestattet sind (zum Beispiel Waschküche, Heizungsraum, Fahrradkeller). Nach § 4 Abs. 3 HeizKV besteht eine Erfassungspflicht in Gemeinschaftsräumen nur bei hohen Wärme- und Warmwasserverbrauchen. Der Verbrauch in den Gemeinschaftsräumen liegt im Regelfall bei zwei bis drei Prozent des Gesamtverbrauchs, bereits aus diesem Grund kann es zu Messdifferenzen kommen.

Weiterhin können Messdifferenzen auftreten, wenn der zeitliche Abstand zwischen Ablesung des Hauptwasserzählers und der Einzelwasserzähler mehrere Wochen ausmacht. Eine zeitgenaue Übereinstimmung sämtlicher Ablesungen ist in der Praxis kaum möglich. Zudem verfälschen Schätzungen das tatsächliche Ableseergebnis.

Schließlich kann eine Messdifferenz dadurch entstehen, dass der Abrechnungszeitraum des Wasserversorgungsunternehmens nicht mit dem Abrechnungszeitraum des Gebäudeeigentümers übereinstimmt.

Aus vorgenannten Gründen lassen sich Messdifferenzen fast nicht vermeiden. Eine 100-prozentige Übereinstimmung des Anzeigewerts des Hauptwasserzählers mit der Summe der Einzelwasserzähler ist in der Praxis kaum erreichbar.

Wenn sich zeigt, dass der Anzeigewert des Hauptwasserzählers höher ausfällt als die Summe der Einzelzähler, werden die Wasserkosten folgendermaßen verteilt (der Gesamtverbrauch des Hauptzählers erfasst die zu verteilenden Kosten):

$$\text{Preis pro m}^3 = \frac{\text{Gesamtwasserkosten}}{\text{Summer aller Einzelzähler in m}^3}$$

Der Nutzer, der einen hohen Wasserverbrauch hat, trägt im gleichen Verhältnis seinen Anteil an den Messdifferenzen.

In der Praxis tauchen sogar Messdifferenzen von 20 bis 30 Prozent auf. Bis zu welcher Höhe dann der Vermieter Messdifferenzen tolerieren? Bis zu welchem Prozentsatz kann er die Fehlermengen umlegen? Die Rechtsprechung toleriert **Messdifferenzen bis zu 20 Prozent** (AG Köpenick, Urteil vom 4.5.2006, 12 C 44/06, GE 2006, 855; LG Duisburg, Urteil vom 22.2.2006, 13 T 9/06, WuM 2006, 199; LG Berlin, Urteil vom 4.12.2001, 65 S 85/01, GE 2002, 193; LG Darmstadt, Urteil vom 15.6.1999, 17 S 376/98, WuM 2001, 515; AG Hohenschönhausen, Urteil vom 31.3.2008, 16 C 205/07, GE 2008, 933).

7.5.3 Lift

Bei preisgebundenem Wohnraum dürfen die Aufzugskosten gemäß § 24 Abs. 2 NMV nach dem Verhältnis der Wohnflächen oder einem anderen Maßstab umgelegt werden, wenn über diesen Verteilerschlüssel mit allen Mietern eine einvernehmliche Vereinbarung getroffen wurde. Die Aufzugskosten können beispielsweise nach der Etage gestaffelt werden, in der sich die einzelnen Wohnungen befinden.

Bei den Kosten des maschinellen Aufzugs kann die Erdgeschosswohnung von der Umlage ausgenommen werden, § 24 Abs. 2 NMV.

Bei preisfreiem Wohnraum kann der Vermieter mit dem Mieter für die Liftkosten folgende Umlagemaßstäbe vereinbaren:

- Personenzahl
- Wohnfläche
- Umlagemaßstab nach Nutzungsumfang, das heißt, je höher das Stockwerk, desto mehr Kosten hat der Mieter der jeweiligen Wohnung zu tragen (erster Stock: zehn Prozent, zweiter Stock: 20 Prozent, dritter Stock: 30 Prozent usw.)

Umstritten ist, ob die Kosten des Aufzugs auch auf den **Erdgeschossmieter** umgelegt werden dürfen. Nach LG Berlin (Urteil vom 6.4.1989, 61 S 77/88, MDR 1990, 1016) handelt es sich um Kosten einer Gemeinschaftseinrichtung, die von allen Mietern zu tragen sind. Erdgeschossmieter haben nach Ansicht des LG Berlin (Urteil vom 13.2.1995, 62 S 350/94, GE 1995, 567) keinen Anspruch darauf, von der Fahrstuhlumlage ausgenommen zu werden. Kann der Mieter den Lift wegen seiner Lage jedoch nicht sinnvoll nutzen, dürfen von ihm keine Aufzugskosten verlangt werden (AG Verden, Urteil vom 5.7.1993, 2 C 115/93, WuM 1994, 385). Ein Nutzen liegt aber bereits dann vor, wenn der Erdgeschossmieter den Aufzug für Besuche in andere Etagen nutzt (LG Hannover, Urteil vom 4.10.1989, 11 S 8/89, WuM 1990, 229) oder mit dem Fahrstuhl Keller, Speicher oder Garage erreicht (LG Braunschweig, Urteil vom 17.11.1989, 6 S 254/89, WuM 1990, 558).

Die Diskussion hat der BGH mit seinem Urteil vom 30.9.2006 (VIII ZR 103/06, NZM 2006, 895) beendet. Danach kann der Erdgeschossmieter unabhängig vom Nutzen formularvertraglich verpflichtet werden, die Aufzugskosten anteilig zu tragen.

Falls in mehreren Häusern Aufzüge vorhanden sind, so muss der Vermieter für jedes Haus getrennt die Kosten erfassen und abrechnen (LG Berlin, Urteil vom 6.2.1990, 64 S 455/89, GE 1990, 651).

7.5.4 Weitere Betriebskosten

Die Umlage der Kosten für die Straßenreinigung erfolgt üblicherweise nach dem Verhältnis der Flächen.

Sowohl bei preisfreiem und preisgebundenem Wohnraum als auch bei Gewerbeeinheiten kann der Vermieter die Müllkosten entweder

- nach dem Verhältnis der Flächen,
- nach der Personenzahl oder
- nach dem Maßstab umlegen, der der unterschiedlichen Müllverursachung Rechnung trägt (Müllsäcke, Müllabwiegen).

Wird der Müll nach Verursachung erfasst, ist er gemäß § 556a Abs. 1 S. 2 BGB gehalten, die Kosten der Verursachung entsprechend umzulegen.

Bei preisgebundenem Wohnraum sind die Kosten der Hausreinigung nach dem Flächenmaßstab gemäß § 20 Abs. 2 S. 1 NMV umzulegen. Bei preisfreiem Wohnraum und bei Gewerbeeinheiten werden die Kosten ebenfalls vorrangig nach dem Anteil der Flächen abgerechnet.

Bei gemischter Nutzung eines Anwesens können allerdings erhöhte Reinigungskosten, die zum Beispiel durch die Patienten einer Arztpraxis verursacht werden, nicht auf die Wohnungen verteilt werden. Hier ist in der Regel ein Vorwegabzug unumgänglich.

Die Kosten der Gartenpflege sind bei den preisgebundenen Wohnungen nach dem Anteil der Flächen gemäß § 20 Abs. 2 S. 1 NMV umzulegen. Für preisfreien Wohnraum ist üblicherweise ebenfalls der Flächenmaßstab anzuwenden.

Auch bei den Beleuchtungskosten gilt sowohl für preisgebundenen als auch für preisfreien Wohnraum vorrangig der Flächenmaßstab.

Hat aber zum Beispiel ein Mieter einen eigenen Zugang, darf der Vermieter ihm die Beleuchtungskosten des Treppenhauses nicht anteilig zurechnen.

Bei den Kosten, die durch die Sach- und Haftpflichtversicherungen entstehen, kommt als Verteilerschlüssel vornehmlich das Verhältnis der Flächen infrage.

Bei gemischt genutzten Gebäuden stellt sich dieselbe Problematik des Vorwegabzugs wie bei der Grundsteuer. Die Versicherungen ermitteln das Prämienrisiko nach der unterschiedlichen Nutzung des Anwesens. Deshalb muss der Vermieter bei einer einheitlichen Prämienrechnung bei der jeweiligen Versicherung erfragen, inwieweit die unterschiedliche Nutzung eine unterschiedliche Prämienhöhe verursacht. Gegebenenfalls muss er dann einen Vorwegabzug vornehmen.

HINWEIS

Bei Sachversicherungen scheidet ein Vorwegabzug aus, da die verschiedenen Nutzungsarten bei der Prämienberechnung unberücksichtigt bleiben. In erster Linie orientieren sich die Sachversicherer am Gebäudewert.

Die Hausmeisterkosten darf der Vermieter nach den üblichen Verteilerschlüsseln (Flächenmaßstab, Wohneinheiten, Personenzahl) umlegen.

Bei preisgebundenem Wohnraum erfolgt die Abrechnung der Antennenkosten nach dem Verhältnis der Wohnflächen, § 20 Abs. 2 S. 1 NMV.

Bei preisfreiem Wohnraum kann der Vermieter folgende Umlagemaßstäbe vereinbaren:

- Flächenmaßstab
- Personenzahl
- Wohneinheiten

Der Umlageschlüssel „Wohneinheiten" dürfte vorrangig sein, da der Nutzwert der Antenne weder von der Fläche noch von der Personenzahl abhängt.

Wurde neben der Antenne in dem Anwesen ein Breitbandkabelanschluss verlegt und nutzen nur noch einige Mieter die Gemeinschaftsantenne, stellt sich die Frage, wie die Kosten der Antenne zu verteilen sind. Haben alle Mieter neben dem Breitbandkabelanschluss die Möglichkeit, die Gemeinschaftsantenne zu nutzen, tragen alle Mieter die Antennenkosten. Wurde der Anschluss zur Gemeinschaftsantenne bei den „verkabelten" Wohnungen entfernt, haben diese Mieter keine Antennenkosten mehr zu zahlen.

Es stellt sich berechtigterweise die Frage, ob die Antennenkosten dann nur noch von den wenigen Nutzern zu tragen sind oder ob der Vermieter unter Umständen wie beim Leerstand von Wohnungen die weggefallenen Anteile übernehmen muss. Das AG Karlsruhe-Durlach (Urteil vom 19.2.1987, 2 C 672/86, DWW 1987, 165) vergleicht die Situation mit den Fällen, in denen der Vermieter dem Mieter eine besondere Einrichtung oder Ausstattung zur Verfügung stellt. Das AG ist der Auffassung, dass unter Umständen der letzte Nutzer alle Kosten zu tragen hat.

Bei preisgebundenem Wohnraum darf der Vermieter die Kosten für die laufenden monatlichen Grundgebühren für Breitbandkabelanschlüsse nur zu gleichen Teilen auf diejenigen Wohnungen umlegen, die mit Zustimmung des Nutzungsberechtigten angeschlossen wurden, § 24a Abs. 2 NMV. Die übrigen Betriebskosten darf er entweder nach dem Flächenmaßstab oder nach einem anderen vereinbarten Umlageschlüssel verteilen.

Bei preisfreiem Wohnraum wird vorrangig der Verteilerschlüssel Wohneinheit zur Anwendung kommen.

Die Kostenumlegung bei preisgebundenem Wohnraum erfolgt nach § 25 Abs. 2 S. 1 NMV, wonach der Vermieter die Kosten nur auf die Mieter umlegen kann, die die Waschmaschine tatsächlich benutzen. Das bedeutet, dass er die Kosten für die Wascheinrichtung gesondert erfassen muss. Der Umlageschlüssel muss dem Gebrauch Rechnung tragen. Werden Münzzähler verwendet, muss der Vermieter eine Abrechnung vornehmen. Die Münzzählereinnahmen hat er den Mietern gutzuschreiben. Das heißt, diese Erträge sind von den umlegbaren Kosten abzuziehen. An den Rückzahlungen des Mehrerlöses sind aber nur die Nutzer zu beteiligen. Ist das nicht möglich, kann das Flächenverhältnis als Verteilerschlüssel für die Rückzahlungen gelten.

Bei preisfreien Wohnungen hat bei Vorhandensein von Münzautomaten gleichfalls eine Abrechnung stattzufinden. Auch hier müssen die Münzerlöse den Mietern gutgebracht werden (AG Hamburg, Urteil vom 30.6.1993, 40b C 2437/92, WuM 1993, 619).

7.6 Änderung des Umlageschlüssels

Der Vermieter ist nicht berechtigt, den Verteilerschlüssel einseitig zu ändern. Eine Vertragsänderung bedarf der Zustimmung des Mieters (LG Bautzen, Urteil vom 25.4.2001, 1 S 11/01, WuM 2001, 288).

Nur unter bestimmten Umständen kann der Vermieter den Umlagemaßstab ändern:

- Für alle Heiz- und Warmwasserkosten gelten die in der HeizKV vorgesehenen Änderungsmöglichkeiten.
- Wenn eine Verbrauchs- oder Verursachungserfassung durchgeführt wird, darf die künftige Kostenumlegung nach dem erfassten Verbrauch oder der erfassten Verursachung erfolgen.

Eine Änderungsverpflichtung des Vermieters für die Zukunft wird dann angenommen, wenn

- der bisherige Verteilerschlüssel grob unbillig ist oder im Lauf der Zeit unbillig geworden ist (LG Düsseldorf, Urteil vom 5.7.1994, 24 S 66/94, WuM 1996, 777) und
- für einen Mieter zu nicht mehr hinnehmbaren Belastungen führt (LG Aachen, Urteil vom 24.5.1991, 5 S 70/91, WuM 1991, 503) und
- ein Wechsel des Umlagemaßstabs für den Vermieter möglich und zumutbar ist (LG Mannheim, Urteil vom 27.1.1999, 4 S 141/98, NZM 1999, 365).

Die Unbilligkeit muss gravierend sein und ein anderer Umlageschlüssel muss zu gerechteren Ergebnissen führen (LG Mannheim, a. a. O.).

Liegen die genannten Voraussetzungen für eine Änderungsverpflichtung des Vermieters vor, sind die **übrigen Mieter verpflichtet**, der Änderung gleichfalls **zuzustimmen** (LG Köln, Urteil vom 7.1.1988, 222 C 459/87, WuM 1989, 583).

8 Die Wohn- und Nutzfläche

Im Folgenden werden die wesentlichen Bestimmungen der Wohnflächenverordnung (WoFlV) dargestellt.

8.1 Anwendungsbereich

Die Wohn- und Nutzfläche spielt im Rahmen der Vermietung und wirtschaftlichen Verwendung einer Immobilie eine große Rolle. Mit **Inkrafttreten der Mietrechtsreform** zum 1.9.2001 hat der Gesetzgeber erstmals Regelungen zu den Betriebskosten, deren Vereinbarung, Umlage, Veränderungen und Abrechnung in das BGB aufgenommen. In diesem Zusammenhang ist auch die Wohnfläche als allgemeiner **Verteilerschlüssel** gesetzlich festgelegt worden. So bestimmt § 556a Abs. 1 S. 1 BGB, dass die Wohnfläche als Abrechnungsmaßstab für die Umlage der Betriebskosten anzuwenden ist, sofern nichts anderes vereinbart ist oder sonstige Vorschriften die Anwendung eines anderen Verteilerschlüssels vorsehen.

Das Verhältnis der Wohn- und Nutzflächen ist darüber hinaus auch bei der Verteilung der verbrauchsunabhängigen Kosten (Grundkosten) von Heizungs- und Warmwasserkosten maßgeblich (§ 7 Abs. 1 S. 5, § 8 Abs. 1 HeizKV).

Eine Definition der Wohnfläche enthält das BGB jedoch nicht, ebenso wenig wie Verweisungen auf entsprechende Berechnungsmethoden, zum Beispiel die Wohnflächenverordnung. **Die richtige Ermittlung und Berechnung der Wohnfläche** gibt daher immer wieder Anlass zu Streitigkeiten zwischen den Mietvertragsparteien und führt zu zahlreichen gerichtlichen Auseinandersetzungen, in denen es um die Feststellung der tatsächlichen Größe einer Wohnung oder einer vermieteten Immobilie geht. Nicht nur bei der Abrechnung von Betriebskosten als Verteilerschlüssel, sondern auch im Rahmen einer Mieterhöhung, bei der die Ermittlung der ortsüblichen Miete von der tatsächlichen Größe der Wohnung abhängt, oder bei der Umlage von Modernisierungskosten ist die Wohnfläche von großer Bedeutung.

Für den Bereich des **sozialen Wohnungsbaus** waren bis 31.12.2003 die Bestimmungen der §§ 42ff der II. BV zwingend für die Ermittlung der Wohnfläche heranzuziehen. Ab 1.1.2004 ist an deren Stelle die WoFlV getreten. Existieren somit für preisgebundene Wohnungen zwingend anzuwendende Vorschriften für die

Ermittlung der Wohnfläche, fehlen solche nach wie vor für **nicht preisgebundene** Wohnungen. Zum Teil wurden bisher die Bestimmungen der §§ 42ff II. BV entsprechend herangezogen oder vereinzelt auch die Regelungen der DIN 283 angewandt. Nunmehr kann grundsätzlich auf die Nachfolgeregelungen zu §§ 42ff II. BV, nämlich auf diejenigen der WoFlV zurückgegriffen werden (BGH, Urteil vom 24.3.2004, VIII ZR 44/03, WuM 2004, 337).

Der BGH erkennt zwar an, dass die genannten Vorschriften ihrer Bestimmung nach nur auf den öffentlich geförderten Wohnraum und nicht auf den frei finanzierten Wohnungsbau anzuwenden sind. Dennoch besteht nach Auffassung des BGH ein erhebliches praktisches Bedürfnis nach der Anwendung eines allgemein anerkannten Maßstabs für die Wohnflächenberechnung im Mietrecht.

Der BGH hat sich in seinen bisher ergangenen Entscheidungen jedoch nicht zugunsten einer bestimmten Berechnungsmethode für die Wohnfläche ausgesprochen (zum Beispiel DIN 283, DIN 277, II. BV, WoFlV), sondern überlässt es grundsätzlich den Vertragsparteien, hierüber eine Vereinbarung im Mietvertrag zu treffen. Fehlen jedoch Angaben im Mietvertrag, wie die Wohnfläche zu ermitteln ist, ist zunächst zu prüfen, ob ein gewisser Berechnungsmodus **ortsüblich** ist oder nach Art der Wohnung näher liegend (BGH, Urteil vom 23.5.2007, VIII ZR 231/06, WuM 2007, 441; AG Brandenburg, Urteil vom 14.7.2011, 31 C 102/09, WuM 2011, 485).

Dementsprechend hat der BGH in einer späteren Entscheidung vom 22.4.2009 auch festgestellt, dass sich die Ermittlung einer im Mietvertrag vereinbarten Wohnfläche nach den für den preisgebundenen Wohnraum **im Zeitpunkt des Abschlusses** des Mietvertrags maßgeblichen Bestimmungen richtet (VIII ZR 86/08, WuM 2009, 344). Das bedeutet für Mietverträge, die bis 31.12.2003 abgeschlossen wurden, dass die Bestimmungen der §§ 42ff II. BV Anwendung finden, für Verträge, die ab 1.1.2004 abgeschlossen wurden, gelten die Regelungen der WoFlV.

HINWEIS

Je nach Berechnungsmethode kann es daher in der Praxis dazu kommen, dass sich für ein und dieselbe Wohnung unterschiedliche Ergebnisse bei der Wohnflächenermittlung ergeben.

Grundsätzlich gilt:

- Mietvertragsabschluss vor 1.1.2004: Anwendung von §§ 42ff II. BV
- Mietvertragsabschluss ab 1.1.2004: Anwendung der WoFlV

Zu beachten ist ferner, dass für die Ermittlung von Flächen von **Gewerberäumen** zwingend anzuwendende Rechtsvorschriften nicht existieren. Die Flächenberechnung für Gewerbeobjekte erfolgt häufig nach DIN 277 oder den Richtlinien der Gesellschaft für immobilienwirtschaftliche Forschung (gif). Es wird daher empfohlen, im Mietvertrag die einschlägige Berechnungsart oder die zu berücksichtigenden Flächen zu vereinbaren bzw. festzulegen. Mitvermietete Kellerflächen sind in die Berechnung der Nutzflächen einzubeziehen, da sie als Funktionsfläche dienen (LG Hildesheim, Urteil vom 27.8.2009, 4 O 376/08, GuT 2010, 194). Der gewerbliche Mieter kann nicht verlangen, dass der Nutzflächenberechnung die für Wohnraum geltenden Bestimmungen der §§ 42ff II. BV (jetzt: Wohnflächenverordnung) zugrunde gelegt werden (AG Bad Segeberg, Urteil vom 22.12.2011, 17 C 179/10).

8.2 Einzelheiten

Die Regelungen der WoFlV, die diejenigen der §§ 42ff II. BV ersetzt haben, sind stark an die Bestimmungen der §§ 42ff II. BV angelehnt. Es wurden nur wenige inhaltliche Änderungen vorgenommen. In der Praxis dürfte jedoch die in § 4 Nr. 4 eingeführte Regelanrechnung in der Höhe von ein Viertel für die Grundflächen von Balkonen, Terrassen, Loggien und Dachgärten die größten Auswirkungen haben, da diese Grundflächen vor Inkrafttreten der WoFlV mit der Hälfte ihrer Flächen in Ansatz gebracht werden konnten.

8.2.1 Was zählt zur Grundfläche?

§ 2 WoFlV enthält, wie bisher § 42 II. BV, die Definition der Grundflächen, die zur Wohnfläche gehören. Darüber hinaus sind in § 2 Abs. 2 nunmehr Räume aufgezählt, deren Grundflächen ebenfalls zur Wohnfläche gerechnet werden, was andernfalls streitig sein könnte:

- Wintergärten, Schwimmbäder und ähnliche nach allen Seiten geschlossene Räume (zum Beispiel Hobbyraum, Sauna)
- Balkone, Loggien, Dachgärten und Terrassen

Im Rahmen des § 2 Abs. 2 Nr. 2 WoFlV finden nunmehr auch die Flächen von **Terrassen** bei der Ermittlung der Wohnfläche Berücksichtigung, was bisher grundsätzlich nicht der Fall war.

Nicht in die Verordnung übernommen wurde der „gedeckte Freisitz". Die Anrechnung von Flächen gedeckter Freisitze spielte in der Praxis eine eher untergeordnete Rolle. Ob der vorhandene Sichtschutz ausreichend und somit die Freifläche bei der Wohnflächenermittlung zu berücksichtigen ist oder nicht, spielt nun keine Rolle mehr, da jetzt Terrassenflächen ganz allgemein bei der Wohnflächenermittlung berücksichtigt werden.

Die Einbeziehung der Terrassenfläche ist jedenfalls praxisgerecht, da der Wert einer Wohnung und deren Vermietbarkeit in jedem Fall höher bzw. besser sind, wenn eine entsprechende Freifläche zur Verfügung steht. Allerdings wird es in diesem Zusammenhang wiederum Streitigkeiten geben, da die Größe einer Terrasse — anders als die einer Balkonfläche — verändert werden kann und somit auch die Wohnfläche. Nach einer Entscheidung des AG Hamburg vom 31.8.2006 (49 C 572/05, WuM 2007, 405) kann die Fläche einer Terrasse jedoch dann nicht zur Wohnfläche gezählt werden, wenn sie nicht von der Wohnung aus direkt betreten werden kann, sondern nur über das Treppenhaus oder den Keller des Hauses.

§ 2 Abs. 3 WoFlV enthält eine Aufzählung derjenigen Räume, deren Grundflächen **nicht** zur Wohnfläche gehören:

- Zubehörräume, insbesondere Kellerräume, Abstellräume und Kellerzusatzräume **außerhalb** der Wohnung, Waschküchen, Bodenräume, Trockenräume, Heizungsräume und Garagen
- Räume, die nicht den an ihre Nutzung zu stellenden Anforderungen des Bauordnungsrechts der Länder genügen
- Geschäftsräume

Zubehörräume sind solche, die nicht dem dauernden oder vorübergehenden Aufenthalt zu unmittelbaren Wohnzwecken, gleichwohl aber mittelbar Wohnzwecken dienen und außerhalb des engeren Wohnbereichs liegen.

Abstellräume, die sich **innerhalb** der Wohnung befinden, zählen zur Wohnfläche.

Wird ein Zimmer innerhalb der Wohnung zu beruflichen oder gewerblichen Zwecken genutzt, so liegt gleichwohl kein Geschäftsraum im Sinne des § 2 Abs. 3 WoFlV vor. Die Flächen derart genutzter Räume zählen jedenfalls zur Wohnfläche.

Entsprechen Räume nicht den an ihre Nutzung zu stellenden Anforderungen des Bauordnungsrechts der Länder, so sind sie gemäß § 2 Abs. 3 Nr. 2 WoFlV grundsätzlich nicht bei der Wohnfläche zu berücksichtigen.

Allerdings hat der BGH in einer Entscheidung vom 16.9.2009 festgestellt, dass Flächen, die im Mietvertrag als Wohnflächen vereinbart sind, als solche zu berücksichtigen sind, auch wenn sie öffentlich-rechtlichen Anforderungen nicht genügen. Öffentlich-rechtliche Nutzungsbeschränkungen vermieteter Wohnräume berechtigen den Mieter nicht zu einer Mietminderung, wenn deren Nutzbarkeit mangels Einschreitens der Behörde nicht eingeschränkt ist (BGH, Urteil vom 16.9.2009; VIII ZR 275/08, WuM 2009, 661).

Zu beachten ist des Weiteren, dass die Flächen von Räumen, die erst durch den Mieter selbst zu Wohnraum ausgebaut wurden, vom Vermieter nicht im Rahmen des Verteilerschlüssels zu berücksichtigen sind, so jedenfalls entschied das LG Berlin (Urteil vom 10.2.1998, 64 S 182/97, NZM 1999, 307).

8.2.2 Wie wird die Grundfläche ermittelt?

§ 3 WoFlV enthält die **technischen Vorgaben**, wie die Ermittlung der Grundflächen zu erfolgen hat. Danach muss die Berechnung grundsätzlich zwischen den **lichten Bauteilen** erfolgen, wobei von der Vorderkante der Bekleidung auszugehen ist. Ein **Putzabschlag** von drei Prozent, wie in § 43 II. BV noch vorgesehen, ist nicht mehr vorzunehmen. Hier wurde berücksichtigt, dass im Bauwesen zunehmend Fertigbauteile verwendet werden und es daher eines Abschlags für den Putz nicht mehr bedarf.

§ 3 Abs. 2 WoFlV enthält eine Auflistung derjenigen Bauteile, die bei der Ermittlung der Grundfläche mit einzubeziehen sind.

§ 3 Abs. 3 WoFlV entspricht im Wesentlichen den Bestimmungen des § 43 Abs. 4 und Abs. 5 S. 1 Nr. 1, S. 2 II. BV.

Neu ist allerdings, dass solche **Raumteile** (zum Beispiel Konsolen, Vormauerungen etc.) bei der Ermittlung der Grundfläche unberücksichtigt bleiben, die eine **Höhe von über 1,5 Metern** aufweisen und deren Grundfläche mehr als 0,1 Quadratmeter beträgt.

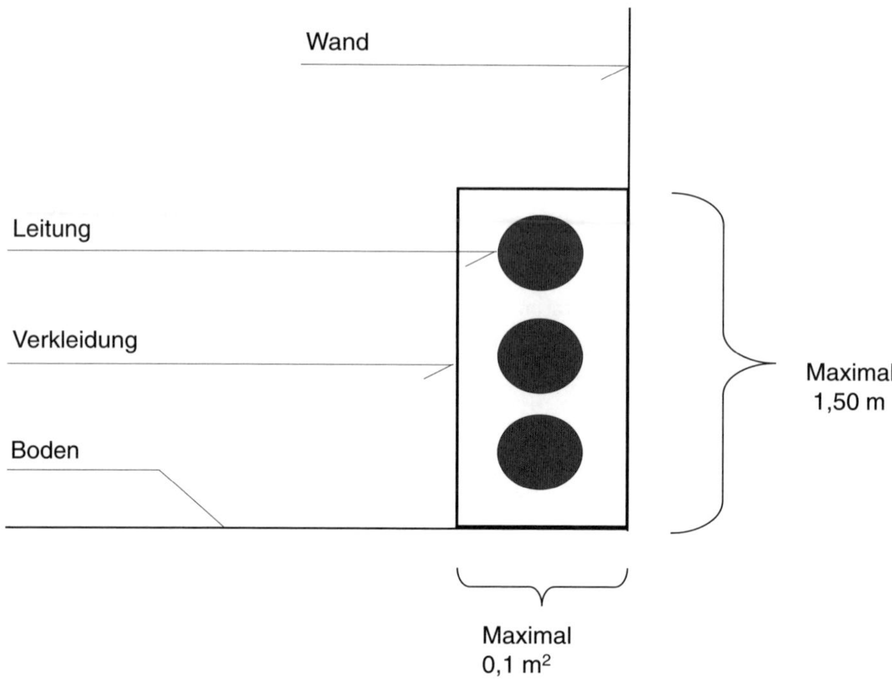

Abb. 1: Unberücksichtigte Raumteile

Dadurch soll sichergestellt sein, dass nur diejenigen Raumteile zur Grundfläche gerechnet werden, die auch tatsächlich nutzbar sind. Dies wurde vom Gesetzgeber bei einer Höhe bis 1,5 Meter noch bejaht. Zu denken ist hierbei an Verkleidungen von Installationen, deren Oberfläche zum Beispiel noch als Ablage genutzt werden kann (häufig in Bädern zu finden).

§ 3 Abs. 4 WoFlV regelt, dass die Ermittlung der Grundfläche durch Ausmessen im fertiggestellten Wohnraum oder aufgrund einer **Bauzeichnung** zu erfolgen hat. War bisher nach den Bestimmungen der II. BV noch die Ermittlung der Grundflächen aus den Fertig- oder den Rohbaumaßen möglich, so bedarf es nun grundsätzlich einer Bauzeichnung, wenn anhand der lichten Maße eine Grundflächenermittlung nicht möglich ist, weil zum Beispiel der Bau noch nicht fertiggestellt ist. Auch eine vom Bauplan abweichende Bauweise erfordert eine Neuvermessung.

Vorgaben, wie die Bauzeichnung auszusehen hat, werden von der WoFlV nicht gemacht. In der Praxis müssen sich die Gerichte damit auseinandersetzen, ob die vorgelegten Bauzeichnungen im Zweifel ausreichen, um die Wohnflächenberechnung darstellen zu können.

Eine Vereinfachung bringt diese Regelung im Vergleich zur II. BV nicht, denn danach konnte unschwer aus den für die Baugenehmigung vorzulegenden Plänen die Ermittlung der Rohbau- oder Fertigmaße erfolgen. Nach der neuen Regelung der WoFlV müsste ein weiterer Plan vorgelegt werden, der die Wohnflächenermittlung erläutert. Dies führt unweigerlich zu Kostensteigerungen.

8.2.3 Wie werden die Grundflächen bei der Wohnfläche angerechnet?

§ 4 WoFlV enthält die Bestimmungen, welche Grundflächen, die nach den §§ 2 und 3 WoFlV zu ermitteln sind, für die Wohnfläche angerechnet werden. Es sind nunmehr auch die Raumteile unter Treppen entsprechend den Raumteilen unter Dachschrägen zu berücksichtigen. Danach sind die Grundflächen

- von Räumen oder Raumteilen mit einer lichten Höhe von mindestens zwei Metern vollständig,
- von Räumen und Raumteilen mit einer lichten Höhe von mindestens einem Meter und von weniger als zwei Metern zur Hälfte anzurechnen.

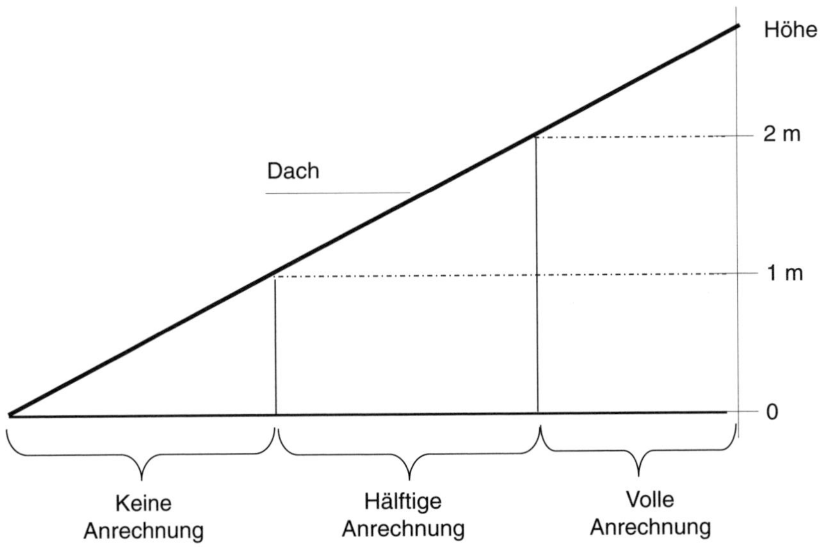

Abb. 2: Anrechnung von Raumteilen unter dem Dach

Die Angleichung der Bestimmung auch auf Raumteile unter Treppen ist nur interessengerecht, ein sachliches Unterscheidungskriterium liegt nicht vor.

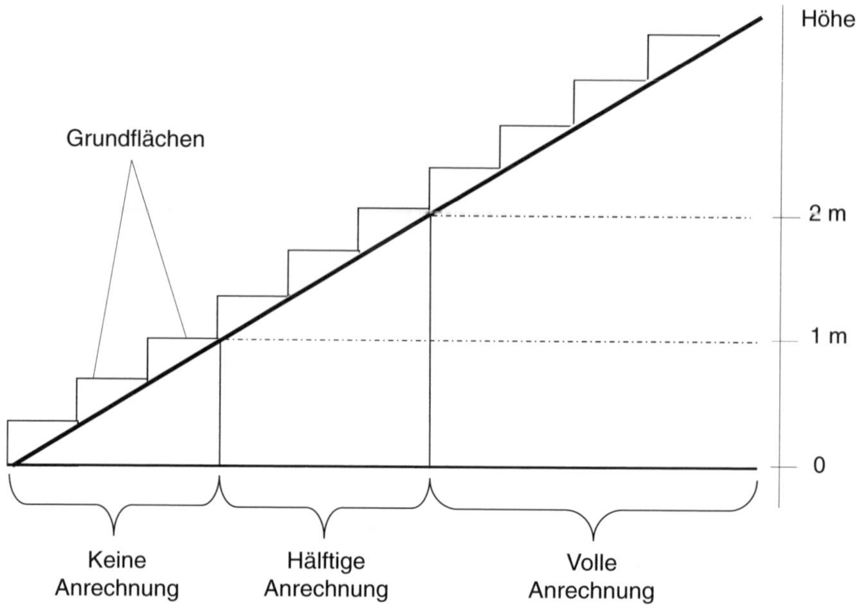

Abb. 3: Anrechnung von Raumteilen unter der Treppe

Des Weiteren wird nunmehr bei **Wintergärten** danach unterschieden, ob diese beheizt werden können oder nicht.

- Fehlt eine Beheizungsmöglichkeit, so erfolgt eine hälftige Anrechnung der Grundfläche.
- Ist der Wintergarten beheizbar, wird seine Grundfläche vollständig berücksichtigt.

Zu beachten ist jedoch, dass die Heizung vom Vermieter eingebaut sein muss, andernfalls kann er die Grundfläche des Wintergartens nicht zu 100 Prozent berücksichtigen.

Schwimmbäder und ähnliche nach allen Seiten geschlossene Räume sind dagegen grundsätzlich zur Hälfte bei der Wohnfläche anzurechnen. Hierunter fallen auch die **Hobbyräume**.

Es ist allerdings nicht ersichtlich, warum ein Hobbyraum, der in der Regel beheizbar ist, nicht auch vollständig mit seiner Grundfläche bei der Wohnfläche Berücksichtigung findet, vergleichbar mit dem beheizbaren Wintergarten. Hier eine unterschiedliche Wertung zuzulassen ist sachlich nicht gerechtfertigt.

Es ist daher auch strittig, wie Flächen von Räumen, die sich im Untergeschoss befinden, zum Beispiel Hobbyräume, zu berücksichtigen sind, wenn es um die Heizkostenabrechnung geht. Nach § 7 Abs.1 S. 5 und § 8 Abs. 1 HeizKV sind die Grundkosten, das heißt die verbrauchsunabhängigen Kosten, im Rahmen der Heiz- und Warmwasserkostenabrechnung nach dem Verhältnis der Wohn- und Nutzflächen zu verteilen. Rechnet man die Fläche eines Hobbyraums mit der Hälfte seiner Grundfläche zur Wohnfläche, so ist das dann problematisch, wenn dieser Raum über eine **Beheizung** verfügt. Man sollte ihn daher wie jeden anderen Wohnraum mit der gesamten Grundfläche bei der Wohnfläche und somit bei der Kostenverteilung berücksichtigen. So hat es auch der BGH in einer Entscheidung vom 23.5.2007 (VIII ZR 231/06, NZM 2007, 595) gesehen. Der gegenständliche Hobbyraum verfügte über eine lichte Höhe von mindestens zwei Metern, war beheizt, als Wohnraum uneingeschränkt nutzbar und entsprechend genutzt worden. Für diesen Fall hatte der BGH eine 100-prozentige Berücksichtigung der Grundfläche des Hobbyraums als Wohnfläche anerkannt. Selbst wenn die Fläche des Hobbyraums je nach Einzelfall mit 100 Prozent seiner Fläche bei der Wohnflächenberechnung in Ansatz zu bringen ist, wird hierdurch keine andere als die von der Teilungserklärung genehmigte Nutzung zugelassen. Hobbyräume dürfen daher allenfalls **nur vorübergehend** zu Wohnzwecken genutzt werden (BGH, Urteil vom 16.6.2001, V ZA 1/11, ZMR 11/967).

Anders ist der Fall zu bewerten, wenn es um Freiflächen geht, die nach § 4 Nr. 4 WoFlV in der Regel mit einem Viertel ihrer Fläche zur Wohnfläche berücksichtigt werden. Diese Freiflächen sind nicht beheizt und müssten daher bei der Verteilung der Heiz- und Warmwasserkosten gänzlich aus dem Verteilerschlüssel herausgenommen werden, so jedenfalls hat es das AG Münster entschieden (Urteil vom 23.2.1983, 6 C 28/83, WuM 1983, 207). § 7 Abs. 1 S. 2 HeizKV sieht vor, dass die Grundkosten für die Versorgung mit Wärme entweder nach der Wohn- und Nutzfläche oder dem umbauten Raum verteilt werden können. Der Vermieter hat jedoch den Umlageschlüssel nach billigem Ermessen auszuüben, § 315 Abs. 1 BGB. Das kann zur Folge haben, dass der Vermieter die Wohnflächen nicht als Verteilerschlüssel heranziehen kann, wenn nicht alle Wohneinheiten über gleich große Balkone verfügen bzw. in den Einheiten gar keine Balkone vorhanden sind (AG Pankow-Weißensee, Urteil vom 6.11.2007, 8C 139/07, juris-i).

Die Problematik, dass für ein und dieselbe Wohnung unterschiedliche Wohnflächen in Ansatz gebracht werden können, hat bereits das BayObLG in einer Entscheidung vom 20.7.1983 (REMiet 6/82, ZMR 1983/387) gesehen. Das Gericht hat nämlich festgestellt, dass die Wohnfläche, die für die Berechnung einer Mieterhöhung zugrunde gelegt wird, nicht unbedingt identisch mit derjenigen Fläche sein muss, die für die Heiz- und Warmwasserkostenabrechnung maßgeblich ist. Entscheidend sind nach Auffassung des BayObLG immer die Umstände des Einzelfalls.

Nach Ansicht des AG Köln ist die Fläche eines **Kellerraums**, in dem sich ein nicht betriebener Heizkörper befindet, nicht zur Wohnfläche bei der Heizkostenabrechnung zu zählen (Urteil vom 28.11.2000, 205, C 146/00, WuM 2001, 449).

Die in der Praxis so bedeutungsvolle Berücksichtigung von Balkonen, Loggien, Dachgärten und Terrassen hat durch die WoFlV eine Änderung erfahren. Zum einen werden jetzt auch Terrassenflächen berücksichtigt, zum anderen sieht § 4 Nr. 4 WoFlV, anders als die II. BV, eine **Regelanrechnung** dieser Flächen von **einem Viertel**, höchstens jedoch der Hälfte vor.

War bereits in der Vergangenheit die Bewertung solcher Flächen äußerst umstritten, so bringt die neue Regelanrechnung nur auf den ersten Blick eine Erleichterung. Denn die Verordnungsbegründung lässt für besondere Einzelfälle, nämlich bei besonders guten Lagen oder aufwendigen Balkon- und Terrassengestaltungen, die zu einem höheren Wohnwert des Balkons oder der Terrasse als im Normalfall führen, eine Abweichung von der Regelanrechnung zu.

Folgende beispielhaft aufgeführten Kriterien können bei der Bewertung der Grundflächen von Balkonen, Loggien, Terrassen und Dachgärten eine Rolle spielen:

- Ausrichtung nach Süden, Westen, Südwesten
- Ausstattung mit Markise, Pflanztrögen, Wasseranschluss
- Blick ins Grüne, ruhige Lage
- Guter Grundriss, der es gestattet, Stühle und Tische aufzustellen
- Ausrichtung nach Norden, Nordosten
- Starke Lärm- und Geräuschbelästigung
- Erhebliche Verschattung durch Bäume u. Ä.
- Ausblick auf Kreuzung, Fabrikanlage o. Ä.

Die Gerichte werden sich also weiterhin mit den Umständen des Einzelfalls befassen müssen, um eine interessengerechte Anrechnung dieser Flächen zu erreichen. Zu beachten ist hierbei, dass eine Abweichung von der Regelanrechnung auch nach unten infrage kommt, wenn zum Beispiel der Balkon auf eine sehr verkehrsreiche Straße oder frequentierte Kreuzung ausgerichtet ist.

HINWEIS

Für Wohnflächen, die bis zum 31.12.2003 auf der Grundlage der §§ 42 bis 44 II. BV berechnet wurden, bleiben diese Berechnungen verbindlich. Eine Neuberechnung von Wohnflächen allein durch das Inkrafttreten der WoFlV ist nicht geboten. Für sog. Altfälle soll es bei den bisherigen Berechnungen der Wohnfläche bleiben.

Werden aber in den in Satz 1 genannten Fällen nach dem 31.12.2003 bauliche Veränderungen an dem Wohnraum vorgenommen, die eine Neuberechnung der Wohnfläche erforderlich machen, sind die Vorschriften der WoFlV anzuwenden.

Bauliche Veränderungen, die eine Neuberechnung der Wohnfläche erforderlich machen, sind Umbauten, die Grundriss- bzw. Flächenänderungen zur Folge haben, zum Beispiel Aufstockung von Gebäuden, Ausbau von Dachgeschossen oder Einbau von Aufzügen zulasten von Wohnflächen.

8.3 Vereinbarungen von Flächenangaben im Mietvertrag

Die Mietvertragsparteien können im Rahmen des Vertragsabschlusses über die Flächen des Mietobjekts Vereinbarungen treffen. Der Vermieter kann zum einen über die **Art der Berechnungsmethode**, zum Beispiel die Anwendung der WoFlV, oder zum anderen über die Berücksichtigung von Flächen bestimmter Räume zur Wohnfläche eine Einigung erzielen.

Dass es im Einzelfall von großer Bedeutung sein kann, dass die Parteien im Mietvertrag eindeutige Regelungen über den Verteilerschlüssel treffen, zeigt ein vom BGH entschiedener Fall. Danach war im Mietvertrag die Umlage der Betriebskosten nach dem Verhältnis der Wohn- und Nutzflächen vereinbart. Es handelte sich jedoch um eine Eigentumswohnung, sodass der Vermieter die Grundsteuergebühr seiner Wohnung konkret zuordnen konnte.

Gleichwohl hat der BGH entschieden, dass der im Mietvertrag vereinbarte Verteilerschlüssel (Wohn- und Nutzfläche) auch für die Grundsteuer gilt, sofern im Mietvertrag keine Anhaltspunkte für eine einschränkende Auslegung enthalten sind. In diesem Fall durfte der Eigentümer bei der Abrechnung nicht die auf die Wohnung anfallende Grundsteuer ansetzen, sondern er hätte die Summe der Grundsteuerbeträge aller Wohnungen des Anwesens ermitteln müssen, um anschließend wieder eine Verteilung nach Fläche vorzunehmen (BGH, Urteil vom 26.5.2004, VIII ZR 169/03, WuM 2004, 403).

TIPP

In Anbetracht dieses Urteils sollte im Mietvertrag unbedingt eine klare Regelung zu den Verteilerschlüsseln getroffen werden, wonach Betriebskosten, die konkret zugeordnet werden können (zum Beispiel durch Verbrauchserfassung

oder Kabelgebühren nach Wohneinheiten oder Grundsteuer nach dem Grundsteuerbescheid der Eigentumswohnung) vom allgemeinen Umlagemaßstab (Wohn- und Nutzfläche oder Miteigentumsanteil) ausgenommen sind und mit dem konkreten Betrag in Rechnung gestellt werden.

Bei älteren Verträgen, in denen diese Klarstellung fehlt, könnte der Vermieter möglicherweise von seinem Änderungsrecht gemäß § 556a Abs. 2 BGB Gebrauch machen.

Haben die Parteien in einem Wohnraummietvertrag vereinbart, dass die Wohnfläche nach den §§ 42ff II. BV zu berechnen ist, so kann die Anwendung dieser Bestimmungen nicht deshalb verneint werden, weil bei dem Gebäude (Fachwerkhaus) niedrige Deckenhöhen und frei liegende Balken vorhanden sind und die Bestimmungen der II. BV solche Räume nicht im Blick gehabt haben soll (BGH, Urteil vom 8.7.2009, VIII ZR 218/08, WuM 2009, 514).

Für einen Gewerbemietvertrag hat es der BGH als zulässig erachtet, wenn bei noch zu erstellenden Gewerberäumen der Mietzins anhand der noch aufzumessenden **Bruttomietfläche** vereinbart wird. In diesem Fall konnte der Mieter die Innenaufteilung durch Anordnung von Trennwänden selbst bestimmen. Bei Gewerbeflächen ist regelmäßig die **Nutzfläche** maßgeblich. Die Vertragsparteien können hier vereinbaren, dass für die Flächenermittlung die **DIN 277** zugrunde gelegt wird (BGH, Urteil vom 4.10.2000, XII ZR 44/98, NZM 2001, 234).

Die DIN 277 wird oft bei der Flächenberechnung von Gewerbeobjekten angewandt. Daneben finden auch die Richtlinien der Gesellschaft für Immobilienwirtschaftliche Forschung (gif) e. V. Anwendung. Das LG Hildesheim hat deshalb Kellerräume, die zu einem Ladenlokal gehören, als Nutzfläche berücksichtigt (Urteil vom 27.8.2009, 4 O 376/08, DWW 2010, 104; GuT 2010, 194).

Kann entgegen vertraglichen Bestimmungen nicht verbrauchsabhängig abgerechnet werden, so bestehen keine formellen Bedenken, wenn in der Abrechnung als Verteilermaßstab die Wohnfläche zugrunde gelegt wurde (BGH, Urteil vom 13.3.2012, VIII ZR 218/11, WuM 2012, 316, ZMR 2012, 615). Ist im Mietvertrag eine **bestimmte Wohnfläche vereinbart** worden, richtet sich die Berechnungsmethode nach den im Zeitpunkt des Vertragsabschlusses maßgeblichen Bestimmungen (BGH, Urteil vom 23.5.2007, VIII ZR 231/06, NJW 2007, 2624). Sollen daher die Flächen von Terrassen, Loggien und Balkonen ermittelt werden, kommt es auf den **Zeitpunkt des Vertragsabschlusses** an. Für Verträge, die nach dem 1.1.2004 geschlossen wurden, ist für diese Freiflächen eine Regelanrechnung von einem Viertel (§ 4 Nr. 4 WoFlV) vorgesehen. Für Vertragsabschlüsse vor dem 1.1.2004 sind nach den Bestimmungen der §§ 42ff II. BV die Flächen von Balkonen, Loggien und Dachterrassen jedoch bis zur Hälfte anzurechnen. In dem vom BGH zu entscheidenden Fall war danach eine **Dachterrasse** mit der Hälfte ihrer Fläche zu berücksichtigen (BGH, Urteil vom 22.4.2009, VIII ZR 86/08, NZM 2009, 477).

Werden in einem Mietvertrag bestimmte Räume (zum Beispiel **Galerieräume**) **ausdrücklich** als Teil der Wohnfläche bestimmt, zählen diese Räume bzw. Flächen auch zur Wohnfläche, wenn sie aufgrund bauordnungsrechtlicher Bestimmungen keine Aufenthaltsräume sind (BGH, Urteil vom 16.12.2009, VIII ZR 39/09, WuM 2010, 150). Das gilt auch für Räume in einem **Untergeschoss**, wenn sich die Parteien darüber einig waren, dass diese zu Wohnzwecken genutzt werden sollen. Der BGH stellt fest, dass es für eine Beschaffenheitsvereinbarung über den Umfang von Wohnflächen darauf ankommt, welcher beabsichtigte Nutzungszweck gelten soll. Entscheidend ist nicht die Frage, ob der geplanten Nutzung öffentlich-rechtliche Gründe entgegenstehen (BGH, Urteil vom 29.9.2009, VIII ZR 242/08, WuM 2009, 662).

Für die Verteilung von Heizkosten in einer Wohnungseigentümergemeinschaft gelten nach Auffassung des OLG Schleswig die in einer Teilungserklärung festgelegten Flächen der Eigentumswohnungen (Beschluss vom 1.3.2007, 2 W 196/06, WuM 2007, 471).

Häufig haben sich die Parteien bei Vertragsabschluss keine Gedanken über den Flächenumfang und über die Berechnungsmethode gemacht. Es gilt dann zu bewerten, ob eventuell eine **konkludente Wohnflächenvereinbarung** vorliegt. Nach Auffassung des BGH ist bei frei finanziertem Wohnraum der Begriff der Wohnfläche grundsätzlich nach den für preisgebundenen Wohnraum geltenden Bestimmungen auszulegen. Danach sind entweder die Bestimmungen der §§ 42ff II. BV oder diejenigen der WoFlV anzuwenden, sofern keine andere Berechnungsmethode ortsüblich oder nach Art der Wohnung näher liegt (BGH, Urteil vom 23.5.2007, VIII ZR 231/06, NZM 2007, 356). Eine Anwendung der **DIN 283** scheidet regelmäßig aus, auch wenn sie zu einem anderen Ergebnis führt. Die Parteien müssen die Anwendung der DIN 283 ausdrücklich vereinbart haben.

Die Verwendung des Begriffs „Mietraumfläche“ führt nach Ansicht des BGH zu keiner anderen Bewertung der Flächen. Auch hier kommt es darauf an, welche Bestimmungen zum Zeitpunkt des Abschlusses des Mietvertrags gegolten haben, danach richtet sich dann die Ermittlung der Wohnfläche (BGH, Urteil vom 21.10.2009, VIII ZR 244/08, GE 2010, 119).

In einer Entscheidung hat der BGH eine konkludente Beschaffenheitsvereinbarung über die Wohnungsgröße angenommen, obwohl der Mietvertrag selbst keine Wohnflächenangaben enthielt, indem er die bei Vertragsanbahnung übersandte

Wohnungsskizze, die eine Wohnflächenangabe enthielt, für maßgeblich gehalten hat (BGH, Urteil vom 23.6.2010, VIII ZR 256/09, WuM 2010, 480). Eine stillschweigende Vereinbarung über eine Wohnfläche kann jedoch dann nicht angenommen werden, wenn der Vermieter nach Abschluss des Mietvertrags eine sog. Vermieterbescheinigung ausstellt, aus der sich eine konkrete Wohnfläche ergibt (AG Bad Segeberg, Beschluss vom 7.4.2014, 17 C 268/ 13, juris-i).

Wird die Wohnfläche im Mietvertrag nicht vereinbart und bei den Vertragsverhandlungen zwischen den Vertragsparteien nicht thematisiert, so führt eine fehlerhafte Wohnflächenangabe im Zeitungsinserat nicht zu einer Vertragsanfechtung oder zu Gewährleistungsansprüchen des Mieters, so das AG Frankfurt /Main (Urteil vom 5.5.2006, 33 C 5827 06-50, WuM 2007, 315).

8.4 Rechtsfolgen falscher Flächenangaben im Mietvertrag

Ist im Mietvertrag eine **bestimmte Wohnungsgröße** vereinbart worden und stellt sich diese im Nachhinein als falsch heraus, handelte es sich nach früherer Auffassung nicht um die Zusicherung einer Eigenschaft, § 536 Abs. 2 BGB, so jedenfalls bisher OLG Dresden (RE vom 15.12.1997, 3 AR 0090/97, NZM 1998, 184).

Der BGH sah dies jedoch anders. In einem Wohnraummietvertrag war eine Wohnfläche mit einer „Ca.-Fläche" angegeben worden. Die tatsächliche Mietfläche war jedoch um mehr als **zehn Prozent** kleiner als die im Mietvertrag angegebene Fläche. Der BGH bewertete diese Abweichung als Mangel im Sinne des § 536 Abs. 1 S. 1 BGB mit der Folge, dass die Mietpartei zur Mietminderung berechtigt war. Einer zusätzlichen Darlegung des Mieters, dass infolge der Flächendifferenz die Tauglichkeit der Wohnung zum vertragsgemäßen Gebrauch gemindert sei, bedurfte es nach Ansicht des BGH nicht. Eine Flächenabweichung um mehr als **zehn Prozent** der vereinbarten vertraglichen Fläche erachtet der BGH als erheblich (**Erheblichkeitsgrenze**). Eine darüber hinausgehende — auch nicht eine geringfügige — Maßtoleranz ist nicht anzuerkennen (BGH, Urteile vom 10.3.2010, VIII ZR 144/09, WuM 2010, 240 und vom 24.3.2004, VIII ZR 133/03, NZM 2004, 456; AG Dortmund, Urteil vom 26.11.2013, 425 C 7773/12, ZMR 2014, 469).

Wenn der Vermieter während der Vertragslaufzeit durch **Neuvermessung** feststellt, dass die Flächenangaben falsch sind, kann er grundsätzlich die korrigierten Flächengrößen zur Grundlage seiner Abrechnungen machen; dies soll sowohl bei einer Abweichung zugunsten als auch zulasten des Mieters möglich sein. In letzterem Fall ist der Vermieter sogar verpflichtet, der Abrechnung die korrigierte Fläche zugrunde zu legen, so jedenfalls das OLG Düsseldorf (Urteil vom 8.6.2000 10 U 94/99, DWW 2000, 194).

Übersteigt die in einem Mieterhöhungsverlangen angegebene und der Berechnung zugrunde gelegte die tatsächliche Wohnfläche, so kann der Mieter unter dem Gesichtspunkt der ungerechtfertigten Bereicherung die Rückzahlung der in der Folgezeit wegen fehlerhafter Berechnung überzahlten Miete zurückfordern, wenn die Abweichung mehr als zehn Prozent beträgt (BGH, Urteil vom 7.7.2004, VIII ZR 192/03, NZM 2004, 699).

In diesem vom BGH entschiedenen Fall war im Mietvertrag die Wohnfläche nicht angegeben worden. In einem Mieterhöhungsverlangen ging der Vermieter von einer Fläche von 100 Quadratmetern aus. Im Prozess stellte sich eine reale Wohnfläche von 87,63 Quadratmetern heraus. Ein Mieterhöhungsverlangen mit falscher Wohnungsgröße ist nicht formell unwirksam, bei der Begründetheit des Erhöhungsverlangens ist jedoch die tatsächliche Größe zugrunde zu legen. Dem Mieter, dem dieser Sachverhalt erst nachträglich bekannt wird, stehen dem Vermieter gegenüber daher Ansprüche aus ungerechtfertigter Bereicherung zu, wobei die Verjährungsfrist drei Jahre beträgt.

Übersteigt hingegen die tatsächliche Wohnungsgröße die im Mietvertrag vereinbarte Wohnfläche, so ist einem Mieterhöhungsverlangen des Vermieters gleichwohl die vertraglich vereinbarte Wohnfläche zugrunde zu legen, wenn die Flächenüberschreitung **nicht mehr** als zehn Prozent beträgt. Der BGH führt hierzu in seinen Gründen aus, dass es bei einer Überschreitung der vertraglich vereinbarten Fläche um mehr als zehn Prozent in Betracht kommen wird, dass der **gutgläubige Vermieter** nicht auf Dauer an seinen Irrtum über die tatsächliche Größe der Wohnung gebunden bleibt, sondern dass er berechtigt ist, einem Mieterhöhungsverlangen die tatsächliche Wohnfläche zugrunde zu legen. Dies gilt jedenfalls für unbefristete Wohnraummietverhältnisse. Anders als bei anderen unbefristeten Dauerschuldverhältnissen kann der Vermieter aufgrund eines Kalkulationsirrtums nicht einseitig das Mietverhältnis kündigen. Der Kalkulationsirrtum stellt grundsätzlich keinen Kündigungsgrund dar (BGH, Urteil vom 23.5.2007, VIII ZR 138/06, WuM 2007, 450).

Allerdings kann sich ein Vermieter nicht auf falsche Flächenangaben im Mietvertrag berufen, wenn er **nicht gutgläubig** war. Das ist dann anzunehmen, wenn er bereits bei Vertragsabschluss wusste, dass die Flächenangaben nicht richtig angesetzt waren (LG Köln, Beschluss vom 11.10.2013, 10 S 139/13, ZMR, 2014, 125).

In einer weiteren Entscheidung vom 8.7.2009 bestätigt der BGH diese Rechtsauffassung, indem er bei einer Flächenabweichung um weniger als zehn Prozent zum Nachteil des Mieters die vereinbarte Wohnfläche gelten lässt (BGH, Urteil vom 23.5.2009, VIII ZR 205/08, WuM 2009, 460).

BEISPIEL

Die im Mietvertrag vereinbarte Wohnfläche beträgt 100 Quadratmeter. So würden sich die Regelungen bei unterschiedlichen tatsächlichen Wohnflächen auswirken:

1. **89 Quadratmeter: Die Abweichung ist größer als zehn Prozent (zum Nachteil des Mieters), die tatsächliche Fläche ist maßgeblich (ein Mangel liegt vor, der Mieter kann mindern).**
2. **111 Quadratmeter: Die Abweichung ist größer als zehn Prozent (zum Nachteil des Vermieters), die tatsächliche Fläche ist maßgeblich.**
3. **91 Quadratmeter: Die Abweichung ist kleiner als zehn Prozent, die vereinbarte Fläche ist maßgeblich (kein Mangel, Mieter kann nicht mindern).**
4. **109 Quadratmeter: Die Abweichung ist kleiner als zehn Prozent, die vereinbarte Fläche ist maßgeblich.**

Wird die Wohnfläche in einem Exposé eines Maklers falsch mitgeteilt, haftet der Makler bei einer nur unwesentlichen Abweichung, hier etwa 40 Quadratmeter angegeben, tatsächlich aber 38,5 Quadratmeter, nicht auf Schadensersatz (LG Stade, Urteil vom 30.11.2011, 5 O 202/11, DW 2012, NR 4, 63).

Stellt sich im Lauf eines Mietverhältnisses heraus, dass die im Mietvertrag mitgeteilte Fläche falsch ist, und beträgt die Flächenabweichung mehr als zehn Prozent zum Nachteil des Mieters, so stehen diesem in der Regel Ansprüche aus **ungerechtfertigter Bereicherung** für die zu viel bezahlten Mieten in der Vergangenheit zu (§§ 536, 812 Abs. 1 S. 1 BGB). Entsprechende Rückforderungsansprüche können jedoch verjährt sein. Für Ansprüche des Mieters aus ungerechtfertigter Bereicherung gilt die Regelverjährungsfrist von drei Jahren des § 195 BGB (BGH, Urteil vom 29.6.2011, VIII ZR 30/10, WuM 2011, 464). Die **Verjährung** beginnt mit dem Schluss des Jahres, in dem der Anspruch entstanden ist und der Gläubiger von den diesen Anspruch begründenden Umständen und der Person des Schuldners Kenntnis erlangt oder ohne grobe Fahrlässigkeit hätte erlangen müssen, § 199 Abs. 1 BGB. Für die Kenntnis der Flächenabweichung kommt es auf eine reine Kenntnis der Tatsachen an. Es reicht daher aus, dass der Mieter die konkreten Längen, Breiten und Höhen seiner Mieträume in tatsächlicher Hinsicht kennt. Nicht erforderlich ist, dass der Mieter die Flächen in Quadratmetern ausmisst.

Der Zeitpunkt der Kenntnis ist in der Regel nach Einzug des Mieters in die Wohnung anzunehmen. Dies ist der Zeitpunkt, ab dem die Verjährungsfrist von drei Jahren in Gang gesetzt wird (AG Bonn, Urteil vom 18.4.2012, 203 C 55/11, juris-i). Anders beurteilt das LG München I den Zeitpunkt der „Kenntnis" von falschen Flächen durch den Mieter. Danach erlangt der Mieter nicht schon durch bloße Nutzung der Mieträume Kenntnis. Vielmehr liegt grob fahrlässige Unkenntnis im Sinne des § 199 Abs. 1 Nr. 2 BGB erst dann vor, wenn die im Verkehr erforderliche Sorgfalt in besonders schwerem Maß verletzt wurde. Der Mieter muss darüber hinaus naheliegende Überlegungen nicht angestellt oder das nicht beachtet haben, was im gegebenen Fall jedem hätte einleuchten müssen (Urteil vom19.12.2013, 31 S 6768/13, WuM 2014, 135). Es besteht nach Auffassung des LG München I keine Verpflichtung des Mieters, die Mieträume ohne konkreten Anlass auszumessen, um die Richtigkeit der Wohnflächenangaben im Mietvertrag zu überprüfen.

8.5 WoFlV im Vergleich mit II. BV und DIN 283

Die wesentlichen Regelungen über die Anrechnung von Raumteilen nach der WoFlV im Vergleich mit den Regelungen der §§ 42 bis 44 der II. BV und der DIN 283 sind folgende (in alphabetischer Folge):

Raumteil	Regelung nach		
	WoFlV	II. BV	DIN 283
Abstellraum außerhalb der Wohnung	zählt nicht zur Wohnfläche	wie WoFlV	keine Regelung
Badewanne	Stellfläche gehört zur Wohnfläche	wie WoFlV	wie WoFlV
Balkon	anrechenbar i. d. R. mit ¼ der Grundfläche	anrechenbar bis zu ½	wie WoFlV
Bauordnungswidrige Räume	zählen nicht zur Wohnfläche	wie WoFlV	keine Regelung
Bodenraum	zählt nicht zur Wohnfläche	wie WoFlV	keine Regelung
Dachgarten	anrechenbar i. d. R. mit ¼ der Grundfläche	anrechenbar bis zu ½	wie WoFlV
Duschwanne	Stellfläche gehört zur Wohnfläche	wie WoFlV	wie WoFlV

Raumteil	Regelung nach		
	WoFlV	II. BV	DIN 283
Einbaumöbel	Stellfläche gehört zur Wohnfläche	wie WoFlV, falls Grundfläche, mindestens 0,5 m^2	wie WoFlV
Fensterbekleidung/ -umrahmung	zählt zur Wohnfläche	wie WoFlV	wie WoFlV
Fensternischen, nicht bis zum Fußboden reichend und weniger als 0,13 m tief	zählen nicht zur Wohnfläche	wie WoFlV	wie WoFlV
Garage	zählt nicht zur Wohnfläche	wie WoFlV	keine Regelung
Geschäftsräume	zählen nicht zur Wohnfläche	wie WoFlV	wie WoFlV
Heizgerät	Stellfläche gehört zur Wohnfläche	wie WoFlV	wie WoFlV
Heizungsraum	zählt nicht zur Wohnfläche	keine Regelung	keine Regelung
Herd	Stellfläche gehört zur Wohnfläche	wie WoFlV	wie WoFlV
Hobbyraum	anrechenbar mit ½ der Grundfläche	keine Regelung	keine Regelung
Keller	zählt nicht zur Wohnfläche	wie WoFlV	wie WoFlV
Klimagerät	Stellfläche gehört zur Wohnfläche	wie WoFlV	wie WoFlV
Loggia	anrechenbar i. d. R. mit ¼ der Grundfläche	anrechenbar bis ½	wie WoFlV
Öfen	Stellfläche gehört zur Wohnfläche	wie WoFlV	wie WoFlV
Pfeiler	zählt nicht zur Wohnfläche, falls die Höhe über 1,5 m und die Grundfläche mehr als 0,1 m^2 beträgt	zählt nicht zur Wohnfläche, falls der Pfeiler raumhoch ist und die Grundfläche mehr als 0,1 m^2 beträgt	zählt nicht zur Wohnfläche, falls der Pfeiler raumhoch ist und die Grundfläche mehr als 0,1 m^2 beträgt

Raumteil	Regelung nach		
	WoFlV	II. BV	DIN 283
Raumteiler, Höhe mindestens 2 m	zählt voll zur Wohnfläche	wie WoFlV	wie WoFlV
Raumteiler, Höhe unter 1 m	zählt nicht zur Wohnfläche	wie WoFlV	wie WoFlV
Raumteiler, bewegliche	Stellfläche gehört zur Wohnfläche	keine Regelung	keine Regelung
Säule	zählt nicht zur Wohnfläche, falls die Höhe über 1,5 m und die Grundfläche mehr als 0,1 m^2 beträgt	zählt nicht zur Wohnfläche, falls die Säule raumhoch ist und die Grundfläche mehr als 0,1 m^2 beträgt	zählt nicht zur Wohnfläche, falls die Säule raumhoch ist und die Grundfläche mehr als 0,1 m^2 beträgt
Scheuerleisten	Stellfläche gehört zur Wohnfläche	wie WoFlV	wie WoFlV
Schornstein	zählt nicht zur Wohnfläche, falls die Höhe über 1,5 m und die Grundfläche nicht mehr als 0,1 m^2 beträgt	zählt nicht zur Wohnfläche, falls der Schornstein raumhoch ist und die Grundfläche nicht mehr als 0,1 m^2 beträgt	zählt nicht zur Wohnfläche, falls der Schornstein raumhoch ist und die Grundfläche nicht mehr als 0,1 m^2 beträgt
Schwimmbad	zählt mit ½ der Grundfläche zur Wohnfläche	wie WoFlV	keine Regelung
Terrasse	anrechenbar i. d. R. mit ¼ der Grundfläche	anrechenbar bis zu ½, falls die Terrasse „gedeckt“ (das heißt vor fremden Blicken geschützt) ist	anrechenbar bis zu ½, falls die Terrasse „gedeckt“ (das heißt vor fremden Blicken geschützt) ist
Treppe	zählt nicht zur Wohnfläche, falls die Treppe über drei Steigungen hat; auch Treppenabsätze zählen dann nicht zur Wohnfläche	wie WoFlV	wie WoFlV
Trockenraum	zählt nicht zur Wohnfläche	wie WoFlV	keine Regelung
Türbekleidung/ -umrahmung	zählt zur Wohnfläche	wie WoFlV	wie WoFlV

Raumteil	Regelung nach		
	WoFlV	II. BV	DIN 283
Türnischen	zählen nicht zur Wohnfläche	wie WoFlV	wie WoFlV
Wandnischen, offene	zählen nicht zur Wohnfläche, falls sie nicht bis zum Fußboden reichen und weniger als 0,13 m tief sind	wie WoFlV	wie WoFlV
Waschküche	zählt nicht zur Wohnfläche	wie WoFlV	keine Regelung
Wintergarten	zählt mit ½ der Grundfläche zur Wohnfläche	wie WoFlV	keine Regelung

9 Die Abrechnungsfrist und die Ausschlussfrist

9.1 Abrechnungspflicht

Gemäß § 556 Abs. 3 S. 1 BGB muss der Vermieter eine Betriebskostenabrechnung erstellen, wenn der Mieter eine monatliche Vorauszahlung auf die Betriebskosten leistet, und zwar sobald die sog. Abrechnungsreife vorliegt.

Diese **Abrechnungsreife** tritt mit dem Ablauf der Abrechnungsfrist ein. Das bedeutet, dass der Vermieter keinen Anspruch mehr auf Entrichtung von Vorauszahlungen für den Abrechnungszeitraum hat, sondern nur noch auf den Ausgleich eines sich aus einer Abrechnung ergebenden Saldos zulasten des Mieters.

! ACHTUNG

Auch wenn innerhalb der Abrechnungsfrist nicht abgerechnet wird und keine Nachforderung mehr geltend gemacht werden kann, besteht ein Anspruch des Mieters auf Abrechnung.

9.2 Abrechnungszeitraum

Mit Abrechnungszeitraum wird der Zeitraum bezeichnet, über den die Abrechnung zu erteilen ist.

Über die Betriebskostenvorauszahlungen muss der Vermieter jährlich abrechnen, § 556 Abs. 3 BGB. Hierbei handelt es sich grundsätzlich um eine Höchstzeitspanne mit der Folge, dass eine Abrechnung, die über mehr als zwölf Monate geht, nicht ordnungsgemäß und somit **nicht fällig** ist (LG Gießen, Urteil vom 21.1.2009, 1 S 288/08, DWW 2009, 189). Ausnahmsweise hat der BGH eine Abweichung von dieser gesetzlich vorgeschriebenen Höchstgrenze zugelassen, wenn beide Vertragsparteien einvernehmlich eine Verlängerung der jährlichen Abrechnungsperiode zum Zweck der Umstellung auf eine kalenderjährliche Abrechnung vereinbaren (BGH, Urteil vom 27.7.2011, VIII ZR 316/10, NZM 2011, 624).

Auch kürzere Abrechnungszeiträume sind im Ausnahmefall zulässig, zum Beispiel für die Zeit nach Einzug des Mieters bis zum Ende des für das Mietanwesen geltenden Abrechnungszeitraums (LG Berlin, Urteile vom 27.1.1987, 64 S 278/86, GE 1987, 281 und vom 23.4.1991, 64 S 458/90, GE 1991, 935).

Die Abrechnungsfrist von zwölf Monaten gilt auch bei **gewerblicher Vermietung**. Allerdings ist die Abrechnungsfrist bei Gewerbe keine Ausschlussfrist, weil § 556 Abs. 3 S. 3 BGB für Gewerbe keine analoge Anwendung findet (BGH, Urteile vom 27.1.2010, XII ZR 22/07, NJW 2010, 1065 und vom 17.11.2010, XII ZR 124/09, NJW 2011, 445). Das bedeutet, dass bei Überschreiten der Abrechnungsfrist der Gewerbemieter die laufende Vorauszahlung zurückbehalten kann. Der Vermieter kann die Nachforderung aber trotz Überschreiten der Abrechnungsfrist geltend machen.

Bei der Abrechnung muss der Vermieter angeben, welche einzelnen Betriebskostenarten in welchem Abrechnungszeitraum angefallen sind. Er braucht allerdings nicht nach dem Kalenderjahr abzurechnen. In Betracht kommt auch der Jahreszeitraum, innerhalb dessen regelmäßig die Abrechnungen der Versorgungsunternehmen erteilt werden, oder das Mietjahr (OLG Düsseldorf, Urteil vom 11.11.1997, 24 U 216/96, ZMR 1998, 219).

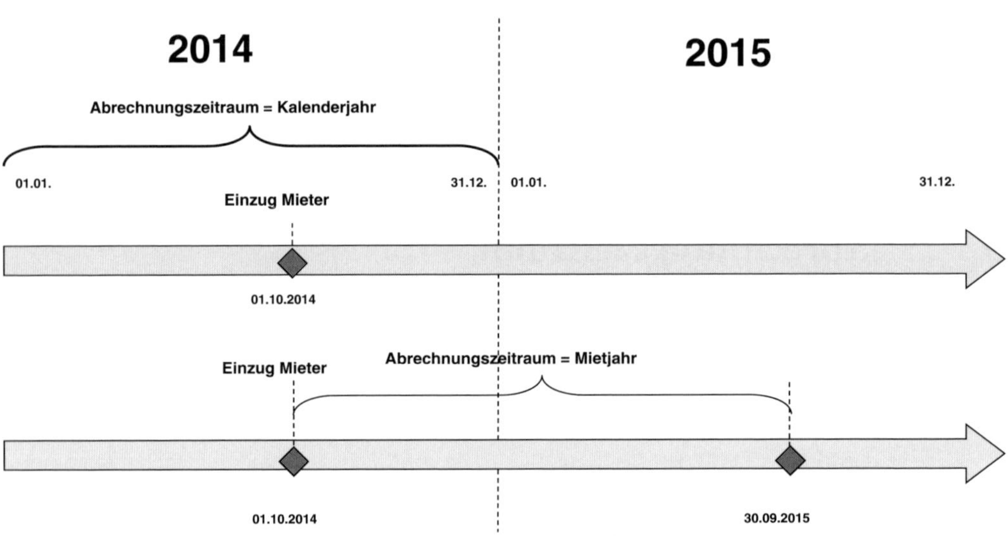

Abb. 4: Abrechnungszeitraum

Die Änderung des Abrechnungszeitraums kann nicht willkürlich vom Vermieter vorgenommen werden. Es müssen sachliche Gründe vorliegen, die den Vermieter berechtigen, die Abrechnungsperiode umzustellen. Das LG Berlin hat dem Vermieter zugebilligt, den Abrechnungszeitraum für Heizkosten auf eine kalenderjährliche Abrechnungspraxis umzustellen, weil die Betriebskosten bereits nach dem Kalenderjahr abgerechnet wurden. Mit den Stromkosten sei ein Kostenfaktor vorhanden, der sowohl in den Heizkostenabrechnungen als auch in den Betriebskostenabrechnungen zu berücksichtigen ist (LG Berlin, Urteil vom 29.8.2002, 67 S 505/01, GE 2002, 1627).

Laut Urteil des AG Tempelhof-Kreuzberg vom 15.9.2008 (20 C 208/07, GE 2009, 119) liegt ein sachlicher Grund für eine Umstellung gemäß § 315 BGB auch vor, wenn alle Mieter bis auf einen mit der Umstellung einverstanden sind. Die Anwendung eines anderen Abrechnungszeitraums nur für den einen Mieter, der sich gegen die Umstellung sträubt, sei aufwendig und technisch schwierig. Also darf auch in diesem Fall eine Umstellung ohne Einwilligung des Mieters erfolgen. Das bedeutet, dass ein Rumpfjahr ausnahmsweise zulässig ist.

Der Vermieter darf jedoch nur die Betriebskosten in Rechnung stellen, die im Abrechnungsjahr tatsächlich angefallen sind. In einer Abrechnung für verschiedene Betriebskostenarten darf er auch unterschiedliche Abrechnungszeiträume zugrunde legen. § 20 Abs. 3 S. 3 NMV gilt sowohl für preisgebundene als auch für preisfreie Wohnungen. Bei unterschiedlichen Abrechnungszeiträumen muss der Vermieter allerdings die gesonderten Abrechnungsfristen mit Ausschlusswirkung beachten.

Wenn über verbrauchsabhängige Betriebskosten nicht getrennt von den sonstigen Betriebskosten abzurechnen ist, so ist eine Gesamtabrechnung der Betriebskosten nicht deshalb formell unwirksam, weil der Abrechnungszeitraum einer in die Gesamtabrechnung eingestellten Abrechnung verbrauchsabhängiger Betriebskosten nicht deckungsgleich ist mit dem der Gesamtabrechnung zugrunde liegenden Abrechnungszeitraum. Bei einer auf das Kalenderjahr bezogenen Gesamtabrechnung über die Betriebskosten beginnt die Frist für die Abrechnung der Vorauszahlungen auf die Betriebskosten mit dem Ende des Kalenderjahres auch dann, wenn der in die Gesamtabrechnung einbezogene Heizkostenabrechnung ein davon abweichender Abrechnungszeitraum — etwa die Heizperiode — zugrunde liegt (BGH, Urteil vom 30.4.2008, VIII ZR 240/07, NZM 2008, 520). Dies gilt, wenn ein Vorauszahlungsbetrag für Betriebs- und Heizkosten vereinbart wurde. Zahlt der Mieter dagegen einen Vorauszahlungsbetrag für die Betriebskosten und einen Vorauszahlungsbetrag für die Heiz- und Warmwasserkosten müssen die unterschiedlichen Abrechnungszeiträume beachtet werden. In diesem Fall müsste eine Gesamtabrechnung so frühzeitig erstellt werden, dass auf jeden Fall die Abrechnungsfrist des früher begonnenen Abrechnungszeitraums eingehalten wird.

BEISPIEL

Der Mieter bezahlt eine Vorauszahlung für Heizung/Warmwasser von monatlich 80 EUR und eine Vorauszahlung für die Betriebskosten von monatlich 100 EUR. Die Heizperiode läuft vom 1.6.2012 bis zum 31.5.2013, der Abrechnungszeitraum für die Betriebskosten läuft vom 1.1.2013 bis 31.12.2013. Wenn eine Gesamtabrechnung für 2013 erstellt wird, muss diese dem Mieter spätestens bis zum 31.5.2014 zugestellt werden, weil die zwölfmonatige Abrechnungsfrist für die Heizkosten am 31.5.2014 endet. Wäre dagegen im Mietvertrag ein gemeinsamer Vorauszahlungsbetrag für Heizung und Betriebskosten von 180 EUR vereinbart worden, endete die Abrechnungsfrist für die Heiz- und Betriebskosten am 31.12.2014.

9.2.1 Wenn Verbrauchs- und Abrechnungszeitraum auseinanderfallen (Leistungs- und Abflussprinzip)

Welche Betriebskosten darf der Vermieter nun in seiner Abrechnung ansetzen? In der Regel flattern ihm die Rechnungen der einzelnen Versorgungsunternehmen zu unterschiedlichen Zeitpunkten ins Haus. Es gibt bislang keine gesetzliche Vorschrift, wie die einzelnen Kosten den verschiedenen Abrechnungsperioden zuzuordnen sind. Problematisch wird es, wenn Verbrauchs- und Abrechnungszeitraum auseinanderfallen. Mangels gesetzlicher Regelung gibt es zwei Methoden, wie sich die Betriebskosten dem Abrechnungszeitraum zuordnen lassen.

- Nach dem **Leistungsprinzip** werden nur die Kosten angesetzt, die in dem Abrechnungszeitraum in Anspruch genommen bzw. verbraucht wurden. Der Abrechnungszeitraum und der Verbrauchszeitraum müssen sich daher decken. Bei **Überschneidungen des Verbrauchs- und Abrechnungszeitraums** ist eine zeitanteilige Berechnung zur Kostenabgrenzung notwendig.
  Wenn über den Abrechnungszeitraum 1.1.2013 bis 31.12.2013 abgerechnet wird, kann der Grundsteuerbetrag direkt dem Grundsteuerbescheid entnommen werden, weil die Grundsteuer für das Kalenderjahr festgesetzt wird. Bei den Stromkosten und den Kosten für Versicherung ist eine zeitanteilige Berechnung zur Kostenabgrenzung notwendig, da das Abrechnungsjahr für Strom und Versicherung nicht mit dem Kalenderjahr übereinstimmt.

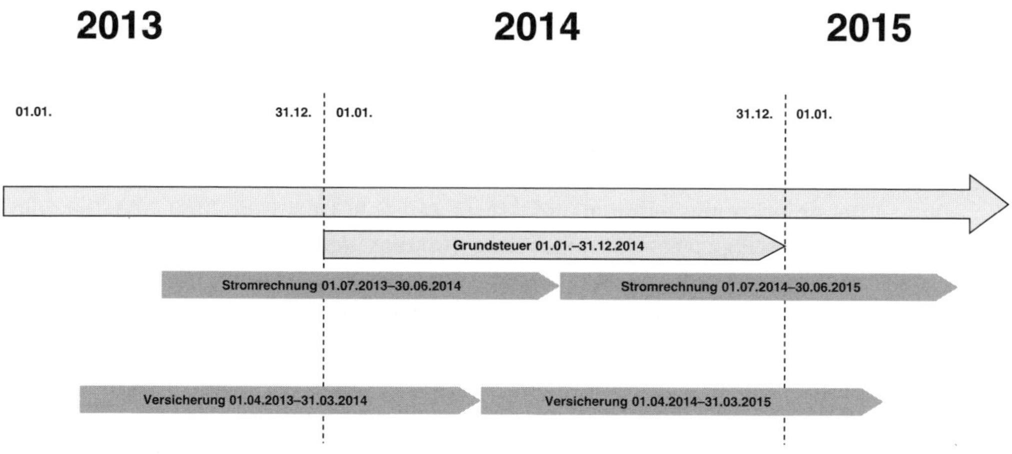

Abb. 5: Abrechnungszeitraum (Leistungsprinzip)

- Die **Ausgabenabrechnung (Abflussprinzip)** stellt auf den Zeitpunkt ab, in dem der Vermieter seine Rechnungen bezahlt. In den Abrechnungszeitraum fließen somit alle bezahlten Rechnungen ein, allerdings ohne Bezug zu der dem Vermieter berechneten Leistungsperiode. Bei Eigentumswohnungen rechnet der Wohnungseigentumsverwalter in aller Regel nach dieser Methode ab (BayObLG, Urteil vom 10.7.1998, 2 Z BR 49/98, NZM 1999, 133).

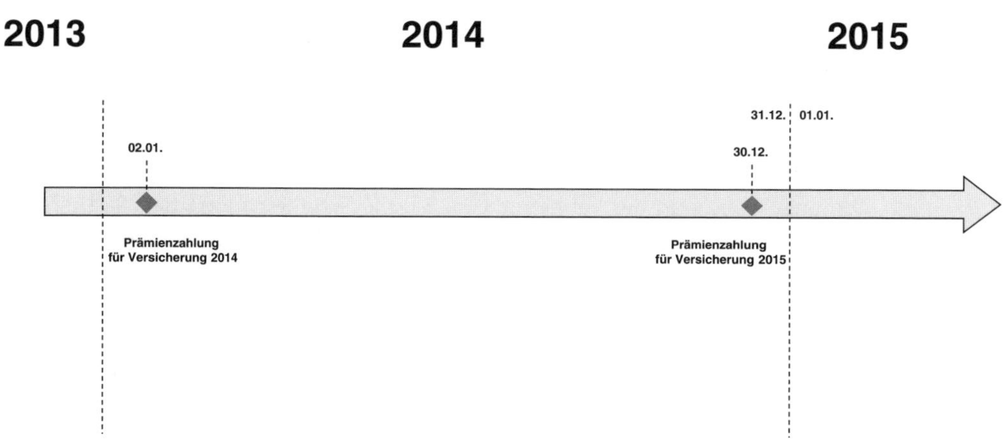

Abb. 6: Abrechnungszeitraum (Abflussprinzip)

Der Vermieter stellt alle im Abrechnungsjahr von ihm gezahlten Rechnungen ein, also zum Beispiel bei der Abrechnung von Wasserkosten des Jahres 2013 die 2013 fälligen Abschlagszahlungen, die er an das Versorgungsunternehmen erbracht hat; ferner die Nachzahlung, die er aufgrund der Jahresabrechnung des Versorgungsunternehmens für den Zeitraum September 2013 bis August 2014 im September 2014 gezahlt hat.

BEISPIEL

Der Abrechnungszeitraum umfasst die Zeit vom 1.1.2013 bis 31.12.2013. Der zum 1.7.2013 fällige Versicherungsbetrag (für das Versicherungsjahr ab Juli 2012) wird von 800 auf 1.000 EUR erhöht.
Nach dem Abflussprinzip kann der Vermieter den gesamten Versicherungsbeitrag von 1.000 EUR einstellen.
Nach dem Leistungsprinzip muss eine Kostenabgrenzung stattfinden:
1.1.2013 bis 30.6.2013: 800 EUR × 6/12 Monate = 400 EUR
1.7.2013 bis 31.12.2013: 1.000 EUR × 6/12 Monate = 500 EUR, also darf der Vermieter für das Kalenderjahr nach dem Leistungsprinzip 900 EUR ansetzen.

Nach Auffassung des BGH darf der Vermieter sowohl nach dem Leistungsprinzip als auch nach dem Abflussprinzip abrechnen (Urteil vom 20.2.2008, VIII ZR 49/07, NZM 2008, 277 und VIII ZR 27/07, NZM 2008, 403). Den §§ 556ff BGB ist nicht zu entnehmen, dass der Vermieter auf eine bestimmte zeitliche Zuordnung der Betriebskosten festgelegt ist. Auch das Abflussprinzip ermöglicht eine sachgerechte Umlage der Betriebskosten. Der für das Leistungsprinzip unter Umständen erforderliche zusätzliche Aufwand ist für den Vermieter nicht zumutbar.

Aus dem Wahlrecht des Vermieters entstehen Fragen, die der BGH in seinen Entscheidungen offengelassen hat: Darf der Vermieter nun beide Abrechnungsmethoden in derselben Abrechnung verwenden? Zu dieser Problematik hat sich der BGH bislang nicht geäußert. In der Literatur werden jedoch erhebliche Bedenken vorgetragen. Das Abflussprinzip geht vom Zeitpunkt der Bezahlung der Rechnungen aus. Wenn nun der Vermieter zum Beispiel eine Rechnung des Gärtners für eine Gartenarbeit, die 2012 ausgeführt wurde, erst 2013 oder sogar 2014 zahlt, müsste sie in dem jeweiligen Jahr der Bezahlung eingestellt werden. Nach Langenberg (Rdn. G 96) könnte sich der Vermieter von den Auswirkungen der Ausschlussfrist des § 556 Abs. 3 S. 3 BGB folgenlos befreien, wenn einzig und allein auf den Zahlungstermin abgestellt wird. Man stelle sich vor, der Vermieter zahlt erst nach Jahren, wenn ein Rechtsstreit zwischen ihm und dem Gärtner entschieden wurde. Aber selbst wenn diese Bedenken unberücksichtigt bleiben, muss eine Abrechnung, die mehrere Abrechnungsmethoden enthält, für den Mieter nachvollziehbar und verständlich sein, um nicht aus formellen Gründen als unwirksam zurückgewiesen zu werden.

Eine weitere Frage, die sich stellt, ist, ob der Vermieter die Abrechnungsmethode auch ohne sachlichen Grund immer wieder ändern darf. Dies wird wohl zu bejahen sein. In der Entscheidung des BGH vom 28.5.2008 (VIII ZR 261/07, DWW 2008, 143) wurde ein Wechsel der Abrechnungsmethode zugelassen, solange die Abrechnung verständlich ist. Nach einer Entscheidung des AG Bremen vom 23.10.2009 (8 C 0132/09) dürfen die Abrechnung oder ein Wechsel der Abrechnungsweise nicht zur Umgehung der Ausschlussfrist des § 556 Abs. 3 BGB missbraucht werden.

Ob das Abflussprinzip allerdings auch bei einem Mieterwechsel angewendet werden darf, hat der BGH in seinen Entscheidungen (Urteil vom 20.2.2008, a. a. O.) offengelassen. Nur in besonders gelagerten Fällen könnte möglicherweise die Anwendung des Abflussprinzips im Hinblick auf einen Mieterwechsel wegen offenbarer Unbilligkeit nicht hingenommen werden. Langenberg (Rdn. G 114) lehnt beim Mieterwechsel das Abflussprinzip grundsätzlich ab und spricht sich für die Anwendung der Leistungsabrechnung aus. Nach seiner Ansicht kann zum Beispiel ein Mieter, der 2013 eingezogen ist, nicht für Gartenkosten, die aus dem Jahr 2009 stammen, herangezogen werden, nur weil der Vermieter nach einem verlorenen Rechtsstreit die Gartenkosten nun 2013 bezahlen musste. Bei der Ausgabenrechnung muss der Vermieter zwar nur die im Abrechnungszeitraum eingegangenen und bezahlten Rechnungen aufstellen, der Mieter kann jedoch bei dieser Abrechnungsmethode nur schwerlich die Kostenentwicklung verfolgen. Insbesondere bei Mieterwechsel erweist sich die Ausgabenmethode als nachteilig. Das Thema Mieterwechsel hat der BGH in seinen beiden Entscheidungen bewusst ausgeklammert. (Auch ist klar festzuhalten, dass für eine Heizkostenabrechnung weiterhin nur das Leistungsprinzip gilt.) Deshalb wird insbesondere in der Literatur der Leistungsabrechnung der Vorzug gegeben.

Die Kostenabgrenzung bei einer Leistungsabrechnung kann der Vermieter, wenn Abrechnungs- und Verbrauchszeitraum auseinanderfallen, auf folgende Weise vornehmen:

BEISPIEL

Der Abrechnungszeitraum umfasst die Zeit vom 1.1.2013 bis zum 31.12.2013.
Das Versicherungsjahr läuft vom 1.9. bis zum 31.8. des folgenden Jahres. Der Vermieter bekommt von seiner Versicherung eine Prämienerhöhung von 500 EUR auf 600 EUR ab dem 1.9.2013. Er bezahlt die Rechnung am 28.7.2013. Die Erhöhung fällt somit in den Abrechnungszeitraum.
Nach der Leistungsabrechnung muss der Vermieter nun Folgendes berücksichtigen:
Der alte Versicherungsbetrag von 500 EUR gilt für den Zeitraum vom 1.1.2013 bis 31.8.2013.

500 EUR × 8 Monate : 12 Monate =	333,33 EUR
Der neue Betrag von 600 EUR gilt ab 1.9.2013 bis 31.12.2013.	
600 EUR × 4 Monate : 12 Monate =	200,00 EUR
Der für das Abrechnungsjahr anzusetzende Versicherungsbetrag	**533,33 EUR**

Wenn der Vermieter nun die auf das abzurechnende Kalenderjahr entfallenden Betriebskosten aus kalenderübergreifenden Rechnungen des Versorgers oder der Versicherung (siehe Beispiel) ermittelt, aber versäumt hat, diese erforderlichen Zwischenschritte offenzulegen, ist die Abrechnung nicht deshalb aus formellen Gründen unwirksam (BGH, Urteil vom 2.4.2014, VIII ZR 201/13, NZM 2014, 384).

Eine Besonderheit ergibt sich bei der **Leistungsabrechnung verbrauchsabhängiger Betriebskosten**. Bei diesen Betriebskosten leistet der Vermieter in der Regel monatliche Abschlagszahlungen an das Versorgungsunternehmen. Zieht der Mieter kurz nach Ablauf des Abrechnungszeitraums aus, kann der Vermieter die Jahresabrechnung des Versorgungsunternehmens direkt ansetzen. Die von ihm geleisteten Vorauszahlungen sind unbeachtlich, da sie in der Rechnung berücksichtigt sind. Wenn allerdings zwischen Auszug des Mieters und dem Ende des letzten Abrechnungszeitraums längere Zeit verstrichen ist, kann der Vermieter das Ergebnis der Jahresabrechnung des Versorgungsunternehmens und die von ihm danach geleisteten Vorauszahlungen in die Abrechnung einstellen.

Gegen diese Methode wird zwar eingewandt, dass Abschlagszahlungen nur Leistungen unter dem Vorbehalt des Abrechnungsergebnisses seien. Würde der Vermieter aber lediglich auf die jeweilige Schlussrechnung eines Lieferanten bzw. eines Versorgungsunternehmens abstellen, müssten alle Kosten, die in der Zeit nach Rechnungserteilung durch das Versorgungsunternehmen bis zum Ablauf der Abrechnungsperiode entstanden sind, konkret ermittelt werden. Der dadurch entstehende Aufwand wäre unverhältnismäßig hoch.

Nach Langenberg (Rdn. G 117) darf der Vermieter sich an den Vorauszahlungen orientieren. Bei einem Mieterwechsel ist, um Ungerechtigkeiten zu vermeiden, die Folgerechnung des Versorgungsunternehmens abzuwarten.

9.2.2 Besonderheiten bei Wohnungseigentum

Soweit der Eigentümer/Vermieter über Betriebskosten des Sondereigentums abrechnet, bestehen keine Unterschiede zu der zuvor beschriebenen Sachlage. Es handelt sich um Kosten, die ausschließlich für die vermietete Wohnung angefallen sind, wie zum Beispiel die Grundsteuer entsprechend dem Grundsteuerbescheid oder Entkalkungskosten für die Therme. Anders verhält es sich bei den Kosten für das Gemeinschaftseigentum, über die der Verwalter abrechnet. Die Jahresabrechnung des Verwalters hat grundsätzlich nach den tatsächlichen Einnahmen und Ausgaben im Wirtschaftsjahr zu erfolgen (Abflussprinzip).

Die Entscheidungen des BGH vom 20.2.2008 (VIII ZR 49/07, NZM 2008, 277 und VIII ZR 27/07, NZM 2008, 403), die auch das Abflussprinzip für zulässig erklärt haben, ist für Eigentumswohnungen von außerordentlicher Bedeutung. Denn zuvor war es höchst umstritten, ob der Vermieter die Jahresabrechnung des Verwalters ohne Weiteres verwenden darf, da der Hausverwalter seine Jahresabrechnung zumeist nach dem Abflussprinzip erstellt. Nun kann der Vermieter ohne Bedenken die Jahresabrechnung für die Betriebskostenabrechnung seines Mieters verwenden.

9.3 Welche Abrechnungs- und Ausschlussfristen gelten?

Der Vermieter muss dem Mieter die Abrechnung der Betriebskosten spätestens bis zum Ablauf des zwölften Monats nach Ende des Abrechnungszeitraums mitteilen, § 556 Abs. 3 S. 2 BGB.

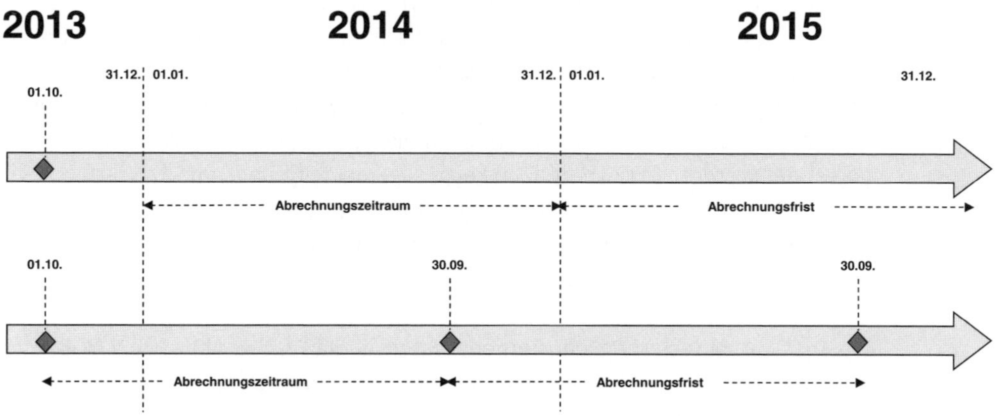

Abb. 7: Abrechnungsfrist (Ausschlussfrist)

1. Zeitpfeil mit Mietbeginn 1.10.2013

Der Abrechnungszeitraum entspricht dem Kalenderjahr.

Die Abrechnung 2013 muss spätestens bis zum 31.12.2014 erstellt werden.

2. Zeitpfeil mit Mietbeginn 1.10.2012

Der Abrechnungszeitraum: 1.10.2012 bis 30.9.2013.

Die Abrechnungsfrist endete am 30.9.2014.

Der Vermieter von **Geschäftsräumen** ist zur Abrechnung über die Betriebskosten innerhalb **angemessener Frist** verpflichtet. Diese Frist endet regelmäßig zum Ablauf eines Jahres nach Ende des Abrechnungszeitraums. Die Abrechnungsfrist ist bei Gewerbe allerdings keine Ausschlussfrist. § 556 Abs. 3 S. 3 BGB findet auf Gewerberäume keine analoge Anwendung (BGH, Urteil vom 27.1.2010, XII ZR 22/07, NJW 2010, 1065).

Nach § 556 Abs. 3 S. 2 BGB kommt es für den **Fristbeginn** auf die Mitteilung der Abrechnung an. Es kommt also zur Fristwahrung nicht auf die rechtzeitige Absendung der Abrechnung durch den Vermieter an, sondern auf den **Zugang** beim Mieter innerhalb der Zwölfmonatsfrist.

Die Abrechnung muss also rechtzeitig in den Machtbereich des Mieters gelangen. Wirft der Vermieter die Betriebskostenabrechnung erst am späten Nachmittag des 31.12. um 17.05 Uhr in den Briefkasten des Mieters ein, so geht sie diesem erst nach Ablauf der Jahresfrist zu. Denn nach der Verkehrsauffassung kann nach Ablauf der gewöhnlichen Postzustellungszeiten (das heißt spätestens am frühen Nachmittag) mit der Leerung des Briefkastens am selben Tag normalerweise nicht mehr gerechnet werden. Es besteht auch keine allgemeine Übung, am Silvestertag noch spät im Briefkasten nachzuschauen, um etwaige privat eingeworfene Fristsachen noch rechtzeitig entgegennehmen zu können (LG Waldshut-Tiengen, Urteil vom 9.7.2009, 1 S 19/09, Info M 2009, 378).

Die Frist zur Abrechnung der Betriebskosten gemäß § 556 Abs. 3 S. 2 BGB wird nur dann gewahrt, wenn die Abrechnung dem Mieter noch innerhalb der Frist zugeht. Die rechtzeitige Absendung der Abrechnung durch den Vermieter genügt nicht. Bedient sich der Vermieter zur Beförderung der Abrechnung der Post, wird diese insoweit als Erfüllungsgehilfe des Vermieters tätig. In einem solchen Fall hat der Vermieter ein Verschulden der Post gemäß § 278 BGB auch dann zu vertreten, wenn auf dem Postweg für den Vermieter unerwartete und nicht vorhersehbare Verzögerungen oder Postverluste auftreten (BGH, Urteil vom 21.1.2009, VIII ZR 107/08, WuM 2009, 236).

Auch von einer Zustellung per Einschreiben oder per Einwurf-Einschreiben ist abzuraten, da die Regeln des Anscheinsbeweises keine Anwendung finden (AG Köln, Urteil vom 16.7.2008, 220 C 435/07, WuM 2008, 483). Wenn der Einschreibebrief vom Mieter nicht von der Post abgeholt, sondern an den Vermieter wieder zurückgeschickt wird, liegt gerade kein Zugang nach § 130 BGB vor (LG Landau, Urteil vom 11.1.2010, 1 S 68/09, ZMR 2010, 451).

Die sicherste, aber teuerste Zustellungsvariante ist die Zustellung mit dem Gerichtsvollzieher, die in der Regel Kosten von ca. 20 EUR auslöst.

TIPP

Da der Vermieter für den rechtzeitigen Zugang beweispflichtig ist, empfiehlt sich unbedingt eine Zustellung per Einschreiben mit Rückschein oder per Boten.

Kann der Vermieter im Prozess nicht nachweisen, dass die Abrechnung dem Mieter vor Ablauf der Abrechnungsfrist zugestellt wurde, so ist er mit seiner Nachforderung aufgrund schuldhafter Fristversäumung ausgeschlossen (AG Köln, Urteil vom 5.8.2004, 210 C 153/04, MietRB 2004, 341; LG Berlin, Urteil vom 29.1.2008, 65 S 176/07, GE 2008, 411).

Mit der Abrechnungsreife wird der Anspruch des Mieters auf Erteilung einer Abrechnung durch den Vermieter **fällig**.

Die gesetzliche Abrechnungsfrist ist aber nicht mit der vertraglichen Abrechnungsfrist zu verwechseln. Enthält der Mietvertrag eine Regelung, wonach die Betriebskosten zum Beispiel spätestens bis zum 30.6. eines Jahres abzurechnen sind, führt die Tatsache, dass der Vermieter die vereinbarte Abrechnungsfrist hat verstreichen lassen, nicht automatisch zur Verwirkung der Nachzahlungsforderung. Es müssen noch weitere Umstände hinzukommen, die für den Mieter einen Vertrauenstatbestand schaffen und die spätere Geltendmachung als treuwidrig erscheinen lassen (BGH, Urteil vom 27.10.2009, VIII ZR 334/07, GE 2010, 197).

Was bedeutet die Ausschlussfrist?

Nach § 556 Abs. 3 S. 3 BGB ist die Geltendmachung von Nachforderungen durch den Vermieter nach Ablauf der Jahresfrist ausgeschlossen, es sei denn, der Vermieter hat die verspätete Geltendmachung **nicht zu vertreten**. Die Ausschlussfrist ist zwingend und vertraglich nicht abdingbar, § 556 Abs. 4 BGB.

Der Vermieter kann bei einer verspäteten Abrechnung weder Nachzahlungen beanspruchen noch die Aufrechnung mit einer Nachzahlung erklären.

Zahlt der Mieter die Nachforderung trotz Überschreitens der Abrechnungsfrist, weil ihm zum Beispiel die Rechtslage nicht bekannt war, kann er nach dem Urteil des BGH vom 18.2.2006 (VIII ZR 94/05, NZM 2006, 222) die Zahlung unter dem Gesichtspunkt der ungerechtfertigten Bereicherung zurückfordern.

Wenn der Vermieter die Abrechnungsfrist versäumt und er deshalb mit der Geltendmachung der Nachforderung ausgeschlossen ist, kann er trotzdem eine Erhöhung der Betriebskostenvorauszahlungen nach § 560 Abs. 4 BGB vornehmen. Die Rechtzeitigkeit der Betriebskostenabrechnung ist keine Voraussetzung für den Anspruch des Vermieters auf Erhöhung der Vorauszahlungen, die Nichteinhaltung der Abrechnungsfrist steht somit einer Anpassung der Vorauszahlungen nicht entgegen (BGH, Urteil vom 16.6.2010, VIII ZR 258/09, WuM 2010, 490).

Ausnahmen von der Ausschlussfrist bestehen dann, wenn der Vermieter die Verspätung **nicht zu vertreten** hat. Ob der Vermieter die verspätete Geltendmachung zu vertreten hat, muss im Einzelfall geprüft werden. Außerhalb des Einflussbereichs des Vermieters liegen folgende Fälle, die somit als **entschuldigte Verspätung** gelten:

- Wenn der Vermieter kommunale oder Steuerbescheide verspätet erhält (AG Köln, Urteil vom 14.7.2008, 203 C 573/07)
- Streitigkeiten des Vermieters mit Lieferanten
- Umstellung des Computerwesens
- Versäumnis des Mieters, nach Mietende seine neue Anschrift bekannt zu geben; wenn der Mieter es versäumt, einen Nachsendeauftrag bei der Post einzurichten, oder er seine neue Anschrift dem Vermieter nicht mitgeteilt hat, hat der Vermieter den Zugang der Abrechnung nach Ablauf der Abrechnungsfrist nicht zu vertreten (AG Lichtenberg, Urteil vom 28.9.2009, 110 C 171/09, GE 2009, 1503; AG Neukölln, Urteil vom 22.9.2009, 15 C 206/09, GE 2009, 1323)

Der Vermieter muss sich darum bemühen, die für die Abrechnung notwendigen Unterlagen rechtzeitig zu erhalten. Wenn das Abrechnungshindernis schließlich behoben ist, ist der Vermieter gehalten, die Abrechnung umgehend, spätestens nach drei Monaten, zu fertigen (BGH, Urteil vom 5.7.2006, VIII ZR 220/05, WuM 2006, 516). Fraglich ist jedoch, ob auch Ursachen wie die verspätete Heizungsabrechnung der Abrechnungsfirma oder eine verspätete Verwalterabrechnung dem Vermieter zuzurechnen sind. Der Vermieter ist vielfach gar nicht in der Lage, zum Beispiel die Heizkostenabrechnung selbst fertigzustellen.

Nach dem Urteil des LG Köln vom 28.6.2007 (1 S 161/06, WuM 2008, 560) hat der Vermieter die Versäumung der Abrechnungsfrist auch dann zu vertreten, wenn das Abrechnungsunternehmen die Unschlüssigkeit der ihm mitgeteilten Daten (zum Beispiel fehlerhafte Ablesung oder Schätzungen) nicht beachtet, inhaltlich fehlerhafte Abrechnungen erstellt und die Mitteilung berichtigter Abrechnungen in der Folge verspätet ist.

Was passiert, wenn bei Wohnungseigentum zum Ablauf der Abrechnungsfrist noch keine Eigentümerversammlung stattgefunden hat oder der Mehrheitsbeschluss der Wohnungseigentümer angefochten wurde? Nach dem Beschluss des OLG Düsseldorf vom 23.3.2000 (10 U 160/97, ZMR 2000, 452) kann eine Betriebskostenabrechnung erst dann gefertigt werden, wenn der Beschluss über die Jahresabrechnung bestandskräftig ist. Dieser Auffassung kann wohl nicht länger gefolgt werden (LG Itzehoe, Urteil vom 19.2.2002, 4 S 61/02, ZMR 2003, 38). Der vermietende Sondereigentümer ist auch ohne Beschluss der Wohnungseigentümergemeinschaft in der Lage, sich rechtzeitig das für eine Betriebskostenabrechnung notwendige Zahlenmaterial von der Hausverwaltung zu besorgen und in eine korrekte Leistungsabrechnung für den Mieter umzuwandeln (Schmid, Rdn. 3159). Der Beschluss der Wohnungseigentümer ist nicht notwendige Voraussetzung für die Betriebskostenabrechnung. Das bedeutet, dass der vermietende Sondereigentümer sich auch bei Ablauf der Abrechnungsfrist nicht darauf berufen kann, dass noch kein bestandskräftiger Beschluss vorlag (Pfeifer, S. 106).

Der Verwalter ist im Rechtsverhältnis zwischen dem vermietenden Sondereigentümer und seinem Mieter kein Erfüllungsgehilfe im Sinne des § 276 BGB. Erstellt der Verwalter die Jahresabrechnung erst nach Ablauf der Abrechnungsfrist, steht dem vermietenden Sondereigentümer **kein Schadensersatzanspruch** wegen Ausschluss der Nachforderung gegen den Verwalter zu (AG Singen, Urteil vom 24.2.2004, 7 UR WEG 48/03, MietRB 2004, 295). Der Verwalter haftet auch nicht für Fehler in der Betriebskostenabrechnung (LG Memmingen, Urteil vom 6.9.2004, 4 T 1691/03, MietRB 2005, 98). Nach dem Beschluss des BayObLG München (vom 4.4.2005, 2 Z BR

198/94, WuM 2005, 480) besteht kein Schadensersatzanspruch des vermietenden Sondereigentümers gegenüber dem Verwalter, wenn die Einzelabrechnung für die Wohnung nicht den mietrechtlichen Anforderungen genügt.

Um an das Zahlenmaterial der Hausverwaltung zu gelangen, damit der vermietende Sondereigentümer die Betriebskostenabrechnung selbst erstellen kann, steht ihm gegenüber der mitunter nicht gerade hilfsbereiten Hausverwaltung ein Einsichtsrecht in sämtliche Belegunterlagen zur Jahresabrechnung zu. Im Rahmen der Einsichtnahme hat der Sondereigentümer Anspruch auf Aushändigung von Fotokopien, ggf. unter Kostenerstattung (BayObLG, Urteil vom 13.6.2000, 2 Z BR 175/99, NZM 2000, 873).

Wenn also der WEG-Verwalter die Jahresabrechnung nicht innerhalb der Abrechnungsfrist erstellt, wird der Vermieter die Verspätung nicht zu vertreten haben, wenn er sich nachdrücklich um die Vorlage der WEG-Abrechnung bemüht. Der Vermieter wird nämlich, insbesondere wenn es sich um eine größere WEG-Anlage handelt, kaum in der Lage sein, die Abrechnung selbst bei Vorliegen aller Belege zu erstellen (Langenberg, G 59).

Anders sieht die Rechtslage allerdings aus, wenn eine Mietverwaltung vorliegt. Dann ist im **Mietverwaltervertrag** regelmäßig die Erstellung der Betriebskostenabrechnung vereinbart. Der Verwalter einer Mietverwaltung oder einer **Sondereigentumsverwaltung** haftet bei einer verspäteten Erstellung der Betriebskostenabrechnung dem Eigentümer als seinem Vertragspartner für die daraus sich ergebenden Schäden.

Fristwahrung durch ordnungsgemäße Abrechnung

Die Ausschlussfrist des § 556 Abs. 3 S. 2 BGB zur Abrechnung über die Vorauszahlungen für Betriebskosten wird mit einer formal ordnungsgemäßen Abrechnung gewahrt (BGH, Urteil vom 17.11.2004, VIII ZR 115/04, NZM 2005, 13). Genügt die Abrechnung dagegen nicht einmal den Mindestanforderungen und ist inzwischen die Abrechnungsfrist abgelaufen, scheidet eine Nachbesserung aus. Bei formal ordnungsgemäßen Abrechnungen können inhaltliche Mängel korrigiert werden. Nach den Entscheidungen des BGH vom 23.11.1981 (VIII ZR 298/80, NJW 1982, 573) und vom 27.11.2002 (VIII ZR 108/02, NJW-RR 2003, 442) beinhaltet eine **formal ordnungsgemäße Abrechnung** folgende Mindestangaben:

- Zusammenstellung der Gesamtkosten
- Angabe und Erläuterung des Umlageschlüssels
- Berechnung der Einzelbeträge des Mieters
- Abzug der Vorauszahlungen

Korrektur der Abrechnung

Ändert der Vermieter Kleinigkeiten an einer formal ordnungsgemäßen Abrechnung, wird damit die formelle Richtigkeit der Abrechnung nicht berührt (LG Berlin, Urteil vom 12.7.1992, 65 S 533/90, GE 1992, 989).

Liegen größere Mängel vor, wird die Abrechnung unwirksam. Korrigiert der Vermieter diese und lässt er dem Mieter eine neue Abrechnung zukommen, ist auf diese abzustellen. Erreicht den Mieter die Abrechnung aber erst nach der Jahresfrist, ist die Abrechnung verspätet (AG Bergheim, Urteil vom 12.7.1993, 24 C 265/93, WuM 1993, 686). Eine fristgerechte Abrechnung kann jedenfalls dann nach Ablauf der Jahresfrist berichtigt werden, wenn die ursprüngliche Nachforderung verringert wird (LG Berlin, Urteil vom 10.5.2001, 67 S 312/00, GE 2001, 923).

Schwierig ist die Rechtslage, wenn Vermieter und Mieter in einem Prozess über die Abrechnung streiten. Es ist nicht richtig, dass jede Verzögerung durch das Gericht vom Vermieter nicht zu vertreten ist. Ob dies der Fall ist, hängt davon ab, was bei der Abrechnung beanstandet wird.

- Bei inhaltlichen, materiellen Gesichtspunkten, zum Beispiel bei der Höhe einzelner Betriebskostenpositionen, bleibt die Abrechnungsfrist unberührt.
- Beanstandet das Gericht hingegen formelle Unzulänglichkeiten, wird eine Korrektur der Abrechnung als neue Abrechnung zu bewerten sein. Der Vermieter hätte eine verspätete Abrechnung zu vertreten.

Der Vermieter kann eine formell unzureichende Betriebskostenabrechnung nachbessern, indem er dem Mieter innerhalb des Abrechnungszeitraums des § 556 Abs. 3 S. 2 BGB eine nachgebesserte Teilabrechnung (hier: die überarbeitete Betriebskostenabrechnung ohne die einbezogene Heizkostenabrechnung) zuleitet, die den formellen Anforderungen genügt (AG Wedding, Urteil vom 23.9.2009, 6a C 23/09, GE 2009, 1502).

TIPP

Es ist ratsam, Abrechnungen so gründlich und sorgfältig wie möglich zu erstellen. Denn mit der Übersendung einer unvollständigen Abrechnung innerhalb der Jahresfrist kann der Vermieter keineswegs die Ausschlussfrist umgehen, wenn die Korrektur nach Fristablauf erfolgt (AG Köln, Urteil vom 19.9.2000, 201 C 289/00, WuM 2001, 290).

Nach der Entscheidung des BGH vom 17.11.2004 (VIII ZR 115/04, NZM 2005, 13) kommt es für die Einhaltung der Abrechnungsfrist auf die **materielle Richtigkeit der Abrechnung nicht an**. Die Frist wird mit einer formell ordnungsgemäßen Abrechnung gewahrt. Inhaltliche Fehler können auch nach Fristablauf korrigiert werden. Die Gefahr, dass der Vermieter durch sog. Alibi-Abrechnungen kurz vor Fristablauf, die er später nachbessert, die gesetzliche Regelung unterlaufen könnte, besteht dadurch nicht.

So gestattet der BGH (Urteil vom 19.1.2005, VIII ZR 116/04, GE 2005, 360) eine Korrektur des Verteilerschlüssels nach Fristablauf. Hat der Vermieter nicht den vertraglich vereinbarten Umlageschlüssel angesetzt, handelt es sich um einen inhaltlichen Fehler, der auch noch nach Ablauf der Ausschlussfrist korrigiert werden darf. Führt die Korrektur allerdings zu einer höheren Nachforderung gegenüber dem Mieter, so ist eine **Berichtigung zulasten des Mieters wegen § 556 Abs. 3 S. 3 BGB ausgeschlossen**.

Die Ausschlussfrist soll für den Mieter die Sicherheit gewähren, dass er nach Fristablauf nicht mit (weiteren) Nachforderungen des Vermieters rechnen muss. Dieser Zweck würde verfehlt, wenn bei Vorlage einer formell ordnungsgemäßen Abrechnung innerhalb der Frist ein darin enthaltener materieller Fehler auch noch nach Fristablauf zulasten des Mieters korrigiert werden könnte. Der Ablauf der Abrechnungsfrist hat deshalb zur Folge, dass die Nachforderung nach einer erst später erfolgenden inhaltlichen Korrektur das Ergebnis der fristgemäß vorgelegten Rechnung weder in den Einzelpositionen noch insgesamt überschreiten darf. Nur wenn der Vermieter die verspätete Geltendmachung bzw. verspätete Korrektur nicht zu vertreten hat, ist das Interesse des Vermieters vorrangig.

Eine nach § 556 Abs. 3 S. 3 BGB ausgeschlossene Nachforderung liegt nicht nur dann vor, wenn der Vermieter nach Ablauf der Abrechnungsfrist einen die geleisteten Vorauszahlungen des Mieters übersteigenden Betrag fordert. Eine solche Frist ist vielmehr auch dann anzunehmen, wenn der Vermieter nach Fristablauf einen Betrag fordert, der das Ergebnis einer bereits erteilten Abrechnung übersteigt. Das gilt namentlich auch dann, wenn dieses Ergebnis ein Guthaben des Mieters ist (BGH, Urteil vom 12.12.2007, VIII ZR 190/06, NZM 2008, 204).

Anders ist der Fall zu beurteilen, wenn der Mieter keine Vorauszahlungen erbracht hat. Hier kann der Vermieter auch nach Ablauf der Abrechnungsfrist eine Abrechnung erstellen und Betriebskosten bis zur Höhe der vereinbarten Vorauszahlungen verlangen. Es handelt sich hierbei nicht um Nachforderungen im Sinne des § 556 Abs. 3 S. 3 BGB (BGH, Urteil vom 31.10.2007, VIII ZR 261/06 und DWW 2008, 17).

Weder die vorbehaltlose Erstattung eines Guthabens noch die Zahlung der Nachforderung aus der Betriebskostenabrechnung stellen für sich genommen **ein deklaratorisches Schuldanerkenntnis** dar. Denn seit der Einführung der Abrechnungs- und Einwendungsfristen gemäß § 556 Abs. 3 BGB gibt es kein Bedürfnis mehr für die Annahme eines deklaratorischen Schuldanerkenntnisses. Somit darf der Vermieter innerhalb der Abrechnungsfrist die Abrechnung auch zulasten des Mieters korrigieren. Der Mieter darf ebenfalls nach Bezahlung der Nachforderung noch Einwendungen innerhalb der Einwendungsfrist geltend machen (BGH, Urteil vom 12.1.2011, VIII ZR 296/09, WuM 2011, 108). Nach dem Urteil des BGH vom 10.7.2013 (XII ZR 62/12, NZM 2013, 648) gilt dies nun auch für Gewerberaummietverhältnisse.

Teilabrechnungen: Recht, aber nicht Pflicht

Gemäß § 556 Abs. 3 S. 4 BGB ist der Vermieter nicht verpflichtet, Teilabrechnungen vorzunehmen. Auch wenn er fast alle Betriebskostenpositionen abrechnen könnte, aber eine Position wegen Umständen, die er nicht zu vertreten hat, fehlt, darf er mit der gesamten Abrechnung warten, bis das Abrechnungshindernis beseitigt ist. Er darf ohne Weiteres eine Teilabrechnung vornehmen, wenn die wesentlichen Kosten bereits erfasst sind und sich aus ihnen schon eine Nachforderung ergibt, noch bevor beispielsweise der Grundsteuerbescheid der Gemeinde vorliegt.

Es besteht aber auch die Möglichkeit, dass sich der Vermieter bei der Betriebskostenabrechnung die Nachberechnung einzelner Positionen vorbehält. Voraussetzung ist allerdings, dass er ohne sein Verschulden an einer rechtzeitigen Abrechnung gehindert ist. Die Verjährung der sich aus der Nachberechnung ergebenden Forderung beginnt nach dem Urteil des BGH vom 12.12.2012 (VIII ZR 264/12, NZM 2013, 84) nicht vor Kenntnis des Vermieters der anspruchsbegründenden Umstände zu laufen.

Sonderfall: Heizkostenabrechnung

Ein Sonderfall betrifft die Heizkostenabrechnung. Die Ausschlussfrist des § 556 Abs. 3 S. 3 BGB bezieht sich sowohl auf die Betriebs- als auch auf die Heizkosten. Wurde im Mietvertrag ein einheitlicher Vorauszahlungsbetrag festgelegt, ist von einer einheitlichen Abrechnungsfrist auszugehen. Auch wenn die Heizkostenabrechnung bereits vorliegt, braucht der Vermieter erst abzurechnen, wenn die Betriebskostenabrechnung fertiggestellt werden kann. Wurden im Mietvertrag getrennte Vorauszahlungsbeträge festgelegt, muss der Vermieter innerhalb der

Jahresfrist sowohl die Heizkosten- als auch die Betriebskostenabrechnung fertigen. Liegt zum Beispiel ein Abrechnungshindernis bei den Betriebskosten vor, ist dagegen die Heizkostenabrechnung schon fertig, muss der Vermieter hinsichtlich der Heizkosten die Abrechnungsfrist wahren.

9.4 Rückforderungsansprüche des Mieters bei fehlender Abrechnung

Welche Möglichkeiten hat der Mieter, wenn der Vermieter seiner Verpflichtung zur Abrechnung der Betriebskosten nicht nachkommt? Solange das Mietverhältnis fortbesteht, darf der Mieter den Vermieter auf Erteilung einer Abrechnung verklagen. Er darf aber auch die laufenden Betriebskostenvorauszahlungen zurückbehalten, bis der Vermieter die fällige Abrechnung gefertigt hat. Bei **fortdauerndem Mietverhältnis** hat der Mieter **keinen Anspruch auf Rückzahlung der geleisteten Vorauszahlungen** (BGH, Urteil vom 29.3.2006, VIII ZR 191/05, WuM 2006, 383).

Welche Rechte dem Mieter bei einem bereits **beendeten Mietverhältnis** zustehen, war bislang umstritten. Während das OLG Hamm (Urteil vom 26.6.1998, 30 REMiet 1/98, ZMR 1998, 624) davon ausging, dass der Mieter den Vermieter nur auf Erteilung einer Abrechnung verklagen kann, war das OLG Braunschweig (RE vom 8.7.1999, 1 REMiet 1/99, ZMR 1999, 694) der Auffassung, dass der Mieter die Vorauszahlungen zurückverlangen kann, wenn und soweit sie nicht durch unstreitig angefallene Betriebskosten verbraucht sind. Der Mieter sei dabei gehalten, die tatsächlich angefallenen Betriebskosten zu schätzen. Liegen keinerlei Anhaltspunkte für die Höhe der tatsächlich angefallenen Betriebskosten vor, sei der Mieter berechtigt, sämtliche Betriebskosten zurückzufordern.

Der BGH hat in seiner Entscheidung vom 9.3.2005 (VIII ZR 57/04, NZM 2005, 373) die Rechte des Mieters bei **beendetem Mietverhältnis** gestärkt. Nach dem BGH ist der Mieter, dessen Mietverhältnis beendet ist, nicht gezwungen, den Vermieter auf Erteilung einer Abrechnung zu verklagen, bevor er Rückforderungsansprüche geltend macht. Vielmehr kann er die von ihm geleisteten Vorauszahlungen zurückverlangen, solange der Vermieter nicht durch eine ordnungsgemäße Abrechnung nachweist, dass die Vorschüsse durch die für den betreffenden Zeitraum angefallenen und vom Mieter zu erstattenden Nebenkosten verbraucht sind. Eine Berücksichtigung der durch eine Schätzung ermittelten tatsächlichen Betriebskosten ist nicht notwendig. Das Recht des Mieters bei beendetem Mietverhältnis, die Rückzahlung der Betriebskostenvorauszahlungen zu verlangen, setzt nach dem Urteil des BGH vom 26.9.2012 (VIII ZR 315/11, NZM 2012, 832) voraus, dass der Mieter nicht die Möglichkeit hatte, den Abrechnungsanspruch durch Geltendmachung eines Zurückbehaltungsrechts durchzusetzen.

BEISPIEL

Die Betriebskostenabrechnung für 2011 fehlt. Am 31.12.2012 endete die Abrechnungsfrist. Ab Januar 2013 könnte der Mieter von seinem Zurückbehaltungsrecht Gebrauch machen. Wenn er dies unterlässt, kann er bei seinem Auszug im Januar 2014 nicht die Rückzahlung der Vorauszahlungen für 2011 einklagen. Steht dagegen die Abrechnung für 2012 aus und endete die Abrechnungsfrist zum 31.12.2013, kann der Mieter, der im Januar 2014 auszieht, auf Rückzahlung der Vorauszahlungen für 2012 klagen.

Auch wenn bei beendetem Mietverhältnis zwar abgerechnet, aber vom Vermieter die Belegeinsicht verweigert wurde, kann der Mieter die vollständige Rückzahlung der Vorauszahlungen verlangen, solange nicht die Belegeinsicht gewährt wurde (LG Landau, Urteil vom 11.1.2010, 1 S 68/09, ZMR 2010, 451). Nach Ansicht des LG genügt der Vermieter seiner Rechnungslegungspflicht nach § 259 BGB nur dann vollumfänglich, wenn er die Belegeinsicht gewährt. Der Vermieter ist nur dann entschuldigt, wenn die Gewährung der Belegeinsicht aus vom Vermieter nicht zu vertretenden Umständen nicht möglich ist, etwa weil der Verwalter die Belege nicht herausgibt.

10 Einwendungen des Mieters

10.1 Einwendungsfrist und Ausschlussfrist

Der Mieter kann Einwendungen gegen die Betriebskostenabrechnung **spätestens bis zum Ablauf des zwölften Monats nach Zugang der Abrechnung** mitteilen, § 556 Abs. 3 S. 5 BGB. Danach kann er Einwendungen nicht mehr geltend machen (**Ausschlussfrist**), es sei denn, er hat die verspätete Geltendmachung nicht zu vertreten. Die Frist beginnt mit Zugang der Abrechnung beim Mieter, bei mehreren Mietern mit Zugang beim letzten Mieter. Der Mieter trägt die Beweislast für den rechtzeitigen Zugang. Der Zugang einer den formellen Anforderungen nicht genügenden Betriebskostenabrechnung setzt die Einwendungsfrist nicht in Gang (BGH, Urteil vom 8.12.2010, VIII ZR 27/10, WuM 2011, 101). Sind nur einzelne abtrennbare Betriebskostenpositionen formell nicht ordnungsgemäß abgerechnet worden, greift der Einwendungsausschluss nur hinsichtlich dieser Positionen nicht (BGH, a. a. O.). Erstellt der Vermieter innerhalb der Abrechnungsfrist eine neue Abrechnung oder korrigiert die alte, beginnt die Einwendungsfrist erneut ab Zugang der Korrekturen zu laufen. Bei einer Änderung der Abrechnung läuft die Frist im Umfang der Änderung neu. Das Ende der Einwendungsfrist fällt stets auf das Ende des Kalendermonats des auf den Zugang der Abrechnung folgenden Jahres (LG Frankfurt/Oder, Urteil vom 20.11.2012, 16 S 47/12, WuM 2013, 40).

▶ **BEISPIEL**

Der Abrechnungszeitraum läuft vom 1.1.2013 bis 31.12.2013. Der Mieter erhält die Abrechnung am 15.4.2014. Die zwölfmonatige Einwendungsfrist endet am 30.4.2015.

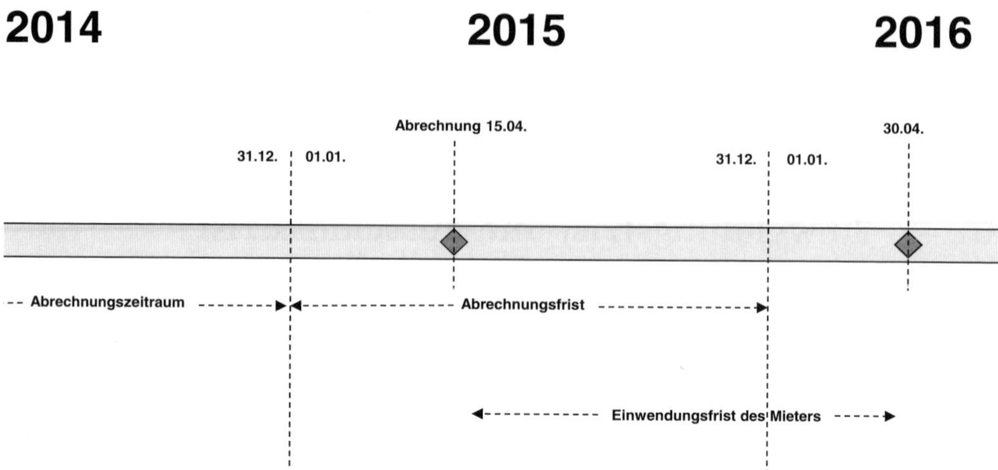

Abb. 8: Einwendungsfrist

Die Frist für Einwendungen ist dagegen nicht gewahrt, wenn nur einer von mehreren Mietern die Einwendungen erhebt (AG Charlottenburg, Urteil vom 30.11.2009, 205 C 171/09, MM 2010, 75).

Nach Fristablauf kann der Mieter grundsätzlich keine Einwendungen gegen die Abrechnung mehr geltend machen. Das hat zur Folge, dass die Abrechnung als ordnungsgemäß gilt. Der Mieter hat keinen Anspruch mehr auf eine ordnungsgemäße Abrechnung, obwohl die Abrechnung inhaltlich nicht korrekt war. Der Saldo der Abrechnung ist für den Mieter bindend.

Die Einwendungsfrist ist nur gewahrt, wenn der Mieter in der Jahresfrist **konkrete Beanstandungen** vorbringt. Allgemeine Äußerungen reichen nicht aus (AG Aachen, Urteil vom 13.8.2004, 10 C 161/04, WuM 2004, 611). Verweist der Mieter zum Beispiel bei der Höhe der Hausmeisterkosten auf den Betriebskostenspiegel, reicht das nicht aus. Der Mieter muss den Verstoß gegen das Wirtschaftlichkeitsgebot hinreichend darlegen. Die Pauschalisierung von Betriebskosten unter Außerachtlassung technischer, objektbezogener, jahreszeitlicher sowie regionaler Besonderheiten ist ohne Aussagekraft (BGH, Urteil vom 6.7.2011, VIII ZR 340/10, WuM 2011, 513). Als konkrete Mängel kommen in Betracht (LG Karlsruhe, Urteil vom 30.3.2012, 9 S 506/11, NJW-Spezial 2012, 385):

- Rechenfehler
- Verstoß gegen den Wirtschaftlichkeitsgrundsatz
- Falscher Umlageschlüssel
- Fehlende Umlagefähigkeit
- Doppelter Kostenansatz

Auch der Einwand, dass der Vermieter Betriebskosten abrechnet, die mietvertraglich nicht geschuldet sind, muss vom Mieter innerhalb der Einwendungsfrist geltend gemacht werden (BGH, Urteile vom 10.10.2007, VIII ZR 279/06, WuM 2007, 694 und vom 5.3.2008, VIII ZR 80/07, NZM 2008, 361).

Bei fehlender Umlagevereinbarung von Betriebskosten im Mietvertrag ist die Abrechnung ebenfalls nicht aus formellen Gründen unwirksam (sondern inhaltlich fehlerhaft), sodass der Mieter innerhalb der zwölfmonatigen Einwendungsfrist mitteilen muss, dass über die Betriebskosten gar nicht abgerechnet werden darf (BGH, Urteil vom 31.1.2012, VIII ZR 335/10, WuM 2012, 37).

Der Mieter muss dem Vermieter Einwendungen gegen die Abrechnung auch jedes Jahr erneut innerhalb der Einwendungsfrist mitteilen, wenn er sie bereits gegen eine frühere Abrechnung erhoben hatte (BGH, Urteil vom 12.5.2010, VIII ZR 185/09, GE 2010, 901).

Weder die vorbehaltlose Erstattung eines Guthabens noch die Zahlung der Nachforderung aus der Betriebskostenabrechnung stellen für sich genommen **ein deklaratorisches Schuldanerkenntnis** dar, denn seit Einführung der Abrechnungs- und Einwendungsfristen gemäß § 556 Abs. 3 BGB gibt es kein Bedürfnis mehr für die Annahme eines deklaratorischen Schuldanerkenntnisses. Somit darf der Vermieter innerhalb der Abrechnungsfrist die Abrechnung auch zulasten des Mieters korrigieren. Der Mieter darf ebenfalls nach Bezahlung der Nachforderung noch Einwendungen innerhalb der Einwendungsfrist geltend machen (BGH, Urteil vom 12.1.2011, VIII ZR 296/09, WuM 2011, 108). Nach dem Urteil des BGH vom 10.7.2013 (XII ZR 62/12, NZM 2013, 648) gilt dies nun auch für Gewerberaummietverhältnisse.

Bei der dem Mieter zugestandenen Rügefrist handelt es sich um eine **Ausschlussfrist**. Er ist mit Einwendungen ausgeschlossen, die er nach Ablauf der Zwölfmonatsfrist erhebt. Der Mieter hat die verspätete Geltendmachung allerdings **nicht zu vertreten**, wenn

- der überraschend für längere Zeit krank wurde,
- der Vermieter ihm kein Einsicht ermöglicht hat,
- der Vermieter trotz zugesagter Kostenübernahme die geforderten Kopien nicht schickt,
- der Vermieter ihm auf Nachfrage unrichtige Auskünfte erteilt,
- der Fehler in der Abrechnung für ihn nicht erkennbar ist.

Schaltet der Mieter Dritte für die Prüfung der Abrechnung ein (zum Beispiel einen Rechtsanwalt oder Mieterverein), muss er sich deren Verschulden nach § 278 BGB zurechnen lassen (BGH, Urteil vom 25.1.2006, VIII ZR 102/06, NZM 2007, 35).

Bei einer **formell** unwirksamen Betriebskostenabrechnung kann der Mieter dagegen auch nach Ablauf der Einwendungsfrist Einwendungen erheben. Betreffen die Mängel nur einzelne Positionen, ist die Abrechnung im Übrigen materiell wirksam. Hinsichtlich des unwirksamen Teils ist der Vermieter berechtigt und verpflichtet, eine formell wirksame Abrechnung vorzulegen. Ergibt sich daraus, dass die anteiligen Vorschüsse verbraucht sind, entfällt ein Rückzahlungsanspruch des Mieters (LG Berlin, Urteil vom 21.7.2009, 63 S 553/08, GE 2009, 1127).

HINWEIS

Die Berichtigung inhaltlicher Fehler ist grundsätzlich zulässig, aber längstens innerhalb von zwölf Monaten nach Zugang der Abrechnung an den Mieter. Über diesen Zeitraum hinaus ist eine Änderung nur möglich, wenn der Vermieter weder den Fehler noch die verspätete Berichtigung zu vertreten hat.

10.2 Einsichtsrecht des Mieters

Gemäß § 29 Abs. 1 NMV steht den Mietern preisgebundener Wohnungen ein Belegeinsichtsrecht zu. Bei preisfreiem Wohnraum wird diese Vorschrift analog angewendet.

Das Einsichtsrecht erstreckt sich auf alle Unterlagen, auf denen die Abrechnung beruht. Dazu gehören im Einzelfall auch die Vollwartungsverträge, um ggf. Instandhaltungskosten ausgliedern zu können, oder Hausmeisterverträge, um Verwaltungskosten auszuschließen.

Der Mieter hat gegenüber dem Vermieter einen Anspruch auf Überlassung einer Gesamtdarstellung aller in der Liegenschaft erfassten Verbrauchseinheiten pro Einzelheizkörper. Nur aus diesen Daten kann das individuelle Heizverhalten der anderen Mieter entnommen und die Richtigkeit einer Kostenverteilung überprüft werden. Vorschriften des Datenschutzes stehen nach Ansicht des Gerichts dem nicht entgegen. Bis zur Überlassung der Aufstellung steht dem Mieter hinsichtlich der Nachforderung aus der Heizkostenabrechnung ein Zurückbehaltungsrecht zu (AG Coesfeld, Urteil vom 21.8.2009, 6 C 93/09, WuM 2009, 586).

Dem Mieter einer Eigentumswohnung steht dagegen kein Zurückbehaltungsrecht an der Nachforderung zu, weil der Vermieter keine Einsicht in die Beschlüsse der Wohnungseigentümergemeinschaft gewährt hat. Auf derartige Unterlagen bezieht sich der Anspruch des Mieters auf Einsicht in die Abrechnungsunterlagen der Betriebskostenabrechnung nicht (BGH, Urteil vom 13.9.2011, VIII ZR 45/11, NZM 2012, 96).

Der Vermieter ist verpflichtet, dem Mieter Einsicht in die vorhandenen Originalunterlagen zu gewähren. **Gescannte** Belege muss der Mieter nach AG Hamburg (Urteile vom 12.4.2002, 44 C 509/01 und vom 17.7.2002, 46 C 74/02, WuM 2002, 499) nicht akzeptieren. Diese Urteile wurden inzwischen durch eine neuere Entscheidung des LG Hamburg (Urteil vom 5.12.2003, 311 S 123/02, WuM 2004, 97) aufgehoben. Danach stehen Ausdrucke von gescannten Originalbelegen dem Original gleich, wenn der Vermieter darlegen kann, dass eine Verfälschung aufgrund technischer und administrativer Hürden in den internen Arbeitsabläufen praktisch ausgeschlossen ist.

Bei Eigentumswohnungen hat der Mieter das Recht, in die Einzelbelege der Hausverwaltung Einsicht zu nehmen (LG Mannheim, Urteil vom 16.8.1995, 4 S 47/95, WuM 1996, 630).

Der Mieter darf sogar im Rahmen der Belegeinsicht die Belege fotografieren. Insoweit nutzt er nur die heutzutage allgemein üblichen technischen Einrichtungen (AG München, Urteil vom 21.9.2009, 412 C 34593/08, NJW 2010, 78).

Um die Belege prüfen zu können, darf der Mieter eine Person seines Vertrauens hinzuziehen (AG Bochum, Urteil vom 14.11.1979, 40 C 719/78, WuM 1980, 162) oder einen Dritten mit der Einsichtnahme beauftragen (LG Hamburg, Urteil vom 14.8.1997, 334 S 61/97, WuM 1997, 500).

Es ist umstritten, an welchem Ort die Belegeinsicht stattzufinden hat. Nach Ansicht des OLG Karlsruhe (Urteil vom 21.8.1969, 3 W 7/69, NJW 1969, 1968) und des AG Wiesbaden (Urteil vom 19.4.2000, 92 C 461/00, WuM 2000, 312) sind Nebenpflichten dort zu erfüllen, wo die Hauptleistung zu erbringen ist, also im Mietobjekt. Diese Ansicht ist abzulehnen, da der Vermieter Originalbelege präsentieren muss, sodass die Gefahr des Verlusts von Originalen besteht. Die herrschende Meinung geht davon aus, dass die Belegeinsicht am Sitz des Vermieters wahrzunehmen ist (AG Langenfeld, Urteil vom 7.3.1996, 23 C 547/95, WuM 1996, 426; AG Gummersbach, Urteil vom 21.8.1986, 2 C 1136/85, WuM 1987, 197). Dies gilt zumindest dann, wenn sich die Wohnung des Vermieters oder das Büro des Hausverwalters am selben Ort wie die Mietwohnung befindet. Dem Mieter ist die Fahrt zum Sitz der Hausverwaltung zuzumuten, wenn er deren Räume leicht erreichen kann. Befindet sich der Wohnsitz des Vermieters nicht am Ort der Mietwohnung, kann der Mieter verlangen, dass ihm die Belege am Mietobjekt vorgelegt werden (LG Hanau, Urteil vom 18.6.1985, 2 S 53/85, WuM 1985, 346). Die dadurch entstehenden Kosten trägt der Vermieter (Langenberg, Rdn. H 328).

10.3 Fotokopien

Bei preisgebundenem Wohnraum hat der Mieter gemäß § 29 Abs. 2 NMV ein Recht auf Erteilung von Fotokopien. Diese Vorschrift wurde in der Vergangenheit auch teilweise auf den preisfreien Wohnraum analog angewendet (LG Köln, Urteil vom 10.1.2001, 10 S 249/00, NZM 2001, 617; AG Bremen, Urteil vom 15.10.2001, 8 C 0148/01, WuM 2002, 32). Der BGH hat mit Urteil vom 8.3.2006 (VIII ZR 78/05, NJW 2006, 1419) entschieden, dass der Mieter von preisfreiem Wohnraum grundsätzlich keinen Anspruch gegen den Vermieter auf Überlassung von Fotokopien der Abrechnungsbelege hat. Seiner Auffassung nach kann ein Vermieter ein berechtigtes Interesse daran haben, den Mieter auf die Einsichtnahme zu verweisen, um den zusätzlichen Aufwand durch das Anfertigen von Fotokopien zu vermeiden und dem Mieter mögliche Unklarheiten im Gespräch sofort zu erläutern.

Ein Ausnahmefall kann gegeben sein, wenn die Mietverwaltung ihren Sitz nicht am Ort der Mietwohnung hat.

Ein derartiger Ausnahmefall liegt aber nicht vor, wenn das besondere Übersendungsbedürfnis mit der Einschaltung Dritter (beispielsweise des Mietervereins) begründet wird (AG Bremen, Urteil vom 2.4.2004, 7 C 295/03, WuM 2005, 129; LG Zwickau, Urteil vom 6.12.2002, 6 S 176/02, WuM 2003, 271).

Zieht der Mieter ins Ausland, hat er zweifelsohne einen Anspruch auf Zusendung der Fotokopien und kann nicht darauf verwiesen werden, dass ein Dritter für ihn vom Belegeinsichtsrecht Gebrauch macht (BGH, Urteile vom 19.1.2010, VIII ZR 83/09, WuM 2010, 296 und vom 13.4.2010, VIII ZR 80/09, NZM 2010, 576).

Der Mieter hat dem Vermieter die **Kosten für die Fotokopien** zu erstatten. Die Auslagen umfassen neben den Kosten für den Kopiervorgang auch die Personalkosten für die Anfertigung von Fotokopien sowie Versandkosten (Verpackung und Porto). Zur Abgeltung dieser Kosten werden pauschale Auslagen von **0,25 EUR** (AG Charlottenburg, Urteil vom 20.3.2013, 213 C 371/12, MM 2013, Nr. 6, 29; AG Münster, Urteil vom 5.12.2006, 4 C 2828/06, WuM 2007, 41), 0,26 EUR (AG Köln, Urteil vom 24.11.2004, 209 C 329/04, WuM 2005, 49) bis hin zu 0,50 EUR pro Kopie (LG Berlin, Urteil vom 19.7.1990,

62 S 28/90, GE 1991, 151) veranschlagt. Höhere Kosten, zum Beispiel nach Zeitaufwand berechnete Personalkosten, lehnt die Rechtsprechung allerdings ab, weil Personalkosten auch bei der Einsichtnahme entstanden wären (AG Neubrandenburg, a. a. O.; AG Köln, Urteil vom 14.9.1995, 222 C 278/95, WuM 1996, 426). Der Personalaufwand für die Belegeinsicht oder für das Fotokopieren geht zulasten des Vermieters. Lediglich der Mehraufwand ist vom Mieter zu erstatten.

Der Mieter muss entweder seine Anforderung der Belege mit dem Angebot auf Kostenübernahme verbinden oder sich auf Nachfrage des Vermieters zur Kostenerstattung verpflichten. Der Vermieter ist sodann vorleistungspflichtig, das heißt, er darf die Versendung der Fotokopien nicht bis zum Eingang der Auslagenerstattung zurückstellen (OLG Düsseldorf, Urteil vom 23.4.2001, 3 W 100/01, WuM 2001, 344; a. A. LG Duisburg, Urteil vom 16.10.2001, 13 S 208/01, WuM 2002, 32; LG Leipzig, Urteil vom 17.3.2005, 12 S 7349/04, DWW 2005, 374). Lehnt der Mieter die Zahlung eines angemessenen Preises ab, entfällt sein Zurückbehaltungsrecht (AG Aachen, Urteil vom 10.8.2004, 10 C 464/03, WuM 2004, 611 bei 0,26 EUR je Kopie).

10.4 Wenn der Vermieter keine Einsicht gewährt

Es ist umstritten, wie sich die Weigerung des Vermieters, Einsicht in die Belege zu gewähren, auf die Nachforderung auswirkt. Nach einem Urteil des LG Berlin vom 9.12.1983 (65 S 123/83, GE 1984, 133) berührt die Verweigerung der Einsicht nicht die Pflicht des Mieters, den Nachforderungsbetrag zu bezahlen. Die Geltendmachung eines **Zurückbehaltungsrechts** würde nämlich nur zu einer Verurteilung des Vermieters zur Gestattung der Einsicht Zug um Zug gegen Zahlung durch den Mieter führen.

Nach Auffassung des OLG Düsseldorf dagegen steht dem Mieter ein Zurückbehaltungsrecht zu, sodass die Nachforderung des Vermieters so lange nicht fällig ist, wie er dem Mieter die Einsicht verweigert (Urteil vom 23.3.2000, 10 U 160/97, ZMR 2000, 122).

Die Einsichtnahme ist für den Mieter auch Voraussetzung dafür, dass er Bedenken gegen einzelne Betriebskostenpositionen, deren Korrektheit er anzweifelt, substanziiert vortragen kann. Das Bestreiten des Kostenansatzes durch den Mieter ist daher nur zu berücksichtigen, wenn er vorher die Unterlagen tatsächlich eingesehen hat. Anderenfalls ist sein Bestreiten als unsubstanziiert und damit als rechtlich unerheblich anzusehen mit der Folge, dass er die Zahlung des Vermieters nicht verweigern kann (AG Oldenburg, Urteil vom 31.3.2004, E 4 C 4132/03, ZMR 2004, 828).

Gewährt der Vermieter keine Einsicht in die Abrechnungsbelege, kann der Mieter sogar einen Anspruch auf Einsichtnahme in die Belege bei deren Aussteller vom Vermieter verlangen. In dem vom AG Weißwasser entschiedenen Fall durfte der Mieter die Unterlagen zum Grundsteuerbescheid für das gemischt genutzte Anwesen beim Finanzamt einsehen (Urteil vom 29.4.2008, 3 C 102/08, WuM 2008, 354). Auch wenn bei beendetem Mietverhältnis zwar abgerechnet, aber vom Vermieter die Belegeinsicht verweigert wurde, kann der Mieter die vollständige Rückzahlung der Vorauszahlungen verlangen, solange nicht die Belegeinsicht gewährt wurde (LG Landau, Urteil vom 11.1.2010, 1 S 68/09, ZMR 2010, 451).

Wenn der Vermieter die Belege erst nach Ablauf der Abrechnungsfrist vorlegt, liegt keine Verfristung vor. Für die Einhaltung der Abrechnungsfrist ist allein entscheidend, dass der Vermieter innerhalb der Jahresfrist eine formell ordnungsgemäße Betriebskostenabrechnung vorlegt (LG Aachen, Urteil vom 23.7.2009, 2 S 50/09).

Behauptet der Mieter, ihm sei vom Vermieter keine Einsicht in die Unterlagen ermöglicht worden, konkretisiert er diese Behauptung aber nicht, ist sein Einwand unsubstanziiert (LG Berlin, Urteil vom 16.2.2010, 63 S 307/09, GE 2010, 487).

Nimmt der Mieter das Angebot des Vermieters auf Übersendung der Abrechnungsbelege zur Betriebskostenabrechnung gegen angemessene Kostenerstattung nicht wahr, ist er so zu behandeln, als habe er Einsicht in die Kostenbelege gehabt (AG Aachen, Urteil vom 10.8.2004, 10 C 464/03, WuM 2004, 611).

Für Rückforderungsansprüche des Mieters gegen den Vermieter wegen **überzahlter Betriebskosten** gilt die Ausschlussfrist nicht. Hat der Vermieter ordnungsgemäß abgerechnet und ergibt sich ein Guthaben für den Mieter, kann der Mieter diesen Betrag einklagen. Der Rückforderungsanspruch wegen überzahlter Betriebskosten **verjährt** nach **drei Jahren**.

11 Der Parteiwechsel

11.1 Wenn der Vermieter wechselt

Der Vermieterwechsel tritt bei **Tod des Vermieters**, bei der **Veräußerung** oder bei der **Zwangsversteigerung** der Mietsache ein.

- Beim Tod des Vermieters tritt der Erbe oder die Erbengemeinschaft an dessen Stelle. Der Erbe übernimmt als Gesamtrechtsnachfolger alle Rechte und Pflichten des Erblassers aus dem Mietverhältnis kraft Gesetzes gemäß § 1922 BGB. Der Erbe ist an alle vom Verstorbenen mit dem Mieter getroffenen Vereinbarungen gebunden und hat daher weder einen Anspruch auf Abschluss eines neuen Mietvertrags noch auf zusätzliche oder ändernde Vereinbarungen.
- Beim Verkauf der Mietsache tritt der Erwerber in den bestehenden Mietvertrag ein. Es gilt der Grundsatz nach § 566 BGB: **Kauf bricht nicht Miete**. Dieser Grundsatz gilt auch für Tausch, Schenkung, Vermächtnis und Einbringen in eine Gesellschaft.

Für die Abrechnung der Betriebskosten hat der Vermieterwechsel aber eine nicht unerhebliche Bedeutung.

Erfolgt der Vermieterwechsel (zum Beispiel zum 1.5.) **innerhalb eines Abrechnungszeitraums** (zum Beispiel 1.1. bis 31.12.), ist der **Käufer** zur Abrechnung der Betriebskosten für den gesamten Abrechnungszeitraum **verpflichtet**, nicht nur für den Zeitraum ab Eigentumsübergang. Eine Zwischenabrechnung müssen die Mieter nicht hinnehmen (BGH, Urteil vom 14.9.2000, III ZR 211/99, ZMR 2001, 17). Maßgeblich ist die **Eintragung des Erwerbers als neuer Eigentümer ins Grundbuch**, nicht der Zeitpunkt der Eintragung einer Auflassungsvormerkung oder die bloße Vereinbarung zwischen den Kaufvertragsparteien im notariellen Kaufvertrag über den Übergang von Nutzen und Lasten (BGH, Urteil vom 19.10.1988, VII ZR 22/88, WuM 1989, 141).

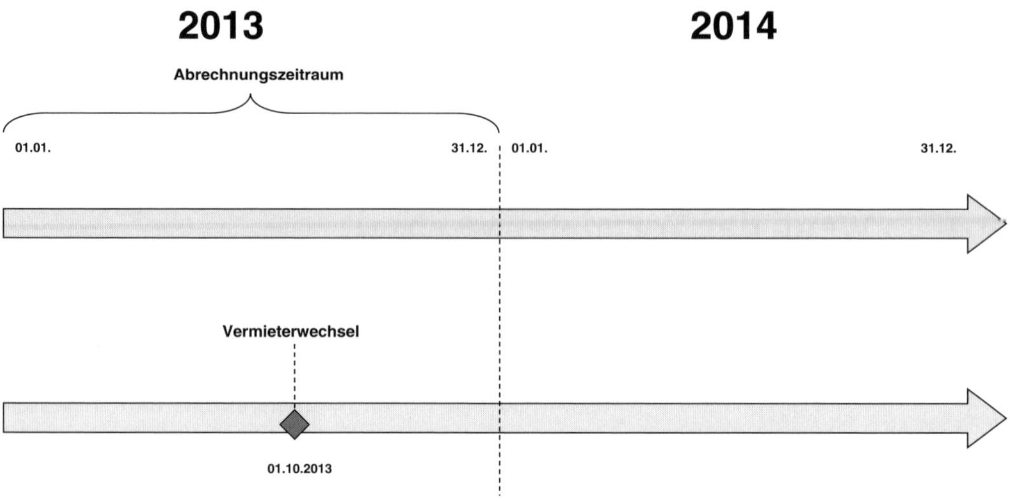

Abb. 9: Abrechnungszeitraum (Vermieterwechsel)

Rechnen Alt- und Neuvermieter entsprechend den Anteilen der Zeit ihres jeweiligen Eigentums ab, ist die Abrechnung **unwirksam**. Der Verkäufer erstellt eine Abrechnung, zu der er nicht mehr berechtigt ist, der Erwerber darf zwar abrechnen, aber die Aufspaltung des einheitlichen Abrechnungsjahres in zwei verschiedene Teilrechnungen ist unzulässig (OLG Düsseldorf, Urteil vom 25.10.2001, 10 U 122/00, ZMR 2002, 46). Der Erwerber ist also zur Abrechnung des gesamten Abrechnungszeitraums verpflichtet mit der Folge, dass ihm dann die Nachzahlungen gehören. Er muss den Mietern aber auch ein Guthaben erstatten (BGH, Urteil vom 14.9.2000, III ZR 211/99, WuM 2000, 609; LG Berlin, Urteil vom 27.7.1998, 62 T 34/98, NZM 1999, 616). Der Verkäufer muss an der Abrechnung gegenüber dem Mieter mitwirken, das heißt, dem neuen Vermieter eine Zusammenstellung der Betriebskosten für seine Eigentumszeit übergeben.

Für **vorangegangene Abrechnungszeiträume**, die beim Vermieterwechsel bereits geendet haben, sind die Ansprüche auf Abrechnung schon entstanden. Für diesen Fall ist nicht der Käufer verpflichtet, eine Betriebskostenabrechnung zu erstellen, sondern der **Verkäufer muss** hier abrechnen und einen Saldo ggf. ausgleichen. Eine Rückzahlungsverpflichtung des Verkäufers wegen überzahlter Betriebskosten geht nicht auf den Käufer über, da die Verpflichtung vor dem Eigentumswechsel entstanden ist (BGH, Urteil vom 3.12.2003, VIII ZR 168/03, DWW 2004, 54).

§ 566a BGB ist auf Guthaben des Mieters aus überzahlten Betriebskosten nicht analog anwendbar (OLG Düsseldorf, Urteil vom 14.4.1994, 10 U 155/93, DWW 1995,

83). Der Mieter hat seinerseits gegen den neuen Vermieter kein Zurückbehaltungsrecht, wenn der frühere Vermieter nicht abrechnet (BGH, a. a. O.). Der frühere Vermieter kann aber Nachzahlungsansprüche an den neuen Vermieter abtreten. Der neue Vermieter kann den früheren auch von Rückzahlungsansprüchen freistellen und an den Mieter leisten.

Rechnet der frühere Vermieter nicht ab, kann der Mieter die Rückzahlung der geleisteten Betriebskostenvorschüsse vom früheren Vermieter verlangen (AG Charlottenburg, Urteil vom 24.5.2007, 211 C 426/06, MM 2007, 261).

Diese Grundsätze über die Verpflichtung zur Abrechnung der Betriebskosten und zum Ausgleich des Saldos gegenüber dem Mieter gelten unabhängig davon, wie der Ausgleich zwischen dem Verkäufer und dem Käufer zu erfolgen hat. Der Ausgleich zwischen Verkäufer und Käufer ist im notariellen Kaufvertrag unter Übergang von Nutzen und Lasten geregelt.

11.1.1 Vermieterwechsel aufgrund von Zwangsvollstreckung

Der Zwangsverwalter wird vom Gericht eingesetzt. Dies ist der Fall, wenn ein Gläubiger des Vermieters zur Befriedigung von Forderungen die Mieteinnahmen beschlagnahmen lässt. Für die Dauer der Beschlagnahme tritt der Zwangsverwalter in die Mietverträge ein, § 152 Zwangsvollstreckungsgesetz (ZVG). Dies hat zur Folge, dass ihm alle Rechte aus dem Mietvertrag zustehen und auch der Mieter etwaige Ansprüche gegen den Zwangsverwalter richten muss.

Für die Abrechnung der Betriebskosten gelten für den Zwangsverwalter ähnliche Grundsätze wie bei einem Verkauf (siehe oben). Dem Zwangsverwalter obliegt die Erstellung von Abrechnungen, die während der Zwangsverwaltung fällig werden. Für Abrechnungen über Abrechnungszeiträume, die bereits vor der Zwangsverwaltung geendet haben, muss er nach dem Urteil des BGH vom 3.5.2006 (VIII ZR 168/05, NZM 2006, 581) auch die Zeiträume abrechnen, die vor der Zwangsverwaltungsanordnung liegen. War das Mietverhältnis zum Zeitpunkt der Anordnung der Zwangsverwaltung beendet, sodass es nicht zum Eintritt in den Mietvertrag kam, richtet sich die Abrechnungspflicht nach § 52 Abs. 1 S. 3 ZVG. Der Zwangsverwalter ist daher gehalten, noch über solche Abrechnungsperioden abzurechnen, auf die sich die Beschlagnahme des Grundstücks durch die Anordnung der Zwangsverwaltung erstreckt, weil anders eventuell Nachzahlungsansprüche nicht erkennbar sind. Ergibt sich bei der Abrechnung ein Guthaben des Mieters, hat der Zwangsverwalter es unabhängig davon auszuzahlen, ob ihm die Vorauszahlungen des Mieters noch in irgendeiner Weise zugeflossen sind (BGH, Urteil vom 26.3.2003, VIII ZR 333/02, NJW 2003, 2320).

Wird das Grundstück im laufenden Abrechnungszeitraum zwangsversteigert und dauert die Zwangsverwaltung noch eine Zeit darüber hinaus an, hat der Zwangsverwalter dem Ersteher die noch nicht verbrauchten Nebenkostenvorauszahlungen auch aus der Zeit vor dem Zuschlag auszukehren, weil der Ersteher die Abrechnung über den laufenden Abrechnungszeitraum schuldet (BGH, Urteil vom 11.10.2007, IX ZR 156/06, NZM 2008, 100). Er darf nicht etwa den Ersteher mit den im laufenden Abrechnungszeitraum bis zum Zuschlag verauslagten, durch die Vorauszahlungen des Mieters nicht gedeckten Betriebskosten belasten, zum Beispiel indem er sie von den Mieten, die dem Ersteher zustehen und die nach dem Zuschlag vereinnahmt wurden, abzieht (BGH, Urteil vom 8.7.2011, V ZB 34/11, NZM 2011, 782).

Gemäß § 152 Abs. 2 ZVG hat der Zwangsverwalter die Pflichten des eigentlichen Vermieters aus dem Mietvertrag zu erfüllen. Damit hat er auch über die Betriebskosten abzurechnen, unabhängig davon, ob aufgrund der Ausschlussfrist gemäß § 556 Abs. 3 S. 3 BGB die Nachforderung ausgeschlossen ist. Sind Guthaben des Mieters zu erwarten, dann muss der Zwangsverwalter Vorschüsse von den beitreibenden Gläubigern einfordern.

Die Pflicht des Zwangsverwalters zur Erteilung der Betriebskostenabrechnung endet mit der Aufhebung der Zwangsverwaltung, selbst wenn er während der Zwangsverwaltung Betriebskostenvorschüsse vereinnahmt hat. Für die Betriebskostenabrechnung ist nach Ende der Zwangsverwaltung wieder der Eigentümer zuständig (LG Berlin, Urteil vom 12.2.2004, 62 S 350/03, GE 2004, 691).

11.1.2 Insolvenzverfahren

Im Fall eines **Insolvenzverfahrens** über das Vermögen eines Vermieters bleibt das Mietverhältnis mit Wirkung für die Insolvenzmasse bestehen. Der Insolvenzverwalter hat die vertragsgemäße Leistung zu erbringen. Der Mieter hat die laufende Miete an den Verwalter zu zahlen. Der Insolvenzverwalter ist zur Erstellung von Abrechnungen verpflichtet. Nach § 80 Insolvenzordnung (InsO) hat er sogar vorangegangene Abrechnungszeiträume abzurechnen (Langenberg, Rdn. H 210).

Guthabenansprüche des Mieters sind als einfache Insolvenzforderung einzuordnen, wenn die Abrechnung einen Zeitraum vor der Eröffnung des Verfahrens betraf und der Vermieter die Abrechnung bereits erstellt hatte (OLG Hamburg, Urteil vom 29.11.1989, 4 U 141/89, ZMR 1990, 103). Das Gleiche gilt für Abrechnungszeiträume vor Eröffnung des Verfahrens, wenn die Abrechnung erst nach Eröffnung des Insolvenzverfahrens erstellt wird. Hier handelt es sich gleichwohl um eine einfache Insolvenzforderung, weil der Rückforderungsanspruch bereits mit dem Ende des Abrechnungszeitraums entstanden ist.

Wenn das Verfahren während eines Abrechnungszeitraums eröffnet wird, dann handelt es sich bei dem Rückforderungsanspruch des Mieters um eine Masseverbindlichkeit nach § 55 Abs. 1 Nr. 2 und § 108 InsO.

11.2 Wenn der Mieter wechselt

Ein **gesetzlicher Mieterwechsel** erfolgt nur bei Tod eines Mieters, §§ 563ff BGB. Tritt der Erbe in das Mietverhältnis ein, hat er vom Tod des Erblassers an die Betriebskosten zu tragen. Nachzahlungen aus einem laufenden Abrechnungsjahr hat er zu leisten. Ein eventuelles Guthaben kommt ihm zugute. Für rückständige Betriebskosten aus einem Abrechnungszeitraum vor dem Tod des Mieters haften der neue Mieter (zum Beispiel der frühere Lebensgefährte der verstorbenen Mieterin, der in das Mietverhältnis eingetreten ist) und der Erbe (zum Beispiel der Sohn der verstorbenen Mieterin) dem Vermieter gegenüber gesamtschuldnerisch. Im Innenverhältnis haftet jedoch der Erbe gemäß § 563b Abs. 1 BGB allein.

Erfolgt ein Mieterwechsel (durch Auszug des Mieters) innerhalb eines Abrechnungszeitraums, muss die Abrechnung erkennen lassen, in welcher Weise Vor- und Nachmieter belastet werden. Bei **verbrauchsunabhängigen** Betriebskosten werden üblicherweise die Kosten nach den **Zeitanteilen der Nutzung** ermittelt.

BEISPIEL

Mieter A zieht am 30.4. aus. Mieter B zieht zum 1.5. ein. Das Abrechnungsjahr dauert vom 1.1. bis zum 31.12.
Beiden Mietern sind die Gesamtkosten zu nennen.
Summe der Betriebskosten: 12.000 EUR
Auf A entfallen
12.000 EUR × 4 Monate : 12 Monate = 4.000 EUR
= 33,33 % Kostenanteil des Vormieters
Auf B entfallen
12.000 EUR × 8 Monate :12 Monate = 8.000 EUR
= 66,66 % Kostenanteil des Nachmieters

Werden die Betriebskosten verbrauchsabhängig ermittelt, hat der ausziehende Mieter einen Anspruch auf Zwischenablesung. Für die Heiz- und Warmwasserkostenabrechnung findet § 9b HeizKV Anwendung. Diese Vorschrift ist allerdings nicht einschlägig für die übrigen Betriebskosten, auch ist die Gradtagszahlentabelle nicht anwendbar. Findet eine Zwischenablesung der verbrauchsabhängigen Betriebskosten nicht statt, sollten Mieter und Vermieter eine Vereinbarung treffen, die sich an der Billigkeit des § 315 BGB orientiert, zum Beispiel eine Aufteilung der Betriebskosten auf der Grundlage des Vorjahres oder nach der jeweiligen Nutzerzahl.

12 Die Verjährung bzw. die Verwirkung von Ansprüchen

Das Recht, von einem anderen ein Tun oder Unterlassen zu verlangen (Anspruch), unterliegt der Verjährung, § 194 Abs. 1 BGB. Die regelmäßige Verjährungsfrist beträgt **drei Jahre**, § 195 BGB.

HINWEIS

Bis zum Inkrafttreten der **Schuldrechtsreform zum 1.1.2002** betrug die regelmäßige Verjährungsfrist 30 Jahre. Für Zahlungsansprüche des Vermieters, zum Beispiel Miete, Nachforderungen aus Betriebskostenabrechnungen, nicht aber Schadensersatzansprüche wegen nicht durchgeführter Schönheitsreparaturen, galt dagegen eine vierjährige Verjährungsfrist, § 197 BGB a. F.

12.1 Wann verjähren Ansprüche des Vermieters?

Im Zusammenhang mit Betriebskosten können zugunsten des Vermieters folgende Ansprüche gegenüber dem Mieter bestehen:

- Zahlung von Betriebskostenpauschalen, die neben der Miete gesondert geschuldet sind: Es handelt sich hierbei um einen Teil des vereinbarten Entgelts, § 535 Abs. 2 BGB, das der Mieter für die Überlassung des Mietobjekts schuldet. Als Teil der Miete ist die Betriebskostenpauschale zusammen mit dieser fällig (§ 556b Abs. 1 BGB). Zahlt der Mieter die Miete, die Pauschale oder beides nicht zum Zeitpunkt der Fälligkeit, so kann der Vermieter seinen Zahlungsanspruch gerichtlich geltend machen. Die Verjährungsfrist beträgt **drei Jahre**, § 195 BGB.
- Saldo aus einer Betriebskostenabrechnung: Nachforderungen gegenüber dem Mieter aus einer **Betriebskostenabrechnung** unterliegen ebenfalls der dreijährigen Verjährungsfrist des § 195 BGB.
  Zu beachten ist jedoch, dass mit Inkrafttreten der Mietrechtsreform zum 1.9.2001 für den Bereich des preisfreien Wohnraumrechts eine **Ausschlussfrist** für die Erstellung von Abrechnungen eingeführt wurden, § 556 Abs. 3 BGB. Danach muss der Vermieter dem Mieter spätestens bis zum Ablauf des zwölften Monats nach Ende des Abrechnungszeitraums die Betriebskostenabrechnung mitteilen.

Eine Ausnahme besteht nur dann, wenn der Vermieter die verspätete Abrechnung nicht zu vertreten hat, § 556 Abs. 3 BGB (siehe auch „Welche Abrechnungs- und Ausschlussfristen gelten?"). Unabhängig davon kann aber nach drei Jahren die Verjährung des Nachzahlungsanspruchs eintreten. Voraussetzung ist, dass eine formell ordnungsgemäße Abrechnung vorgelegt wird. Um die Gefahr des Verjährungseintritts zu vermeiden, kann sich der Vermieter im Rahmen der Abrechnung die Nachberechnung einzelner Positionen vorbehalten, soweit er diese ohne sein Verschulden nicht rechtzeitig abrechnen kann. Die Verjährung der sich aus der Nachberechnung ergebenden Forderung beginnt dann nicht vor Kenntnis des Vermieters von den anspruchsbegründenden Umständen, hier: rückwirkende Neufestsetzung der Grundsteuer durch das Finanzamt (BGH, Urteil vom 12.12.2012, VIII ZR 264/12, WuM 2013, 108).

TIPP

Der Vermieter sollte grundsätzlich zwischen dem Anspruch auf Erstellung einer Abrechnung — hier ist die Ausschlussfrist des § 556 Abs. 3 S. 2 BGB zu beachten — und dem Anspruch aus der Abrechnung, dem Ausgleich des sich hieraus ergebenden Saldos — hier gilt die dreijährige Verjährungsfrist — unterscheiden.

Für preisgebundenen Wohnraum sieht § 20 Abs. 3 S. 4 NMV die entsprechende Regelung vor.

Hat der Vermieter dem Mieter gegenüber eine wirksame Abrechnung rechtzeitig erteilt und zahlt der Mieter die Nachforderung nicht, so verjährt dieser Zahlungsanspruch nach drei Jahren.

ACHTUNG

Zu beachten ist, dass es sich bei den Nachforderungen aus einer Betriebskostenabrechnung nicht um Miete im Sinne des § 543 Abs. 2 Nr. 3 BGB handelt, weshalb eine fristlose Kündigung nach dieser Vorschrift nicht infrage kommt, wenn der Mieter die Forderung nicht zahlt.

- Betriebskostenvorauszahlungen: Solange der Abrechnungszeitraum noch nicht abgelaufen ist, hat der Vermieter dem Mieter gegenüber einen Anspruch auf Zahlung der fälligen Abschlagsleistungen, vorausgesetzt, es besteht hierzu eine vertragliche Verpflichtung. Die Frage nach der Verjährung stellt sich hier nicht, denn spätestens bis zum Ablauf des zwölften Monats nach Ende des Abrechnungszeitraums muss der Vermieter eine Abrechnung erstellen, § 556 Abs. 3 S. 2 BGB. Ist eine Abrechnung zu erstellen, besteht also eine sog. **Abrechnungsreife**, können die rückständigen Abschlagszahlungen nicht mehr geltend gemacht werden. Der Vermieter muss sich insoweit auf die Geltendmachung des Abrechnungssaldos beschränken (siehe auch LG Bonn, Urteil vom 16.1.2014, 6 S 43/13, juris-i).

Ein Anspruch auf Betriebskostenvorauszahlungen besteht längstens bis zum Eintritt der Abrechnungsreife (AG Hamburg-Bergedorf, Urteil vom 12.2.2002, nicht rechtskräftig, 409 C 497/01, ZMR 2002, 675; LG Berlin, Urteil vom 13.10.2000, 64 S 213/00, GE 2001, 206).
Die Regelung des § 212 Abs. 1 Nr. 1 BGB, wonach die Verjährungsfrist erneut zu laufen beginnt, ist nach einer Entscheidung des BGH nicht entsprechend auf die Ausschlussfrist des § 556 Abs. 3 S. 2, 3 BGB anwendbar (BGH, Urteil vom 9.4.2008, VIII ZR 84/07, WuM 2008, 351).

12.2 Wann verjähren Ansprüche des Mieters?

Der Anspruch des Mieters auf Auszahlung eines **Abrechnungsguthabens** unterliegt ebenfalls der dreijährigen Verjährungsfrist, § 195 BGB. Hat der Mieter **Vorauszahlungen auf Betriebskosten** geleistet, obwohl eine vertragliche Grundlage hierzu fehlt und auch eine konkludente Vertragsänderung nicht erfolgte, so unterliegt auch dieser **Rückzahlungsanspruch** der regelmäßigen Verjährung von drei Jahren, § 195 BGB (OLG Hamm, Urteil vom 1.3.1995, 30 U 178/94, ZMR 1995, 294). Die **Einwendungsausschlussfrist** des § 556 Abs. 3 S. 5 BGB findet hier keine Anwendung, denn diese bezieht sich auf Einwendungen gegen eine zu Recht erfolgte Abrechnung des Vermieters.

Der Vermieter muss über die vom Mieter geleisteten Vorauszahlungen innerhalb von zwölf Monaten abrechnen (§ 556 Abs. 3 S. 2 BGB). Hat es der Vermieter versäumt, innerhalb der Abrechnungsfrist Rechnung zu legen, so steht dem Mieter gleichwohl ein Anspruch gegenüber dem Vermieter zu, über abgelaufene Zeiträume abzurechnen. Die Verjährungsfrist hierfür beträgt drei Jahre.

▶ **BEISPIEL**

Für den Zeitraum 2013 hat der Vermieter bis spätestens 31.12.2014 eine Abrechnung vorzulegen. Versäumt er dies, kann der Mieter die Betriebskostenabrechnung bis 31.12.2017 geltend machen. Ein Anspruch des Mieters verjährt also erst am 31.12.2017 (LG Neubrandenburg, Urteil vom 9.9.2003, 1 T 45/03, WuM 07/390; AG Schöneberg, Urteil vom 19.3.2009, 109 C 527/08, MM 2009, 227).

12.3 Berechnung der Verjährungsfrist

Die regelmäßige Verjährungsfrist beginnt mit dem Ende des Jahres zu laufen, in dem der Anspruch fällig geworden ist, § 199 Abs. 1 BGB.

Hat der Vermieter dem Mieter zum Beispiel Mitte September 2014 die Betriebskostenabrechnung für den Zeitraum 1.1.2013 bis 31.12.2013 mitgeteilt, so ist ein sich daraus ergebender Zahlungsanspruch erst nach Ablauf einer **angemessenen Überlegungs- und Prüfungsfrist** zugunsten des Mieters fällig. Je nach Einzelfall kann die dem Mieter zuzugestehende angemessene Frist zur Überprüfung der Abrechnung **zwei bis drei Wochen** betragen (LG Berlin, Urteil vom 1.9.2000, 64 S 477/99, ZMR 2001, 33). Dem Mieter wurde hierfür auch schon bis zu **einem Monat** Zeit zugestanden (AG Gelsenkirchen, Urteil vom 12.10.1992, 9 C 625/92, WuM 1994, 549).

Allerdings hat der BGH in einer Entscheidung vom 8.3.2006 (VIII ZR 78/05, WuM 2006, 200ff) klargestellt, dass der Eintritt der Fälligkeit des Nachzahlungsanspruchs nicht von einer angemessenen Frist zur Überprüfung durch den Mieter abhängt. Der Anspruch des Vermieters auf Bezahlung des Abrechnungssaldos wird bereits mit Erteilung einer formell ordnungsgemäßen Abrechnung fällig. Der BGH begründet seine Auffassung mit § 271 Abs. 1 BGB, wonach ein Gläubiger die Leistung sofort verlangen kann, wenn eine Zeit für die Leistung weder bestimmt noch aus den Umständen zu entnehmen ist.

► **BEISPIEL**

Für eben genanntes Beispiel wäre unter Berücksichtigung der BGH-Rechtsprechung der Saldo aus der Abrechnung bereits mit der Zustellung Mitte September 2014 fällig. Die Verjährung beginnt dann am 31.12.2014 zu laufen und endet am 31.12.2017. Danach ist der Zahlungsanspruch des Vermieters verjährt.
Nach einer Entscheidung des BGH (Urteil vom 12.12.2012, VIII ZR 264/12, WuM 2013, 108) kann sich der Vermieter im Rahmen der Betriebskostenabrechnung die Nachberechnung einzelner Positionen vorbehalten, soweit er **ohne Verschulden** (§ 556 Abs. 3 S. 3 BGB) an einer rechtzeitigen Abrechnung gehindert ist. Die Verjährung der sich aus der Nachberechnung ergebenden Forderung beginnt dann nicht vor Kenntnis des Vermieters von den anspruchsbegründenden Umständen (hier: rückwirkende Neufestsetzung der Grundsteuer durch das Finanzamt).

Die **Einrede der Verjährung** muss in einem Forderungsprozess vom Schuldner geltend gemacht werden, das heißt, er muss sich auf die Verjährung berufen. Ob Verjährung eingetreten ist oder nicht, ist nicht von Amts wegen durch das Gericht zu berücksichtigen.

12.4 Wann wird die Verjährung unterbrochen bzw. gehemmt?

12.4.1 Neubeginn der Verjährung

Das Verjährungsrecht erfuhr mit Inkrafttreten der Schuldrechtsreform zum 1.1.2002 eine wesentliche Änderung. Nach bisherigem Recht war eine Unterbrechung der Verjährung möglich. Das neue Recht geht jedoch vom Begriff der Unterbrechung ab und hat dafür die Bezeichnung **Neubeginn** der Verjährung eingeführt.

Inhaltlich hat sich hierdurch keine Änderung ergeben. Neubeginn der Verjährung bedeutet, dass die Zeit, die bis zum Neubeginn verstrichen ist, für die Berechnung der Verjährungsfrist außer Acht bleibt. Die Verjährung beginnt daher erneut zu laufen. Diese Rechtsfolge wird jedenfalls durch den Begriff „**Neubeginn**" besser zum Ausdruck gebracht als die bisherige Bezeichnung als Unterbrechung.

Der Neubeginn der Verjährung ist in § 212 BGB geregelt. Danach beginnt die Verjährung neu zu laufen, wenn entweder

- der Schuldner dem Gläubiger gegenüber den Anspruch durch Abschlagszahlung, Zinszahlung, Sicherheitsleistung oder in anderer Weise anerkennt oder
- eine gerichtliche oder behördliche Vollstreckungshandlung vorgenommen oder beantragt wird.

Ein Neubeginn der Verjährung tritt jedoch dann nicht ein, wenn die Vornahme der Vollstreckungshandlung vom Gericht abgelehnt oder der Antrag zurückgenommen oder die erwirkte Vollstreckungshandlung vom Gericht aufgehoben wird, § 212 Abs. 2, 3 BGB.

12.4.2 Hemmung der Verjährung

Die bis zum Eintritt der **Hemmung, §§ 203ff BGB**, abgelaufene Verjährungsfrist wird, im Gegensatz zum Neubeginn, berechnet. Allerdings wird die während der Hemmung verstrichene Zeit nicht mit einberechnet, § 209 BGB. Ist der die Verjährungsfrist hemmende Tatbestand wieder beendet, läuft die Verjährungsfrist weiter.

Die wichtigsten Hemmungstatbestände

Neu ins Gesetz aufgenommen wurde die Hemmung der Verjährungsfrist bei **Verhandlungen**, § 203 BGB. **Verjährungshemmende Wirkung** tritt danach ein, wenn zwischen dem Schuldner und dem Gläubiger Verhandlungen über den Anspruch oder die den Anspruch begründenden Umstände schweben. Die Hemmung hält so lange an, bis eine der Parteien die Fortsetzung der Verhandlungen verweigert. Die Verjährung tritt danach frühestens drei Monate nach dem Ende der Hemmung ein.

In der Praxis ist es problematisch zu entscheiden, ob

- zum einen überhaupt Verhandlungen stattfinden, die schon verjährungshemmende Wirkung auslösen können, und
- zum anderen, wann Verhandlungen endgültig verweigert werden.

Nach einem Urteil des BGH zu § 852 Abs. 2 BGB a. F. wird die Fortsetzung der Verhandlungen erst dann verweigert, wenn ein Abbruch klar und eindeutig zum Ausdruck gebracht wird (Urteil vom 30.6.1998, VI ZR 260/97, NJW 1998, 2819).

Eine Hemmung der Verjährung endet auch, wenn die Verhandlungen der Parteien „einschlafen" (BGH, Urteil vom 6.11.2008, IX ZR 158/07, GE 5/2009, 319).

TIPP

Um sicherzugehen, dass mit der Aufnahme von Gesprächen mit der Gegenseite auch die Hemmung der Verjährung erreicht wird, sollte der Vermieter dies ausdrücklich mit der Gegenseite absprechen und, wenn möglich, schriftlich fixieren.

Durch die Mietrechtsreform wurde in § 548 Abs. 3 BGB die Unterbrechung der Verjährung für den Fall bestimmt, dass eine der Vertragsparteien die Durchführung eines **selbstständigen Beweisverfahrens** nach der Zivilprozessordnung beantragt, §§ 485ff ZPO.

Zwar sieht § 548 Abs. 3 BGB die Unterbrechung der Verjährung vor, diese Rechtsfolge ist jedoch bereits wieder durch Inkrafttreten der Schuldrechtsreform zum 1.1.2002 aufgehoben worden. Es gilt grundsätzlich nur noch eine **verjährungshemmende Wirkung**, das heißt, die Verjährung beginnt **nicht** wieder **neu** zu laufen.

Die Erhebung einer Klage bzw. die Einleitung eines Mahnverfahrens führt ebenso zur Hemmung der Verjährung, § 204 Abs. 1 BGB. Die §§ 204 Abs. 1, 204ff BGB enthalten weitere Hemmungstatbestände.

12.4.3 Beispiele/Verjährungstabelle

Die **allgemeine Verjährungsfrist** beträgt nunmehr nur noch **drei Jahre**, § 195 BGB. Dies gilt auch für Zahlungsansprüche des Vermieters gegenüber dem Mieter, zum Beispiel auf Zahlung der Miete, sowie für Betriebskostennachforderungen.

Für Schuldverhältnisse, also auch **Mietverträge, die ab dem 1.1.2002 entstanden** sind, gilt ohne Einschränkung das neue Schuldrecht mit dem neuen Verjährungsrecht, das heißt, die allgemeine Verjährungsfrist beträgt drei Jahre, § 195 BGB.

BEISPIEL

Ein Vermieter vermietet seine Wohnung zum 1.4.2002. In der Folgezeit bleibt der Mieter die Miete für den Monat August 2002 schuldig.
Da die Vermietung nach dem 1.1.2002 erfolgte, gilt für die Berechnung der Verjährungsfrist neues Schuldrecht. Sie beträgt daher für die ausstehende Augustmiete drei Jahre. Die Verjährung beginnt gemäß § 199 BGB am Schluss des Jahres zu laufen, in dem der Anspruch entstanden ist, somit am 31.12.2002. Die Verjährung tritt demnach am 31.12.2005 ein.

Ansprüche die am 1.1.2002 bereits verjährt waren, bleiben verjährt.

BEISPIEL

Das Mietverhältnis zwischen den Mietparteien besteht seit 1994. Der Mieter blieb die Miete für den Monat Mai 1997 schuldig. Die Verjährung für den Zahlungsanspruch des Vermieters begann am 31.12.1997, die Verjährung trat deshalb am 31.12.2001 ein (vier Jahre nach altem Recht).

Für Ansprüche, die **am 1.1.2002 noch nicht verjährt** waren, sind grundsätzlich die neuen Regelungen zu beachten, Artikel 229 § 6 EGBGB. Danach bestimmen sich Beginn, Hemmung, Ablaufhemmung und Neubeginn der Verjährung für den Zeitraum vor dem 1.1.2002 nach dem BGB in der bis dahin geltenden Fassung, also nach altem Recht, Artikel 229 § 6 Abs. 1 S. 2 EGBGB.

Dies gilt auch, wenn nach dem 31.12.2001 ein Umstand eintritt, bei dessen Vorliegen nach dem BGB in der alten Fassung eine vor dem 1.1.2002 eintretende Unterbrechung (jetzt: Neubeginn) der Verjährung nicht erfolgt oder als erfolgt gilt.

Eine nach altem Recht eingetretene Unterbrechung, die bis zum 31.12.2001 noch nicht beendet ist, gilt mit dem 31.12.2001 als beendet. Die neue Verjährung ist mit Beginn des 1.1.2002 gehemmt, Artikel 229 § 6 Abs. 2 EGBGB.

Ist die Verjährungsfrist nach den neuen Bestimmungen länger als nach dem alten Recht, so ist die kürzere Verjährungsfrist nach altem Recht einschlägig, Artikel 229 § 6 Abs. 3 EGBGB. Ist die Verjährung nach neuem Recht kürzer als nach dem alten Recht, gilt:

- Es gilt die kürzere Frist, deren Lauf vom 1.1.2002 an berechnet wird.
- Dies gilt aber nicht, wenn die alte Frist vor dem Ablauf der neuen kürzeren Frist abgelaufen wäre, Artikel 229 § 6 Abs. 4 EGBGB (siehe hierzu BGH, Urteil vom 29.6.2011, VIII ZR 30/10, WuM 2011, 464).

!

ACHTUNG Verjährungstabelle

Fällige Forderungen/Jahr (Miete, Betriebskostenpauschale, Abrechnungssaldo)	Aktuelle Verjährungsfrist, § 195 BGB
2008	31.12.2011
2009	31.12.2012
2010	31.12.2013
2011	31.12.2014
2012	31.12.2015
2013	31.12.2016
2014	31.12.2017
2015	31.12.2018

12.5 Wann verwirkt ein Anspruch?

Der Geltendmachung eines Anspruchs kann nicht nur die Einrede der Verjährung (siehe oben), sondern auch die **Verwirkung** entgegengehalten werden. Die Verwirkung ist gesetzlich nicht definiert: Sie wird aus dem Grundsatz von Treu und

Glauben des § 242 BGB abgeleitet, wonach die Geltendmachung eines Anspruchs nicht gegen Treu und Glauben verstoßen darf (LG Aachen, Urteil vom 17.1.1992, 5 S 302/91, DWW 1993, 41; LG Mannheim, Urteil vom 24.1.1990, 4 S 150/89, ZMR 1990, 378).

Die Verwirkung setzt zweierlei voraus:

- Das sog. **Zeitmoment**, das heißt, seit der Möglichkeit der Geltendmachung eines Anspruchs muss ein längerer Zeitraum verstrichen sein.
- Zum anderen müssen **Umstände** hinzukommen, die den Schuldner berechtigt glauben lassen, er müsse mit einer Inanspruchnahme nicht mehr rechnen.

Der BGH hat für einen Fall, in dem der Vermieter Nebenkostennachforderungen aus den vorangegangenen vier Abrechnungsjahren trotz Nichtzahlung nicht gerichtlich geltend gemacht hatte, einen solchen „Umstand" bejaht und Verwirkung angenommen (BGH, Urteil vom 21.2.2012, VIII ZR 146/11, WuM 2012, 6).

Grundsatz: Der Anwendungsbereich der Verwirkung ist auf Ausnahmefälle beschränkt (OLG Düsseldorf, Urteil vom 22.4.1993, 10 U 193/92, WuM 1993, 411; BGH, Urteil vom 29.2.1984, VIII ZR 310/82, WuM 1984, 127, NJW 1984, 1684).

! **ACHTUNG**

Kaum mehr Bedeutung hat die Verwirkung für die Fälle, in denen ein **Vermieter von Wohnraum** über einen längeren Zeitraum hinweg keine Betriebskostenabrechnungen fertigte und dies nun nachzuholen versucht. Hier hat die Ausschlussfrist des § 556 Abs. 3 S. 2 BGB nunmehr eine zeitliche Grenze gesetzt. Eine Abrechnung über Vorauszahlungen nach Ablauf der Ausschlussfrist ist seitens des Vermieters nicht mehr möglich, außer er hat die Verspätung nicht zu vertreten. Auf das Vorliegen des Verwirkungstatbestands kommt es hier nicht mehr an.
Allerdings ist für den Bereich der gewerblichen Vermietung die Verwirkung nach wie vor von Bedeutung, denn die Ausschlussfrist des § 556 Abs. 3 S. 2 BGB gilt nur für die Vermietung von Wohnraum.

- Rechnet der Vermieter nicht in angemessener Zeit über Betriebskosten ab, so kann der Tatbestand der Verwirkung vorliegen, wenn über folgende Zeiträume abgerechnet wurde, sodass der Mieter darauf vertrauen durfte, dass für den nicht abgerechneten Zeitraum keine Abrechnung mehr erfolgen wird (BGH, Urteile vom 27.10.2009, VIII ZR 334/07, GE 2010, 197 und vom 30.10.2010 V ZR 42/09, GE 2010, 119). Allerdings soll eine mehrjährige Nichtabrechnung für sich genommen keinen Vertrauenstatbestand im Sinne der Verwirkung zugunsten des Mieters begründen; vielmehr müssen noch weitere Umstände hinzukommen, damit ein

Verstoß gegen Treu und Glauben, § 242 BGB, angenommen werden kann (OLG Düsseldorf, Urteil vom 4.7.2013, I-10U 52/13, 10 U, ZMR 2014, 441).

- Ein Verzicht oder die Verwirkung von Nebenkosten ist nur dann anzunehmen, wenn ein eindeutiges Verhalten des Vermieters auf eine Abstandnahme von Forderungen schließen lässt (OLG Düsseldorf, Urteil vom 30.10.2008, I-24 U 84/08, ZMR 2009, 844).
- Zur Frage der Verwirkung hat das OLG Düsseldorf mit Urteil vom 3.2.2000 (10 W 1/00, WuM 2000, 133 und NZM 2001, 383) entschieden, dass allein der Umstand, dass der Vermieter über Jahre hinweg die vertraglich vereinbarte Abrechnungsfrist für Nebenkosten nicht eingehalten und Nachforderungen erst Jahre später geltend gemacht hat, nicht ausreiche, um eine **Verwirkung** annehmen zu können. Über den **Zeitablauf** hinaus müssen vielmehr noch **besondere Umstände** vorliegen, die die Feststellung rechtfertigen, der Mieter habe darauf **vertrauen** dürfen, dass die Forderungen nicht mehr geltend gemacht werden.
- Diese Ansicht vertrat auch das LG Saarbrücken in einer Entscheidung vom 21.1.1985, wonach allein die Tatsache, dass der Vermieter über Nebenkosten nicht in angemessener Frist abgerechnet hat, nicht darauf schließen lasse, dass er auf Forderungen verzichte, die ihm über die geleisteten Vorauszahlungen hinaus zustehen (13 B S 103/84, WuM 1985, 349).
- Macht der Vermieter nach Auseinandersetzungen über die Betriebskostenabrechnung aus einem seit fünf Jahren beendeten Mietverhältnis erst zweieinhalb Jahre nach Beendigung der Auseinandersetzung den Anspruch aus der Abrechnung erneut geltend, ist sein Anspruch verwirkt (LG Berlin, Urteil vom 16.10.2001, 64 S 158/01, NZM 2002, 286).
- Ansprüche aus einer Betriebskostenabrechnung sind verwirkt, wenn diese dem ehemaligen Mieter erst 44 Monate nach Beendigung des Mietverhältnisses zugeht (AG Berlin-Mitte, Urteil vom 24.2.2004, 9 C 366/03, MM 2004, 171).
- Das LG Braunschweig sah die Verwirkung in einem Fall für gegeben an, in dem der Vermieter 13 Jahre nicht abrechnete und dann unangekündigt Abrechnungen vornahm. Dies verstößt nach Ansicht des Gerichts gegen Treu und Glauben (LG Braunschweig, Urteil vom 30.7.2002, 6 S 58/02, ZMR 2002, 917).
- Hat es der Vermieter versäumt, **Betriebskostenvorauszahlungen**, die der Mieter entgegen vertraglichen Bestimmungen nicht gezahlt hat, nachzufordern, so ist eine Nachforderung für die Vergangenheit verwirkt (LG Berlin, Urteil vom 7.12.1998, 62 S 186/98, GE 1999, 188).
- Strittig ist auch immer wieder, ob ein Anspruch des Vermieters **auf Zahlung von Betriebskostenpositionen** besteht, wenn diese Positionen, obwohl dem Vermieter entstanden, dem Mieter gegenüber aber zunächst nicht in Rechnung gestellt wurden. Hierzu hat das LG Waldshut-Tiengen mit Urteil vom 25.1.2001 festgestellt, dass es für die Annahme der Verwirkung nicht ausreicht, wenn

der Vermieter eine vertraglich vereinbarte Betriebskostenposition nicht von der ersten Abrechnung an geltend gemacht hat (1 S 60/00, WuM 2001, 245).
Anderer Ansicht ist das AG Gießen (Urteil vom 5.7.2004, 48 MC 194/04, ZMR 2004, 824), wonach ein Vermieter auch in Zukunft keine Betriebskostenpositionen verlangen kann, die er trotz vertraglicher Umlagefähigkeit über Jahre hinweg nicht geltend gemacht hat.

BEISPIEL

Hat es der Vermieter vergessen, zum Beispiel die Grundsteuer in die Abrechnung mit aufzunehmen, so kann er zwar nach Ablauf der Abrechnungsfrist, § 556 Abs. 3 S. 2 BGB, diesen Betrag vom Mieter nicht mehr geltend machen, er ist aber für die Zukunft mit der Weitergabe dieser Position nicht ausgeschlossen.

- Ist ein Mietverhältnis beendet und bereits abgewickelt bzw. die **Kaution vorbehaltlos ausgezahlt** worden, so ist ein sich aus einer nachträglich erstellten **Betriebskostenabrechnung** ergebender Saldo zugunsten des Vermieters verwirkt (LG Köln, Urteil vom 10.1.2001, 10 S 249/00, NZM 2001, 617; AG Charlottenburg, Urteil vom 21.1.2000, 16 b C 368/99, GE 2000, 474; AG Köln, Urteil vom 23.12.1999, 209 C 424/99, WuM 2000, 152).
- Hat ein gewerblicher Mieter das sich aus der Betriebskostenabrechnung ergebende Guthaben entgegengenommen, ist ein erst zwei Jahre später nach einem Vermieterwechsel auf die Fehlerhaftigkeit der Abrechnung gestützter weiterer Guthabenanspruch des Mieters verwirkt (LG Düsseldorf, Urteil vom 12.9.1989, 10 O 52/89, WuM 1990, 69).
- Nach Beendigung des Mietverhältnisses ist der Vermieter gehalten, alle Ansprüche aus dem Mietverhältnis im Rahmen der Kautionsabrechnung zu berücksichtigen. Tut er dies nicht und zahlt ein Guthaben an den Mieter aus, so kann er, ohne dass er einen Vorbehalt erklärt, weitergehende Ansprüche in der Regel nicht mehr geltend machen.

TIPP

Endet ein Mietverhältnis während des Abrechnungszeitraums, zum Beispiel Februar 2013, und ist der Kautionsrückzahlungsanspruch fällig (August 2013, sechs Monate nach Beendigung und Übergabe der Mietsache), bevor das Abrechnungsjahr und/oder die Ausschlussfrist, § 556 Abs. 3 S. 2 BGB, abgelaufen sind, so ist dem Vermieter dringend anzuraten, im Rahmen der Kautionsabrechnung einen Vorbehalt bezüglich der noch abzurechnenden Betriebskosten zu erklären. Andernfalls trägt er das Risiko, Nachforderungen nicht mehr geltend machen zu können.

- Nach BGH (Urteil vom 18.1.2006, VIII ZR 71/05, NJW 2006, 1422) ist der Vermieter berechtigt, einen angemessenen Teil der Mietkaution bis zum Ablauf der ihm zustehenden Abrechnungsfrist einzubehalten, wenn eine Nachforderung zu erwarten ist.
- Für ein **Pachtverhältnis** hat das OLG Düsseldorf Folgendes entschieden: Der Umstand, dass der Verpächter seiner Pflicht zur Nebenkostenabrechnung in den ersten beiden Pachtjahren überhaupt nicht und für die drei folgenden Jahre erst mit jahrelanger Verspätung nachgekommen ist, führt noch nicht zur **Verwirkung** der Nebenkostenforderungen. Hat der Verpächter jedoch die Abrechnungen für drei Jahre erstellt, darf der Pächter damit rechnen, dass die Abrechnungen von vorangegangenen Zeiträumen, sollten sie noch erfolgen, unverzüglich übersandt werden. Wartet der Verpächter noch weitere vier Monate mit der Übersendung der Abrechnung für ein vorangegangenes Jahr, darf der Pächter mit Recht annehmen, dass dieses Jahr nicht mehr zum Gegenstand von Nachzahlungsforderungen gemacht wird (Urteil vom 25.1.2000, 24 U 111/99, ZMR 2000, 580).

Die Rechtsprechungsbeispiele zeigen, dass die Verwirkung für den Bereich des Gewerbemietrechts nach wie vor von Bedeutung ist, für den Bereich des Wohnraummietrechts durch die Einführung der Ausschlussfrist für die Erstellung der Betriebskostenabrechnung aber an Bedeutung verloren hat.

12.6 Wann ergibt sich ein Recht zur Aufrechnung bzw. Zurückbehaltung?

Sowohl der Vermieter als auch der Mieter können grundsätzlich einen sich aus der Betriebskostenabrechnung ergebenden Saldo mit einem entsprechenden Saldo aus der Heizkostenabrechnung **aufrechnen, § 387 BGB**.

Allerdings besteht die Aufrechnungslage nur dann, wenn der Vermieter die Abrechnung fristgerecht, § 556 Abs. 3 S. 2 BGB, erstellt hat. Hat der Vermieter es versäumt, die Abrechnung über die Betriebskosten innerhalb der Ausschlussfrist zu erstellen, kann er dieses Versäumnis nicht dadurch nachholen, dass er einen sich aus der verspäteten Abrechnung ergebenden Saldo zu seinen Gunsten mit einem Guthaben des Mieters aus der Heizkostenabrechnung aufrechnet.

So hat der BGH in einem Fall entschieden, dass der Vermieter, der irrtümlich einen Guthabenbetrag ausbezahlt hat, diesen nicht nach Ablauf der Abrechnungsfrist zurückfordern oder mit einem bereicherungsrechtlichen Erstattungsanspruch in Höhe des Guthabens gegen den Kautionsanspruch aufrechnen kann (Urteil vom 3.5.2011, VIII ZR 139/10, WuM 2011, 421).

HINWEIS

Die Ausschlussfrist kann der Vermieter nicht durch Aufrechnung mit einer verfristeten Abrechnung umgehen.

Rechnet der Vermieter nicht innerhalb der Abrechnungsfrist über gezahlte Vorschüsse ab, so kann der Mieter im Wege der **Aufrechnung** die Rückzahlung dieser Vorschüsse geltend machen. Allerdings entfällt die Wirkung der Aufrechnung „ex nunc", also ab jetzt, soweit der Vermieter nachträglich eine wirksame Betriebskostenabrechnung erstellt und der Mieter hiernach Betriebskosten schuldet (BGH, Urteil vom 22.9.2010, VIII ZR 285/09, WuM 2011, 108).

Zur Durchsetzung des Anspruchs auf Vorlage einer Abrechnung über die geleisteten Betriebskostenvorauszahlungen kann der Mieter grundsätzlich ein **Zurückbehaltungsrecht** gemäß § 273 BGB bezüglich **weiterer Vorauszahlungen** geltend machen (BGH, Urteil vom 29.3.2006, VIII ZR 191/05, WuM 2006, 383; OLG Naumburg, Urteil vom 18.9.2001, 9 U 91/01; OLGR Naumburg 2002, 297; BGH, Urteil vom 29.2.1984, VIII ZR 310/82, DWW 1984, 166; OLG Düsseldorf, Urteil vom 12.6.2001, 24 U 168/00, ZMR 2002, 37). Ein Zurückbehaltungsrecht hinsichtlich der Betriebskostenvorschüsse kommt nur in Betracht, wenn der Vermieter innerhalb der Jahresfrist überhaupt nicht abgerechnet hat. Dem entspricht der Fall, dass die Abrechnung wegen offensichtlicher Fehler unzulänglich ist. Allerdings können einfache Fehler in der Abrechnung kein Zurückbehaltungsrecht des Mieters begründen (AG Pinneberg, Urteil vom 5.3.2004, 66 C 272/03, ZMR 2004, 595f).

Für bereits fällige, in der Vergangenheit nicht gezahlte Vorschüsse steht dem Mieter ein Zurückbehaltungsrecht nicht zu (OLG Düsseldorf, Urteil vom 28.9.2000, 10 U 179/99, WuM 2000, 678). Ebenso wenig hat er einen Anspruch auf Rückforderung bereits gezahlter Betriebskostenvorschüsse (OLG Hamm, Urteil vom 26.6.1998, 30 REMiet 1/98, WuM 1998, 476).

Das Zurückbehaltungsrecht des Mieters besteht jedoch nur bis zur Vorlage einer formell ordnungsgemäßen Abrechnung. Eine formell richtige Betriebskostenabrechnung liegt dann vor, wenn sie die Mindestangaben enthält, nämlich eine geordnete Zusammenstellung der Gesamtkosten, die Angabe und Erläuterung des Verteilerschlüssels, die Berechnung des Anteils des Mieters sowie den Abzug der Vorauszahlungen (KG Berlin, Urteil vom 5.1.2004, 8 U 22/03, GE 2004, 423).

Ein Zurückbehaltungsrecht zugunsten des Mieters besteht solange, wie der Vermieter ihm nicht die Überprüfung der Abrechnung ermöglicht. Hierzu gehört auch die Einsichtnahme in die Abrechnungsunterlagen. Dieses Zurückbehaltungsrecht besteht nicht nur im Hinblick auf die geltend gemachte Nachforderung, sondern auch hinsichtlich der laufenden Betriebskostenvorauszahlungen (BGH, Urteil vom 22.11.2011, VIII ZR 38/11, WuM 2012, 276). In einem bestehenden Mietverhältnis kann der Mieter nicht die Rückzahlung der auf die Nebenkosten geleisteten Vorauszahlungen verlangen, wenn der Vermieter die mit der Abrechnung behaupteten Betriebskosten noch nicht nachgewiesen hat. Der Mieter ist hinreichend dadurch geschützt, dass er ein Zurückbehaltungsrecht geltend machen kann, § 273 BGB (BGH, Beschluss vom 22.6.2010, VIII ZR 288/09, WuM 2010, 630).

Die Geltendmachung eines Zurückbehaltungsrechts, das sich lediglich auf materielle Einwendungen stützt, zum Beispiel die Behauptung, die Höhe einzelner Positionen sei nicht richtig, soll dagegen nicht möglich sein (LG Itzehoe, Urteil vom 14.1.2003, 1 S 236/02, ZMR 2003, 494).

Auch wenn die Abrechnungsfrist des § 556 Abs. 3 S. 2 BGB abgelaufen ist und der Vermieter einen sich aus einer verspäteten Abrechnung ergebenden Saldo nicht mehr geltend machen kann, kann der Mieter gleichwohl auf Erstellung einer Abrechnung bestehen und diesen Anspruch mithilfe des Zurückbehalts von Vorauszahlungen durchsetzen (BGH, Urteil vom 11.4.1984, VIII ARZ 16/83, WuM 1984, 185). Allerdings darf er kein höheres Zurückbehaltungsrecht geltend machen als in der Höhe der für den Abrechnungszeitraum gezahlten Vorschüsse (KG Berlin, Urteil vom 15.10.2001, 8 U 2549/00, GE 2002, 129).

Ist das Mietverhältnis beendet und steht die Abrechnung der Betriebskosten noch aus, hilft dem Mieter die Geltendmachung eines Zurückbehaltungsrechts nichts. Der Mieter kann dann sogleich die vollständige Rückzahlung der geleisteten Vorauszahlungen geltend machen. Der Mieter ist nicht verpflichtet, den Vermieter zuerst auf Erteilung einer Abrechnung zu verklagen (BGH, Urteil vom 9.3.2005, VIII ZR 57/04, WuM 2005, 337; OLG Braunschweig, RE vom 8.7.1999, 1 RE-Miet 1/99, NZM 1999, 751).

Die Frage nach einem **Zurückbehaltungsrecht aus der Sicht des Vermieters** stellt sich in der Praxis zumeist bei Beendigung des Mietverhältnisses im Rahmen der **Kautionsabrechnung**.

- Ist zum Zeitpunkt der Fälligkeit des Kautionsrückzahlungsanspruchs auch der Anspruch aus der Betriebskostenabrechnung fällig, so stehen sich zwei fällige Ansprüche gegenüber, die im Wege der Aufrechnung erfüllt werden können.

- Kann dagegen zum Zeitpunkt der Fälligkeit des Anspruchs auf Rückgewähr der Kaution über die Betriebskosten noch nicht abgerechnet werden, weil entweder das Abrechnungsjahr noch nicht abgelaufen ist oder die entsprechenden Belege noch nicht vorliegen, ist fraglich, ob, und wenn ja, in welcher Höhe, dem Vermieter ein Zurückbehaltungsrecht an der Kaution zusteht. Der Vermieter ist grundsätzlich zu Teilabrechnungen nicht verpflichtet, § 556 Abs. 3 S. 4 BGB, denn dies würde zu einem unzumutbaren Mehraufwand für den Vermieter führen.

Kann der Vermieter noch nicht Rechnung legen, so steht ihm grundsätzlich das Recht zu, einen **Einbehalt** von der Kaution vorzunehmen, um einen eventuellen Nachforderungsanspruch zu sichern (BGH, Urteil vom 18.1.2006, VIII ZR 71/05, NJW 2006, 1422). Der Einbehalt hat im Hinblick auf eine **kalkulierbare Betriebskostennachforderung** zu erfolgen, wobei ein Guthaben an den Mieter auszukehren ist (AG Langen, Urteil vom 7.9.1995, 2 C 159/95, WuM 1996, 31; BGH, Urteil vom 1.7.1987, VIII ARZ 2/87, NJW 1987, 2372 und ZMR 1987, 412).

Der Einbehalt von der Kaution hat in **angemessener Höhe** zu erfolgen und darf nicht willkürlich festgelegt werden. Des Weiteren muss der Vermieter ein **Sich erungsbedürfnis** nachweisen (AG Flensburg, Urteil vom 23.3.2000, 61 C 558/99, WuM 2000, 598), das dann nicht gegeben ist, wenn mit einer Nachforderung nicht zu rechnen ist, da der Mieter zum Beispiel aus den Abrechnungen der Vorjahre regelmäßig ein Guthaben erstattet erhielt. Hatte der Mieter dagegen Nachzahlungen zu leisten, so besteht ein Sicherungsinteresse des Vermieters.

Bei der Höhe des Einbehalts kann sich der Vermieter an der **durchschnittlichen Höhe der Nachforderungen** der letzten drei Jahre orientieren (AG Köln, Urteil vom 24.5.1988, 210 C 143/88, WuM 1988, 267). Auch kann es eine Rolle spielen, ob es sich bei den betreffenden Monaten um besonders kostenintensive handelt, zum Beispiel bei den Heizkosten die Wintermonate (AG Langen, Urteil vom 7.9.1995, 2 C 159/95, WuM 1996, 31).

Nach Auffassung des AG Köln (Urteil vom 9.8.2002, 201 C 169/02, WuM 2004, 609) steht dem Vermieter als Sicherheit für eine Betriebskostennachforderung lediglich ein Betrag in Höhe einer Monatsnebenkostenvorauszahlung zu.

Bei gewerblichen Mietverhältnissen darf sogar vereinbart werden, dass der Anspruch auf Rückzahlung der Kaution erst dann fällig wird, wenn die letzte Betriebskostenabrechnung erteilt ist (LG Köln, Urteil vom 12.1.2004, 2 O 213/03, MietRB 04, 230).

Hat der Mieter als Mietsicherheit eine Bankbürgschaft gestellt, stellt sich die Frage, ob der Vermieter die Herausgabe der Bürgschaft verweigern kann, wenn die Abrechnung über die Betriebskosten noch aussteht. Nachdem die Bürgschaft nicht teilbar ist, kann es unangemessen sein, diese einzubehalten, wenn nur eine relativ geringe Nachforderung aus der Abrechnung zu erwarten ist. Das Sicherungsinteresse des Vermieters ist gegenüber dem Herausgabeanspruch des Mieters in diesem Fall unangemessen bzw. unverhältnismäßig (AG Hamburg, Urteil vom 8.5.2001, 41 A C 223/00, MM 2001, 358).

TIPP

Um spätere Streitigkeiten wegen Zurückbehalts der Kaution nach Beendigung eines Mietverhältnisses zu vermeiden, kann der Vermieter vertraglich eine entsprechende Klausel vereinbaren.

13 Das Gebot der Wirtschaftlichkeit

Für den Bereich des preisfreien Wohnraumrechts wurde nunmehr mit der Mietrechtsreform der **Grundsatz der Wirtschaftlichkeit** in das Gesetz mit aufgenommen. Für preisgebundenen Wohnraum findet sich dieser in § 20 Abs. 2 S. 3 NMV. Der Grundsatz der Wirtschaftlichkeit ist für gewerbliche Mietverhältnisse entsprechend anzuwenden, § 242 BGB.

Ausdrücklich im Gesetz benannt und daher besonders zu beachten ist der Grundsatz der Wirtschaftlichkeit bei der **Abrechnung der Betriebskosten**, § 556 Abs. 3 S. 1, 2. HS BGB, sowie bei deren **Veränderung**, § 560 Abs. 5 BGB.

HINWEIS

Neu ist das Gebot der Wirtschaftlichkeit für das Mietrecht nicht. Die Wirtschaftlichkeit galt schon zuvor als allgemeiner Rechtsgrundsatz — auch ohne eine ausdrückliche gesetzliche Regelung — und wurde von der Rechtsprechung teilweise aus dem Grundsatz von Treu und Glauben, § 242 BGB, abgeleitet.

Was bedeutet nun „Wirtschaftlichkeit" im Einzelnen für den Vermieter und was hat er hierbei zu beachten?

Im BGB selbst findet sich keine Definition dieses Begriffs. Aus § 20 Abs. 1 S. 2 NMV bzw. § 24 Abs. 2 II. BV dagegen kann folgende Definition übernommen werden, die entweder direkt, weil gesetzlich vorgegeben — für Wohnraum § 556 Abs. 3 S. 1, 2. HS; § 560 Abs. 5 BGB —, oder über den Grundsatz von Treu und Glauben, § 242 BGB, auf alle übrigen Mietverhältnisse, auch Gewerbemietverträge, Anwendung findet (BGH, Urteil vom 13.10.2010, XII ZR 129, 09, WM 11,183).

WICHTIG

Definition: „Es dürfen nur solche Kosten umgelegt werden, die bei gewissenhafter Abwägung aller Umstände und bei ordentlicher Geschäftsführung gerechtfertigt sind."

Der Vermieter wird durch das Wirtschaftlichkeitsgebot zur sparsamen Bewirtschaftung seines Anwesens gezwungen.

BEISPIEL

- Der Vermieter darf nur verkehrsübliche Leistungen erbringen.
- Der Vermieter hat auf angemessene Preise zu achten, ggf. Mengenrabatt auszunutzen.
- Bei Wohnungsleerstand muss der Vermieter einen teilweisen Grundsteuererlass gemäß § 33 Abs. 1 GrStG beantragen (GE 2012, 316; vgl. OVG NRW, Urteil vom 31.10.2008, 14 A 1420/07, DWW 2009/232).
- Es dürfen keine Vollwartungsverträge abgeschlossen werden, diese beinhalten nämlich auch Reparaturleistungen.

Aus der Sicht eines vernünftigen Vermieters muss sich ein angemessenes Kosten-Nutzen-Verhältnis ergeben (BGH, Urteile vom 13.10.2010, XII ZR 129/09, WM 2011, 183 und vom 28.11.2007, VIII ZR 243/06, WuM 08, 29; OLG Karlsruhe, RE vom 20.9.1984, 9 REMiet 6/83, WuM 1985, 17 und ZMR 1984, 411). Grundsätzlich steht dem Vermieter ein gewisser Ermessensspielraum bei der Entscheidung zu, welche Verträge er abschließt oder welchen Dienstleister er beauftragt. Ob der Vermieter diesen Ermessensspielraum ordnungsgemäß ausgeübt hat, richtet sich nach den Umständen des konkreten Einzelfalls, zum Beispiel nach Lage, Art und Größe des Mietobjekts (Langenberg in Schmidt-Futterer, Mietrecht, 10. Aufl., § 560 Rdn. 75).

Hierzu gehört nach einem Urteil des OLG Brandenburg auch die Verpflichtung des Vermieters, innerhalb des ihm zustehenden Ermessens gegen klar erkennbar überhöhte Gebühren und Steuern mit Rechtsbehelfen vorzugehen (Urteil vom 4.7.2007, 3 U 38/07, WuM 2007, 510). Der Grundsatz der Wirtschaftlichkeit kann den Vermieter auch dazu verpflichten, unberechtigte Forderungen eines Versorgungsunternehmens oder eines Dienstleisters dann nicht zu begleichen und unberechtigte Zahlungen — soweit rechtliche möglich — wieder zurückzufordern, wenn die Rechtslage hinreichend geklärt ist (AG Pinneberg, Urteil vom 17.10.2013, 83 C 207/12, WuM 2013, 731). Der Vermieter kann auch verpflichtet sein, bei Schlecht- oder Nichtleistung der beauftragten Dienstleister diesen die Vergütung zu kürzen (Langenberg in Schmidt-Futterer, Mietrecht 10. Aufl., § 560 Rdn. 85). Nach Auffassung des KG Berlin hat der Vermieter die vertragliche Nebenpflicht, den Mieter nur mit Betriebskosten zu belasten, die erforderlich und angemessen sind. Er hat möglichst günstige Versicherungsverträge abzuschließen und auf dem Markt Vergleichsangebote einzuholen (Beschluss vom 7.2.2011, 8 U 147/10, WuM 2011, 367).

Allerdings geht das Gebot der Wirtschaftlichkeit nicht so weit, dass der Vermieter verpflichtet wäre, eine alte vorhandene Heizungsanlage, die noch voll funktionstüchtig ist, zu modernisieren bzw. gegen eine neue wirtschaftlicher arbeitende Anlage auszutauschen (BGH, Urteil vom 31.10.2007, VIII ZR 261/06, WuM 2007, 700). Diese Rechtsauffassung hat der BGH mit einer weiteren Entscheidung bestätigt, wonach bei einem gewerblichen Mietverhältnis allein aus dem Wirtschaftlichkeitsgebot kein Anspruch des Mieters auf Modernisierung einer vorhandenen, aber den vertraglichen Vereinbarungen entsprechenden Heizungsanlage besteht (Urteil vom 18.12.2013, XII ZR 80/12, ZMR 2014, 436). Die Tatsache, dass eine dem vertragsgemäßen Zustand entsprechende Heizungsanlage hohe Energiekosten verursacht, stellt grundsätzlich keinen Mangel an der Mietsache dar, wenn die Anlage dem bei Errichtung des Gebäudes maßgeblichen technischen Standards entspricht und fehlerfrei arbeitet (BGH, Urteil vom 18.12.2013, a. a. O.; OLG Düsseldorf, Beschluss vom 8.7.2010, I-24 U 222/09, GE 2011, 132). Wenn allerdings der Vermieter **zumutbare Maßnahmen** zur Optimierung einer alten Heizungsanlage, die unnötig hohe Heizkosten verursacht, unterlässt, so soll nach Auffassung des LG Neubrandenburg eine Verletzung des Wirtschaftlichkeitsgebots vorliegen (Beschluss vom 27.3.2013, 1 S 75/12, WuM 2013, 541).

Ebenso wenig soll ein Vermieter verpflichtet sein, langfristige Verträge mit einem (Monopol-)Unternehmen zu beenden, um kostengünstigere Vereinbarungen zu erreichen (LG Berlin, Urteil vom 17.10.2008, 32 O 102/08, GE 2009/52).

Entgegen den Bestimmungen der HeizKV (§§ 4, 5, 6) soll sogar von der Verpflichtung zur verbrauchsabhängigen Abrechnung abgesehen werden können, wenn die Ausstattung des Gebäudes mit Verbrauchserfassungsgeräten wirtschaftlich nicht vertretbar ist (AG Hannover, Urteil vom 25.3.2008, 483 C 10450/07, ZMR 2008, 842).

Im Hinblick auf § 556 Abs. 3 S. 1, 2. HS BGB, der die Abrechnung der Betriebskosten regelt, stellen sich in diesem Zusammenhang zwei Fragen:

- zum einen nach der Möglichkeit der **Umlage** einzelner Betriebskostenpositionen und
- zum anderen nach der in Rechnung gestellten **Höhe** einzelner Betriebskostenarten.

13.1 Welche Betriebskosten kann der Vermieter an den Mieter weitergeben?

Der Vermieter darf dem Mieter nur solche Betriebskostenpositionen im Rahmen einer mietvertraglichen Vereinbarung in Rechnung stellen, die für die ordnungsgemäße Bewirtschaftung des Gebäudes nach objektiven Maßstäben und unter Berücksichtigung der Mieterinteressen erforderlich sind (BGH, Urteile vom 28.11.2007, VIII ZR 243/06, WuM 08, 29; OLG Karlsruhe und vom 20.9.1984, 9 REMiet 6/83, ZMR 1984, 411). Der Vermieter begeht allerdings keine Pflichtverletzung bei Vertragsabschluss, wenn er Vorauszahlungen vereinbart, die die Höhe der später anfallenden tatsächlichen Kosten nicht nur geringfügig, sondern auch deutlich unterschreitet (BGH, Urteil vom 11.2.2004, VIII ZR 195/ 03, WuM 2004, 201; AG Lehrte, Urteil vom 3.5.2012, 9 C 522/11, ZMR 2012, 708).

Was den Umfang der umlegbaren Betriebskostenpositionen anbelangt, ist zunächst auf den Katalog des § 2 BetrKV zu verweisen.

Soweit es sich um solche Betriebskostenarten handelt, bei denen der Vermieter keine Auswahl und keinen Entscheidungsspielraum hat, zum Beispiel bei der Grundsteuer, ist das Gebot der Wirtschaftlichkeit nicht von Bedeutung. Darüber hinaus obliegt ihm in vielen Fällen die Entscheidung, ob und in welchem Umfang er zum Beispiel Versicherungen, Wartungs- oder Dienstleistungen in Anspruch nimmt, die nach seiner Ansicht für die ordnungsgemäße Bewirtschaftung des Gebäudes sinnvoll sind, und diese Kosten dann seinem Mieter weitergibt.

Hier muss er unter Zugrundelegung eines objektiven Maßstabs prüfen, ob er das Gebot der Wirtschaftlichkeit beachtet hat oder nicht. So können zum Beispiel wöchentliche Reinigungskosten für Müllbehälter oder Kellerschächte überflüssig und somit unwirtschaftlich bzw. nicht angemessen sein.

Der BGH hatte einen Fall zur Entscheidung, in dem der Vermieter einer gewerblichen Einheit nach Abschluss des Mietvertrags eine „neue Versicherung", hier Terrorversicherung, abgeschlossen hatte und der Mieter sich nunmehr weigerte, diese zu bezahlen, mit dem Argument der Abschluss sei unwirtschaftlich. Der BGH stellte zunächst klar, dass die Aufzählung der verschiedenen Versicherungsarten unter Nr. 13 der Anlage zu § 27 II. BV, jetzt Betriebskostenverordnung, nicht abschließend sei und daher grundsätzlich alle Sachversicherungen, die das Mietobjekt betreffen, umlagefähig seien. Darüber hinaus sei der Abschluss einer Sachversicherung dann mit dem Gebot der Wirtschaftlichkeit vereinbar, wenn konkrete Umstände vorlägen, die die Gefahr eines Gebäudeschadens, hier durch terroristische Angriffe, begründen. Dabei sind die Art des Gebäudes, seine Frequentierung, seine Lage und sein Wert zu berücksichtigen (Urteil vom 13.10.2010, XII ZR 129/09, WM 2011, 183).

HINWEIS

In diesem Zusammenhang ist in erster Linie die Position **„sonstige Betriebskosten"** der Nr. 17 des § 2 BetrKV relevant. Hier ist es möglich, durch individuelle Vereinbarung andere als die in Nr. 1 bis Nr. 16 des § 2 BetrKV aufgezählten Kostenarten in Rechnung zu stellen. Ob beispielsweise eine Dachrinnenbeheizung, die aus Sicht des Vermieters sinnvoll erscheint, auch wirtschaftlich geboten ist, kann durchaus als fraglich gelten.

13.2 In welcher Höhe darf der Vermieter Betriebskosten in Rechnung stellen?

Neben dem Umfang der verschiedenen Positionen gibt auch die in Rechnung gestellte **Höhe** der einzelnen Betriebskostenpositionen häufig Anlass zu Streitigkeiten.

Ihnen als Vermieter steht grundsätzlich ein gewisser **Ermessensspielraum** zu. Das gilt sowohl im Hinblick auf die **Auswahl** der einzelnen Dienstleister bzw. Lieferanten als auch auf den **Umfang** der jeweiligen Leistungen.

Dies ist insbesondere bei der Auswahl von Hausmeistern, Gärtnern oder auch bei sonstigen Leistungserbringern von Bedeutung. Einerseits muss der Vermieter nicht den jeweils billigsten Anbieter auswählen, andererseits müssen die Kosten seines Vertragspartners nach **objektiven Gesichtspunkten** angemessen sein und dürfen nicht erheblich über dem ortsüblichen Durchschnitt liegen.

Grundsätzlich steht es im Ermessen des Vermieters, ob er eine Privatperson oder ein gewerbliches Unternehmen beauftragt. Würde man dem Vermieter dieses Entscheidungsrecht nehmen, wäre er in der Bewirtschaftung seines Objekts unangemessen eingeschränkt (LG Hannover, Urteil vom 31.1.2002, 3 S 1268/01, WuM 2003, 450).

Die Kosten eines sog. **Müllmanagements** sind grundsätzlich als Betriebskosten umlagefähig (Langenberg, Rdn. G 30). Gleichwohl ist auch hier der Grundsatz der Wirtschaftlichkeit zu beachten. Die Umlage dieser Betriebskosten ist nur dann wirtschaftlich und somit möglich, wenn der Vermieter nachweisen kann, dass die

Einschaltung des betreffenden Unternehmens zur Kostenersparnis notwendig gewesen ist und die erforderlichen Maßnahmen nicht durch eigenes Personal kostengünstiger hätten durchgeführt werden können (AG Berlin, Urteil vom 10.11.2004, 2 C 109/04, WuM 2005, 393).

Nach Auffassung des LG Lübeck ist es im Rahmen des Gebots der Wirtschaftlichkeit dem Vermieter erlaubt, die **Wartung von Rauchwarnmeldern** an externe Dritte zu vergeben. Wegen der dem Vermieter obliegenden Verkehrssicherungspflicht greift der Einwand, die Funktionsprüfung könne auch vom Mieter vorgenommen werden, nicht (Urteil vom 5.11.2007, 21 C 1668/07, ZMR 2008, 302).

Ein Verstoß gegen das Gebot der Wirtschaftlichkeit soll dann vorliegen, wenn die Kosten für Beschaffung bzw. Anmietung, Abrechnung und Ablesung der Erfassungsgeräte mehr als die Hälfte der gesamten Heiz- und Warmwasserkosten betragen (LG Köln, Urteil vom 4.11.2004, 6 S 138/04, MietRB 05, 63; LG Berlin, Urteil vom 10.11.2003, 62 S 220/03, WuM 2004, 340).

Die Übertragung der Wärmeversorgung des Anwesens auf einen gewerblichen Dritten verstößt nicht gegen das Gebot der Wirtschaftlichkeit. Auch zwingt es den Vermieter nicht zur **Änderung** der mietvertraglich vereinbarten indirekten Beheizungsart des Anwesens (zum Beispiel Fern- bzw. Nahwärme), selbst wenn sie im Vergleich zur direkten Beheizung weitergehende Kosten verursacht (LG Bochum, Urteil vom 18.6.2004, 5 S 52/04, WuM 2004, 477).

Den Vermieter trifft eine Nebenpflicht aus dem Mietvertrag, bei Maßnahmen oder Entscheidungen, die die Höhe der Betriebskosten beeinflussen, auf ein **angemessenes Kosten-Nutzen-Verhältnis** zu achten (BGH, Urteil vom 28.11.2007, VIII ZR 243/06, WuM 2008, 29). Im Streitfall ist der Vermieter beweispflichtig dafür, dass ein angemessenes Kosten-Nutzen-Verhältnis vorliegt (AG Leipzig, Urteil vom 17.6.2003, 18 C 2588/03, WuM 2003, 452).

Treten im Vergleich zu früheren Abrechnungen unerwartete Kostensteigerungen ein, liegt keine Pflichtverletzung des Vermieters und auch kein Verstoß gegen das Wirtschaftlichkeitsgebot vor, wenn diese Steigerungen durch außerhalb der Verantwortungssphäre des Vermieters liegende Umstände hervorgerufen werden, zum Beispiel allgemeine Kostenentwicklung oder Verbrauchsverhalten des Mieters (OLG Düsseldorf, Urteil vom 4.7.2013, I-10 U 52/13, ZMR 2014, 441).

13.2.1 Beispiel: Hausmeister oder Hauswart

Die Kostenposition des **Hausmeisters oder Hauswarts** in der Abrechnung stellt besonders häufig einen Grund für Auseinandersetzungen zwischen Vermieter und Mieter dar. Zum Teil wird mieterseits zum Beispiel die Höhe des Hausmeisterentgelts infrage gestellt oder es wird der Einwand der Untätigkeit des Hauswarts oder Schlechterfüllung der Hausmeistertätigkeit vorgebracht.

Soweit Verträge mit den Haumeistern vorliegen, was in der Regel der Fall sein wird, da sich Vermieter zunehmend entsprechender Servicefirmen bedienen, ist der Nachweis über die Höhe der entstandenen Kosten insoweit unproblematisch. Allerdings werden von den Servicefirmen auch die Beträge von Putz- und Reinigungsmaterial mit einkalkuliert, weshalb die Kosten für die Inanspruchnahme von Servicefirmen oft höher sein werden als die für einen herkömmlichen Hausmeister.

Zum Teil werden sehr hohe Anforderungen von den Gerichten an die Darstellung von Hausmeisterkosten im Rahmen der Betriebskostenabrechnung gestellt. So verlangt das AG Wetzlar (Urteil vom 25.3.2004, 39 C 2607/03, WuM 2004, 339), dass der Vermieter substanziierte Angaben zu den vom Hausmeister erbrachten Tätigkeiten nach Art und Stundenaufwand macht. Tut der Vermieter dies nicht, können mangels Überprüfbarkeit der Wirtschaftlichkeit im Zweifel die Hausmeisterkosten nicht oder nur zum Teil umgelegt werden.

Sehr weitreichende Anforderungen stellt das AG Frankfurt/Main bei der Geltendmachung erhöhter Kostenpositionen. Weichen danach die Hausmeisterkosten erheblich von den Durchschnittskosten ab, muss der Vermieter die Richtigkeit der abgerechneten Kosten darlegen, die Abweichung erläutern, die **Erforderlichkeit** beweisen und die Wahrung des Wirtschaftlichkeitsgebots eingehend darlegen (AG Frankfurt/Main, Urteil vom 5.6.2002, 33 C 4255/01-28, WuM 2002, 376).

Wird ein Hauswart nach Stunden bezahlt, so ist vermieterseits der Nachweis des Tätigkeitsumfangs des Hausmeisters nicht immer leicht, wenn Arbeitszettel gar nicht oder nur unvollständig vorliegen.

Wird dem Hauswart vorgeworfen, seine Tätigkeiten nicht ordentlich auszuführen, zum Beispiel Putzleistungen, so kann dies, wenn sich der Vorwurf als richtig herausstellt, zu einem **Verstoß** gegen das Wirtschaftlichkeitsgebot führen, denn der Mieter zahlt letztendlich für Leistungen, die nicht oder nur schlecht erbracht werden (AG Dresden, Urteil vom 13.6.2006, 140 C 4830/05, NZM 2006, 741).

Zudem wird häufig über die Höhe der Entlohnung für Hausmeister, Reinigungspersonal oder ähnliche Dienstleister gestritten. Auch hier kommt es auf die Umstände des Einzelfalls an, ob die in Rechnung gestellten Stundensätze tatsächlich wirtschaftlich angemessen sind. In diesem Zusammenhang kann darauf abgestellt werden, wie hoch die ortsübliche Entlohnung ist, im Zweifel sind Kostenvoranschläge beizubringen. Es ist dabei auch von Bedeutung, ob es sich bei den beschäftigten Kräften um Hilfspersonal oder Fachkräfte handelt.

Das AG Schöneberg hatte über eine angemessene Entlohnung für eine Treppenhausreinigung, die von der Tochter des Vermieters ausgeführt wurde, zu entscheiden. Als Stundenlohn für diese Tätigkeit hatte der Vermieter 55,38 EUR angesetzt, was das Gericht als zu viel und deshalb als nicht mehr wirtschaftlich ansah (Urteil vom 21.2.2008, 109 C 257/07, MM 2008, 299).

Auch die **Art** und der **Umfang** der Tätigkeit des Hauswarts sind nicht immer unproblematisch. So muss jedenfalls die Beschäftigung eines Hauswarts sachlich gerechtfertigt sein. Gleiches gilt für die nach Abschluss eines Mietvertrags erfolgte Anstellung eines Hausmeisters.

Dürfen **Instandhaltungs- bzw. Instandsetzungskosten** grundsätzlich einem Mieter nicht in Rechnung gestellt werden, so dürfte streng genommen ein Hausmeister auch keine Heizungseinstellung oder Heizungsentlüftung vornehmen, ohne dass ein Vorwegabzug dieser Kosten erfolgt.

Gleiches gilt für die **Verwaltungstätigkeit** eines Vermieters und somit auch für Aufgaben des Hausmeisters, die der Verwaltung zuzurechnen sind, zum Beispiel Buchhaltung, Zusammenstellung von Rechnungsbelegen o. Ä.

Nach Auffassung des LG Gera hindern jedoch geringfügige Verwaltungstätigkeiten der Hausmeisterfirma, die in der Abrechnung allenfalls Centbeträge ausmachen, nicht die Nachzahlungsforderung des Vermieters aus der Betriebskostenabrechnung (Urteil vom 31.1.2001, 1 S 185/00, WuM 2001, 615).

Bei der Vergabe von Gartenpflegearbeiten an Fremdfirmen hat der Vermieter, der diese Arbeiten bisher durch eigene Arbeitskräfte erledigen ließ, in der Abrechnung zwei Dinge darzulegen: Er muss erklären, warum diese Kosten nunmehr wesentlich höher ausfallen, und für sein Vorgehen nachvollziehbare Gründe benennen. Die Verletzung der Darlegungspflicht führt nach Ansicht des AG Kiel dazu, dass die entsprechende Betriebskostenabrechnung nicht fällig wird (AG Kiel, Urteil vom 18.4.2001, 113 C 490/00, MM 2001, 418).

TIPP

Es empfiehlt sich, bei der Ermittlung von Kosten für Hausmeistertätigkeiten, Gartenpflege und Reinigung von den Dienstleistern exakte Tätigkeitsnachweise zu verlangen und von Zeit zu Zeit die Arbeitsleistung zu kontrollieren.

Um die Wirtschaftlichkeit der Beauftragung eines Hauswarts zu überprüfen, sind substanziierte Angaben des Vermieters zu den von diesem erbrachten Leistungen nach Art der Tätigkeit und zum Stundenaufwand erforderlich. Kann der Vermieter diese Angaben nicht erbringen, sind auch die Kosten nicht umlagefähig (AG Wetzlar, Urteil vom 25.3.2004, 39 C 2607/03, WuM 2004, 339).

13.2.2 Welche Höhe ist angemessen?

Die **Angemessenheit** der Kostenhöhe kann nicht generell bestimmt werden, sondern ist unter Berücksichtigung der **konkreten Umstände des Einzelfalls** zu prüfen. Dem Vermieter ist es daher zuzumuten, während der Dauer des Mietverhältnisses die **Marktverhältnisse** zu beobachten. Das bedeutet jedoch nicht, dass der Vermieter einen sofortigen Wechsel des Vertragspartners herbeiführen muss, wenn ihm ein günstigerer Anbieter bekannt wird. Andererseits kann er sich nicht auf langjährige Verträge mit Dienstleistern einlassen, die ihm die Möglichkeit nehmen, bei veränderter Marktsituation zu günstigeren Anbietern zu wechseln.

HINWEIS

Bei einer Überschreitung der ortsüblichen Entgelte für einen Hausmeister um ca. 6,0 bis 8,6 Prozent würde es die Verpflichtung des Vermieters überspannen, wenn er Marktforschung betreiben müsste. **Analog** der für den Mietzins geltenden **Wesentlichkeitsgrenze** von 20 Prozent wäre eine Überschreitung der ortsüblichen Entgelte in dieser Größenordnung erst erheblich (AG Ebersberg, Urteil vom 19.11.2002, 1 C 696/00, so auch Flatow in WuM 2008, 701).

Heizöl muss der Vermieter ebenfalls unter wirtschaftlichen Gesichtspunkten anschaffen und zum Beispiel die günstigeren Sommerpreise den zumeist teureren Winterpreisen vorziehen. Die Heizölabrechnung darf für den Vermieter kein Zusatz- bzw. Spekulationsgeschäft darstellen (OLG Koblenz, Urteil vom 17.9.1985, 3 U 1623/83, WuM 1986, 282).

Die ortsüblichen Preise sind jedenfalls bei Abschluss oder Änderung eines Vertrags zu berücksichtigen. Übersteigen die Prämien für die Gebäudeversicherung vergleichbare Angebote um 70 Prozent, so kann der Vermieter nur die Höhe des üblichen Entgelts dem Mieter weiterberechnen (AG Aachen, Urteil vom 10.8.2011, 109 C 128/09, GE 2011, 1489; KG Berlin, Beschluss vom 7.2.2011, 8 U 147/10, WuM 2011, 367). Wenn die Versicherungskosten gegenüber dem Vorjahr um ca. 240 Prozent gestiegen sind, kann der Vermieter nur die Kosten des Vorjahres ansetzen, wenn er keine nachvollziehbaren Gründe für die Kostensteigerung darlegen kann. Es liegt dann ein Verstoß gegen den Wirtschaftlichkeitsgrundsatz vor (AG Charlottenburg, Urteil vom 15.8.2013, 211 C 584/ 12, GE 2013, 1345).

Eine Verletzung des Wirtschaftlichkeitsgebots liegt auch dann vor, wenn der Vermieter für Gartenpflege und Hausreinigung weniger als drei Vergleichsangebote eingeholt hat und die umgelegten Kosten um das Fünf- bis Sechsfache höher liegen als ortsüblich ist (AG Zossen, Urteil vom 30.8.2012, 5 C 418/11, WuM 2012, 555).

Schließt der Mieter einen Mietvertrag über eine Wohnung, die über Wärmecontracting mit Wärme und Warmwasser versorgt wird, so stellt allein die Tatsache, dass der Vermieter dieses Wärmebelieferungssystem gewählt hat, keinen Verstoß gegen das Wirtschaftlichkeitsgebot dar. Erst wenn der Mieter nachweist, dass ein anderer Wärmecontractor preiswerter hätte liefern können, kann ein Verstoß gegen die Wirtschaftlichkeit vorliegen (BGH, Urteil vom 13.6.2007, VIII ZR 78/06, WuM 2007, 393).

Fernwärmekosten auf Basis eines weit überdurchschnittlichen Bezugspreises muss der Mieter in der Regel nicht hinnehmen (LG Potsdam, Urteil vom 5.6.2003, 11 S 233/02, WuM 2004, 480).

Für ein Geschäftsraummietverhältnis hat das KG Berlin entschieden, dass den Vermieter eine Obliegenheit trifft, bei im Vergleich zum vorangegangenen Abrechnungsjahr erheblich angestiegenen Kosten nachvollziehbare Gründe für die Steigerung und deren Unvermeidbarkeit zu benennen. Tut er dies nicht, verstößt er gegen das Wirtschaftlichkeitsgebot (KG Berlin, Urteil vom 12.1.2006, 12 U 216/04, NZM 2006, 294).

In § 560 BGB sind die Voraussetzungen für die **Veränderung von Betriebskosten** geregelt. Eine Änderung der Betriebskosten kommt nur dann in Betracht, wenn sie auch den Grundsätzen der Wirtschaftlichkeit entspricht. Das bedeutet, dass hier ebenfalls – sowohl im Hinblick auf den Umfang der einzelnen Positionen als auch im Hinblick auf die Höhe – eine **Wirtschaftlichkeitsprüfung** stattzufinden hat.

13.2.3 Beweis- und Darlegungslast

Der Vermieter, der eine Betriebskostenabrechnung erstellt, ist für deren Inhalt, Umfang und Form verantwortlich. Wie bereits ausgeführt, obliegt dem Vermieter die vertragliche Nebenpflicht, auf ein angemessenes Kosten-Nutzen-Verhältnis zu achten. Behauptet der Mieter nunmehr eine Verletzung des Wirtschaftlichkeitsgebots, so ist er hierfür beweispflichtig. Allerdings genügt es aus Sicht des Mieters nicht, wenn er nur behauptet, die in Ansatz gebrachten Kosten seien zu hoch. Auch reicht die Behauptung, der vom Vermieter vorgenommene Kostenansatz übersteige den insoweit überregional ermittelten durchschnittlichen Kostenansatz für Wohnungen vergleichbarer Größe, nicht aus, um einen Verstoß gegen das Wirtschaftlichkeitsgebot darzulegen (BGH, Urteil vom 6.7.2011, VIII ZR 340/10, WuM 2011, 513). Vielmehr hat der Mieter substanziiert vorzutragen, dass der Vermieter im Rahmen der Kostenumlage gegen den Wirtschaftlichkeitsgrundsatz verstoßen hat. Der Vermieter hat also einen gewissen Entscheidungsspielraum dahingehend, welchen Versorger oder Dienstleister er auswählt. Erscheinen dem Mieter die Kosten zu hoch, hat er zum Beispiel durch Nachweis eines günstigeren Anbieters den Verstoß des Vermieters konkret zu rügen (AG Schöneberg, Urteil vom 30.10.2008, 109 C 342/08, GE 2009, 271; LG Halle, Urteil vom 20.11.2008, 1 S 48/08, ZMR 2009, 916).

Das KG Berlin geht sogar so weit, dass es dem Mieter auferlegt, Verstöße gegen das Wirtschaftlichkeitsgebot konkret darzulegen, indem er mitteilen muss, welche Leistungen von wem im maßgeblichen Zeitraum preiswerter angeboten wurden (Urteil vom 29.3.2010, 8 U 20/09, GE 2010, 732). Nach Auffassung des AG Köln (Urteil vom 13.10.2005, 222 C 335/05) genügt als Nachweis für einen Verstoß gegen das Wirtschaftlichkeitsgebot ein einziges Alternativangebot jedoch nicht.

Für **gemischt genutzte Objekte** hat der BGH wie folgt zur Darlegungs- und Beweislast entschieden: Es obliegt dem Mieter zu beweisen, dass durch die gewerbliche Nutzung erhebliche Mehrkosten entstehen. Dabei ist hinsichtlich der einzelnen Betriebskosten zu differenzieren und auf die konkreten Gegebenheiten des Gebäudes einerseits und die Art der gewerblichen Nutzung andererseits abzustellen. In dieser Entscheidung hat der BGH auch festgestellt, dass die in einem Betriebskostenspiegel ausgewiesenen Durchschnittskosten nicht maßgeblich sind (BGH, Urteil vom 11.8.2010, VIII ZR 45/10, WuM 2010, 627).

Der Mieter soll seiner Pflicht zum konkreten Bestreiten allerdings genügen, wenn er unter Hinweis auf einen einschlägigen Betriebskostenspiegel darlegt, dass die vom Vermieter abgerechneten Kosten erheblich über den im Betriebskostenspiegel aufgeführten Werten liegen (AG Wetzlar, Urteil vom 25.3.2004, 39 C 2607/03, WuM 2004, 339). Nach Auffassung des AG Köln trägt der Vermieter die Beweislast dafür, dass er das Gebot der Wirtschaftlichkeit eingehalten hat, wenn eine Betriebskostenposition den Durchschnittswert nach dem einschlägigen Betriebskostenspiegel um das Fünffache übersteigt (Urteil vom 2.3.2011, 220 C 443/10, WuM 2013, 360).

HINWEIS

Den Mieter trifft grundsätzlich die Darlegungs- und Beweislast für das Vorliegen eines Verstoßes gegen das Wirtschaftlichkeitsgebot.
Der Mieter kann einen Verstoß des Vermieters gegen das Wirtschaftlichkeitsgebot nicht durch pauschales Bestreiten beweisen. Ein pauschales Bestreiten ist nicht ausreichend.

13.2.4 Wirtschaftlichkeitsgebot gilt auch für Verbrauchserfassungsgeräte

Geräte zur Erfassung des Verbrauchs von Heizung und Warmwasser in der vermieteten Wohnung (zum Beispiel Wärmezähler, Heizkostenverteiler) kann der Vermieter auch **mieten** oder **leasen** und die entsprechenden Kosten auf die Mieter im Wege der Heizkostenabrechnung umlegen. Voraussetzung ist, dass er den Mietern die Kosten mitteilt und die Mehrheit der Mieter innerhalb eines Monats nach Zugang der Mitteilung nicht widersprochen hat, § 4 Abs. 2 HeizKV. Widerspricht die Mehrheit der Mieter der Anmietung, kann der Vermieter seine Aufwendungen nur umlegen, indem er die Geräte kauft und den Kaufpreis über eine Mieterhöhung nach § 559 BGB — nicht über die Heizkostenabrechnung — an die Mieter weitergibt (Erhöhung der Jahresmiete um elf Prozent der aufgewendeten Kosten).

Entsprechendes gilt für den Austausch vorhandener Geräte gegen solche mit mehr Messgenauigkeit (zum Beispiel Austausch von Geräten nach dem Verdunstungsprinzip gegen elektronische Heizkostenverteiler).

Beim Anmieten der Geräte muss der Vermieter allerdings **das Wirtschaftlichkeitsgebot** beachten. Bei Vereinbarung einer **wesentlich höheren** als der marktüblichen Miete kann der Vermieter die Kosten nur dann auf den Mieter umlegen, wenn er dieses Verfahren **sachlich rechtfertigen** kann; andernfalls ist von einem Verstoß gegen das Wirtschaftlichkeitsgebot auszugehen. In diesem Fall ist die Heizkostenabrechnung zwar nicht unwirksam, jedoch kann der Mieter verlangen, dass die in der Heizkostenabrechnung angesetzten Kosten auf ein angemessenes Maß **gekürzt** werden. **Überhöht** sind die Kosten für Beschaffung bzw. Anmietung, Abrechnung und Ablesen der Erfassungsgeräte jedenfalls dann, wenn sie **mehr als**

die Hälfte der gesamten Heiz- und Warmwasserkosten betragen (LG Köln, Urteil vom 4.11.2004, 6S 36/04, NJW-RR 2005, 886; LG Berlin, Urteil vom 10.11.2003, 62 S 220/03, WuM 2004, 340).

Der Wechsel des Abrechnungskreises die Kosten für Kalt- und Abwasser betreffend ist nicht zu beanstanden, wenn auf diese Weise die Zahl der Ablesetermine reduziert wird und daher unter Berücksichtigung des **Gebots der Wirtschaftlichkeit** sogar geboten ist (BGH, Urteil vom 13.3.2012, VIII ZR 291/11, Grundeigentum 2012, 824).

13.3 Rechtsfolgen bei einem Verstoß

Soweit sich der **Verstoß gegen den Wirtschaftlichkeitsgrundsatz** nicht gegen die Abrechnung insgesamt wendet, was zumeist nicht der Fall sein wird, sondern nur gegen einzelne Rechnungspositionen bzw. die in Ansatz gebrachten Kosten (materielle Einwendungen), ist die Abrechnung formell nicht zu beanstanden, sodass Ausschluss- und Einwendungsfristen grundsätzlich nicht betroffen sind.

Die Verletzung des Wirtschaftlichkeitsgebots führt zu einer **Vertragsverletzung** durch den Vermieter mit der Folge eines **Schadensersatzanspruchs** zugunsten des Mieters auf **Freistellung** von den unwirtschaftlichen Kosten (Langenberg, Rdn. G 45ff). Infrage kommen danach

- die vollständige **Streichung** einer nicht wirtschaftlichen, weil überflüssigen Position, zum Beispiel wöchentliche Müllbehälterreinigung oder Wartung der Fenster durch eine Fachfirma (siehe Pfeifer, S. 148),
- die **teilweise Reduzierung** des überhöhten Kostenansatzes auf ein angemessenes Niveau (AG Aachen, Urteil vom 10.8.2011, 109 C 128/09, GE 2011, 1489; AG Rostock, Urteil vom 24.2.2012, 41 C 385/11, WuM 2012, 274; AG Frankfurt/Main, Urteil vom 5.6.2002, 33 C 4255/01-28, WuM 2002, 376) oder
- die Geltendmachung lediglich des marktüblichen Durchschnittspreises (AG Hamburg-Blankenese, Urteil vom 8.7.2011, 532 C 80/11, ZMR 2011, 885).

14 Die Heiz- und Warmwasserkostenabrechnung

14.1 Pflicht zur Verbrauchserfassung

Die HeizKV regelt die Erfassung und Abrechnung sowohl der Heizungskosten als auch der Kosten für Warmwasser. Sie gilt für Mietwohnungen, Eigentumswohnungen, Geschäftsräume und gemischt genutzte Gebäude. Zum 1.1.2009 wurde die HeizKV reformiert. Hier die wichtigsten Änderungen im Überblick:

1. **Zeitnahe Mitteilung des Ableseergebnisses:** Gemäß § 6 Abs. 1 HeizKV soll das Ableseergebnis dem Nutzer in der Regel innerhalb eines Jahres mitgeteilt werden.
2. **Änderung des Abrechnungsmaßstabs:** Der Abrechnungsmaßstab für Heizung und Warmwasser kann gemäß § 6 Abs. 4 HeizKV künftig vor jedem Abrechnungszeitraum neu festgelegt werden, wenn ein sachgerechter Grund vorliegt. Dieser sachgerechte Grund kann ein Mehrheitsbeschluss der Wohnungseigentümergemeinschaft sein (BGH, Urteil vom 16.7.2010, V ZR 221/09, WuM 2010, 591).
3. **Änderung des Abrechnungsmaßstabs für Heizkosten nach Gebäudeart:** Bei bestimmten Gebäudearten müssen die Heizkosten im Verhältnis 70 zu 30 abgerechnet werden.
4. **Verbrauchsanalyse:** Nach § 7 Abs. 2 HeizKV sind die Kosten der Verbrauchsanalyse umlagefähig.
5. **Eichkosten:** Gemäß § 7 HeizKV sind nun die Eichkosten für die Wärmezähler sowie Kalt- und Warmwasserzähler ausdrücklich umlagefähig.
6. **Neues Verfahren zur Ermittlung des Energieverbrauchs für Warmwasser:** Bei verbundenen Heiz- und Warmwasseranlagen ist der Pauschalansatz mit 18 Prozent nicht länger zulässig. Aus diesem Grund muss der Energieanteil für die Erwärmung des Warmwassers ab dem **1.1.2014** mithilfe eines **Wärmezählers** erfasst werden.
7. **Ausnahme für Passivhäuser**.

Nach der HeizKV ist die Abrechnung der Heiz- und Warmwasserkosten **zwingend** vorgeschrieben.

Ausnahmen sind gemäß § 2 HeizKV nur erlaubt, wenn

- es sich um ein Zweifamilienhaus handelt, in dem der Vermieter eine Wohnung selbst bewohnt;
- die Wohnung über eine eigene Heizung verfügt;
- in dem vermieteten Einfamilienhaus nur eine Mietpartei wohnt;
- vereinbart wurde, dass ein höherer verbrauchsabhängiger Kostenanteil als 70 Prozent gelten soll, § 10 HeizKV.

Die HeizKV gestattet weitere Ausnahmen.

- **§ 11 Abs. 1 Nr. 1a HeizKV:** Eine durch die Reform der HeizKV (seit 1.1.2009) neu eingeführte Ausnahmeregelung gilt für besonders energieeffiziente Gebäude, deren Heizwärmebedarf unter 15 kWh/m² pro Jahr liegt, sog. Passivhäuser oder Niedrigenergiehäuser.
- **§ 11 Abs. 1 Nr. 1b HeizKV:** wenn das Anbringen der Ausstattung zur Verbrauchserfassung, die Erfassung des Wärmeverbrauchs oder die Verteilung der Kosten des Wärmeverbrauchs nicht oder nur mit unverhältnismäßig hohen Kosten möglich ist. Unverhältnismäßig hohe Kosten liegen vor, wenn sie nicht durch die Einsparungen, die in der Regel innerhalb von zehn Jahren zu erzielen sind, ausgeglichen werden können.
- **§ 11 Abs. 1 Nr. 1c HeizKV:** wenn keine Wärmeverbrauchsbeeinflussung möglich ist, etwa wenn die Räume vor dem 1.7.1981 bezugsfertig geworden sind und die Nutzer den Wärmeverbrauch nicht beeinflussen können (Beispiel: Einrohrheizung, kombinierte Decken-Fußboden-Heizung). Bei Räumen, die nach dem 1.7.1981 fertiggestellt wurden, hat der Mieter einen Anspruch auf Nachrüstung.
- **§ 11 Abs. 1 Nr. 2 HeizKV:** Alters- und Pflegeheime, Studenten- und Lehrlingsheime; vergleichbare Gebäude oder vergleichbare Gebäudeteile, zum Beispiel Hotels, Jugendheime.
- **§ 11 Abs. 1 Nr. 3 HeizKV:** energiesparende Wärmeversorgung; diese Ausnahmevorschrift bezieht sich auf Anlagen zur Rückgewinnung von Wärme oder aus Wärmepumpen- oder Solaranlagen oder aus Anlagen der Kraft-Wärme-Kopplung oder Anlagen zur Verwertung von Abwärme, sofern der Wärmeverbrauch des Gebäudes nicht erfasst wird. Sind Räume überwiegend mit der vorgenannten besonderen Wärmeversorgung ausgestattet, dann gelten die Regelungen der HeizKV nicht. Eine überwiegende Versorgung ist gegeben, wenn mehr als 50 Prozent des Gebäudes durch eine der genannten Anlagen versorgt wird.
- **§ 11 Abs. 1 Nr. 4 HeizKV:** Hausanlagen im Fall der Direktwärmelieferung.

Liegt kein Ausnahmetatbestand nach § 2 oder § 11 HeizKV vor und vereinbaren die Vertragsparteien dennoch eine sog. Brutto- oder **Warmmiete**, so verstößt diese Vereinbarung gegen die Vorschriften der HeizKV.

Im Streitfall muss der Vermieter den Heiz- und Warmwasserkostenanteil aus der Warmmiete herausnehmen und diesen Betrag als Vorauszahlung für die entsprechenden Kosten abrechnen (OLG Schleswig, Urteil vom 15.1.1986, 6 REMiet 71/85, WuM 1986, 330; BayObLG, Urteil vom 23.6.1988, REMiet 3/88, WuM 1988, 257).

14.2 Duldungspflicht des Nutzers

Der Gebäudeeigentümer ist verpflichtet, die Mieträume mit geeigneten Erfassungsgeräten auszustatten (§ 4 Abs. 2 HeizKV). Um diese Verpflichtung erfüllen zu können, muss er bzw. Beauftragte die Räume betreten dürfen. Die Verpflichtung des Nutzers (Mieters, Pächters) zur Duldung entsprechender Maßnahmen ist in § 4 Abs. 2 S. 1, 2. HS HeizKV geregelt. Der Mieter hat grundsätzlich alle Maßnahmen zu dulden, die erforderlich sind, um die verbrauchsabhängige Abrechnung durchführen zu können. Nach § 4 Abs. 2 S. 1, 2. HS HeizKV hat der Mieter auch den Austausch funktionstüchtiger Erfassungsgeräte gegen ein zur Funkablesung geeignetes System zu dulden (BGH, Urteil vom 28.9.2011, VIII ZR 326/10, WuM 2011, 625).

14.3 Wie werden die Kosten umgelegt?

Die bei der Heiz- und Warmwasserkostenabrechnung ansatzfähigen Kosten sind in § 7 Abs. 2 HeizKV und § 8 Abs. 2 HeizKV geregelt (zum Umfang der Kosten des Betriebs der zentralen Heizungsanlage siehe „Die Kosten der Heizung" und hinsichtlich der Kosten des Betriebs der zentralen Warmwasserversorgung siehe „Die Kosten der Warmwasserversorgung").

Nach § 7 Abs. 1 HeizKV sind von den Kosten des Betriebs der zentralen Heizanlage mindestens 50 und höchstens 70 Prozent nach dem erfassten Wärmeverbrauch der Nutzer zu verteilen. Seit dem 1.1.2009 ist der Vermieter in der Wahl des Umlagemaßstabs bei bestimmten Gebäuden jedoch eingeschränkt. Der Gebäudeeigentümer ist nunmehr verpflichtet, die Heizkosten zu 70 Prozent nach Verbrauch und zu 30 Prozent nach Grundkosten aufzuteilen, wenn

- das Gebäude nicht die Anforderungen der Wärmeschutzverordnung von 1994 erfüllt und
- mit Gas- oder Ölheizung versorgt wird und
- freiliegende Leitungen der Wärmeverteilung überwiegend gedämmt sind.

Sind diese Voraussetzungen gegeben, kann jeder Wohnungseigentümer verlangen, dass in Abrechnungszeiträumen ab dem 1.1.2009 die Heizkosten zu 70 Prozent nach dem erfassten Verbrauch und zu 30 Prozent nach den Grundkosten verteilt werden. Dies gilt auch für Gebäude, die über Wärme-Contracting versorgt werden. Entgegenstehende Beschlüsse einer Mehrheit der Wohnungseigentümer entsprechen dann nicht ordnungsgemäßer Verwaltung (AG Düsseldorf, Urteil vom 21.3.2011, 292a C 7251/10, WuM 2011, 438).

Liegen die Voraussetzungen des § 7 Abs. 1 S. 2 HeizKV nicht vor, besteht weiterhin die Wahlfreiheit des Umlagemaßstabs für den Gebäudeeigentümer im Rahmen des § 7 Abs. 1 S. 1 HeizKV.

Die Vertragsparteien haben die Möglichkeit, einen höheren **Verbrauchskostenanteil** zu vereinbaren, § 10 Abs. 1 HeizKV. Dies setzt jedoch voraus, dass im gesamten Haus derselbe Maßstab vereinbart wird. Nach § 16 Abs. 3 WEG ist die Änderung eines Verteilerschlüssels durch Mehrheitsbeschluss der Wohnungseigentümer grundsätzlich zulässig. Ob eine Änderung des Verteilerschlüssels für die Heizkosten mit der Heizkostenverordnung vereinbar ist, bestimmt sich nach der Fassung der Verordnung, die zum Zeitpunkt der erstmaligen Geltung des neuen Verteilerschlüssels in Kraft ist (BGH, Urteil vom 16.7.2010, V ZR 221/09, WuM 2010, 591).

Die übrigen Kosten (**Grundkosten**) sind nach der Wohn- oder Nutzfläche oder nach dem umbauten Raum zu verteilen. Es kann aber auch die Wohn- oder Nutzfläche oder der umbaute Raum der beheizten Räume zugrunde gelegt werden. Diesem Grundkostenanteil muss ein gleicher Maßstab für alle Wohnungen zugrunde liegen.

Nach § 8 Abs. 1 HeizKV sind von den Kosten des Betriebs der zentralen Warmwasserversorgungsanlage ebenfalls mindestens 50 und höchstens 70 Prozent nach dem erfassten Warmwasserverbrauch, die übrigen Kosten nach der Wohn- oder Nutzfläche zu verteilen.

!

ACHTUNG

Erfolgt die Abrechnung der Heizungs- oder Warmwasserkosten ausschließlich nach Flächenanteilen, liegt ein Verstoß gegen § 6 Abs. 1 HeizKV vor. Die Abrechnung ist nicht ordnungsgemäß und der Mieter kann die Zahlung einer Nachforderung verweigern.

Bei **Leerständen** von Wohnraum muss dies in die Abrechnung mit einbezogen werden. Die anteiligen Kosten sind vom Vermieter zu tragen. Die Bestimmung des Abrechnungsmaßstabs obliegt dem Gebäudeeigentümer. Er kann diesen unter bestimmten Voraussetzungen für künftige Abrechnungszeiträume einmalig durch Erklärung gegenüber den Nutzern ändern:

- Bis zum Ablauf von drei Abrechnungszeiträumen nach deren erstmaliger Bestimmung
- Bei Einführung einer Vorerfassung nach Nutzergruppen
- Nach Durchführung baulicher Maßnahmen, die nachhaltig Einsparungen von Heizenergie bewirken (§ 6 Abs. 4 S. 2 HeizKV)

14.4 Wie kann der Verbrauch erfasst werden?

Gemäß § 5 Abs. 1 HeizKV gibt es verschiedene Möglichkeiten zur Verbrauchserfassung:

- Wärmezähler ermitteln mit Messfühlern die Temperaturdifferenz zwischen Vor- und Rücklauftemperatur des zu messenden Heizkreises. Die verbrauchte Wärme wird in Kilowattstunden gemessen. Wärmezähler sind eichpflichtige Geräte.
- Bei Heizkostenverteilern handelt es sich nicht um Messgeräte. Sie zeigen keinen Verbrauch an, sondern nur das Verhältnis zum Gesamtverbrauch. Je nach Dauer und Intensität der Heizungserwärmung verdunstet aus einer oben offenen Ampulle eine Flüssigkeit. Anhand einer Skala kann dann abgelesen werden, wie viel verdunstet ist. Bei der jährlichen Ablesung muss eine neue Ampulle eingesetzt werden.
  Um den Verbrauch zu erfassen, werden die Anzeigenwerte aller Heizkostenverteiler des Hauses addiert. Durch diese Strichzahl werden die Heizungskosten geteilt. Das ergibt den Strichpreis. Der Strichpreis schwankt von Jahr zu Jahr, denn er hängt vom Gesamtverbrauch und den gesamten Kosten ab.
  Heizkostenverteiler nach dem Verdunstungsprinzip weisen auch ohne Erwärmung durch die Heizanlage eine geringe Anzeige auf. Dieser Vorgang nennt sich **Kaltverdunstung**. Zu deren Kompensation sind die Flüssigkeitsampullen etwas über die obere Strichmarke gefüllt (Kaltverdunstungsvorgabe).
- Bei den elektronischen Heizkostenverteilern wird die Erwärmung des Heizkörpers durch Wärmefühler erfasst. Nach Dauer und Temperatur werden die Temperaturwerte durch einen Mikroschaltkreis verknüpft und an eine Zifferanzeige ausgegeben. Messgeräte mit Funkausstattung können abgelesen werden, ohne dass die Mieträume betreten werden müssen. Diese Ausstattung bietet sowohl für Ableser als auch Bewohner einen gewissen Komfort: Es müssen keine Termine mehr für die Ablesung vereinbart werden, da die Anwesenheit des Bewohners nicht mehr erforderlich ist.
- Der Warmwasserzähler ermittelt die Menge des durchlaufenden Wassers in Kubikmetern. Es besteht eine Eichpflicht alle fünf Jahre.

Wenn in einem Gebäude unterschiedliche Erfassungsgeräte verwendet werden, muss eine Vorerfassung gemäß § 5 Abs. 2 S. 1 HeizKV erfolgen. Bei unterschiedlichen Nutzungsarten (Wohnraum und Gewerbenutzung) kann der Gebäudeeigentümer eine Vorerfassung nach Nutzergruppen durchführen.

Fallen die Erfassungsgeräte während des Abrechnungszeitraums aus, sodass der Verbrauch nicht ermittelt werden kann, darf der Verbrauch der betroffenen Räume auf der Grundlage des Verbrauchs in vergleichbaren früheren Abrechnungszeiträumen gemäß § 9a HeizKV geschätzt werden.

Die **Schätzung** ist allerdings unzulässig, wenn sich der Hinderungsgrund auf mehr als 25 Prozent der gesamten Wohn- und Nutzfläche bezieht. In diesem Fall sind die Kosten insgesamt ausschließlich nach festen Maßstäben (Fläche- oder Raumvolumen) zu verteilen.

14.5 Wann gilt ein Kürzungsrecht des Mieters?

Soweit die Kosten nicht verbrauchsabhängig abgerechnet werden und ein Ausnahmetatbestand nicht vorliegt, kann der Mieter das Abrechnungsergebnis (nicht die Nachforderung) pauschal um bis zu 15 Prozent kürzen, § 12 Abs. 1 HeizKV. Das Kürzungsrecht besteht allerdings nicht mehr, wenn der Mieter nach Abrechnung der Heizkosten den Saldo ausgeglichen hat (LG Hamburg, Urteil vom 1.10.1998, 307 S 91/98, WuM 2000, 311). Ebenso wenig besteht ein Kürzungsrecht, wenn der Mieter die Ablesung verweigert hat, denn dann liegt die Ursache für die nicht mögliche Verbrauchserfassung beim Mieter.

Das **Kürzungsrecht** besteht insbesondere in folgenden Fällen.

- **Verbrauchsunabhängige Abrechnung:** wenn die Heizkosten insgesamt nur nach Quadratmetern und nicht nach der HeizKV abgerechnet werden (BGH, Urteil vom 31.10.2007, VIII ZR 261/06, WuM 2007, 700).
- **Mangelnde Ausstattung mit Verbrauchserfassungsgeräten** (AG Bremerhaven, Urteil vom 20.4.1988, 51 C 1512/87, WuM 1989, 30): Dies gilt aber nicht, wenn der Mieter vor Mietabschluss bei Besichtigung der Wohnung klar erkennen konnte, dass die Räume noch nicht mit Geräten zur Heizkostenerfassung ausgestattet waren (AG Staufen, Urteil vom 30.3.1998, 2 C 393/97, DWW 1998, 346).
- **Montagefehler:** Die fehlerhafte Montage von Heizkostenverteilern rechtfertigt die Kürzung nach § 12 Abs. 1 HeizKV (LG Hamburg, Urteil vom 15.4.1988, 11 S 265/87, WuM 1988, 310).

- Ausfall von 25 Prozent aller Verbrauchserfassungsgeräte (AG Köln, Urteil vom 10.10.1996, 222 C 133/96, WuM 1997, 273).
- **Überschreitung der Eichfrist bei Warmwasserzählern** (BayObLG, Urteil vom 26.3.1998, 2 Z BR 154/97, WuM 1998, 371).

14.6 Bei Mieterwechsel: Zwischenablesung

Bei einem Mieterwechsel innerhalb eines Abrechnungszeitraums hat der Gebäudeeigentümer eine Zwischenablesung vorzunehmen, § 9b Abs. 1 HeizKV.

- Bezüglich des verbrauchsabhängigen Anteils erfolgt die Verteilung sowohl bei den Heiz- als auch bei den Warmwasserkosten auf der Grundlage der Zwischenablesung.
- Bezüglich des verbrauchsunabhängigen Anteils erfolgt die Verteilung bei den Heizkosten entweder nach Gradtagszahlen oder zeitanteilig und bei den Warmwasserkosten ausschließlich zeitanteilig gemäß § 9b Abs. 2 HeizKV, da der Warmwasserverbrauch nicht von der Jahreszeit abhängig ist.

14.6.1 Wenn keine Zwischenablesung möglich ist

Ist eine Zwischenablesung nicht möglich, so sind die gesamten Kosten nach **Gradtagszahlen** oder **zeitanteilig** aufzuteilen (AG Berlin-Schöneberg, Urteil vom 22.5.1989, 8 C 217/87, GE 1989, 949). Was versteht man darunter?

Bei zeitanteiliger Berechnung wird für jeden Monat das Gleiche berechnet, also jeweils ein Zwölftel. Bei den Heizverbrauchskosten wäre eine solche Berechnung jedoch nicht richtig, da die Mieter in den Wintermonaten ein anderes Heizverhalten haben als in den Sommermonaten.

Ein Mieter, der eine Wohnung nur von Februar bis April bewohnt, würde bei einer zeitanteiligen Berechnung zulasten der übrigen Hausbewohner und des Nachmieters bevorzugt. Erfahrungsgemäß machen die Monate Dezember, Januar und Februar etwa 48 Prozent des ganzjährigen Heizenergieverbrauchs aus.

Die Gradtagstabelle gewichtet Monate mit hohem Heizverbrauch stärker als Monate, in denen wenig Wärme verbraucht wird. Damit werden Ungereimtheiten der rein zeitanteiligen Berechnung vermieden. Unter Zugrundelegung von Beobachtungswerten aus 20 Jahren berücksichtigen die Gradtagszahlen den unterschiedlichen Wärmebedarf in den verschiedenen Monaten.

BEISPIEL Gradtagstabelle

Monat	Promille/Monat	Promille/Tag
September	30	30/30 = 1,0
Oktober	80	80/31 = 2,58
November	120	120/30 = 4,0
Dezember	160	160/31 = 5,16
Januar	170	170/31 = 5,48
Februar	150	150/28 = 5,35
Februar	150	150/29 = 5,17
März	130	130/31 = 4,19
April	80	80/30 = 2,66
Mai	40	40/31 = 1,29
Juni Juli August	zusammen 40	40/92 = 0,43

BEISPIEL

Die Abrechnung umfasst den Zeitraum 1.1.2012 bis 31.12.2012. Am 31.3.2012 zieht Mieter A aus. Der nächste Mieter B zieht am 1.4.2012 ein. Es erfolgte keine Zwischenablesung.

Auf den Mieter A entfallen für Januar 170/1000 + Februar 150/1000 + März 130/1000 = 450/1000 der Heizkosten. Der Anteil für Warmwasser beträgt für A 3/12.

Der Mieter B trägt folgende Heizkosten: April 80/1000 + Mai 40/1000 + Juni/Juli/August 40/1000 + September 30/1000 + Oktober 80/1000 + November 120/1000 + Dezember 160/1000 = 550/1000 der Heizkosten; sein Warmwasserkostenanteil macht 9/12 aus.

14.6.2 Wer trägt die Kosten der Zwischenablesung?

Strittig ist die Frage, wer die Kosten einer Zwischenablesung zu tragen hat. § 9b HeizKV enthält keine Regelung dazu.

In der Rechtsprechung war diese Frage lange Zeit sehr umstritten. Der BGH hat mit Urteil vom 14.11.2007 (VIII ZR 19/07, NJW 2008, 575) entschieden, dass Zwischenablesekosten, zu denen auch die Nutzerwechselgebühren gehören, grundsätzlich vom Vermieter zu tragen sind. Der Mieterwechsel und damit die Notwendigkeit einer Zwischenablesung fallen grundsätzlich in den Risikobereich des Vermieters. Diese Kosten sind weder in der BetrKV noch in der HeizKV geregelt, sie werden nicht durch den Verbrauch ausgelöst und es handelt sich dabei nicht um regelmäßig wiederkehrende Kosten, sodass es sich bei den Zwischenablesekosten schon begrifflich nicht um umlagefähige Betriebskosten handelt. Allerdings hat der BGH in seiner Entscheidung betont, dass die Mietvertragsparteien die Umlage der Zwischenablesekosten auf den Mieter vertraglich vereinbaren können.

TIPP

Es empfiehlt sich daher, folgende Klausel in den Mietvertrag aufzunehmen: „*Der Mieter verpflichtet sich, bei Mietende die Kosten der Zwischenablesung der Heizung zu tragen, wenn er die Beendigung des Mietverhältnisses verursacht hat.*“

14.7 Einzelfragen zur Heizkostenabrechnung

Formelle Wirksamkeit

Für die formelle Wirksamkeit der Heizkostenabrechnung sind keine Angaben über den Betriebsstrom erforderlich. Ebenso wenig ist zu beanstanden, wenn in der Abrechnung nur die verbrauchte Wärmemenge (Fernwärme) und nicht auch die Zählerstände mitgeteilt werden (BGH, Urteil vom 13.9.2011, VIII ZR 69/11 und VIII ZR 45/11, WuM 2011, 684).

Eine Abrechnung ist auch formell nicht zu beanstanden, wenn die Kosten für Kaltwasser und Entwässerung zusammen mit den Heizkosten abgerechnet werden. Die vom Mieter zu zahlende Summe der Betriebskosten ändert sich durch diese Abrechnungsweise nicht, auch hat dies keinen Einfluss auf die Nachvollziehbarkeit der Abrechnung (BGH, Urteil vom 26.10.2011, VIII ZR 270/10; ZMR 2012, 345; VIII ZR 268/10, NZM 2012, 153).

Den Vermieter trifft die Verpflichtung, bei der Heiz- und Warmwasserabrechnung die Bestimmungen der Heizkostenverordnung zu beachten. Eine Pflicht, diese Vorschriften mitzuteilen oder zu erläutern, trifft ihn hingegen nicht. Für die Erstellung einer formwirksamen Abrechnung genügt es, wenn die einschlägigen Bestimmungen angewendet werden und der Mieter anhand der mitgeteilten Daten die Abrechnung überprüfen kann (BGH, Urteil vom 26.10.2011, a. a. O.).

Abfluss- und Leistungsprinzip

Im Rahmen der Heizkostenabrechnung hat sich der Vermieter strikt an das sog. Leistungsprinzip zu halten. Die Anwendung des Abflussprinzips führt zur Unwirksamkeit der Abrechnung (zum Leistungs-/Abflussprinzip siehe „Die Abrechnungsfrist und die Ausschlussfrist"). Der Vermieter darf daher nur die Kosten der tatsächlich verbrauchten Brennstoffe verlangen. Der Wortlaut des § 7 Abs. 2 HeizKV ist insoweit eindeutig. Dagegen dürfen die vom Vermieter beispielsweise an das Versorgungsunternehmen gezahlten Kosten nicht in der Abrechnung angesetzt werden (BGH, Urteile vom 1.2.2012, VIII ZR 156/11, WuM 2012, 143, vom 14.2.2012, VIII ZR 260/11, Grundeigentum 2012, 823 und vom 17.2.2012, V ZR 251/10, WuM 2012, 222).

!

ACHTUNG

Für andere Betriebskosten, zum Beispiel Müll, Versicherungen oder Wasser, hat der BGH in einem früheren Urteil entschieden, dass der Vermieter auch nach dem sog. Abflussprinzip abrechnen darf (BGH, Urteil vom 20.2.2008, VIII ZR 49/07, WuM 08, 223).

Erfolgt die Heizkostenabrechnung nach dem Abflussprinzip, ist sie falsch. Dieser Mangel kann nach Auffassung des BGH auch nicht dadurch geheilt werden, dass ein Kürzungsrecht nach § 12 Abs. 1 HeizKV zugestanden wird. Das Kürzungsrecht des § 12 Abs. 1 HeizKV setzt voraus, dass die Kosten der im Abrechnungszeitraum verbrauchten Brennstoffe ermittelt und umgelegt werden. Daran fehlt es aber bei einer nach dem Abflussprinzip erstellten Abrechnung (BGH, Urteil vom 1.2.2012, VIII ZR 156/11, WuM 12, 143).

Eine stillschweigende Vereinbarung des Abflussprinzips durch jahrelange Anwendung ist ebenfalls nicht möglich, da gemäß § 2 HeizKV die Bestimmungen dieser Verordnung rechtsgeschäftlichen Bestimmungen vorgehen (BGH, Urteil vom 14.2.2012, VIII ZR 260/11, Grundeigentum 2012, 823). Für eine Wohnungseigentümergemeinschaft sind die Bestimmungen der Heizkostenverordnung unmittelbar anzuwenden, ein Beschluss über ihre Geltung ist daher nicht erforderlich (BGH, Urteil vom 17.2.2012, V ZR 251/10, WuM 2012, 222).

In die Jahresabrechnung einer Wohnungseigentümergemeinschaft sind alle im Abrechnungsjahr **geleisteten Zahlungen** aufzunehmen (sog. Einnahmen Ausgaben-Rechnung), so auch die Anschaffungskosten von Brennstoff. Für die Verteilung in den Einzelabrechnungen sind dagegen nur die im Abrechnungszeitraum **tatsächlich verbrauchten** Brennstoffe maßgeblich. Der Unterschiedsbetrag ist in der Jahresabrechnung verständlich zu erläutern (BGH, Urteil vom 17.2.2012, a. a. O.).

Abrechnungseinheit

Eine Heizkostenabrechnung ist formell nicht zu beanstanden, wenn durch die Zusammenfassung mehrerer Gebäude, die mit einer gemeinsamen Heizanlage versorgt werden, eine Abrechnungseinheit gebildet wird. Dies kann nachträglich auch ohne vorherige Ankündigung durch den Vermieter erfolgen (BGH, Urteile vom 13.9.2011, VIII ZR 45/11, WuM 2011, 684 und VIII ZR 69/11, Mietrecht kompakt 2012, 81 und vom 13.3.2012, VIII ZR 291, Grundeigentum 2012, 824). Ebenso wenig wird die Wirksamkeit einer Heizkostenabrechnung dadurch berührt, dass bei der Bezeichnung der Wirtschaftseinheit die Hausnummern einiger Gebäude vergessen wurden (BGH, Urteil vom 13.3.2012, VIII ZR 291/11, Grundeigentum 2012, 824; VIII ZR 329/10, GuT 2012, 163).

Einsichtsrecht/Zurückbehaltungsrecht

Der Mieter kann kein Zurückbehaltungsrecht an der Abrechnungsforderung geltend machen, weil ihm der Vermieter keine Einsicht in die Beschlüsse der Wohnungseigentümergemeinschaft gewährt. Das Einsichtsrecht des Mieters bezieht sich nicht auf derartige Unterlagen (BGH, Urteil vom 13.9.2011, VIII ZR 69/11, Mietrecht kompakt 2012, 81).

Wird die Wärme durch einen Zwischenlieferanten geliefert (Fernwärme), so kann der Mieter ein Zurückbehaltungsrecht gemäß § 273 Abs. 1 BGB solange geltend machen, bis der Vermieter ihm Einsicht in den Wärmelieferungsvertrag gewährt (BGH, Urteile vom 22.6.2010, VIII ZR 288/09, WuM 2010, 630 und vom 22.11.2011, VIII ZR 38/11, WuM 2012, 276 m. w. N.).

Darlegungs- und Beweislast

Kann der am Heizkörper abgelesene Messwert aus zwingenden physikalischen Gründen nicht dem tatsächlichen Verbrauchswert entsprechen, obliegt es dem Vermieter, den Verbrauch nach § 9a Abs. 1 HeizKV zu ermitteln. Sonst ist der Vermieter auf die verbrauchsunabhängige Abrechnung nach § 12 HeizKV unter Abzug von 15 Prozent beschränkt (BGH, Beschluss vom 5.3.2013, VIII ZR 310/12, WuM 2013, 305).

Umstellung von Eigenversorgung auf Contracting

Die Voraussetzungen für die Umstellung von Eigenversorgung mit Wärme und Warmwasser auf eigenständig gewerbliche Lieferung durch einen Wärmelieferanten ist nunmehr in § 556c BGB geregelt (siehe „Umstellung von Eigenversorgung auf Wärmelieferung“).

15 Betriebskostenabrechnung bei preisgebundenen Wohnungen

Dieses Kapitel widmet sich den Besonderheiten bei preisgebundenem Wohnraum. Die Vorschriften der Preisbindung finden Anwendung auf

- öffentlich geförderten sozialen Wohnungsbau nach dem Wohnungsbindungsgesetz (§§ 8, 8b WoBindG),
- preisgebundene Wohnungen, die nach dem 20.6.1948 bezugsfertig geworden sind oder bezugsfertig werden,
- preisgebundenen Wohnraum nach den §§ 87a und 111 oder 88b II. WoBauG, solange die Preisbindung besteht.

15.1 Der Vermieter ist zur Betriebskostenabrechnung verpflichtet

Ein Vermieter von preisfreiem Wohnraum kann bei Abschluss des Mietvertrags frei wählen, ob die Miete als Nettomiete mit Abschlagszahlungen auf die Betriebskosten zu zahlen ist oder ob es sich um eine Brutto- bzw. Inklusivmiete handeln soll. Bei preisgebundenem Wohnraum dagegen ist er **verpflichtet, eine Nettomiete zuzüglich einer Betriebskostenvorauszahlung** zu vereinbaren.

! ACHTUNG

Seit der Verordnung vom 5.4.1984 (BGBl. 1984 I, S. 546) musste der Vermieter eine Bruttomiete spätestens bis zum 31.12.1986 auf eine Nettokaltmiete umstellen. Die Verordnung gilt weiterhin, das heißt, der Vermieter ist grundsätzlich verpflichtet, die Umstellung vorzunehmen, falls er dennoch eine Bruttomiete vereinbart haben sollte. Dabei ist es unerheblich, dass die Frist (31.12.1986) inzwischen verstrichen ist, da es sich nicht um eine Ausschlussfrist handelt.

Die einseitige Umstellung der Mietstruktur durch den Vermieter preisgebundenen Wohnraums ist eine **Ausnahme** zu dem Grundsatz, dass eine Änderung der Mietstruktur nur im Einvernehmen mit dem Mieter möglich ist.

Der Vermieter kann die Umstellung jederzeit, **spätestens jedoch bis zum Ablauf der Preisbindung** vornehmen (LG Koblenz, Urteil vom 21.7.1995, 14 S 102/95, WuM 1996, 560). Diese Rechtsprechung wurde nun auch vom BGH in seinem Urteil vom 14.4.2010 (VIII ZR 120/09, NZM 2010, 436) ausdrücklich bestätigt.

Nach Beendigung der Preisbindung kann der Vermieter die Umstellung nicht mehr einseitig erklären. Wenn die Preisbindung abgelaufen ist, kann er die Mietstruktur nur noch im Einvernehmen mit dem Mieter ändern. Ist dies nicht möglich, bleibt es bei der ursprünglich festgelegten Bruttomiete (OLG Oldenburg, Urteil vom 23.11.1983, 5 UH 1/83, WuM 1984, 274; LG Berlin, Urteil vom 19.11.1990, 61 S 120/90, GE 1991, 45).

Gemäß § 10 Abs. 1 WoBindG kann der Vermieter durch einseitige Erklärung die bisherige Bruttomiete in eine Nettokaltmiete zuzüglich Betriebskostenvorauszahlung umstellen. Er hat ferner die Möglichkeit, den Katalog der vom Mieter zu tragenden Betriebskosten für zukünftige Abrechnungszeiträume auch auf solche Betriebskostenpositionen auszudehnen, deren Umlagefähigkeit im Mietvertrag noch nicht vereinbart war (LG Köln, Urteil vom 31.1.1991, 6 S 261/90, WuM 1991, 259). Dies gilt nach dem LG Mönchengladbach (Urteil vom 20.9.1996, 2 S 131/96, WuM 1997, 272) auch, wenn der Mietvertrag erst nach dem 30.4.1984 abgeschlossen wurde.

Eine Aufschlüsselung der Vorauszahlung auf die einzelnen Betriebskostenpositionen ist nicht erforderlich, es genügt die Bezugnahme auf Anlage 3 zu § 27 II. BV oder § 2 BetrKV (BGH, Urteil vom 13.1.2010, VIII ZR 137/09, WuM 2010, 153).

!

ACHTUNG

Die einseitige Änderung der Mietstruktur durch den Vermieter scheidet aus, wenn die Umlage der Betriebskosten mietvertraglich ausdrücklich ausgeschlossen wurde oder wenn sich aus den Umständen etwas anderes ergibt (OLG Hamm, Urteil vom 22.8.1997, 30 REMiet 3/97, WuM 1997, 542), § 10 Abs. 4 WoBindG.

Gemäß § 10 Abs. 1 S. 2 WoBindG ist eine Gestaltungserklärung des Vermieters nur wirksam, wenn die Umstellung im Schreiben des Vermieters berechnet und erläutert wird. Folgender Inhalt wird vorausgesetzt (LG Aachen, Urteil vom 28.10.1994, 5 S 177/94, WuM 1995, 545):

- Neue oder fortgeschriebene Wirtschaftlichkeitsberechnung
- Berechnung und Erläuterung der einzelnen Betriebskostenarten
- Bekanntgabe des Abrechnungszeitraums und der Umlageschlüssel

Die Umstellung der Mietstruktur kann **nicht rückwirkend**, sondern nur für die Zukunft erfolgen. Beim Wegfall der Preisbindung gilt die einseitig festgelegte Betriebskostenumlegung weiter. Der BGH hat mit dem Urteil vom 14.4.2010 (VIII ZR 120/09, NJW 2010, 1744) festgestellt, dass die Umstellung nach § 10 Abs. 1 WoBindG auch mittels einer formell ordnungsgemäßen Betriebskostenabrechnung erfolgen kann, denn aus dieser kann der Mieter ersehen, welche Betriebskosten der Vermieter nunmehr geltend macht und mit welchen Kosten er insoweit für die Zukunft rechnen muss (BGH, Urteil vom 16.3.2011, VIII ZR 121/10, WuM 2011, 280).

15.2 Einzelheiten der Abrechnung

Der Vermieter muss dem Mieter die Abrechnung für die Betriebskosten spätestens bis zum Ablauf des zwölften Monats nach dem Ende des Abrechnungszeitraums zuleiten, § 20 Abs. 3 S. 4 NMV. Hierbei handelt es sich um eine Ausschlussfrist.

Bei preisgebundenem Wohnraum lassen sich folgende Mietnebenkosten umlegen:

- Betriebskosten § 20 NMV
- Umlageausfallwagnis §§ 20, 25a NMV
- Zuschläge § 26 NMV
- Vergütungen § 27 NMV

Gemäß § 25a NMV versteht man unter dem Umlageausfallwagnis das Wagnis einer Einnahmenminderung, die durch uneinbringliche Rückstände von Betriebskosten oder nicht umlegbare Betriebskosten infolge Leerstehens von Raum, der zur Vermietung bestimmt ist, einschließlich der uneinbringlichen Kosten einer Rechtsverfolgung auf Zahlung entsteht. Das Umlageausfallwagnis darf **zwei Prozent** der im Abrechnungszeitraum auf den Wohnraum entfallenden Betriebskosten nicht übersteigen (AG Lehrte, Urteil vom 3.5.2012, 9 C 522/11, ZMR 2012, 708).

Diese Zuschläge können im Rahmen der NMV in Betracht kommen:

- **Benutzung von Wohnraum zu anderen als Wohnzwecken, § 26 Abs. 1 Nr. 1, Abs. 2 NMV:** Der Zuschlag setzt voraus, dass die Wohnung mit Genehmigung der zuständigen Stelle ganz oder teilweise zu anderen als Wohnzwecken genutzt wird und dass durch die gewerbliche Nutzung eine erhöhte Abnutzung möglich ist.
- **Zuschlag für die Untervermietung der Wohnung, § 26 Abs. 1 Nr. 2, Abs. 3 NMV:** Der Untermietzuschlag fällt an, wenn der Mieter die Wohnung einem

Dritten ganz oder teilweise zum selbstständigen Gebrauch überlässt. Der Zuschlag beträgt 2,55 EUR bei einem Untermieter pro Monat und 5,12 EUR bei zwei oder mehr Untermietern.
Bei preisfreiem Wohnraum kann der Vermieter unter Umständen auch einen Untermietzuschlag fordern, wenn ihm die Duldung der Untervermietung ansonsten nicht zuzumuten wäre. Dies ist dann der Fall, wenn er eine Inklusivmiete vereinbart hat und die verbrauchsabhängigen Betriebskosten nicht abgerechnet werden. Der Untermietzuschlag ist ein Teil der Miete.
- **Zuschlag wegen Ausgleichszahlung nach § 7 WoBindG, § 2 Abs. 1 Nr. 3, Abs. 4 NMV**
- **Zuschlag zur Deckung erhöhter laufender Aufwendungen**, die nur für einen Teil der Wohnungen des Gebäudes oder der Wirtschaftseinheit entstehen, **§ 26 Abs. 1 Nr. 4, Abs. 5 NMV**
  Der Zuschlag kann mit Genehmigung der Bewilligungsstelle erhoben werden, wenn in der Wohnung Modernisierungsmaßnahmen durchgeführt wurden.
- Zuschlag für **Nebenleistungen des Vermieters**, die nicht allgemein üblich sind oder nur einzelnen Mietern zugute kommen, **§ 26 Abs. 1 Nr. 5, Abs. 6 NMV**
  Diese Regelung betrifft nur Mietverträge vor Inkrafttreten der NMV im Jahr 1970.
- Zuschlag für Wohnungen, die **durch den Ausbau von Zubehörräumen neu geschaffen** wurden, **§ 26 Abs. 1 Nr. 6, Abs. 7 NMV**
  Wenn einer Wohnung Zubehörräume weggenommen werden, ohne dass ein vergleichbarer Ersatz gestellt wird, ist die Miete gemäß § 7 Abs. 1 NMV entsprechend zu senken. Für neu geschaffenen Wohnraum darf der Vermieter dementsprechend einen Zuschlag fordern.

Der Vermieter kann mit dem Mieter mietvertraglich neben der Einzelmiete die Zahlung von Vergütungen für folgende Leistungen vereinbaren, §§ 27, 28 NMV:

- Überlassung einer Garage
- Überlassung eines Stellplatzes
- Überlassung eines Hausgartens
- Mitvermietung von Einrichtungs- und Ausstattungsgegenständen
- Laufende Leistungen zur persönlichen Betreuung und Versorgung

15.2.1 Welcher Umlageschlüssel kommt infrage?

Bei preisgebundenen Wohnungen sind für bestimmte Betriebskostenarten die Abrechnungsmaßstäbe gesetzlich vorgeschrieben.

- Die Kosten des Betriebs der zentralen Brennstoffversorgungsanlage: Diese Kosten dürfen nur nach dem Brennstoffverbrauch umgelegt werden, § 23 Abs. 2 NMV.

- Grundgebühr des Breitbandkabelanschlusses: Gemäß § 24a NMV darf der Vermieter die monatlichen Grundgebühren zu gleichen Teilen nur auf die Wohnungen umlegen, die mit Zustimmung des Nutzungsberechtigten angeschlossen wurden. Die übrigen Kosten des Breitbandkabelnetzes darf er nach einem anderen einvernehmlich mit sämtlichen Mietern festgelegten Umlagemaßstab verteilen.
- Die Kosten der Einrichtung für die Wäschepflege: Diese Kosten dürfen nur auf die Benutzer der Einrichtungen umgelegt werden, § 25 Abs. 2 NMV.
- Die Kosten der Müllbeseitigung: Diese Kosten muss der Vermieter gemäß § 22a NMV nach einem Maßstab, der der unterschiedlichen Verursachung Rechnung trägt, oder nach dem Flächenmaßstab umlegen.
- Die Kosten der Wasserversorgung: Die Wasserkosten sind zwingend nach dem Verbrauch abzurechnen, § 21 NMV, wenn alle Wohnungen mit Wasserzählern ausgerüstet sind.
- Die Kosten der Entwässerung: Gemäß § 21 Abs. 3 S. 2 NMV sind die Kosten der Entwässerung entsprechend dem Umlagemaßstab der Wasserversorgung abzurechnen.
- Die Kosten des Betriebs von Aufzügen: Die Aufzugskosten darf der Vermieter nach einem Maßstab verteilen, der mit allen Mietern einvernehmlich festgelegt wurde, § 24 NMV. Der Erdgeschossmieter darf dabei gemäß § 24 Abs. 2 NMV ausgenommen werden.
- Die Heiz- und Warmwasserkosten: Die Heiz- und Warmwasserkosten dürfen nur entsprechend den Vorschriften der HeizKV umgelegt werden.

16 Der Prozess

16.1 Welches Gericht ist zuständig?

Für Rechtsstreitigkeiten, die **Wohnraummietverhältnisse** betreffen, ist grundsätzlich sowohl örtlich, § 29a ZPO, als auch **sachlich**, § 23 Abs. 1 Nr. 2a GVG, **ausschließlich** das **Amtsgericht zuständig**, in dessen Bezirk sich die Wohnung befindet. Eine Ausnahme hiervon besteht für Wohnraum der nur zum vorübergehenden Gebrauch überlassen wurde, § 2 a Abs. 2 ZPO, § 549 Abs. 2 Nr. 1 bis 3 BGB.

Die ausschließliche Zuständigkeit in erster Instanz ist unabhängig vom Streitwert.

Anders ist es bei Gewerbemietverhältnissen:

- Hier richtet sich die **sachliche** Zuständigkeit nach dem Streitwert. Bis zu einem Streitwert von **5.000 EUR** ist das Amtsgericht sachlich zuständig, bei darüberliegendem Streitwert das Landgericht.
- Für die **örtliche** Zuständigkeit gilt auch hier die ausschließliche Zuständigkeit des Gerichts, in dessen Bezirk sich die Räume befinden, § 29a ZPO.

16.2 In manchen Bundesländern obligatorisch: das Schlichtungsverfahren

Mit Inkrafttreten des „Gesetzes zur Förderung der außergerichtlichen Streitbeilegung" des Bundes vom 15.12.1999 zum 1.1.2000, haben die einzelnen Bundesländer die Möglichkeit erhalten, vor Erhebung einer Klage vor dem Amtsgericht ein **obligatorisches Schlichtungsverfahren** zwingend vorzuschreiben. Hiervon haben bisher die Bundesländer Baden-Württemberg, Bayern, Brandenburg, Hamburg, Hessen, Mecklenburg-Vorpommern, Niedersachsen, Nordrhein-Westfalen, Rheinland-Pfalz, Saarland, Sachsen, Sachsen-Anhalt und Schleswig-Holstein Gebrauch gemacht. Betroffen sind

- vermögensrechtliche Streitigkeiten bis zu einem Streitwert von 750 EUR,
- Streitigkeiten wegen Ansprüchen nach Abschnitt 3 des Allgemeinen Gleichbehandlungsgesetzes (AGG),
- bestimmte Ansprüche aus dem Nachbarrecht sowie
- Streitigkeiten wegen Verletzungen der persönlichen Ehre, sofern nicht in Rundfunk und Presse begangen.

Allerdings ist in Bayern gemäß Artikel 21 Abs. 2 BaySchlG dessen Artikel 1 Nr. 1, der die obligatorische außergerichtliche Schlichtung in vermögensrechtlichen Angelegenheiten mit einem Streitwert bis zu 750 EUR regelt, mit Ablauf des 31.12.2005 außer Kraft getreten.

In den Bundesländern, in denen die obligatorische Schlichtung für vermögensrechtliche Angelegenheiten nach wie vor besteht, hat dies für Streitigkeiten im Bereich des Betriebskostenrechts große Bedeutung. Hier liegen die Streitwerte für entsprechende Klagen, zum Beispiel Nachforderung aus einer Betriebskostenabrechnung oder Erstattung eines Abrechnungssaldos, in der Regel nicht über **750 EUR**. Ist durch Landesrecht ein obligatorisches Güteverfahren vorgeschrieben, so **muss** der Einigungsversuch der Klageerhebung vorausgehen. Er kann nicht nach der Klageerhebung nachgeholt werden. Eine Klage ohne vorherigen Einigungsversuch ist als unzulässig abzuweisen (BGH, Urteil vom 23.11.2004, VI ZR 336/03, WuM 2005, 64ff). Das **Nachholen** der außergerichtlichen Schlichtung **während des Klageverfahrens** ist unzulässig (LG Ellwangen, Urteil vom 1.3.2002, 1 S 18/02, NZM 2002, 408).

Wird dagegen der Zahlungsanspruch im Wege eines **Mahnverfahrens** gerichtlich geltend gemacht, bedarf es nicht eines vorangehenden Schlichtungsverfahrens. Auch ein nach Widerspruch gegen den Mahnbescheid durchzuführendes streitiges Verfahren ist dann nicht erst der Schlichtung zuzuführen.

Für die Beantwortung der Frage, ob es sich bei dem Streitgegenstand um eine obligatorische Schlichtungsangelegenheit handelt oder nicht, muss der Vermieter die in § 15a Abs. 2 EGZPO geregelten **Ausnahmen** berücksichtigen, zum Beispiel Klagen, die innerhalb einer gesetzlichen oder gerichtlichen Frist zu erheben sind (beispielsweise Klage auf Zustimmung zu einer Mieterhöhung).

Ein weiteres prozessrechtliches Problem kann sich dann ergeben, wenn ein **schlichtungsbedürftiger** mit einem **nicht schlichtungsbedürftigen Antrag** zusammentrifft, zum Beispiel wenn eine Betriebskostennachforderung unter 750 EUR zusammen mit einer Räumungsklage geltend gemacht wird. Der Räumungsanspruch an sich ist jedenfalls nicht schlichtungsbedürftig. Das LG Aachen hat hier aus **prozessökonomischen und wirtschaftlichen Gründen** entschieden, dass das gesamte Verfahren nicht schlichtungsbedürftig ist, wenn ein Antrag nicht der obligatorischen Schlichtung unterliegt (LG Aachen, Urteil vom 11.3.2002, 6 T 67/02, NZM 2002, 503).

Die Praxis hat gezeigt, dass das obligatorische Schlichtungsverfahren nur allzu gerne durch Antrag auf Durchführung eines Mahnverfahrens vermieden wird und es somit gleichwohl zu einer gerichtlichen Auseinandersetzung zwischen den Parteien kommt.

Gerade im Betriebskostenrecht, wo es in der Regel nicht um sehr hohe Streitwerte geht, sollten die Parteien die obligatorische Schlichtung mehr nutzen, zumal sie auch erheblich günstiger ist als ein gerichtliches Verfahren.

Der Vermieter sollte zudem das Risiko, dass seine Betriebskostenabrechnung formell nicht ordnungsgemäß oder materiell nur teilweise durchsetzbar ist und er daher mit den Verfahrenskosten zumindest teilweise belastet wird, nicht unterschätzen.

Durch das Schlichtungsverfahren besteht für die Parteien die Chance, bei Einigung das Mietverhältnis „in Würde" fortsetzen zu können. Aus einem Schlichtungsverfahren geht keine Partei als Verlierer hervor.

16.3 Welche Ansprüche kann der Vermieter geltend machen?

Im Wege einer **Zahlungsklage** kann der Vermieter folgende Ansprüche gegenüber dem Mieter geltend machen:

- Der Mieter schuldet, sofern vertraglich vereinbart, die **Zahlung von Vorschüssen** auf die Betriebskosten, § 535 Abs. 2 BGB. Kommt der Mieter dieser Zahlungsverpflichtung nicht nach, kann der Vermieter die fehlenden Vorauszahlungen gerichtlich einklagen. Für den Bereich des Wohnraummietrechts sind allerdings die Regelungen zur Abrechnungsfrist und zur Abrechnungsreife zu beachten.
- Hat der Vermieter bereits fehlende Vorauszahlungen eingeklagt und tritt während des Prozesses die Abrechnungsreife ein, ist der **Klageantrag** auf Zahlung des Abrechnungssaldos **umzustellen**, § 264 Nr. 3 ZPO (OLG Düsseldorf, Urteil

vom 14.12.2000, 10 U 134/98, ZMR 2001, 882 und GE 2001, 488). Nach Eintreten der Abrechnungsreife (siehe „Die Abrechnungsfrist und die Ausschlussfrist") können Betriebskostenvorauszahlungen nicht mehr geltend gemacht werden (AG Bremen, Urteil vom 20.2.2014, 9 C 455/ 13 juris-i).

- Hat der Vermieter hingegen noch nicht abgerechnet, obwohl bereits Abrechnungsreife vorliegt, ist der zunächst auf Zahlung von Vorschüssen gerichtete Klageantrag in der **Hauptsache für erledigt** zu erklären. Denn ein Saldo, auf den der Antrag umgestellt werden kann, liegt ja gerade nicht vor (AG Hamburg-Bergedorf, Urteil vom 29.6.2004, 409 C 90/04, ZMR 2004, 826).

Im Hinblick auf die Ausschlussfrist des § 556 Abs. 3 S. 2, 3 BGB ergibt sich für den Vermieter bei Wohnraummietverträgen die folgende Problematik:

- Hat der Mieter Vorschüsse nicht gezahlt und hat der Vermieter diese eingeklagt, aber bei Vorliegen der Abrechnungsreife **nicht** über die Betriebskosten abgerechnet, so können einerseits die Vorschüsse nicht mehr gerichtlich geltend gemacht, andererseits aber mangels Abrechnung der Klageantrag auch nicht umgestellt werden Die Geltendmachung eines Saldos aus einer **verspäteten Abrechnung** ist wegen § 556 Abs. 3 S. 3 BGB grundsätzlich nicht mehr möglich. Dies würde jedoch zu dem unbilligen Ergebnis führen, dass der Vermieter vom Mieter weder die geschuldeten Vorauszahlungen noch den Saldo aus der Abrechnung erhält. Der nicht vertragstreue Mieter würde dann bevorzugt.
- Dem Vermieter ist daher dringend anzuraten, während des Prozesses die Abrechnung zu erteilen, ggf. auf der Basis der schon eingeklagten Sollvorschüsse (Langenberg, Rdn. G 93).
- Nach Ansicht des OLG Dresden (Urteil vom 12.3.2002, 5/2557/01, ZMR 2002, 416), kann der Vermieter die zunächst nicht nachvollziehbare Abrechnung während des Rechtsstreits durch die notwendigen Erläuterungen prüffähig machen, und zwar auch noch im Verlauf des Berufungsverfahrens. Dies kann dann jedoch zu Kostennachteilen für den Vermieter führen.
- Nach Auffassung des OLG Düsseldorf kann ein Vermieter, der erst im Berufungsverfahren seine Klage auf Zahlung von Vorschüssen auf Zahlung des Abrechnungssaldos einstellt, dieses nicht mehr geltend machen, wenn er seinen Klageantrag bereits in erster Instanz hätte einstellen können (OLG Düsseldorf, 9.10.2003, I-10 U 174/02, ZMR 2004, 30).

  Eine Klage auf Zahlung des Abrechnungssaldos kann bereits vor Ablauf der Einwendungsfrist, § 556 Abs. 3 S. 5 BGB, erhoben werden. Allerdings kann der Mieter, solange die Frist zur Geltendmachung von Einwendungen noch nicht abgelaufen ist, diese auch in einem Prozess vorbringen. Führen die Einwendungen des Mieters zu einer vollständigen oder teilweisen Klageabweisung, so hat der Vermieter die Kosten des Verfahrens zu tragen, §§ 91, 92 Abs. 1 ZPO.

! **ACHTUNG**

Wenn der Vermieter den Saldo aus einer Betriebskostenabrechnung eingeklagt hat und sich im Lauf des Prozesses herausstellt, dass die Abrechnung nicht den gesetzlichen Anforderungen genügt, kann eine daraufhin von ihm erklärte Klagerücknahme dazu führen, dass bei einer neuerlich erstellten Abrechnung die Geltendmachung des sich hieraus ergebenden Saldos wegen der bereits abgelaufenen Abrechnungsfrist verwehrt ist. Daher ist darauf zu achten, dass nicht vorschnell die Rücknahme einer entsprechenden Klageforderung erklärt wird. Der Vermieter sollte in einem Verfahren dazu übergehen, die Abrechnung, soweit möglich und zulässig, nachzubessern.

- Bei der Erhöhung der Betriebskostenpauschale handelt es sich ebenfalls um einen **Zahlungsanspruch** des Vermieters, sofern die materiell rechtlichen Voraussetzungen des § 560 Abs. 2 BGB gegeben sind. Eine Zustimmung des Mieters ist nicht erforderlich. Zahlt der Mieter auf die berechtigte Erhöhungserklärung des Vermieters nicht, so kann er direkt auf Zahlung klagen.
- Ergibt sich aus der Abrechnung eine Unterdeckung, kann der Vermieter den Mieter direkt auf Zahlung der erhöhten Vorauszahlung verklagen, sofern im Übrigen die materiellrechtlichen Voraussetzungen des § 560 Abs. 4 BGB gegeben sind.

Die Frage, ob Betriebskostennachforderungen im Urkundsprozess geltend gemacht werden können, ist höchstrichterlich noch nicht geklärt worden. Unstrittig und vom BGH bereits entschieden ist, dass Mietforderungen jedenfalls im Wege des Urkundsprozesses geltend gemacht werden können (BGH, Urteil vom 8.7.2009, VIII ZR 200/08, WuM 2009, 591 m. w. N). Für Nachforderungen von Betriebskosten aus einem gewerblichen Mietvertrag ist nach einer Entscheidung des KG Berlin der Urkundsprozess statthaft (Urteil vom 28.6.2010, 8 U 167/09, WuM 2012, 156). Ebenso hat das LG Darmstadt die Geltendmachung einer Nachforderung aus einer Betriebskostenabrechnung im Urkundsverfahren für zulässig erachtet (Urteil vom 20.12.2013, 6 S 106/13, juris-i). Anders hat sich das LG Bonn entschieden, das für Nachforderungen aus der Betriebskostenabrechnung das Urkundsverfahren für nicht statthaft hielt (Urteil vom 8.10.2009, 6 S 107/09, WuM 2012, 155).

Wird aufgrund einer formell korrekten Abrechnung ein Saldo ausgeglichen, so kann während des Laufs der Abrechnungsfrist, § 556 Abs. 3 S. 2 BGB, jederzeit auch zulasten des Mieters eine Korrektur der Abrechnung erfolgen. Die Auszahlung eines Guthabens kann für sich genommen nicht die Annahme eines deklaratorischen Schuldanerkenntnisses begründen (BGH, Urteil vom 12.1.2011, VIII ZR 296/09, WuM 2011, 108). Gleiches gilt für ein Mietverhältnis über Gewerberäume. Danach rechtfertigen allein die Übersendung der Betriebskostenabrechnung und der vorbehaltslose Ausgleich eines sich daraus ergebenden Saldos nicht die Annahme eines deklaratorischen Schuldanerkenntnisses. Eine nachträgliche Korrektur der Betriebskostenabrechnung ist daher grundsätzlich möglich (BGH, Urteile vom 28.5.2014, XII ZR 6/13, GE 2014, 1003 und vom 10.7.2013, XII ZR 62/12, ZMR 2014, 109).

16.4 Welche Ansprüche kann der Mieter geltend machen?

- Der Mieter kann im Wege einer Zahlungsklage die Erstattung eines Guthabens aus einer Betriebskostenabrechnung geltend machen.
- Hat der Mieter **Vorauszahlungen oder Pauschalen** geleistet, ohne dass hierfür eine rechtliche Grundlage vorlag, so kann er die **Rückzahlung** dieser Beträge ebenfalls im Wege einer Zahlungsklage geltend machen. Der Rückforderungsanspruch an sich richtet sich nach **bereicherungsrechtlichen Grundsätzen** (LG Münster, Urteil vom 14.8.2001, 9 S 37/01, WuM 2001, 578). Anderer Auffassung ist jedoch das OLG Koblenz, das den Anspruch des Mieters auf Rückerstattung aus einer ergänzenden Auslegung des Mietvertrags herleitet und nicht auf §§ 812ff BGB stützt (Urteil vom 15.4.2002, 5 W 235/02, ZMR 2002, 519).
  Bei einem **gewerblichen Mietvertrag** steht dem Mieter bei nicht fristgemäßer Abrechnung der Betriebskosten auch dann kein Anspruch auf Rückzahlung geleisteter Vorschüsse zu, wenn der Mietvertrag beendet wurde (OLG Naumburg, Urteil vom 27.3.2001, 9 U 211/00, GuT 2002, 14).
  Ein Mieter, der vom Vermieter Betriebskostenvorschüsse für einen Abrechnungszeitraum, über den der Vermieter nicht ordnungsgemäß abgerechnet hat, zurückfordert, ist darlegungspflichtig für die Höhe des Rückforderungsanspruchs, das heißt, er muss den zu viel geleisteten Betrag detailliert beziffern. Unter Zugrundelegung der früheren Abrechnungen und aufgrund der Einsicht in die Unterlagen ist es dem Mieter grundsätzlich möglich und zumutbar, die entstandenen Kosten zu schätzen (LG Köln, Urteil vom 29.3.2001, 1 S 259/00, ZMR 2001, 547).
- Das Recht des Mieters, **Einsicht** in die Belege bzw. Unterlagen zu nehmen, ist ebenfalls einklagbar. Der **Anspruch auf Auskunft** über bestimmte Betriebskosten unter Angabe des Verteilerschlüssels ist gemäß § 888 ZPO (Zwangsvollstreckung bei unvertretbarer Handlung) gegen den Vermieter zu vollstrecken (LG Wuppertal, Urteil vom 22.4.2002, 6 T 199/02, WuM 2002, 273).
- Der Mieter kann den Vermieter auch auf **Durchführung einer Abrechnung** über die Betriebskosten verklagen, sofern er zur Zahlung von Vorschüssen verpflichtet war, auch wenn es der Vermieter versäumt hat, rechtzeitig abzurechnen.

Der Mieter wird regelmäßig dann auf Erstellung einer Abrechnung bestehen, wenn er mit einer Erstattung rechnet. In diesem Fall sollte der Mieter im Wege der **Stufenklage**, § 254 ZPO, vorgehen und den Vermieter zunächst auf Abrechnung und dann auf Erstattung des Guthabens in Anspruch nehmen.

- Die Zwangsvollstreckung aus einem entsprechenden Urteil erfolgt gemäß § 887 ZPO, da die Erstellung einer Betriebskostenabrechnung eine sog. **vertretbare Handlung** darstellt, denn sie kann auch von einem Dritten durchgeführt werden (LG Münster, Urteil vom 25.11.1999, 5 T 795/99, ZMR 2000, 227; LG Wuppertal, Urteil vom 22.4.2002, a. a. O.; a. A. AG Augsburg, Beschluss vom 26.11.2003, 19 C 2340/03, ZMR 2004, 272). Auch die Tatsache, dass sich die erforderlichen Unterlagen im Besitz des Schuldners befinden, soll daran nichts ändern (LG Rostock, Urteil vom 24.10.2002, 2 T 304/02, NZM 2003, 40).
- Fehlen jedoch wesentliche Unterlagen für die Erstellung der Betriebskostenabrechnung und ist insbesondere ein Umlageschlüssel nicht vereinbart, handelt es sich nach Ansicht des LG Berlin um eine unvertretbare Handlung, sodass sich die Zwangsvollstreckung nach § 888 ZPO richtet. Die Festsetzung eines Zwangsgeldes von 1.000 Euro für einen Vermieter, der während der ganzen Mietdauer nicht abgerechnet hat, ist angemessen (LG Berlin, Urteil vom 16.1.2002, 65 T 3/02, GE 2002, 395).
- Hat der Mieter einen **titulierten Anspruch** auf Erteilung der Betriebskostenabrechnung, kann er diesen nach Ansicht des KG Berlin nach § 888 ZPO vollstrecken. Wendet der Vermieter ein, er sei hierzu nicht in der Lage, muss er die entsprechenden Tatsachen einschließlich der Beweismittel, aus denen sich die Unmöglichkeit der Handlung ergibt, in einer für den Mieter nachvollziehbaren Weise darlegen (KG Berlin, Urteil vom 25.2.2002, 8 W 420/01, NZM 2002, 671).

Rechnet der Vermieter nicht fristgerecht über die Betriebskosten ab, so kann der Mieter, wenn das Mietverhältnis beendet ist, sogleich die vollständige Rückzahlung der geleisteten Vorauszahlungen verlangen. Er ist nicht verpflichtet, den Vermieter zuerst auf Erteilung der Abrechnung zu verklagen (BGH, Urteil vom 9.3.2005, VIII ZR 57/04, WuM 2005, 337).

Hat der Vermieter nach Ablauf der Ausschlussfrist, § 556 Abs. 3 S. 2 BGB, eine Abrechnung erstellt, aus der sich eine Nachforderung ergibt, und hat der Mieter daraufhin den Saldo ausgeglichen, so stellt sich die Frage, ob der Mieter diesen Betrag vom Vermieter wieder zurückfordern kann.

Ist die Abrechnungsfrist abgelaufen, so ist der Vermieter von der Geltendmachung des Saldos ausgeschlossen, § 556 Abs. 3 S. 3 BGB. Der Mieter hat somit ohne Rechtsgrund gezahlt, weshalb ihm ein Erstattungsanspruch gemäß §§ 812ff BGB grundsätzlich zusteht. Ob die Zahlung durch den Mieter ein Schuldanerkenntnis darstellt, ist sehr zweifelhaft, da dem Mieter in der Regel ein **Rechtsbindungswille** fehlt. Denn hätte er die wahre Rechtslage gekannt, hätte er wohl kaum die Nachforderung beglichen. Nimmt man allein durch die Zahlung ein Anerkenntnis als gegeben an, unterliefe man den eindeutigen gesetzgeberischen Willen, nämlich den Ausschluss von Nachforderungen durch den Vermieter. Es bleibt abzuwarten, wie sich die Rechtsprechung hierzu stellt.

- Nach § 560 Abs. 3 BGB ist der Vermieter verpflichtet, eine **Betriebskostenpauschale** vom Zeitpunkt ihrer **Ermäßigung** an herabzusetzen. Um überprüfen zu können, ob ein Anspruch auf Reduzierung der Pauschale besteht, hat der Mieter gegenüber dem Vermieter einen einklagbaren **Auskunftsanspruch**. Er ist jedoch nicht berechtigt, einseitig die Reduzierung der Pauschale vorzunehmen. Vielmehr hat er einen einklagbaren **Anspruch auf Herabsetzung** der Pauschale. Hat er danach für die Vergangenheit überhöhte Zahlungen erbracht, so kann er diese im Wege einer **Zahlungsklage** vom Vermieter zurückfordern.
- Ein Anspruch auf **Reduzierung von Vorauszahlungen** auf die Betriebskosten ergibt sich aus § 560 Abs. 4 BGB. Danach hat jede Vertragspartei das Recht, nach erfolgter Abrechnung durch Erklärung in Textform eine Anpassung der Vorauszahlungen auf eine angemessene Höhe **vorzunehmen**. Der Mieter bedarf daher grundsätzlich nicht der Zustimmung des Vermieters für die Herabsetzung der Vorschüsse.

  Ist der Vermieter mit der vom Mieter vorgenommenen Reduzierung der Vorauszahlungen nicht einverstanden, kann er eine den Vorgaben des § 560 Abs. 4 BGB entsprechende Erhöhungserklärung abgeben oder aber den seiner Ansicht nach gerechtfertigten Vorauszahlungsbetrag einklagen.

17 Rauchwarnmelder

Jedes Jahr sterben in Deutschland fast 600 Menschen infolge von Bränden in den eigenen vier Wänden, wobei nicht die Verbrennungen, sondern die Rauchvergiftung Todesursache Nummer eins ist. Kleinere Brände, die starken Rauch entwickeln, entstehen häufig nahezu unbemerkt, zumeist in der Nacht. Während der Schlafenszeit nimmt der Bewohner den Rauch nicht wahr und kann in kürzester Zeit ersticken.

Rauchwarnmelderpflicht

Einen wirksamen Schutz gegen diese Gefahr bieten Rauchwarnmelder. Sie dienen ausschließlich dem Schutz von Leib und Leben der Menschen, die sich in der Wohnung aufhalten. Der Rauchwarnmelder darf dabei nicht mit einem Rauchmelder/ Brandmelder verwechselt werden. Im Gegensatz zu Rauchmeldern, die über Brandmeldeanlagen den Alarm automatisch direkt an die Feuerwehr weiterleiten, haben Rauchwarnmelder die Aufgabe, Personen, die sich in Räumen aufhalten, durch einen akustischen Alarmton vor etwaigen Bränden zu warnen.

Produktnorm für Rauchwarnmelder

Seit August 2008 dürfen nur noch Geräte verkauft werden, die nach der DIN EN 14604 zertifiziert sind. Nach dieser europäischen Produktnorm erfolgt die Alarmierung durch einen Alarmton mit mindestens 85 dB(A) in drei Metern Entfernung. Mindestens 30 Tage vor dem notwendigen Batterieaustausch muss ein wiederkehrendes Warnsignal ertönen, zudem muss ein Testknopf zur Funktionsüberprüfung vorhanden sein.

TIPP

Beim Kauf von Rauchwarnmeldern sollte der Vermieter darauf achten, dass das Gerät über die CE-Kennzeichnung mit einem Hinweis auf die DIN EN 14604 verfügt. Die DIN-Norm bestimmt allerdings nur die Mindestanforderungen. Es empfehlen sich hochwertigere Geräte mit Batterien mit einer Mindestlebensdauer von zehn Jahren. Qualitätsrauchwarnmelder, die neben der DIN EN 14604 strengere Kriterien erfüllen, erkennen Sie an dem „Q“- Qualitätszeichen entweder vom VdS oder vom TÜV-KRIWAN.

Bisher sind nur zehn Prozent der deutschen Haushalte mit Rauchwarnmeldern ausgestattet (in den USA dagegen 93 Prozent aller Haushalte). Da in Deutschland Baurecht Ländersache ist, gibt es zum Thema Rauchwarnmelder die unterschiedlichsten Regelungen in den jeweiligen Bundesländern. Aktuell sind in 13 Bundesländern Rauchwarnmelder gesetzlich vorgeschrieben (siehe Tabelle). Die Installationspflicht ist zumeist nicht nur auf den Neubau beschränkt, sondern es besteht – außer im Saarland – eine Nachrüstpflicht für Bestandsbauten. In den Bundesländern Berlin und Brandenburg sind gesetzliche Regelungen, die eine Einbau- und Nachrüstpflicht festlegen, geplant. Nur für Sachsen existiert weiterhin keine Verpflichtung, Rauchwarnmelder einzubauen.

Regelungen zum Einbau von Rauchwarnmeldern der Bundesländer (Stand 11.7.2014)

Bundesland	Landesbauordnung	Einbaupflicht für Neu- und Umbauten	Nachrüstpflicht
Baden-Württemberg	§ 15 VII LBO	Ja, seit 11.7.2013	Ja, bis 31.12.2014
Bayern	Art 46 IV BayBO	Ja, seit 1.1.2013	Ja, bis 31.12.2017
Berlin	In Planung	Voraussichtlich Ende 2014	Voraussichtlich bis 31.12.2020
Brandenburg	Geplant bis 2014	Voraussichtlich noch 2014	Geplant
Bremen	§ 48 IV LBauO HB	Ja, seit 22.12.2009	Ja, bis 31.12.2015
Hamburg	§ 45 VI HBauO	Ja, seit 7.12.2005	Ja, bis 31.12.2010
Hessen	§ 13 V HBO	Ja, seit 24.6.2005	Ja, bis 31.12.2014
Mecklenburg-Vorpommern	§ 48 IV LBauO M-V	Ja, seit 18.4.2006	Ja, bis 31.12.2009
Niedersachsen	§ 44 V NBauO	Ja, seit 1.11.2012	Ja, bis 31.12.2015
Nordrhein-Westfalen	§ 49 BauO NRW	Ja, seit 1.4.2013	Ja, bis 31.12.2016
Rheinland-Pfalz	§ 44 VIII LBauO RP	Ja, seit 22.12.2003	Ja, bis 31.7.2012
Saarland	§ 46 IV LBO SL	Ja, seit 18.2.2004	Nein
Sachsen	Keine Pflicht	Nein	Nein

Bundesland	Landesbauordnung	Einbaupflicht für Neu- und Umbauten	Nachrüstpflicht
Sachsen-Anhalt	§ 47 IV Satz 3 BauO LSA	Ja, seit 21.12.2009	Ja, bis 31.12.2015
Schleswig-Holstein	§ 49 IV BauO S-H	Ja, seit 1.1.2005	Ja, bis 31.12.2010
Thüringen	§ 46 IV ThürBauO	Ja, seit 5.1.2008	Ja, bis 31.12.2018

Was ist beim Einbau zu beachten?

Die batteriebetriebenen Geräte können problemlos nachträglich montiert werden und erfordern keinen großen Installationsaufwand. Da der Brandrauch nach oben steigt, muss der Rauchwarnmelder auf jeden Fall an der Decke, möglichst in der Raummitte, angebracht werden. Der Mindestabstand der Geräte zu Wänden und Raumteilen sollte 50 cm nicht unterschreiten. Als Mindestvoraussetzung schreibt die DIN 14676 vor, dass in den Wohnungen Schlafräume und Kinderzimmer sowie Flure jeweils mit mindestens einem Rauchwarnmelder auszustatten sind. Empfehlenswerterweise sollte jeder Raum — außer Küche und Bad wegen Rauch und Wasserdampf — mit einem Rauchwarnmelder ausgestattet werden.

Wer ist für die Nachrüstung zuständig?

Wenn eine Nachrüstpflicht für Rauchwarnmelder gesetzlich bestimmt ist, stellt sich die Frage, wer — der Vermieter bzw. der Eigentümer oder der Mieter bzw. Besitzer — die Nachrüstung durchzuführen hat. Dies ist in den einzelnen Bundesländern unterschiedlich geregelt (siehe folgende Tabelle).

Ob bei Wohnungseigentümergemeinschaften der einzelne Wohnungseigentümer oder die Gemeinschaft zuständig ist, war strittig. Nach herrschender Meinung in der Rechtsprechung fällt die Nachrüstung in die Beschlusskompetenz der Eigentümergemeinschaft (OLG Frankfurt/Main, Urteil vom 17.7.2008, 20 W 325/06, ZMR 2009, 864; LG Hamburg, Urteile vom 2.3.2011, 318 S 193/10, ZMR 2011, 387 und vom 5.10.2011, 318 S 245/10, ZMR 2012, 129). Nach anderer Ansicht ist der Beschluss über die Installation von Rauchwarnmeldern in den Wohnungen mangels Beschlusskompetenz nichtig (AG Hamburg-Wandsbek, ZMR 2010, 809, Abramenko, ZWE 2013, 117).

Nach dem Urteil des BGH trifft die überwiegende Ansicht zu. Die Wohnungseigentümer können den Einbau von Rauchwarnmeldern in Wohnungen jedenfalls dann beschließen, wenn das Landesrecht eine entsprechende eigentumsbezogene Pflicht vorsieht (BGH, Urteil vom 8.2.2013, V ZR 238/11, WuM 2013, 427)

Betriebssicherheit: Prüfung alle 12 Monate

Um die Betriebssicherheit zu gewährleisten, müssen nach der DIN-Vorschrift 14676 Rauchwarnmelder alle zwölf Monate auf ihre Funktionstüchtigkeit überprüft und ggf. die Batterien gewechselt werden. Für die Frage, wer verpflichtet ist, die Rauchwarnmelder laufend zu überprüfen, sehen die Bauordnungen der Bundesländer unterschiedliche Regelungen vor (siehe folgende Tabelle).

Zuständigkeit für Nachrüstpflicht und Prüfung der Betriebssicherheit

Bundesland	Nachrüstpflicht	Betriebsbereitschaft
Baden-Württemberg, Bayern, Bremen, Hessen, Niedersachsen, Nordrhein-Westfalen, Schleswig-Holstein,	Die Nachrüstpflicht obliegt dem Wohnungseigentümer.	Der Wohnungsbesitzer ist zuständig, es sei denn, der Eigentümer übernimmt sie.
Mecklenburg-Vorpommern	Die Nachrüstpflicht obliegt dem Wohnungsbesitzer (= Mieter).	Die Bauordnung enthält keine Regelung.
Hamburg, Rheinland-Pfalz, Sachsen-Anhalt, Thüringen	Die Nachrüstpflicht obliegt dem Wohnungseigentümer.	Die Wartungspflicht obliegt dem Wohnungseigentümer.
Saarland	Hier gibt es keine Nachrüstpflicht für den Gebäudebestand.	Dem Wohnungseigentümer obliegt die Wartung.
Berlin, Brandenburg	Die Bundesländer planen eine Einbau- und Nachrüstpflicht.	Keine Regelung.

In den Bauordnungen der Bundesländer Bayern, Bremen, Hessen, Niedersachsen, Nordrhein-Westfalen und Schleswig-Holstein wird die Pflicht zur laufenden Überprüfung der Rauchwarnmelder vorrangig dem Besitzer der Wohnung, also dem Mieter auferlegt. Art. 46 Abs. 4 BayBO lautet: „Die Sicherstellung der Betriebsbereitschaft obliegt den unmittelbaren Besitzern, es sei denn, der Eigentümer übernimmt diese Verpflichtung.“ Das bedeutet konkret, dass der Wohnungsbesitzer, also der Mieter, die laufende Prüfung der Raumwarnmelder übernimmt. Nur unter besonderen Schwierigkeiten übernimmt der zum Einbau verpflichtete Wohnungseigentümer (Vermieter) die Verantwortung und Kontrolle von Rauchwarnmeldern.

Regelung im Mietvertrag

Im Mietvertrag kann vereinbart werden, dass der Mieter nicht nur für die Wartung der Rauchwarnmelder zuständig ist, sondern er kann mietvertraglich sogar zum Einbau der Rauchwarnmelder verpflichtet werden, obwohl nach der Bauordnung der Vermieter zur Nachrüstung verpflichtet ist (Wall, WuM 2013, 3). Allerdings obliegt dem Vermieter in diesem Fall die Kontrolle, ob der Mieter die Nachrüstung auch tatsächlich vorgenommen hat.

Wann Wartung als Betriebskosten umgelegt werden kann

In der Regel übernimmt der Vermieter den Einbau und die Wartung von Rauchwarnmeldern. Die Wartung von Rauchwarnmeldern besteht aus einer Kontrolle von Betriebsfähigkeit und Betriebssicherheit, sodass die Kosten als „sonstige Betriebskosten“ nach § 2 Nr. 17 BetrKV in der Betriebskostenabrechnung umgelegt werden können. Das gilt auch für die Kosten aus einem Batteriewechsel (AG Lübeck, Urteil vom 5.11.2007, 21 C 1668/07, ZMR 2008, 302). Die Kostenumlage setzt allerdings voraus, dass im Mietvertrag die laufenden Kosten für den Rauchwarnmelder explizit genannt werden. Sind die Wartungskosten nicht ausdrücklich aufgeführt, scheidet eine Kostenumlage aus (BGH, Urteil vom 7.4.2004, VIII ZR 167/03, WuM 2004, 29).

Was nicht als Betriebskosten umgelegt werden kann

Die Anschaffungskosten sind genauso wenig als Betriebskosten umlagefähig wie die Kosten des Austauschs eines defekten Geräts, § 2 Abs. 1 Nr. 2 BetrKV. Ein Rauchwarnmelder muss nach der DIN 14676 spätestens zehn Jahre nach Inbetriebnahme ausgetauscht werden. Bei diesen Kosten handelt es sich nicht um Betriebskosten (Wall, WuM 2013, 3). Schließt der Vermieter einen Wartungsvertrag für die Rauchwarnmelder ab, ist zu prüfen, ob es sich um einen Vollwartungsvertrag handelt, der Instandhaltungsanteile enthält. Instandhaltungsanteile sind vor der Umlage auf die Betriebskosten herauszurechnen.

Wenn keine mietvertraglichen Regelungen vorliegen

Wenn aber keine mietvertraglichen Regelungen vorliegen, stellt sich die Frage, wer bei einem bestehenden Mietvertrag für die Nachrüstung verantwortlich ist und die laufenden Betriebskosten von Rauchwarnmeldern zu tragen hat. Es ist umstritten, ob der Vermieter ohne mietrechtliche Regelung die laufenden Betriebskosten von Rauchwarnmeldern auf den Mieter umlegen darf. Wenn der Mietvertrag eine sog. Mehrbelastungsklausel enthält, darf der Vermieter neu entstandene Betriebskosten abrechnen, wenn sie durch Bezugnahme auf § 2 BetrKV als vereinbart gelten. Da aber die laufenden Betriebskosten von Rauchwarnmeldern im Betriebskostenkatalog des § 2 Nr. 1 bis 16 BetrKV nicht aufgeführt sind, ergibt sich hieraus keine ausreichende Rechtsgrundlage.

Modernisierungsmaßnahme

Bei der Nachrüstung der Wohnung mit Rauchwarnmeldern handelt es sich um eine Modernisierungsmaßnahme, die der Vermieter nicht zu vertreten hat. Die Umlage nicht vereinbarter Betriebskosten ist zulässig, wenn sie als Folge einer Modernisierung entstanden sind. Der BGH hat die Umlage im Wege der ergänzenden Vertragsauslegung für Aufzugskosten nach dem Einbau eines Aufzugs (BGH, Urteil vom 21.1.2004, VIII ZR 101/03, GE 2004, 229) und für Kabelgebühren nach dem Anschluss an das Breitbandkabelnetz entschieden (BGH, Urteil vom 27.6.2007, VIII ZR 202/06, WuM 2007, 571). Beide Entscheidungen sind aber nicht für „Sonstige Betriebskosten" nach § 2 Nr. 17 BetrKV ergangen. Nach Auffassung des LG Magdeburg (Urteil vom 27.9.2011, 1 S 171/11, ZMR 2011, 957) kann der Vermieter die Kosten für die turnusmäßige Überprüfung von Rauchwarnmeldern umlegen, da die Wartungskosten Folgekosten einer Modernisierungsmaßnahme darstellen.

Die Kosten für den erstmaligen Einbau von Rauchwarnmeldern können im Rahmen einer Mieterhöhung wegen Modernisierung gemäß § 559 BGB an die Mieter weitergegeben werden.

18 Kaltwasserzähler

Die folgende tabellarische Übersicht (Stand 11.7.2014) zeigt, welches Bundesland eine Pflicht zum Einbau von Kaltwasserzählern in Alt- und Neubauten vorsieht. Inzwischen verlangen immer mehr Bundesländer eine Nachrüstpflicht für den Gebäudebestand mit Kaltwasserzählern, derzeit sind das Hamburg, Mecklenburg-Vorpommern und Schleswig-Holstein.

Bundesland	Gesetz	Gesetzestext
Baden-Württemberg (5.3.2010)	§ 35 Abs. 3 LBO	Jede Wohnung muss einen eigenen Kaltwasserzähler haben. Dies gilt nicht bei Nutzungsänderungen, wenn die Anforderung nach Satz 1 nur mit unverhältnismäßigem Aufwand erfüllt werden kann.
Bayern	Keine Regelung.	Die Bayerische Bauordnung enthält keine Regelung zum Einbau von Kaltwasserzählern.
Berlin (29.9.2005, zuletzt geändert 8.7.2010)	§ 43 Abs. 2 BauO Bln	Jede Wohnung muss einen eigenen Kaltwasserzähler haben. Dies gilt nicht bei Nutzungsänderungen, wenn die Anforderung nach Satz 1 nur mit unverhältnismäßigem Aufwand erfüllt werden kann.
Brandenburg (17.9.2008, zuletzt geändert 13.4.2010)	Brandenburgische Bauordnung (BbgBO)	Es besteht keine Verpflichtung zum Einbau von Kaltwasserzählern.
Bremen (6.10.2009)	§ 43 Abs. 2 BremLBO	Jede Wohnung ist mit Einrichtungen zur Messung des Wasserverbrauchs auszustatten. Bei der Änderung baulicher Anlagen sowie bei Nutzungsänderungen gilt dies nur, wenn dadurch keine unzumutbaren Mehrkosten verursacht werden.

Bundesland	Gesetz	Gesetzestext
Hamburg (14.12.2006, zuletzt geändert 11.5.2010)	§ 45 Abs. 4 HBauO	Jede Wohnung muss einen eigenen Kaltwasserzähler haben (gilt für Alt- und Neubau).
Hessen (18.6.2002, zuletzt geändert 25.11.2010)	§ 38 Abs. 4 HBO	Jede Wohnung muss Einrichtungen zur Erfassung des Verbrauchs haben. Dies gilt nicht bei Nutzungsänderungen, wenn die Anforderung nach Satz 1 nur mit unverhältnismäßigem Aufwand erfüllt werden kann.
Mecklenburg-Vorpommern (18.4.2006, zuletzt geändert 12.7.2010)	§ 43 Abs. 2 LBauO M-V	Jede Wohnung muss einen eigenen Kaltwasserzähler haben. Dies gilt nicht bei Nutzungsänderungen, wenn die Anforderung nach Satz 1 nur mit unverhältnismäßigem Aufwand erfüllt werden kann.
Niedersachsen (10.2.2003, zuletzt geändert 11.10.2010)	§ 42 Abs. 4 NBauO	Jede Wohnung muss einen eigenen Kaltwasserzähler haben. Dies gilt nicht bei Nutzungsänderungen, wenn die Anforderung nach Satz 1 nur mit unverhältnismäßigem Aufwand erfüllt werden kann.
Nordrhein-Westfalen (1.3.2000, zuletzt geändert 17.12.2009)	§ 44 Abs. 2 BauO-NRW	Jede Wohnung und jede sonstige Nutzungseinheit müssen einen eigenen Kaltwasserzähler haben. Dies gilt nicht bei Nutzungsänderungen, wenn die Anforderung nach Satz 1 nur mit unverhältnismäßigem Aufwand erfüllt werden kann.
Rheinland-Pfalz (24.11.1998, zuletzt geändert 9.3.2011)	§ 44 Abs. 7 LBauO	Jede Wohnung in Gebäuden mit mehr als zwei Wohnungen soll einen eigenen Kaltwasserzähler haben.
Saarland (18.2.2004, zuletzt geändert 21.11.2007)	§ 42 Abs. 2 LBO	Für jede Wohnung und jede sonstige Nutzungseinheit müssen Einrichtungen zur Messung des Trinkwasserverbrauchs vorhanden sein; dies gilt auch für Wohnungen und sonstige Nutzungseinheiten in bestehenden Gebäuden, wenn die Wasserinstallation erneuert oder wesentlich geändert wird.

Bundesland	Gesetz	Gesetzestext
Sachsen (28.5.2004, zuletzt geändert 5.6.2010)	§ 43 Abs. 2 SächsBO	Jede Wohnung muss einen eigenen Kaltwasserzähler haben. Dies gilt nicht bei Nutzungsänderungen, wenn die Anforderung nach Satz 1 nur mit unverhältnismäßigem Mehraufwand erfüllt werden kann.
Sachsen-Anhalt (20.12.2005, zuletzt geändert 10.12.2010)	§ 148 WG LSA	Keine Pflicht! Mit Erlass der Bauordnung vom 16.12.2005 ist die Verpflichtung, eine Wohnung mit einem eigenen Wasserzähler auszustatten, nicht mehr bauordnungsrechtlich geregelt. In § 148 Wassergesetz heißt es lediglich: ‚Die Wasserversorger sollen (...) auf eine rationale Verwendung des Wassers durch folgende Maßnahmen hinwirken: (...) 2. Einbau von Verbrauchsmessgeräten bei den Endverbrauchern des Wassers (...)
Schleswig-Holstein (22.1.2009)	§ 44 Abs. 2 LBO	Jede Wohnung oder jede Nutzeinheit in Gebäuden, die überwiegend Wohnzwecken dienen, muss einen eigenen Kaltwasserzähler haben. Die Eigentümerinnen und Eigentümer bestehender Gebäude sind verpflichtet, jede Wohnung bis zum 31.12.2020 mit solchen Einrichtungen auszustatten. Ausnahmen können zugelassen werden, soweit die Ausrüstung wegen besonderer Umstände oder eines unangemessenen Aufwands oder in sonstiger Weise zu unverhältnismäßigen Kosten führt.
Thüringen (16.3.2004, zuletzt geändert 8.7.2009)	§ 41 Abs. 2 ThürBO	Die sparsame Verwendung von Trinkwasser soll gewährleistet sein. Jede Wohnung muss einen eigenen Kaltwasserzähler haben. Dies gilt nicht bei Nutzungsänderungen, wenn die Anforderung nach Satz 2 nur mit unverhältnismäßigem Aufwand erfüllt werden kann.

Abkürzungsverzeichnis

II. BV	Zweite Berechnungsverordnung
a. A.	anderer Ansicht
a. a. O.	am angegebenen Ort
a. F.	alte Fassung
Abs.	Absatz
AG	Amtsgericht
AGB	Allgemeine Geschäftsbedingungen
AGBG	Gesetz zur Regelung des Rechts der Allgemeinen Geschäftsbedingungen
AO	Abgabenordnung
BayObLG	Bayrisches Oberstes Landesgericht
BaySchlG	Bayerisches Schlichtungsgesetz
BetrKV	Betriebskostenverordnung
BetrSichV	Betriebssicherheitsverordnung
BewG	Bewertungsgesetz
BGB	Bürgerliches Gesetzbuch
BGBl.	Bundesgesetzblatt
BGH	Bundesgerichtshof
DW	Die Wohnungswirtschaft
DWW	Deutsche Wohnungswirtschaft (Zeitschrift)
EGBGB	Einführungsgesetz zum BGB
EGZPO	Einführungsgesetz zur Zivilprozessordnung
EichG	Eichgesetz
EStG	Einkommensteuergesetz
EnEV	Energieeinsparverordnung
f/ff	folgend(e)/fortfolgende
GE	Grundeigentum (Zeitschrift)
ggf.	gegebenenfalls
GrStG	Grundsteuergesetz
GuT	Gewerbemiete und Teileigentum (Zeitschrift)
GVG	Gerichtsverfassungsgesetz
HeizKV	Heizkostenverordnung
HS	Halbsatz
i. d. F.	in der Fassung
InsO	Insolvenzordnung
KG	Kammergericht
LG	Landgericht
MDR	Monatsschrift für Deutsches Recht

MHG	Miethöhegesetz
MietRB	Der Miet-Rechts-Berater (Zeitschrift)
Mietrecht kompakt	Mietrecht kompakt. Aktueller Informationsdienst zum Miet-WEG-Recht
MM	Mietermagazin (Zeitschrift)
MÜG	Mietenüberleitungsgesetz
n. F.	neue Fassung
NJW	Neue Juristische Wochenschrift
NJW-RR	Neue Juristische Wochenschrift, Rechtsprechungsreport
NMV	Neubaumietenverordnung
NZM	Neue Zeitschrift für Miet- und Wohnungsrecht
o. Ä.	oder Ähnliches
OLG	Oberlandesgericht
OLGR	OLG Report (Zeitschrift)
REMiet	Rechtsentscheid für Mietsachen
Rdn.	Randnummer
S.	Satz, Seite
SchuModG	Gesetz zur Modernisierung des Schuldrechts
u. Ä.	und Ähnliches
UStG	Umsatzsteuergesetz
UStR	Umsatzsteuerrichtlinie
vgl.	vergleiche
WEG	Wohnungseigentumsgesetz
WoBauG	Wohnbaugesetz
WoBindG	Wohnungsbindungsgesetz
WoFlV	Wohnflächenverordnung
WoFG	Wohnraumförderungsgesetz
WuM	Wohnungswirtschaft und Mietrecht (Zeitschrift)
ZMR	Zeitschrift für Miet- und Raumrecht
ZPO	Zivilprozessordnung
ZVG	Zwangsvollstreckungsgesetz

Literaturverzeichnis

Bub/Treier, Handbuch der Geschäfts- und Wohnraummiete, 4. Auflage 2014.

Eisenschmid/ Wall, Betriebskosten-Kommentar, 3. Auflage 2010.

Langenberg, Kommentar, Betriebskosten- und Heizkostenrecht, 7. Auflage 2014.

Noack/Westner, Heizkostenabrechnung, 1. Auflage 2009.

Palandt/Heinrichs, BGB-Kommentar, 73. Auflage 2014.

Pfeifer, Nebenkosten, 4. Auflage 2004.

Schmid, Handbuch der Mietnebenkosten, 12. Auflage 2011.

Schmidt-Futterer, Mietrecht Kommentar, 11. Auflage 2013.

Stürzer/Koch, Das Vermieterlexikon, 13. Auflage 2013.

Stichwortverzeichnis